Serge Paugam

Die elementaren Formen der Armut

Aus dem Französischen
von Andreas Pfeuffer

Hamburger Edition

Hamburger Edition HIS Verlagsges. mbH
Mittelweg 36
20148 Hamburg
www.hamburger-edition.de

Titel der französischen Ausgabe: »Les formes élémentaires de la pauvreté«

Redaktion: Sigrid Weber
Umschlaggestaltung: Wilfried Gandras
Typografie und Herstellung: Jan Enns
Satz aus Sabon und Syntax
von Dörlemann Satz, Lemförde
Druck und Bindung: Clausen & Bosse, Leck
Printed in Germany
ISBN: 978-3-936096-90-3
1. Auflage Februar 2008

Inhalt

Allgemeine Einführung

> »Sämtliche Gesellschaften haben eine mehr oder weniger genaue Vorstellung davon, was sie waren, und davon, was sie werden wollten. Die modernen Gesellschaften sind die ersten, die darum bemüht sind, wissenschaftliche Erkenntnis über sich selbst zu erlangen. Der Soziologie ist es aufgegeben, das Bewusstsein von Gesellschaften zu sein, die so ehrgeizig oder so unbesonnen sind, sich der interesselosen Beobachtung und der hemmungslosen Neugier auszuliefern.«
>
> *Raymond Aron, »Science et conscience de la société«, Archives européennes de sociologie, I, 1, 1960, S. 1*

Inwiefern lässt sich die Armut in Frankreich mit der Armut in Dänemark oder Italien vergleichen, inwiefern die Armut in den »sensiblen Zonen« unserer Städte mit der Armut in ländlichen Gegenden, die Armut der 1960er Jahre mit der nach der Jahrtausendwende? Von solchen Fragen geht dieses Buch aus. Fragen, die auf den ersten Blick scheinbar einfach zu beantworten sind, die aber zu Komplikationen führen, will man darauf präzise und gut begründete Antworten geben. Von wem und von was spricht man eigentlich, wenn von Armut die Rede ist?

Sobald man sich an die Beantwortung dieser Frage macht, fängt man spontan erst einmal an, die Armen zu definieren, um sie zählen zu können, zu untersuchen, wie sie leben, und den Entwicklungsverlauf ihrer Situation zu analysieren. Ökonomen und Statistiker haben schon immer versucht, Armut substantialistisch zu definieren. Zunächst einmal sollen daher in aller gebotenen Kürze die methodologischen Probleme in Erinnerung gerufen werden, mit denen es der Wissenschaftler auf diesem Gebiet zu tun hat. Ohne diese Schwierigkeiten wirklich beseitigen zu können, sollte man sie durch den Entwurf eines analytischen Rahmens zu überwinden suchen, mit dem sich zeitliche und räumliche Vergleiche vornehmen lassen.

Probleme der Messung

Wie viele sind es? Diese Frage habe ich immer wieder, um nicht zu sagen bei jedem meiner Vorträge über Armut zu hören bekommen. Sie scheint Vorbedingung für alle weitergehenden Überlegungen zu sein, als könne man nicht über Armut sprechen, ohne sie zunächst quantitativ zu bestimmen. Meistens beginne ich zur Beschwichtigung der Zuhörer damit, dass ich ihnen zeige, dass es heute eine Unmenge an statistischem Material zur Armut gibt,[1] sie also problemlos mit Zahlen eingedeckt werden könnten, wobei allerdings zuerst geprüft werden sollte, was diese taugen und was sie uns über das Phänomen Armut lehren können.

Im Bewusstsein der Schwierigkeit, ja gar der Unmöglichkeit, ein für alle Mal eine absolute Armutsschwelle zu definieren, basiert der Großteil der Arbeiten auf diesem Gebiet auf einem relativen Verständnis von Armut. Es existieren mindestens drei Ansätze zur statistischen Messung der Armut: der monetäre Ansatz, der subjektive Ansatz und schließlich der Lebenslagenansatz.

Der erste ist am weitesten verbreitet. Dabei wird die Gesamtheit der Haushaltseinkommen zugrunde gelegt und versucht, die angemessenste Schwelle zu definieren. Diese Schwelle entspricht einem bestimmten Prozentsatz des durchschnittlichen oder mittleren (Median-)Einkommens. Gegenwärtig liegt die Armutsschwelle in Frankreich wie in Europa bei 50 Prozent – oder bei 60 Prozent – des mittleren Einkommens. Ein Haushalt gilt als arm, wenn sein Einkommen pro Konsumeinheit unterhalb dieser Schwelle liegt. Die Berechnung des Einkommens pro Konsumeinheit setzt voraus, dass die Haushaltsgröße berücksichtigt und eine Äquivalenzskala zugrunde gelegt wird. Das INSEE[2] arbeitete lange Zeit mit der sogenannten Oxfordskala, die darauf beruht, dass der erste Erwachsene des Haushalts als eine Konsumeinheit gezählt wird, alle weiteren als 0,7 und Kinder unter 14 Jahren als 0,5 Konsumeinhei-

---

1 Für eine Übersicht über die Literatur zu diesem Thema vgl. Andreß (Hg.), Empirical Poverty Research in a Comperative Perspective, sowie Destremau/Salama, Mesures et démesure de la pauvreté.

2 INSEE (Institut National de la Statistique et des Études Économiques): Nationales statistisches Amt Frankreichs; Anm. des Übers.

ten. Viele Forscher betrachten diese Methode zur Definition der Skala als der gegenwärtigen Konsumstruktur nicht mehr angemessen. Sie unterschätze die Skalenökonomien der Haushalte, da heute die Aufwendungen für die Wohnung den Hauptbudgetposten ausmachen und nicht mehr diejenigen für Lebensmittel und Kleidung. Nun steigen ja die Wohnungskosten weniger schnell mit der Größe des Haushalts als die Ausgaben für Nahrungsmittel und Kleidung. Insofern ist der Zusammenhang zwischen dem Bedarf und der Haushaltsgröße nicht mehr so ausgeprägt wie früher. Aus diesem Grund sind sich zunehmend mehr Statistiker einig hinsichtlich der Notwendigkeit, den Koeffizienten für Erwachsene von 0,7 auf 0,5, den für Kinder von 0,5 auf 0,3 nach unten zu korrigieren. Diese Äquivalenzskala wird heute als »modifizierte OECD-Skala« bezeichnet.

Selbstverständlich räumt diese Entscheidung, die durch eine auf objektiven Daten basierende methodische Reflexion gerechtfertigt ist, den Anteil an Willkür und Ambivalenz bezüglich der zugrunde liegenden Kriterien nicht ganz aus dem Weg. Abgesehen davon, dass der Wechsel von einer Skala zu einer anderen sich stark auf die Anzahl und Charakteristika der für arm befundenen Haushalte auswirkt und damit von gesellschaftlicher und politischer Relevanz ist, muss man betonen, dass die jeweils getroffene Entscheidung stets auf Hypothesen beruht, die nicht verifizierbar sind und vor allem das *a priori* des Statistikers widerspiegeln. Die für die Definition der Skala unerlässlichen Begriffe wie Bedarf oder Wohlstand sind relativ. Der Statistiker muss entweder behaupten, dass die Skalenökonomien entsprechend der Haushaltsgröße allerorten identisch sind, oder genauere Untersuchungen vornehmen, für die er jedoch kein ausreichendes Datenmaterial besitzt. Im Prinzip müsste er die Rolle der häuslichen Produktion bei der Berechnung der durch Kinder verursachten Kosten mit berücksichtigen. Eine solche Bewertung führte jedoch zu keinem Ergebnis, das sich ohne weiteres in die Definition einer Skala integrieren ließe. Zudem liegt den Skalen das Modell eines rational handelnden Individuums zugrunde. Der Haushalt wird durchgehend als ein einheitliches System von Präferenzen charakterisiert, für das unterstellt wird, dass sich alle Haushaltsmitglieder auf dem gleichen Wohlstandsniveau befinden –

eine Annahme, um die man kaum herumkommt, die jedoch sicherlich nicht immer zutrifft.[3]

Der subjektive Ansatz in der Armutsforschung versucht solche Probleme zu umgehen. Er stützt sich nicht mehr auf das Expertenurteil, sondern auf die Meinung der befragten Person hinsichtlich ihrer eigenen finanziellen Situation und ihres Wohlstands. Fragen wie »Kommen Sie mit Ihrem Einkommen klar?« oder »Über welches Mindesteinkommen sollte ein Haushalt wie der Ihre verfügen, um seine Bedürfnisse zu befriedigen?« dienen dann dem Statistiker als Bezugspunkt, um eine sogenannte subjektive Armutsschwelle zu definieren. Diese Methode wurde in den 1960er Jahren konzipiert[4] und in zahlreichen Untersuchungen im Lauf der vergangenen Jahre umgesetzt.[5] Mit ihrer Hilfe lassen sich etwa die positiven Auswirkungen des Umstands, Kinder zu haben, berücksichtigen. Nichtsdestotrotz stößt die Methode auf heftige Kritik. Ihre Gegner machen ihr den Vorwurf, sie reagiere zu sehr auf die Formulierung der Fragen, insbesondere dann, wenn man unterschiedliche Sprachen verwendet oder internationale Vergleiche durchführen will. Der Ausdruck »sich wohl fühlen« etwa kann je nach Land eine andere Bedeutung haben. Ebenso wenig lässt sich mit dieser Methode präzisieren, worauf sich die Befragten beziehen, wenn man sie auffordert, sich bezüglich »eines Haushalts wie des Ihren« zu verorten. Ist damit der gleiche Beruf des Haushaltsvorstands, die gleiche Anzahl von Kindern oder dasselbe Viertel gemeint?

Schließlich stützen sich mehrere Autoren bei der statistischen Bestimmung der Armut auf den sogenannten Lebenslagenansatz. Sie gehen davon aus, dass es nicht der Mangel an diesem oder jenem grundlegenden materiellen Gut ist, woran sich die Kategorie der Armen festmachen lässt, sondern die Kumulierung von Mangellagen. Der englische Soziologe Peter Townsend hat daher das Konzept der *Deprivation* anhand mehrerer Indikatoren, wie dem Mangel an materiellen Gütern oder an Möglichkeiten der Teilhabe am

---

3 Vgl. Lechêne, »Une revue de la littérature sur les échelles d'équivalence«.
4 Vgl. Van Praag, Individual Welfare Functions and Consumer Behavior.
5 Vgl. Van Praag/Hagenaars/van Weeren, »Poverty in Europe«; Hagenaars, The Perception of Poverty.

gesellschaftlichen Leben, entwickelt.[6] Der wunde Punkt dieser Herangehensweise liegt in der Schwierigkeit, diese Indikatoren objektiv zu definieren. Um die Möglichkeit subjektiver Verzerrungen einzudämmen, versuchen die Verfechter dieses Ansatzes Kriterien auszuwählen, die mit der Definition von Wohlstand und gesellschaftlicher Teilhabe der Bevölkerungsmehrheit einhergehen. Townsend hat dementsprechend zwölf Kategorien von *Deprivation* festgelegt: Ernährung, Kleidung, Heizung und Elektrizität, Haushaltsausstattung, Wohnsituation, Arbeitsbedingungen, Gesundheit, Bildung, Umwelt, familiäre Aktivitäten, Freizeitbeschäftigungen und soziale Beziehungen. Dieser Ansatz ist auch heute noch Gegenstand einiger Untersuchungen und methodologischer Diskussionen über die Art und Weise, diese Art von Index zu berechnen.[7]

Einige Autoren haben versucht, die verschiedenen Typen der Messung von Armut einem Vergleich zu unterziehen. Stephané Lollivier und Daniel Verger haben etwa drei Skalen erstellt, um die französischen Haushalte jeweils nach den Aspekten Einkommen, subjektives Befinden und Lebenslage einzuordnen. Nachdem sie den gleichen Anteil (ungefähr 10 Prozent) von »armen« Haushalten ausgehend von jeder dieser Skalen isoliert hatten, stellten sie fest, dass diese sich nur teilweise deckten: Während ein Viertel der Bevölkerung von mindestens einem dieser drei Aspekte von Armut betroffen ist, weisen nur 6 Prozent zwei und nur 2 Prozent alle drei zugleich auf.[8]

Der Untersuchungsgegenstand

Die monetäre Bestimmung von Armut wird schon seit Jahren infrage gestellt. Bereits 1978 beurteilte Jean Labbens diesen Ansatz nicht nur als willkürlich, sondern auch als vereinfachend. »Beim Reden über Armut und Reichtum sollte man sich davor hüten, das

---

6 Hierfür sei auf zwei Titel verwiesen, nämlich auf die Monographie The Concept of Poverty, und den zusammenfassenden Artikel »Deprivation«.

7 Siehe vor allem Nolan/Whelan, Resources sowie Whelan/Layte/Maître, »Persistent deprivation in the European Union«.

8 Lollivier/Verger, »Pauvreté d'existence, monétaire ou subjective sont distinctes«.

Zeichen als Wirklichkeit zu nehmen. Geld und Einkommen sind Zeichen. Sie täuschen keineswegs immer, aber sie tun es. Sie können vorübergehenden Fluktuationen unterliegen, welche die von einer Person eingenommene Position, die Macht, die diese Person in der Gesellschaft innehat oder erwirbt, kaum oder gar nicht beeinflussen.«[9] Anstatt vom Mangel an Geld oder Gütern von einem Mangel an gesellschaftlicher Macht – oder die Unmöglichkeit, sie zu erwerben – auszugehen, stellt einen großen gedanklichen Fortschritt dar. Er verweist nämlich schon auf die Frage gesellschaftlicher *Minderwertigkeit*. Die Debatte wurde in den vergangenen Jahren durch den Vorschlag Amartya Sens wieder eröffnet, Armut nicht ausgehend vom Einkommens- oder Konsumniveau, sondern von den Fähigkeiten (*capabilities*) der Individuen, Zugang dazu zu erhalten, zu begreifen.[10] Ihm zufolge lässt sich Armut eher als »Mangel an Fähigkeiten« fassen, das heißt, als Unfähigkeit der Individuen, das zu tun, was sie für sich selbst als gut erachten, als Mangel an Möglichkeiten, grundlegende Bedürfnisse zu befriedigen. Er leitet daraus ab, dass man nicht vorrangig die Einkommen gerecht verteilen müsste, damit jeder ein würdiges und sinnvolles Leben führen kann, sondern stattdessen die Fähigkeiten und Möglichkeiten fördern sollte, sich selbst zu entwickeln und zu verwirklichen (*human functionings*). Sen fordert daher die Ökonomen auf, nicht nur materielle Güter zu berücksichtigen, sondern auch Meinungsfreiheit, Würde, Selbstachtung und Teilhabe am gesellschaftlichen Leben insgesamt – anders gesagt alles, was dazu beiträgt, aus dem Individuum ein gesellschaftlich integriertes und von seinen Mitmenschen anerkanntes Wesen zu machen.

Diese innovative Definition bereichert den deskriptiven Ansatz in Bezug auf Armut ungemein, indem sie ihn in eine stichhaltige theoretische Reflexion einbindet. Damit geht auch die Annahme einher, Entbehrung als etwas aufzufassen, das von Gesellschaft zu Gesellschaft beträchtlich variieren kann. Allerdings löst sie nicht die Probleme der Messung, von der sie zum Teil abhängig bleibt. Im Gegenteil: Diese Probleme werden dadurch sogar noch komplexer.

---

9 Labbens, Sociologie de la pauvreté, S. 98.
10 Sen, Inequality Reexamined.

Folglich stößt sich der deskriptive Ansatz von Armut fast zwangsläufig an der Relativität und dem teilweise willkürlichen Charakter der zugrunde liegenden Methoden.

Die Soziologie der Armut darf nicht auf eine beschreibende und quantitative Herangehensweise beschränkt bleiben, sondern sollte den Begriff Armut selbst problematisieren. Soziologen ist das Denken in binären Begriffen, bei dem die Charakteristika der Armen dem Rest der Gesellschaft gegenüberstellt werden, suspekt.[11] Wie ausgefeilt und präzise die Definition einer Armutsschwelle auch sein mag, stets haftet ihr etwas Willkürliches an. Betrachten wir folgendes Beispiel: Bei einer Armutsschwelle von 50 Prozent des Medianeinkommens pro Konsumeinheit (ungefähr 600 Euro pro Monat) lebten im Jahr 2001 in Frankreich 6 Prozent der Bevölkerung, also ca. 3,6 Millionen Menschen, in Armut; bei einer Armutsschwelle von 60 Prozent des Medianeinkommens pro Konsumeinheit (ungefähr 720 Euro pro Monat) traf dies auf 12,4 Prozent der Bevölkerung, also auf mehr als das Doppelte und damit auf insgesamt 7,2 Millionen Personen zu.[12] Es genügt also, die offizielle Armutsschwelle geringfügig zu variieren, damit sich der Anteil der Betroffenen radikal verändert. Dieses Ergebnis verweist auf eine erhebliche Konzentration von Haushalten in der Nähe der zugrunde gelegten Schwelle und zeigt, dass diese Schwelle einen radikalen Schnitt durch eine Gesamtheit von Personen vornimmt, die in Wirklichkeit unter ähnlichen Umständen leben.

Damit soll nicht behauptet werden, dass statistische Armutsindikatoren überflüssig sind. Wir werden sogar sehen, dass sie sich für Vergleiche zwischen Ländern oder Regionen als sehr nützlich erweisen. Dennoch ist es ausgesprochen wichtig, sich nicht auf diesen Ansatz zu beschränken. Während die quantitative Bestimmung der Armen für den gesunden Menschenverstand eine Voraussetzung für jedes Nachdenken darstellt, kann sie für den Soziologen insofern zu

11 Man kann diesbezüglich die Dissertation von Ruwen Ogien über die soziale Konstruktion der Armut heranziehen, die unter dem Titel Théories ordinaires de la pauvreté erschienen ist.

12 Vgl. Rapport de l'Observatoire national de la pauvreté et de l'exclusion sociale 2003–2004, Paris 2004, S. 18ff.

einem echten epistemologischen Hindernis werden, als sie ihn in eine Sackgasse führt und ein grundlegendes Nachdenken über die Bedeutung der Armut verhindert.

Die Kernfrage für den Soziologen ist die folgende: Was führt dazu, dass ein Armer in einer Gesellschaft arm und nichts anderes als arm ist? Anders gesagt: Was konstituiert den gesellschaftlichen Status des Armen? Von welchem wesentlichen Kriterium aus wird eine Person in den Augen der anderen zum Armen? Was bewirkt, dass sie zuallererst als arm definiert wird? Georg Simmel hat diese Frage zu Beginn des 20. Jahrhunderts als Erster klar und deutlich beantwortet, auch wenn andere vor ihm bereits eine Antwort skizziert hatten.[13] Für Simmel ist es die Unterstützung, die eine Person öffentlich von der Gemeinschaft erhält, die den Status arm bestimmt. Unterstützt zu werden ist das Erkennungszeichen des Armen, das Kriterium seiner Zugehörigkeit zu einer speziellen Bevölkerungsschicht, einer Schicht, die unausweichlich abgewertet wird, da sie durch die Abhängigkeit von den Mitmenschen definiert ist. Unterstützt zu werden bedeutet diesem Verständnis nach, von allen anderen etwas zu empfangen und zumindest kurzfristig keine wechselseitige und komplementäre Beziehung zu ihnen aufnehmen zu können. Der Arme muss als Empfänger von sich speziell an ihn richtenden Unterstützungsleistungen akzeptieren, dass er, und sei es auch nur vorübergehend, mit dem negativen Image leben muss, das die Gesellschaft auf ihn projiziert und das er schließlich verinnerlicht: nämlich von keinerlei Nutzen zu sein, ein Teil dessen zu sein, was man zuweilen mit dem Attribut »unerwünscht« bezeichnet. Im ersten Kapitel dieses Buches werde ich die soziologische Reichweite dieser Definition und dieser Analyse der Armen aufzuzeigen versuchen.

Behalten wir für den Augenblick das im Gedächtnis, was mir das Postulat der soziologischen Analyse der Armut zu sein scheint: Jede Gesellschaft definiert ihre Armen und verleiht ihnen einen eigenen sozialen Status, indem sie sich dafür entscheidet, sie zu unterstützen. Den soziologischen Untersuchungsgegenstand *par excellence*

---

13 Simmel, »Der Arme«.

stellt also nicht die Armut, stellen auch nicht die Armen an sich als substantialisierte gesellschaftliche Wirklichkeit dar, sondern das Unterstützungsverhältnis und damit die wechselseitige Abhängigkeit zwischen ihnen und der Gesellschaft, der sie angehören. Diese analytische Perspektive läuft zum einen darauf hinaus, die Mechanismen der Bezeichnung der Armen in verschiedenen Gesellschaften vergleichend zu untersuchen, die sozialen Repräsentationen aufzuspüren, aus denen sie hervorgehen und die sie legitimieren; zum andern aber auch das Verhältnis zu analysieren, in dem die als arm bezeichneten Menschen zu dem Unterstützungssystem stehen, von dem sie abhängig sind, und ganz allgemein die Erfahrung, die sie dabei und in ihrem sonstigen Alltagsleben machen.

Im Anschluss an diese konzeptuelle Überlegung zur Bedeutung der Armut lassen sich die zu Beginn gestellten Fragen nochmals neu formulieren. Die Frage, inwiefern sich die Armut in Frankreich mit der in einem anderen europäischen Land oder die Armut in den 1960er Jahren mit der nach der Jahrtausendwende überhaupt vergleichen lässt, verlangt letztlich, dass man untersucht,

1) ob die sozialen Repräsentationen, denen die Kategorien von Armen entspringen, ähnlich sind;

2) ob die so bezeichnete Gruppe in jeder Gesellschaft marginal oder im Gegensatz dazu sehr groß und diffus ist;

3) ob der gesellschaftliche Umgang mit der Armut ähnliche Formen aufweist und ob er systematisch zur Stigmatisierung der Armen beiträgt;

4) ob die Armen eines jeden Landes zahlreiche Benachteiligungen kumulieren und keinerlei Handlungsressourcen besitzen oder ob es ihnen im Gegenteil gelingt, ihre schwierige Situation durch Anpassung zu meistern und am gesellschaftlichen Leben teilzuhaben;

5) ob die wirtschaftlichen, sozialen und politischen Bedingungen, die die Definition des gesellschaftlichen Status der Armen beeinflussen, ähnlich gelagert sind.

Ich habe mehrere Jahre gebraucht, um diese Fragen beantworten zu können, und das war nur durch eine explizit vergleichende Perspektive möglich. Um ein solches Forschungsvorhaben durchzuführen, muss man nicht nur Wert auf vorhandene vergleichbare

Datenquellen legen, sondern auch neue produzieren, was nur im Rahmen von Forschungsprogrammen möglich ist, an denen zahlreiche Gruppen beteiligt sind. Dieses Buch ist eine Weiterführung meiner zu Beginn der 1990er Jahre veröffentlichten Bücher »La disqualification sociale« und »La société française et ses pauvres«. Diese Untersuchungen bezogen sich ausschließlich auf Frankreich, weshalb es mir notwendig erschien, mich auf den internationalen Vergleich einzulassen. Ich muss gestehen, dass ich anfangs nicht dachte, dass ich so viele Jahre dafür brauchen würde. Die vorliegende vergleichende Studie nahm zehn Jahre in Anspruch und erfolgte etappenweise. Sie erwuchs aus fünf aufeinanderfolgenden europäischen Forschungsprojekten. In dieses Buch sind die Ergebnisse eines jeden von ihnen eingeflossen, weshalb ich sie kurz vorstellen möchte.

Ein explizit vergleichendes Vorgehen

Das erste Programm startete 1993, institutionell angesiedelt am Centre d'étude des revenus et des coûts (CERC), im Anschluss an eine landesweite Erhebung zu den Empfängern des RMI[14] sowie an eine Studie über Prekarität und das Risiko sozialer Ausgrenzung in Frankreich.[15] Dabei ging es darum, Armut aus dem Blickwinkel sozialer Disqualifizierung in Europa zu analysieren. Dieses Forschungsprojekt wurde für Eurostat mit Unterstützung der Europäischen Kommission durchgeführt. Das Ziel bestand darin, eine erste Bestandsaufnahme zur Häufung von Benachteiligungen in Europa vorzunehmen, um dann Hypothesen zum Vergleich der jeweiligen Prozesse zu formulieren, in deren Verlauf bestimmte Bevölkerungsgruppen Schritt für Schritt in die Sphäre der Erwerbslosigkeit und der Fürsorge abdriften. Um die nationalen Besonderheiten des Prozesses sozialer Disqualifizierung untersuchen zu können, erfuhren drei Dimensionen besondere Berücksichtigung: die Regulierungs-

14 Das *Revenu minimum d'insertion* (RMI) ist ein 1988 in Frankreich eingeführtes, an besondere Eingliederungsmaßnahmen geknüpftes staatliches Mindesteinkommen; Anm. des Übers.

15 Vgl. Paugam/Zoyem/Charbonnel, Précarité et risque d'exclusion en France.

weisen des Arbeitsmarktes, die Intensität sozialer Beziehungen und der Interventionsgrad des Wohlfahrtsstaats. Dieses Projekt wurde von einer europäischen Forschungsgruppe durchgeführt.[16] Im Anschluss an eine kritische Sichtung des vorhandenen statistischen Datenmaterials[17] richtete sich die Arbeit auf die Bildung gleicher Indikatoren für jedes Land. Angesichts der Unterschiedlichkeit der erfassten Datenquellen war es natürlich ein Ding der Unmöglichkeit, für die verschiedenen Länder exakt die gleichen Indikatoren zu entwickeln. In den multidimensionalen Erhebungen, auf die wir uns stützten, wurden die Fragen nur selten in gleicher Weise gestellt. Jede der Datenquellen hatte ihre eigenen Schwächen, und die Präzision bei der Definition der Indikatoren konnte nicht immer in gleich hohem Maße gewährleistet werden. In manchen Fällen war es notwendig, Annäherungen vorzunehmen. Nichtsdestoweniger konnten in dem Projekt trotz aller Schwierigkeiten zwölf Indikatoren entwickelt werden.

Sie deckten den Großteil der in den multidimensionalen Erhebungen berücksichtigten Bereiche ab: Beschäftigung, Einkommen, Wohnsituation und Ausstattung der Haushalte, Gesundheit, Partnerschaft und Familienleben, soziale Beziehungen und schließlich Adoleszenzprobleme. Die von uns herangezogenen Statistiken lieferten nicht immer für jede befragte Person Informationen zu diesen unterschiedlichen Bereichen, das gilt insbesondere für die Länder Italien und Spanien. Um bei der statistischen Analyse die größtmögliche Anzahl an Kreuzungen für dieselben Personen zu ermöglichen, wählten die Forscher jeweils die vollständigste Da-

---

16 Dieser Gruppe gehörten neben mir Salustiano del Campo (Spanien), Duncan Gallie (Großbritannien), Finn Kenneth Hansen (Dänemark), Alberto Martinelli (Italien), Heinz Herbert Noll (Deutschland) und Wout Ultee (Niederlande) an.

17 Die verwendeten Daten entstammten den folgenden Erhebungen: Deutschland (Sozioökonomisches Panel), Dänemark (Danish Welfare Survey), Spanien (Estiles de Vida), Frankreich (Enquête conditions de vie/situations défavorisées), Großbritannien (Social Change and Economic Life Initiative), Italien (Social Networks and Support System), Niederlande (Life Situation Surveys).

tenquelle aus, also diejenige, die die meisten Bereiche zugleich umfasste.

Nachdem diese Indikatoren entwickelt waren, konnte eine erste statistische Auswertung vorgenommen werden. Für jedes Land wurden die Indikatoren miteinander gekreuzt und für jede Tabelle ein Korrelationstest durchgeführt. Die Auswertung wurde auf die Bevölkerung im Erwerbsalter beschränkt und umfasste nur Beschäftigte und Arbeitslose.

Mithilfe dieser Ergebnisse ließen sich merkliche Konvergenzen, aber auch Divergenzen zwischen den Ländern aufzeigen. Unter den beobachteten Konvergenzen kamen manche nicht besonders überraschend. Prekarität im Sinne von instabiler Beschäftigung und Arbeitslosigkeit korrelierte positiv mit niedrigem Einkommen und ärmlichen Wohnverhältnissen. Die Wahrscheinlichkeit, ohne Partner zu leben oder schon einmal eine Trennung erlebt zu haben, fiel über alle Länder hinweg für Personen in prekärer Lage auf dem Arbeitsmarkt höher aus. Instabile Beschäftigung und Arbeitslosigkeit erhöhten zudem die Abhängigkeit von Sozialleistungen und das Risiko gesundheitlicher Probleme.

Die offensichtlichsten Divergenzen zwischen den europäischen Ländern traten bei der Intensität der sozialen Bindungen hervor. Die prekäre Beschäftigungssituation korrelierte nicht in allen Ländern mit schwachen familiären Bindungen und privaten Unterstützungsnetzen. In Spanien und den Niederlanden hatten Arbeitslose nicht weniger Beziehungen zu ihrer Familie als Personen mit Beschäftigung. In Italien hatten sie sogar noch mehr. In diesen Ländern sowie in Dänemark erschien das Netz an Freunden oder privater Unterstützung dicht geknüpft, einschließlich bei Personen, die mit zahlreichen Schwierigkeiten zu kämpfen hatten. Dagegen gingen in Frankreich, Großbritannien und Deutschland instabile Beschäftigungsverhältnisse und Arbeitslosigkeit deutlich mit einer Armut an Beziehungen einher. Man konnte also bereits die Hypothese aufstellen, dass sich der Prozess sozialer Disqualifizierung hier radikaler auswirkt als in den übrigen europäischen Ländern.

Es war offensichtlich, dass diese Untersuchung zu begrenzt war, als dass sie endgültige Ergebnisse hinsichtlich der nationalen Besonderheiten des Prozesses sozialer Disqualifizierung hätte liefern können.[18] Auch wenn sie starke Korrelationen aufwiesen, mussten die Resultate doch mit Bedacht behandelt werden. Bei der Durchführung dieses Projekts hatte ich, ebenso wie die Auftraggeber bei Eurostat, immer im Hinterkopf, Vorschläge für zukünftige Forschungsvorhaben zu erarbeiten, insbesondere für die Auswertung des Europäischen Haushaltspanels, das zu dieser Zeit schon auf dem Weg war.

Das zweite vergleichende Forschungsprogramm beschäftigte sich mit der Analyse des Umgangs mit Armut und der sozialen Exklusion in Europa. Für diese Untersuchung konnte eine Finanzierung durch das französische Arbeitsministerium gewonnen werden. Ihr Ziel bestand darin, die Systeme der Einkommensgarantie und Maßnahmen zur Eingliederung in den Arbeitsmarkt für Mittellose und von Exklusion bedrohte Bevölkerungsgruppen zu vergleichen. Ausgangspunkt war die in den letzten Jahren erfolgte starke Expansion staatlicher Interventionen in Bezug auf benachteiligte Bevölkerungsgruppen in den wichtigsten europäischen Ländern. Es ging also darum, diese Entwicklungen und ihre Auswirkungen auf die Sozialstruktur einer soziologischen Interpretation zu unterziehen. Die Forschung sollte unter Zuhilfenahme unterschiedlicher Datenarten erfolgen: quantitative Daten zur Analyse der von den staatlichen Maßnahmen betroffenen Bevölkerungsgruppen (administrative oder Umfragedaten, einschließlich Verlaufsdaten); qualitative Daten (Interviews); besondere Quellen, wie etwa Parlamentsdebatten. Ihre Auswertung erlaubte die Durchführung verschiedener Vergleiche: zum einen den Vergleich der Struktur der von Ausschluss vom Arbeitsmarkt betroffenen oder davon bedrohten Bevölkerungsgruppen und der zu ihren Gunsten erbrachten Dienstleistungen; zum anderen den Vergleich der Bevölkerungsgruppen hinsichtlich der Häufung von Benachteiligungen; und schließlich den des

18 Ich habe die Ergebnisse dieses Projekts in London anlässlich eines von der englischen Forschungseinrichtung *Policies Studies Institute* und der Europäischen Kommission organisierten internationalen Kolloquiums vorgestellt. Dieser Vortrag wurde anschließend in erweiterter Fassung unter dem Titel »Poverty and social disqualification« veröffentlicht.

Zusammenspiels der unterschiedlichen eingeführten Maßnahmen und ihrer Auswirkungen.[19]

Diese vergleichende Vorgehensweise erforderte zunächst eine Darstellung dieser Systeme, deren Ursprünge und Funktionsprinzipien von einem Land zum nächsten große Unterschiede aufweisen. Doch über die reine Beschreibung hinaus konnten wir durch den Vergleich der Erfahrungen mit Systemen eines garantierten Mindesteinkommens auch der Frage nachgehen, wie die verschiedenen Gesellschaften mit Armut umgehen, welche Bedeutung sie dieser Frage einräumen, welche Mittel sie zu ihrer Eindämmung entwickelt haben und schließlich, welche Lösungen sie vorsehen, um mit eventuellen Schwierigkeiten zurechtzukommen. Dabei konnten drei Differenzierungsfaktoren identifiziert werden: das Prinzip der Kategorisierung der Armen, der Grad an Dezentralisierung des Wohlfahrtsstaats und schließlich die Bedeutung der Erfassung durch das jeweilige System sozialer Sicherung. Der Vergleich zwischen Frankreich und Großbritannien wurde anschließend im Rahmen eines Aufenthalts an der London School of Economics[20] im Januar 1995 vertieft und die Zusammenarbeit mit sämtlichen Wissenschaftlern dieses Programms bis zur Herausgabe eines aus dieser Forschung hervorgegangenen gemeinsamen Buches fortgesetzt.[21]

Das dritte Forschungsprogramm ist sicherlich das ambitionierteste. Es setzte die explorative Untersuchung fort, die im Rahmen des CERC für Eurostat und die Europäische Kommission durchgeführt worden war. Das auf drei Jahre angesetzte Programm wurde ab 1996 von Duncan Gallie und mir als Koordinatoren betreut,

---

19 Diese Forschungsarbeit wurde ebenfalls in Zusammenarbeit mit mehreren europäischen Forschern durchgeführt: Wilhelm Breuer (Deutschland), Martin Evans (Großbritannien), Manuel Aguilar (Spanien), Ad Vissers (Niederlande), Jan Vranken (Belgien), denen sich später noch Nicola Negri (Italien) und Peter Abrahamson (Dänemark) anschlossen.

20 Vgl. Evans/Paugam/Prélis, »Chunnel vision: Poverty, social exclusion and the debate on social welfare in France and Britain«.

21 Vgl. Paugam (Hg.), L'Europe face à la pauvreté.

mehrere Forschungsgruppen wirkten daran mit.[22] Der vergleichende Blickwinkel wurde stark ausgeweitet, da wir nun über eine neue Datenquelle verfügten – nämlich das Europäische Haushaltspanel, dessen erste Erhebungswelle 1994 in Form repräsentativer Stichproben in allen europäischen Ländern stattfand.

Dieses Forschungsprogramm ging von der Feststellung aus, dass die Situationen ökonomischer und sozialer Prekarität in Europa verschiedenartig sind und zunehmend kumuliert auftreten. Es griff die Hypothesen auf, die aus meinen Arbeiten zur sozialen Disqualifizierung hervorgegangen waren. Sein Ziel bestand zum einen darin, die zunehmende Kumulierung von Benachteiligungen, die Mitte der 1980er bis 1990er Jahre zu beobachten war, im Zusammenhang mit unterschiedlichen Situationen von Prekarität zu analysieren; zum anderen die Kausalbeziehungen zwischen der Beschäftigungssituation, der wirtschaftlichen Armut, der kulturellen und sozialen Armut sowie den in jedem Land ergriffenen sozialpolitischen Maßnahmen auf der Basis von Verlaufsdaten zu untersuchen.

Die Ergebnisse des Programms wurden in einem Sammelband publiziert.[23] Er reiht nicht einfach komparative Artikel der beteiligten Forschungsgruppen aneinander, sondern enthält auch eine Interpretation der Regulierungsweisen von Arbeitslosigkeit. Unsere erste Erkenntnis war, dass die Erfahrung von Arbeitslosigkeit in Europa kein homogenes Ganzes bildet, sondern vielmehr ein Phänomen darstellt, das in den jeweiligen wirtschaftlichen, gesellschaftlichen und politischen Strukturen verankert ist, die ihr in jeder einzelnen nationalen Kultur eine jeweils eigene Bedeutung geben konnten. Diese Unterschiede ließen sich zum Teil durch die in den

---

22 Die an diesem Netzwerk beteiligten Forscher gehörten zum größten Teil Mitgliedsinstituten des European Consortium for Sociological Research an. Die englische und französische Forschungsgruppe wurden von Duncan Gallie beziehungsweise mir koordiniert, die übrigen Gruppen von Wout Ultee (Niederlande), Antonio Schizzerotto (Italien), Richard Hauser (Deutschland), Christopher Whelan (Irland), Niels Ploug (Dänemark) und Sten Ake Stenberg (Schweden) geleitet.

23 Vgl. Gallie/Paugam (Hg.), Welfare Regimes and the Experience of Unemployment in Europe.

Ländern etablierten Systeme der Absicherung des Risikos Arbeitslosigkeit erklären. Wir konnten bestätigen, dass es keine einfache Beziehung zwischen Arbeitslosigkeit und sozialer Isolation gibt und stattdessen belegen, dass die Wahrscheinlichkeit der Häufung von Benachteiligungen von dem in den einzelnen Ländern und Gesellschaftstypen jeweils vorherrschenden Modell der Regulierung von Arbeitslosigkeit abhängt. Diese Modelle gesellschaftlicher Regulierung der Arbeitslosigkeit haben wir auf der Grundlage der Beziehung zwischen den der öffentlichen Sphäre wohlfahrtsstaatlicher Intervention zugewiesenen Verantwortlichkeiten einerseits und den Verantwortlichkeiten der Interventionssphäre der Familie andererseits definiert. Einige der Ergebnisse aus dieser vergleichenden und gemeinsam durchgeführten Forschungsarbeit werden in diesem Buch noch vorgestellt werden.

Das letzte Forschungsvorhaben unterscheidet sich ein wenig von den drei anderen. Es handelt sich um eine Erhebung zu Armut und sozialer Ausgrenzung, die im Auftrag der Europäischen Kommission durchgeführt wurde und an deren allgemeiner Konzeption wie auch Auswertung ich zusammen mit Duncan Gallie beteiligt war.[24] Die Feldphase dieser Umfrage fand im September und Oktober 2001 in sämtlichen Ländern der Europäischen Union (bei einer repräsentativen Stichprobe von ungefähr 1000 Personen pro Land) statt. Mit der Auswertung wurde 2002 unter Mitarbeit von Marion Selz am Lasmas[25] insbesondere zu den sozialen Repräsentationen von Armut, den persönlichen Erfahrungen und den Einstellungen

---

24 Diese Erhebung wurde für die Einheit »Exclusion sociale« der Generaldirektion Beschäftigung durchgeführt. Die Organisation und Durchführung der Umfrage lag beim INRA (Europa), einer Agentur der European Opinion Research Group. Diese Umfrage entsprach im Grunde dem vierten Eurobarometer, das nach den in den Jahren 1976, 1989 und 1993 durchgeführten der Wahrnehmung der Armut in Europa gewidmet war.

25 Das Lasmas (Laboratoire d'Analyse Secondaire et des Méthodes appliquées à la Sociologie – heute Centre Maurice Halbwachs) ist ein auf die Sekundäranalyse großer Umfragen spezialisiertes Institut, das vorwiegend in den Bereichen Beschäftigung, Bildung und Ausbildung, soziale Ungleichheit, soziale und berufliche Netzwerke, Meinungs- und Werteentwicklung arbeitet; Anm. des Übers.

zu Gesellschaft und Wohlfahrtsstaat begonnen. Bis dahin waren nur sehr wenige vergleichende Forschungen zu diesen Aspekten durchgeführt worden. Daher lieferte diese europaweite Erhebung wertvolle Daten für die vergleichende Analyse des gesellschaftlichen Verhältnisses zur Armut.

Dieses Buch stützt sich auf die Ergebnisse sämtlicher der genannten Forschungsprogramme, stellt aber keineswegs nur eine simple Zusammenfassung dar. Keinem von ihnen liegt explizit das in diesem Buch entwickelte theoretische Gerüst zugrunde. Es ist das Ergebnis einer intellektuellen Entwicklung, in deren Verlauf ich einen spezifischen analytischen Rahmen entwickelt habe, den ich im ersten Teil vorstellen werde, insbesondere die Typologie der elementaren Formen der Armut. Der zweite Teil ist eher empirisch orientiert. Darin werden die wichtigsten Ergebnisse der Umfragen mit der hier entwickelten Typologie zusammengebracht, um sie möglicherweise zu validieren.

Wie ich bereits angedeutet habe, ist dieses Buch das Resultat von mehreren Jahren Forschung. Mir scheint es ein Ding der Unmöglichkeit zu sein, allen Personen zu danken, die auf die eine oder andere Weise früher oder später zu meinen Überlegungen beigetragen und mich bei diesem langwierigen Unternehmen unterstützt haben. Ich kann ihnen nur allen zusammen Dank sagen. An erster Stelle stehe ich in der Schuld bei all den Professoren, Forschern und Ingenieuren, die mich bei den verschiedenen oben erwähnten vergleichenden Forschungsprogrammen begleitet haben. Ihnen allen gilt mein aufrichtiger Dank.

Dann möchte ich mich bei Duncan Gallie bedanken, mit dem zusammen ich das Programm zur Erfahrung der Arbeitslosigkeit in Europa geleitet und die jüngste europäische Umfrage zu Armut und sozialer Ausgrenzung durchgeführt habe. Diese wissenschaftliche und zugleich freundschaftliche Zusammenarbeit ist für mich persönlich eine Bereicherung gewesen. Ich danke auch Franz Schultheis, mit dem ich lange über die deutsche Soziologie und die Probleme des internationalen Vergleichs diskutiert habe.

Dieses Buch präsentiert hauptsächlich Daten über Europa, da es sich zum großen Teil auf die schon erwähnten europäischen Programme stützt. Mir ist es jedoch wichtig zu betonen, dass meine Überlegungen auch davon profitiert haben, was außereuropäische Forscher beigetragen haben, mit denen ich das Vergnügen hatte, mich austauschen zu können. Hilary Silver hat mir dabei geholfen, die amerikanische Realität der Armut und der Ausgrenzung besser kennenzulernen, und ich möchte ihr dafür aufrichtig danken. Ich denke auch an Maura Véras, die mich mehrere Male an ihre Universität in São Paulo eingeladen hat, wodurch ich die Gelegenheit erhielt, mit ihrer Forschungsgruppe und ihren Studenten die Welt der Favelas zu untersuchen.

Besondere Anerkennung schulde ich Marion Selz für ihre wertvolle Hilfe bei der statistischen Auswertung der Umfragedaten sowie für ihre eingehende Lektüre des Manuskripts. Ich möchte an dieser Stelle auch meine Studenten an der École des Hautes Études en Sciences Sociales nicht vergessen, die seit 2001 an meinem Seminar zur Soziologie sozialer Ungleichheiten und sozialer Brüche teilgenommen und kritisch, wohlwollend und sensibel auf die Forschungen, die ich ihnen vorgestellt habe, reagiert haben. Ich denke, dass sie in diesem Buch die Frucht unserer Diskussionen wiedererkennen werden.

Wie immer wurde ich mit Ratschlägen und Kritik von Dominique Schnapper unterstützt – mit der mich seit der Zeit, in der sie meine Dissertation betreute, ein tiefes geistiges Einverständnis verbindet – sowie von François-Xavier Schweyer. Das hohe Niveau unserer Gespräche, das gegenseitige Vertrauen und die Freundschaft, die in dem »kleinen Seminar« herrschen, das wir drei regelmäßig zusammen veranstalten, haben mir in den verschiedenen Phasen der Arbeit an diesem Buch geholfen.

Mein Dank geht auch an Marie Gaffet für ihre Unterstützung und ihre Ermutigung.

Erster Teil
Grundlagen

»Was als schreckliche Entbehrung gilt, kann von Gesellschaft zu Gesellschaft verschieden sein, vom Standpunkt des Soziologen aus sind diese Variationen jedoch Gegenstand objektiver Analyse. Wir können natürlich darüber debattieren, wie genau normative Urteile solche gesellschaftlichen Variationen berücksichtigen sollten. Aber die vorrangige Aufgabe beim Diagnostizieren von Not und Elend besteht in der Sensibilität dafür, wie die verschiedenen Probleme in der jeweiligen Gesellschaft wahrgenommen werden. Die Leugnung dieses Zusammenhangs hat weniger mit übertriebener Objektivität als viel mehr mit übertriebener Dummheit zu tun.«

Amartya Sen, Inequality Reexamined,
New York, Oxford 1992, S. 108

Einleitung

Armut, das muss zunächst betont werden, stellt gegenwärtig kein eigenständiges Forschungsfeld der Soziologie dar. Natürlich gibt es eine Unmenge an Arbeiten, die diese Thematik berühren, die meisten von ihnen richten sich jedoch auf andere, stärker eingegrenzte oder aber weiter gespannte soziologische Gegenstände. Für diejenigen, die etwa eine besondere soziale Gruppe untersuchen, stellt die Armut vielleicht nur ein Merkmal unter anderen dar. Spezialisten für soziale Schichtung sind an Armut interessiert, da sie mit zum Verständnis der gesellschaftlichen Hierarchie beiträgt, machen sie jedoch nicht immer zur spezifischen Besonderheit ihrer Arbeit. Die meisten Forschungen zur sozialen Ungleichheit stellen die ärmeren Bevölkerungsgruppen den wohlhabenderen gegenüber, diese Unterscheidung setzt sich aber nur selten eine Untersuchung der Armut im engeren Sinne zum Ziel. Diejenigen Wissenschaftler, die sich mit der Entwicklung der Wohlfahrtsstaaten und den Formen gesellschaftlicher Regulierung beschäftigen, befassen sich normalerweise mit Armut, allerdings eher unter dem Blickwinkel der sozialen Frage. Das offenkundige Paradox der Armut besteht darin, dass sie häufig in empirischen und theoretischen Forschungen auftaucht, letztlich aber kaum als eigenständiger Forschungsgegenstand entwickelt ist. Sie ist für die Forscher nur im Rahmen spezieller Überlegungen interessant und stellt dabei nur ein Element unter vielen dar.

In diesem Buch wird anders verfahren. Es geht über den Commonsense zur Armutsfrage hinaus und fügt sie in einen weiter gespannten analytischen Rahmen ein. Soziologisch relevant ist nicht die Armut als solche, sondern das Verhältnis wechselseitiger Abhängigkeit zwischen der Bevölkerungsgruppe, die gesellschaftlich als arm definiert wird, und der Gesellschaft, der sie angehört. Der gesellschaftliche Status der Armen steht und fällt mit dieser wechselseitigen Abhängigkeit, wobei ich allerdings die Hypothese aufstellen möchte, dass in unseren Gegenwartsgesellschaften mehrere Typen davon existieren. Ziel ist, diese verschiedenen Typen zu vergleichen. Der erste Teil der Arbeit möchte den theoretischen Rahmen abstecken, um eine Bestimmung mehrerer elementarer Formen der Armut vornehmen zu können. Er beginnt mit einer Rückbesinnung auf klassische Texte der Soziologie.

Im ersten Kapitel geht es um die Pauperismusfrage, wie sie in der ersten Hälfte des 19. Jahrhunderts von mehreren Autoren, insbesondere aber von Tocqueville und Marx aufgegriffen wurde. Die beiden Autoren deuteten das Phänomen keineswegs gleich. Ihre Analysen fügen sich in ihr jeweiliges Werk ein, das bei Tocqueville von der Frage nach Demokratie und Gleichheit und bei Marx von der Frage des Klassenkampfs beherrscht wird. Tocqueville wie Marx behandeln die Armut mehr als eine soziale Frage denn als soziologischen Gegenstand. Beide haben vielleicht versucht, diese Frage im Zusammenhang mit der Entwicklung der Gesellschaften zu sehen und einen analytischen Rahmen zu entwickeln, mit dem sich das Funktionieren der Gesellschaft als Ganzes interpretieren lässt. Allerdings haben sie weder explizit festgelegt, was die Armen im Verhältnis zu den anderen Gesellschaftsmitgliedern soziologisch betrachtet kennzeichnet, noch erklärt, wie sich diese Kategorie herausbildet und wie sie mit der Gesellschaft verbunden ist. Dieses Kapitel wird mit der Vertiefung des berühmten Textes von Simmel »Der Arme« fortgeführt, der meiner Ansicht nach den wichtigsten Beitrag überhaupt zur Soziologie der Armut darstellt.

Ziel des zweiten Kapitels wird es vor allen Dingen sein, auf der Grundlage von Untersuchungen in Frankreich die unterschiedlichen Bedingungen von Unterstützungsempfängern bewusst zu machen und daraus erste Schlussfolgerungen zu ziehen. Durch den Entwurf eines analytischen Rahmens, mit dem sich die soziohistorischen Variationen der wechselseitigen Abhängigkeit zwischen den »Armen« und dem Rest der Gesellschaft erklären lassen, bildet es zugleich auch eine Fortsetzung der Überlegungen und des konstruktivistischen Vorgehens von Simmel. Es schließt mit der Definition der drei elementaren Formen der Armut.

1. Die Geburt der Soziologie der Armut

Im Unterschied zu einem rein deskriptiven und substantialistischen Herangehen an die Gruppe der Armen beschäftigt sich die Soziologie der Armut vorrangig mit der Konstruktion dieser sozialen Kategorie und charakterisiert die wechselseitigen Abhängigkeiten zwischen ihr und dem Rest der Gesellschaft. Dieser analytische Blickwinkel entstand in der ersten Hälfte des 19. Jahrhunderts im Rahmen der Auseinandersetzung mit dem Pauperismus. Abgesehen von den zahlreichen Gesellschaftstheoretikern und Philanthropen dieser Zeit, die sich unter Bezugnahme auf präzise Erhebungen mit dieser Frage befassten, widmeten zwei große Autoren, die traditionell als Gründerfiguren der Soziologie gelten – nämlich Tocqueville und Marx –, dem Pauperismus ebenfalls besondere Aufmerksamkeit. Auch wenn es für ein umfassenderes Verständnis des Pauperismus unerlässlich ist, sich mit den Schriften von Buret[1], Villermé[2] und Engels[3] – um nur die wichtigsten zu nennen – auseinanderzusetzen, stellen doch die Analysen von Tocqueville und Marx die erste entscheidene Etappe in der Soziologie der Armut dar.

Auf die Herausbildung einer analytisch ausgerichteten Soziologie der Armut sollte man allerdings noch bis ins beginnende 20. Jahrhundert warten müssen, insbesondere bis zur Veröffentlichung von Simmels »Der Arme«. Wenn ich näher auf die Beiträge von Tocqueville, Marx und Simmel eingehen werde, bin ich mir durchaus im Klaren, mehrere Autoren dabei zu übergehen, die eine intensivere Beschäftigung verdient hätten. Dieses erste Kapitel beansprucht keineswegs, eine erschöpfende Geschichte der soziologischen Forschungen über Armut zu liefern. Seine Zielsetzung beschränkt sich darauf, anhand der Überlegungen der Klassiker die mir wesentlich erscheinenden Etappen auf dem Weg zu einer Soziologie der Armut nachzuzeichnen.

---

1 Vgl. Buret, De la misère des classes laborieuses en France et en Angleterre.
2 Vgl. Villermé, Tableau de l'état physique.
3 Vgl. Engels, Die Lage der arbeitenden Klasse in England.

Tocqueville, Marx und der Pauperismus

Die Beschäftigung mit Tocqueville und Marx mag banal erscheinen, so oft wurden die beiden Denker schon miteinander verglichen und sind sie auch heute noch in mehr oder weniger antagonistischen Denkströmungen repräsentiert. Nur selten wurde jedoch der Versuch unternommen herauszufinden, worin ihr Denken sich ergänzt und trotz ihrer fundamentalen Unterschiedlichkeit Aufschluss über gesellschaftliche Phänomene geben kann. Raymond Aron ist insofern eine Ausnahme. In seinem »Essai sur les libertés« hat er ihnen ein ganzes Kapitel gewidmet, um eine grundlegende Unterscheidung zwischen formalen und tatsächlichen Freiheiten einzuführen und aufzuzeigen, dass die aus der marxistischen Kritik hervorgegangenen tatsächlichen Freiheiten die formalen mehr ergänzen denn einen Gegensatz zu ihnen darstellen.[4] Es ist verlockend, diese Art von Untersuchung über die Freiheiten auf das Thema der Armut zu übertragen. Ich möchte jedoch weniger einem Ritual huldigen als herausarbeiten, womit die beiden Theoretiker jeweils die Soziologie der Armut am meisten geprägt haben. Ich stütze mich im Wesentlichen auf »Mémoire sur le paupérisme« von Tocqueville und »Das Kapital« von Marx, insbesondere auf Kapitel XII, das er dem allgemeinen Gesetz der kapitalistischen Akkumulation gewidmet hat.

Der Relativismus Tocquevilles

Tocquevilles Denkschrift über den Pauperismus ist inzwischen recht bekannt, selbst wenn der Originaltext nicht mehr auffindbar ist.[5] Sie wurde von ihm vor der Société académique de Cherbourg 1835 vorgetragen, also im selben Jahr, als der erste Band von »De la Démocratie en Amérique« erschien. Es sei darauf hingewiesen, dass 1835 auch das Jahr ist, in dem Tocqueville zum zweiten Mal eine Englandreise unternahm, auf der sein Interesse besonders der Reform des Armengesetzes vom 14. August 1834 und deren Auswir-

4 Aron, Über die Freiheiten (1965).

5 Tocqueville, »Denkschrift über den Pauperismus«.

kungen galt.[6] Dieser Text, der im selben Jahr auch in den »Mémoires« dieser Gesellschaft erschien, hat den Charakter eines mündlichen Vortrags und ist kein gänzlich ausgearbeitetes Werk. Tocqueville hatte dafür eine Fortsetzung angekündigt, in der er »die Maßnahmen, von denen man sich eine präventive Bekämpfung des Pauperismus erhoffen kann«, der Öffentlichkeit kundtun wollte. Dieses Versprechen hielt er allerdings nicht ein, ohne dass man den Grund dafür wüsste. Die Spezialisten für Sozialpolitik fanden diesen Umstand denn auch sehr beklagenswert. Nichtsdestoweniger bezieht Tocqueville in diesem Text schon deutlich Position hinsichtlich der Risiken, die ein allgemeines System öffentlicher Armenunterstützung birgt, ein System, das er als gesetzliche Wohltätigkeit im Gegensatz zur privaten Wohltätigkeit bezeichnet. Seine Überlegungen zu diesem Thema, die seither oft von liberalen Denkern aufgegriffen worden sind, lassen keinerlei Zweifel bezüglich der allgemeinen Orientierungen, die er für wünschenswert erachtete. »Mémoire sur le paupérisme« lässt sich allerdings nicht auf ein solches Urteil über die Armenunterstützung reduzieren. Die Arbeit stellt vielmehr einen ersten Versuch dar, die von der Armut und ihrer Entwicklung im Verlauf der Jahrhunderte aufgeworfene soziale Frage zu formulieren. Auch wenn Tocqueville nicht der Einzige war, der diesem Phänomen nachging, so ist seine Herangehensweise doch äußerst aufschlussreich und unterscheidet sich deutlich von derjenigen so mancher Philanthropen des 19. Jahrhunderts, die im Namen einer humanistischen Ethik die Reichen zu Mitleid und Ausübung von Mildtätigkeit ermuntern und zugleich die Armen moralisieren wollten, indem sie ihnen Werte einzuimpfen versuchten, mit denen sie sich wieder »geradebiegen« ließen.[7] Im Gegensatz dazu prangert Tocqueville nicht die Schicksalsergebenheit, Unbesonnenheit, Kin-

---

6 Der Leser findet in Band V der Œuvres complètes Tocquevilles die Berichte über seine Reisen nach England von 1833 und nach England und Irland von 1835. Die Beobachtungen und Kommentare, die darin wiedergegeben sind, vervollständigen sein Mémoire sur le paupérisme.

7 In diesem Punkt teile ich nicht die Meinung Robert Castels, der davon ausgeht, dass Tocqueville in seinem Mémoire sur le paupérisme keinerlei Originalität an den Tag legt. Vgl. Castel, Die Metamorphosen der sozialen Frage, S. 193.

desaussetzungen, den Alkoholismus und die Unsittlichkeit der Armen an, die unter katastrophalen hygienischen Umständen in elenden Behausungen auf engstem Raum zusammenlebten.[8] Er lässt seine Ausführungen mit einem Paradox beginnen, das von vornherein die Schwierigkeit des Unterfangens widerspiegelt, Armut überhaupt zu definieren:

»Wenn man die verschiedenen Länder Europas betrachtet, stutzt man über ein sehr ungewöhnliches und anscheinend unerklärliches Schauspiel. Die Länder, die am meisten vom Elend betroffen zu sein scheinen, zählen in Wirklichkeit die wenigsten Bedürftigen, und bei den Völkern, deren Reichtum Sie bewundern, braucht ein Teil der Bevölkerung, um leben zu können, die Unterstützung des anderen.«[9]

Dieses Paradox beruht im Grunde auf zwei Begriffen, die scheinbar nahe beieinanderliegen, sich in ihrer Bedeutung jedoch nicht ganz decken. Der Begriff Bedürftigkeit (*indigence*) bezieht sich auf Individuen, die sich hinsichtlich der charakteristischen Merkmale eines Zustands der Entbehrung und ihrer Abhängigkeit von anderen eindeutig vom Rest der Gesellschaft abgrenzen lassen, während sich der Begriff Elend (*misère*), wie ihn Tocqueville in dieser Passage versteht, auf eine gesamte Region oder ein gesamtes Land beziehen lässt. Die vom Elend am meisten betroffenen Länder weisen am wenigsten Bedürftige auf, und zwar in dem Sinne, als es dort keine Menschen gibt, deren soziale Lage sich deutlich von derjenigen der Gesamtbevölkerung unterscheidet. Tocqueville vergleicht dann das England seiner Zeit mit Spanien und vor allem Portugal. Ersteres hat seit dem vorangegangenen Jahrhundert eine industrielle Revolution durchlaufen, während die beiden anderen agrargesellschaftlichen Traditionen verhaftet bleiben, was sich insbesondere in einem niedrigen wirtschaftlichen Entwicklungsstand äußert.

---

8 Das Werk Gérandos ist zweifellos am typischsten für diese moralisierende Haltung, die den Nährboden zahlreicher, auf die Armen abzielenden Aktionen bildet. So mancher mag hierin wohl die Ursprünge der Sozialarbeit erkennen. Vgl. de Gérando, Le visiteur du pauvre (1820).

9 Tocqueville, »Denkschrift über den Pauperismus«, S. 61.

»Durchqueren Sie die Landgebiete Englands, so glauben Sie sich am Geburtsort der modernen Zivilisation. Ausgezeichnet unterhaltene Straßen, frische und saubere Wohnstätten, fette Viehherden auf saftigen Wiesen, von Kraft und Gesundheit strotzende Bauern, der Reichtum blendend wie sonst in keinem Land der Welt, der bloße Wohlstand prächtiger und erlesener als anderswo; überall der Anblick von Fleiß, Wohlergehen und freier Zeit; ein Eindruck von allgemeinem Gedeihen, den man überall zu gewinnen meint, so dass einem auf jedem Schritt das Herz bebt; das ist der Anblick, den England auf den ersten Blick dem Reisenden bietet. Dringen Sie dann in das Innere der Gemeinden ein; prüfen Sie die Gemeinderegister, dann entdecken Sie mit unbeschreiblichem Erstaunen, dass ein Sechstel der Einwohner dieses blühenden Königreiches von der öffentlichen Wohltätigkeit lebt.«[10]

Der Kontrast zu Spanien und Portugal springt ins Auge:

»Sie treffen auf Schritt und Tritt eine schlecht genährte, schlecht gekleidete, unausgebildete und ungesittete Bevölkerung, die in elenden Behausungen zwischen halb brachliegenden Feldern lebt; dennoch ist in Portugal die Anzahl der Bedürftigen geringfügig. Herr de Villeneuve schätzt, dass in diesem Königreich ein Armer auf 25 Einwohner kommt. Der berühmte Geograph Balbi hatte zuvor einen Bedürftigen pro 98 Einwohner angegeben.«[11]

Auf diese Beobachtung hin überprüft er die allgemeinen Ursachen für dieses Phänomen. Dafür muss man seiner Ansicht nach den Begriff Bedürfnis vertiefen und seine Entwicklung im Lauf der Zeiten verfolgen. Am Beispiel der »wilden Volksstämme«, auf die er während seines Aufenthaltes in Nordamerika gestoßen war, unterstreicht er die Kluft zwischen ihrer objektiven Armut und dem Gefühl, das sie hinsichtlich ihrer eigenen Lage haben: »Ich habe ihr Los beklagt«, sagt er, »aber sie empfanden es gar nicht grausam. In den Rauchschwaden seiner Hütte liegend, bekleidet mit grobem Material, das das Werk seiner Hände [ist] oder aus seiner Jagdbeute stammt, sieht der Indianer unsere Kunstfertigkeiten mitleidig an, betrachtet er die Fortschritte unserer Zivilisation als ermüdende und schändliche Unterjochung; einzig unsere Waffen regen seine

10 Ebenda, S. 61.
11 Ebenda, S. 61f.

Begierde.«[12] Wenn sich der Blick von außen durch den Beobachter nicht mit dem der Eingeborenen deckt, dann liegt das daran, dass er nicht durch die gleiche Kultur geformt ist. Insofern existiert die Armut der Indianer nur, wenn man sie auf ein anderes Universum von Bedürfnissen bezieht, das sich permanent verändert und deshalb keinen absoluten Bezugspunkt darstellen kann. In »De la Démocratie en Amérique« hatte Tocqueville diesen Gegensatz zwischen der permanenten Ruhelosigkeit und Unzufriedenheit der Reichen und der Heiterkeit der Armen anhand eines anderen Beispiels bereits hervorgehoben:

»In gewissen abgelegenen Bezirken der Alten Welt trifft man bisweilen kleine Bevölkerungsgruppen, die inmitten der allgemeinen Unrast gleichsam vergessen wurden und die, während sich alles um sie herum tummelt, unbewegt stehenbleiben. Die meisten dieser Völker sind höchst unwissend und sehr arm; sie mischen sich nicht in die Geschäfte der Regierung ein, und die Regierungen unterdrücken sie oft. Indessen zeigen sie gewöhnlich ein heiteres Gesicht, und oft bricht bei ihnen ein munterer Humor durch. In Amerika habe ich die freiesten und gebildetsten Menschen gesehen, die in den glücklichsten Verhältnissen der Welt leben; ich hatte den Eindruck, eine Wolke überschattet meist ihre Züge; sie erschienen mir ernst und sogar in ihrem Vergnügen beinahe traurig.«[13]

In diesen Beobachtungen legt Tocqueville nicht nur einen gewissen Kulturrelativismus an den Tag, sondern stößt auf Anhieb auf das Problem der Definition von Armut, das ihn zur Unterscheidung des objektiven vom subjektiven Ansatz und dem Vergleich der beiden Ansätze führt.[14] Auf dieser Unterscheidung basieren noch heute

---

12 Ebenda, S. 63.

13 Vgl. Tocqueville, Über die Demokratie in Amerika, Teil 2, 13. Kapitel: »Weshalb die Amerikaner inmitten ihres Wohlstandes so ruhelos sind«, S. 200.

14 Es sei darauf hingewiesen, dass sich bei Eugène Buret eine der Tocquevilleschen ähnliche Analyse findet. Buret unterscheidet Armut (*pauvreté*) und Elend (*misère*). Im Elend sieht er »die Mittellosigkeit, das Leiden, die Erniedrigung, die das Ergebnis unfreiwilliger Entbehrung sind, im Nebeneinander mit dem Gefühl eines verdienten Wohlstands, dem man alle Welt ohne große Mühe sich hingeben sieht oder dem man sich lange Zeit selbst hingegeben hat«. Dieses Elend, das in den Industriestädten so

zahlreiche Arbeiten, auf die wir im weiteren Verlauf noch zu sprechen kommen werden.

Tocqueville sieht in der Bedeutung, die man der Armut in der Gesellschaft seiner Zeit, insbesondere in England, dem damals am weitesten industrialisierten Land, beimisst, die Kehrseite derjenigen, die man dem Geld und dem Reichtum zuschreibt. In den Aufzeichnungen zu seiner zweiten Englandreise notiert er die Beobachtung, dass der Kult um das Geld sich in sämtliche gesellschaftlichen Sphären ausbreitet und zum bestimmenden Kriterium nicht nur des Reichtums der Menschen, sondern in erster Linie auch ihrer Macht, ihres Ansehens und ihres Ruhmes wird. »Der Geist, ja sogar die Tugend scheinen gering ohne das Geld. Das Geld vermengt sich mit allen Verdiensten, verleibt sich ihnen gewissermaßen ein. Es füllt alle Lücken, die sich zwischen Menschen befinden, doch nichts könnte dafür einen Ersatz bieten.«[15] Er zieht daraus den Schluss, dass sich die Armen in einer ziemlich ungerechten Lage befinden. »Die Engländer«, sagt er, »haben den Armen nur zwei Rechte gelassen: zum einen, der gleichen Gesetzgebung zu unterstehen wie die Reichen, zum anderen ihnen gleich zu werden, indem sie legal zu Reichtum kommen. Noch dazu sind diese beiden Rechte mehr Schein als

---

verbreitet ist, scheint den ärmsten Landbewohnern fremd zu sein. Buret zufolge »herrscht in manchen Klassen äußerste Armut, es herrscht aber kein Elend in dem Sinne, wie wir es diesem Wort beimessen. Man trifft auf dem Land auf Menschen, die inmitten der absoluten Armut leben; sie besitzen fast keines der Werkzeuge zivilisierten Lebens; kaum bekleidet, in Hütten hausend, die sie weder gegen die Feuchtigkeit noch gegen die Kälte schützen, von derber Nahrung lebend, zeigen sie für uns draußen sämtliche Symptome des Elends. Und dennoch ist ihnen ihr Leid fast nicht bewusst, weil ihre Bedürfnisse so einfach sind wie ihre wirtschaftlichen Fähigkeiten. Ihr Magen schreit niemals vor Hunger, ihre vom rauen Klima gegerbte Haut leidet selten an unzureichender Behausung und Kleidung. Der Bauer aus der Picardie mit seinen armseligen Hütten aus Stroh und Lehm ist so arm, wie man nur sein kann. Niemals fällt er jedoch der öffentlichen Wohltätigkeit zur Last, er wirkt überhaupt nicht armselig.« Vgl. Buret, De la misère des classes laborieuses en France et en Angleterre, Bd. 1, S. 115.

15 Vgl. Tocqueville, Œuvres complètes, Bd. V (Reisen nach England, Irland, in die Schweiz und nach Algerien), S. 63.

Wirklichkeit, da der Reiche das Gesetz macht und zu seinen Gunsten oder denen seiner Kinder die wesentlichen Mittel zum Erwerb von Reichtum schafft.«[16]

Im gesamten ersten Teil seiner Denkschrift über den Pauperismus beschäftigt sich Tocqueville in einer bewusst vereinfachenden historischen Analyse mit den menschlichen Bedürfnissen. Diese sind seiner Ansicht nach ursprünglich auf das zum Leben Notwendige beschränkt: ein Dach über dem Kopf gegen die Unbilden der Jahreszeiten, ausreichende Ernährung. Ab dem Augenblick, wo die Menschen zu Bauern werden, eignen sie sich Land an, werden sesshaft und verschaffen sich umfassendere Sicherheiten gegen den Hunger und die Wechselfälle des Daseins. Nach und nach entdecken sie andere Quellen des Genusses. Doch mit diesem Wunsch, noch mehr zu besitzen, geht auch das Aufkommen von Ungleichheiten zwischen den Menschen einher. Solange sie mit der Jagd zufrieden waren, gab es keinerlei äußere Zeichen der Überlegenheit eines Menschen gegenüber einem anderen oder einer Familie gegenüber einer anderen. »Aber von dem Moment an, als das Grundeigentum bekannt war und die Menschen die weiten Wälder in reiches Brachland und saftige Wiesen verwandelt hatten, sah man, wie einzelne sich mehr Land aneigneten, als zu ihrer Ernährung erforderlich war, und wie sie das Eigentum auf ihre Nachkommen übertrugen. Von daher rührt der Überfluss; mit ihm entsteht der Gefallen an anderen Genüssen als der Befriedigung der gröbsten Bedürfnisse der physischen Natur. An diesem Punkt der menschlichen Zivilisation ist der Ursprung fast aller Aristokratien zu verorten.«[17] Anhäufung von Grundbesitz, Herrschaft, die sich in einigen wenigen Händen konzentriert, hemmungsloser Eroberungsgeist – das sind die wesentlichen Elemente dieser auf Ungleichheit gegründeten Gesellschaften des frühen Mittelalters.

In seinem kurzen geschichtlichen Abriss setzt sich Tocqueville besonders mit dem Feudalzeitalter auseinander. Ihm zufolge war die Bevölkerung im 12. Jahrhundert nur in zwei Kategorien gespalten: in Bauern und Grundbesitzer. Wenn sie auch ihren Herren unter-

---

16 Ebenda, S. 64.

17 Tocqueville, Denkschrift, S. 63.

worfen waren, so besaßen die Bauern doch fast immer alles, was sie zum Leben brauchten: »In ihrem Verlangen so begrenzt wie in ihrem Können, ohne Sorge um die Gegenwart, ungerührt von einer Zukunft, zu der sie keinen Bezug hatten, genossen sie jene Art von unbekümmertem Glück, dessen Reiz der äußerst zivilisierte Mensch ebenso schwer begreift wie er seine Existenz bestreiten kann.«[18] Die Grundbesitzer bildeten die privilegierte Klasse, die im Luxus und Überfluss lebte, ohne jedoch Komfort und wirklichen Wohlstand zu kennen. »Deren Dasein war glänzend, luxuriös, aber nicht behaglich. Man aß mit den Fingern von versilberten oder stählernen Schüsseln; die Kleidung war mit Hermelin oder Gold besetzt und Wäsche noch unbekannt; man hauste in Palästen mit nassen Wänden und saß auf reich verzierten Holzsesseln neben riesigen Herdfeuern, die ganze Bäume verzehrten, ohne ringsum Wärme zu spenden.«[19] Tocqueville schloss daraus, dass während des Feudalismus die große Mehrheit der Bevölkerung fast frei von Entbehrung lebte: »Grund und Boden reichten sozusagen für alle. Wohlstand gab es nirgends, aber überall genug zum Leben.«[20] Anders gesagt: Trotz dieser grundlegenden sozialen Ungleichheit war Armut beinahe allgemein verbreitet und ihre Bedeutung keineswegs mit der vergleichbar, die wir ihr in den modernen Gesellschaften zumessen. Diese Armut ist nicht gleichzusetzen mit Entbehrung, weil die Bedürfnisse ebenso begrenzt sind wie das Bewusstsein von einer besseren Zukunft.

Ohne nähere Erklärung behauptet Tocqueville, dass sich nach und nach neuartige Vorlieben entwickelten und die Bedürfnisse sich verfeinerten. Eine quantitativ große Klasse bildet sich, die von ihrer Produktion lebt, während die Nachkommenschaft des mittelalterlichen Adels ihre Vergnügungen ausweitet und neue Reichtümer erfindet: »Der Arme und der Reiche hegen, jeder in seinem Bereich, den Gedanken an neue Genüsse, von denen ihre Vorfahren nichts ahnten.«[21] Voller Hoffnung auf ein besseres Leben verlassen viele

18 Ebenda, S. 65.
19 Ebenda.
20 Ebenda.
21 Ebenda, S. 66.

Bauern das Land, um in den Manufakturen der Städte Arbeit zu finden. Es kommt zu einer Verschiebung ganzer Bevölkerungsgruppen, die nach Tocqueville dem unveränderlichen Gesetz des Wachstums und der Entwicklung entspricht, welches Marx, wie wir noch sehen werden, auf völlig andere Art analysiert.

Für Tocqueville zeichnet sich das beginnende 19. Jahrhundert durch das gleichzeitige Aufkommen von Wohlstand und Armut aus. »Heute ist die Mehrzahl glücklicher, aber es findet sich immer eine Minderheit, die nicht überleben kann, wenn ihr die öffentliche Unterstützung entzogen wird.«[22] Der Arbeiter des Pauperismus verfügt über nichts, was sein Überleben sichern würde, worum die Bauern doch stets bemüht waren. Er ist den Risiken der Produktion ausgesetzt und kann seine Arbeit und sein Einkommen schnell verlieren. Ohne Ressourcen ist ein Abrutschen in Elend und Tod vorprogrammiert. »Die ein Gewerbe treibende Schicht, die so stark zum Wohlergehen der anderen beiträgt, ist deshalb viel mehr diesen plötzlichen und nicht wieder gut zu machenden Übeln ausgesetzt.«[23]

Tocqueville gebührt unsere Anerkennung dafür, dass er den Begriff Armut relativiert hat. Indem er betont hat, dass die Bedürfnisse von einer Gesellschaft zur anderen und von einer Epoche unserer Geschichte zur nächsten variabel sind, schützte er sich gewissermaßen vor der Versuchung, Armut substantialistisch zu fassen. Er hat in seiner Denkschrift gezeigt, dass die Armut nicht als solche existiert, sondern nur im Verhältnis zum Zustand der gesamten Gesellschaft. Sein Interesse für die Subjektivität der Individuen und die Bedeutung, die sie ihren eigenen Erfahrungen verleihen, hat ihn darüber hinaus dazu geführt, eine weder populistische noch dramatisierende Perspektive gegenüber den Lebensweisen der Bedürftigsten einzunehmen. So hat er auch den Klassenethnozentrismus vermieden, der so oft bei den Moralisten und Wohltätern der Armen zu finden ist. Der erste Teil der Denkschrift endet mit einer prophetischen Vision, deren Klarsicht beeindruckend ist:

---

22 Ebenda.
23 Ebenda, S. 67.

»In dem Maße, wie die jetzigen Fortschritte der Zivilisation andauern, wird man den Lebensstandard der großen Mehrzahl zunehmen sehen; die Gesellschaft wird sich weiter entwickeln und sachkundiger werden; aber zugleich wissen wir, dass die Anzahl derer unablässig steigen wird, die auf die Unterstützung durch ihresgleichen angewiesen sind, um einen geringen Anteil an dieser Entwicklung zu haben. Man wird diese Doppelbewegung verzögern können; die besonderen Umstände, in denen sich die verschiedenen Völker befinden, werden ihren Gang beschleunigen oder bremsen; aber niemandem ist es gegeben, sie zum Stillstand zu bringen. Beeilen wir uns also, nach den Mitteln zu suchen, jene unvermeidlichen Übel zu lindern, die sich bereits absehen lassen.«[24]

Man findet in der Denkschrift keine genaue Definition der Armut als eines gesellschaftlichen Status. Tocqueville, der um die Gefahr der Einrichtung einer gesetzlichen Mildtätigkeit sehr besorgt ist, identifiziert die *Armen* explizit als Fürsorgeempfänger, das heißt, wie er in der eben zitierten Passage präzisiert, als diejenigen, die auf die Unterstützung ihrer Mitmenschen angewiesen sind und auf deren Kosten leben. Er versucht nicht, dieses Phänomen durch die Gesetzmäßigkeiten des Kapitalismus zu erklären, wie dies Marx einige Jahre später tun wird. Freilich weist er der Soziologie der Armut die Richtung, indem er indirekt betont, dass das, was die Armen vom Rest der Gesellschaft unterscheidet, ihre Abhängigkeit von der Gemeinschaft ist. Es ist der Umstand, »arm [zu sein] und weiter nichts«, wie Simmel zu Beginn des folgenden Jahrhunderts präzisieren wird. Im zweiten Teil der Denkschrift untersucht Tocqueville die Logik der Armenfürsorge, wobei er im Ton etwas kritischer wird. Es handelt sich dabei genau um den Teil, auf den sich häufig die Verfechter einer Reduzierung der staatlichen Hilfen für die Bedürftigsten beziehen.

»Jede Maßnahme, welche die gesetzliche Wohltätigkeit auf eine beständige Grundlage gründet und ihr eine administrative Form gibt, erzeugt damit eine untätige und faule Schicht, die auf Kosten der Gewerbe treibenden und arbeitenden Schicht lebt. Das ist, wenn auch nicht ihr unmittelbares Ergebnis, so doch ihre unvermeidbare Folge. Sie reproduziert alle Laster des Klostersystems abzüglich der hehren Ideen von Sittlichkeit und Religion, mit denen sie oft einhergingen. Solch ein Gesetz ist

---

24 Ebenda, S. 68.

ein giftiger Keim im Innern der Gesetzgebung; die Umstände können, wie in Amerika, den Keim daran hindern, sich rasch zu entwickeln, vermögen ihn aber nicht zu zerstören; und wenn die gegenwärtige Generation seinem Einfluss entrinnt, wird er doch den Wohlstand der künftigen Generationen aufzehren.«[25]

In dieser Analyse mischen sich Argumente unterschiedlicher Art, die gleichermaßen etwas von einer politischen Beurteilung, einem ideologischen Warnruf sowie einer soziologischen Betrachtung haben. Die radikale Kritik an der gesetzlichen Armenunterstützung führt über eine etwas überraschende Idealisierung der privaten Wohltätigkeit:

»Das individuelle Almosen schafft wertvolle Bande zwischen dem Reichen und dem Armen. Ersterer nimmt durch die Wohltat selbst Anteil am Schicksal desjenigen, dessen Elend er zu lindern trachtete; letzterer fühlt sich, weil er durch Beihilfen unterstützt wurde, die er nicht von Rechts wegen fordern konnte und vielleicht nicht erhofft hatte, zu Dankbarkeit verpflichtet. Eine moralische Verbindung entsteht zwischen diesen beiden Gruppen, die sonst durch so viele Interessen und Leidenschaften getrennt sind, und hat das Glück sie auch geschieden, so bringt ihr Wille sie doch einander näher.«[26]

Diese Aussage muss vor dem Hintergrund der Auffassung der damaligen Zeit gelesen werden, wonach private Mildtätigkeit noch ein Gebot der Moral darstellte. Das System öffentlicher Armenpflege war sehr beschränkt und ist mit den sozialpolitischen Maßnahmen von heute nicht zu vergleichen. Manche zeitgenössische konservative Denker teilen nichtsdestoweniger noch heute den Standpunkt Tocquevilles.[27] Freilich zeigt die soziologische Analyse, dass sich die Bedürftigsten genauso erniedrigt fühlen, wenn nicht

---

25 Ebenda, S. 72.

26 Ebenda, S. 73.

27 Als Beispiel kann man das Buch von Bénéton, Le fléau du bien, anführen, der sowohl für Frankreich als auch für die Vereinigten Staaten die negativen Effekte der öffentlichen Transfersysteme zugunsten der Armen anprangert und die positiven Wirkungen der Freigebigkeit und des Ehrenamtes zu belegen versucht. In den Vereinigten Staaten ist diese öffentlicher Armenhilfe gegenüber kritisch eingestellte Strömung besonders entwickelt. Vgl. zum Beispiel Murray, Losing Ground.

sogar mehr, wenn sie sich an die Sozialämter wenden müssen, um die Mittel zum Überleben zusammenzubekommen, als wenn sie auf der Straße oder in der U-Bahn betteln. Heute sind auch leichte Zweifel angebracht bezüglich der Intensität des moralischen Bandes, das den Spender und den Empfänger im Rahmen der privaten Wohltätigkeit eint, so flüchtig und unauffällig, wie sich diese meistens vollzieht. In seiner Kritik an der gesetzlichen Wohltätigkeit kommt Tocqueville jedoch zu soziologischen Erkenntnissen, die mir durchaus richtig erscheinen und auf jeden Fall besondere Aufmerksamkeit verdienen. Er macht sich insbesondere über den Sinn des Rechts auf Unterstützung Gedanken:

»In der Idee des Rechts findet sich etwas Großes und Mannhaftes, das dem Gesuch den bittstellerischen Charakter nimmt und den Antragsteller auf dieselbe Ebene hebt wie den Stattgebenden. Aber das Recht des Armen auf Unterstützung seitens der Gesellschaft hat die Besonderheit, dass es demjenigen, der es ausübt, nicht die Seele stärkt, sondern ihn demütigt. [...] sobald ein Bedürftiger in die Armenliste seiner Pfarrgemeinde eingetragen ist, kann er mit Sicherheit Unterstützung beanspruchen, aber was ist der Gewinn des Anrechts sonst, als die rechtskräftige Festschreibung des Elends, der Bedürftigkeit und der Unzucht desjenigen, der es erhielt? Die üblichen Rechte werden Menschen wegen einer von ihnen errungenen persönlichen Überlegenheit gegenüber ihresgleichen gewährt. Dieses hier wird wegen einer anerkannten Abhängigkeit zugestanden. Erstere betonen einen Vorzug und unterstreichen ihn; letzteres hebt eine Abhängigkeit hervor und bestätigt sie amtlich.«[28]

Tocqueville stellt hier die Frage nach dem gesellschaftlichen Status der Fürsorgeempfänger und schließt daraus, dass dieser nur ein minderwertiger sein kann. Wenn Identität nicht mehr auf der Grundlage eines direkten oder indirekten Beitrags zu den produktiven Tätigkeiten vermittelt wird, sondern durch eine dezidierte Abhängigkeit gegenüber der Gemeinschaft, wie dies auf die *Paupers* zutrifft, dann wird sie unvermeidlich durch einen Misskredit geprägt, sie wird negativ. Tocqueville differenziert seine Äußerungen nicht und berücksichtigt auch nicht die jeweils unterschiedlichen persönlichen Erfahrungen. Beispielsweise geht er nicht darauf ein,

---

28 Tocqueville, Denkschrift, S. 73.

dass Fürsorgeempfänger auch reagieren können und versuchen, sich gegen den Misskredit zu wehren und ihm etwas entgegenzusetzen. Auch wenn ihm bewusst ist, dass sie Strategien gegenüber den Sozialbehörden entwickeln können, die ihnen helfen wollen, zieht er daraus nicht den Schluss, dass ihre Unterlegenheit, für die er durchaus sensibel ist, zu einer Quelle für die Aushandlung der Identität und Persönlichkeitsveränderung werden kann.

Das bedeutet, dass die von Tocqueville herausgearbeitete allgemeine Tendenz trotz aller Vorbehalte, die wir heute vor dem Hintergrund aktueller soziologischer Untersuchungen haben können, im Grunde weiterhin zutrifft. Er hebt hervor, dass die Unterstützung der Armen eine ungenügende Antwort ist, und erfasst dabei sehr genau die Dialektik des Ganzen. Welche Armen Fürsorge beziehen, wird stets durch diese Abhängigkeit öffentlich bestimmt und gesellschaftlich definiert. Und in dieser Abhängigkeit ist durch das zugestandene Recht auf Unterstützung ihre gesellschaftliche Zugehörigkeit verankert wie auch ihre Minderwertigkeit, ihre betrübliche Integration in das, was als unterste soziale Schicht gilt, die stigmatisiert und oft verdächtigt wird, Brutstätte sämtlicher Laster und Verderbtheiten zu sein. In den Aufzeichnungen zu seiner Reise nach England kommentiert er das Armengesetz von 1834 und weist darauf hin, dass »das nicht offenkundige, aber eigentliche Ziel der Verbesserung der alten Armengesetze für den Gesetzgeber darin besteht, den Bedürftigen an der Inanspruchnahme öffentlicher Almosen zu hindern, indem sie ihm verleidet werden«.[29] Tocqueville durchschaut also sehr genau das wirkliche Ziel der Armenfürsorge. Der auf dem Antragsteller lastende Verdacht der Faulheit ist nicht nur eine Konsequenz des öffentlichen Armenwesens, er steckt schon in der Konzeption der angebotenen Hilfe, die denjenigen, der sie dauerhaft in Anspruch nimmt, unausweichlich sozial disqualifiziert, vor allem dann, wenn nichts für eine mögliche Arbeitsunfähigkeit spricht. Anders gesagt setzt Tocqueville, wenn er sich auch darin täuscht, die Antwort in den Wohltaten der privaten Mildtätigkeit finden zu können, den Akzent auf die unver-

29 Vgl. Tocqueville, Œuvres complètes, Bd. V, S. 231.

meidlichen Grenzen und die grundsätzliche Ambivalenz der gesetzlichen Armenfürsorge.

In diesem Stadium der Überlegungen verliert Tocqueville kein Wort über die Politik der *enclosures* in England, welche die Klasse der ruinierten kleinen Bauern und die ländliche Bevölkerung in die entstehende städtische Industrie getrieben hat, um ihr die nötigen Arbeitskräfte zu niedrigsten Löhnen zu liefern. Seiner Meinung nach lässt sich die Landflucht vor allem durch die Zunahme und Diversifizierung der Bedürfnisse sowie die Hoffnung der Landbewohner auf einen höheren Lebensstandard erklären. Diese auf den Bedürfnissen basierende Erklärung ist unbefriedigend. Die Analyse fokussiert auf die individuellen Triebkräfte der Mobilität hin zu den Manufakturen und umgeht damit die ökonomische Logik der industriellen Revolution und die für sie charakteristischen gesellschaftlichen Verhältnisse.

Der wesentliche Beitrag Tocquevilles besteht darin, dass er im Pauperismus nicht nur eine neuartige Form der Armut gesehen hat, die moralisch stärker abgewertet wurde und erniedrigender war als jene der besitzlosen Landbevölkerung, sondern auch die Herausbildung eines spezifischen gesellschaftlichen Status für die Bedürftigen ohne Arbeit, Einkommen und ohne Unterstützung seitens ihrer Umgebung. Dieser besondere Status ist der des Unterstützungsempfängers, den Simmel im folgenden Jahrhundert noch eingehender untersuchen wird.

Marx und die Frage der Überzähligen

Als Marx 1867 den ersten Band des »Kapitals« veröffentlicht, ist er 49 Jahre alt und hat schon viel publiziert: seine Jugendschriften, aber auch bedeutende Texte wie »Die Klassenkämpfe in Frankreich«, »Der achtzehnte Brumaire des Louis Bonaparte«, die »Kritik der politischen Ökonomie«, ganz abgesehen von dem berühmten, gemeinsam mit Engels verfassten »Manifest der Kommunistischen Partei«. Das bedeutendste Buch des gesamten Marxschen Werkes ist »Das Kapital«, das am besten sein intellektuelles Projekt widerspiegelt – nämlich die Funktionsweise des kapitalistischen Systems in Abhängigkeit von seiner Gesellschaftsstruktur zu erklären sowie die Entstehung und Geschichte dieses Systems im Zusammenhang mit seiner Produktionsweise und seiner Organisation darzustellen. Der Pauperismusfrage kam darin eine bedeutende Rolle zu. Marx kannte natürlich die Untersuchung von Engels über die englische Arbeiterklasse. Darüber hinaus unternahm er mit Engels in dem Jahr, als dessen Buch erschien, eine Studienreise nach England. Wie dieser ist er nicht nur für die Ausbeutung der Arbeiterklasse durch die Besitzer der Produktionsmittel empfänglich, sondern auch für die zunehmende relative Überbevölkerung, die er – darin Engels und anderen Denkern aus der ersten Hälfte des 19. Jahrhunderts folgend – als industrielle Reservearmee bezeichnen wird.[30] Allerdings gibt sich Marx nicht mit der Feststellung der zeitweisen Freisetzung eines Teils der Arbeitskräfte zufrieden, sondern sucht in der Funktionsweise der kapitalistischen Ökonomie nach Ursachen:

»Mit der durch sie selbst produzierten Akkumulation des Kapitals produziert die Arbeiterbevölkerung also in wachsendem Umfang die Mittel ihrer eignen relativen Überzähligmachung. Es ist dies ein der kapitalistischen Produktionsweise eigentümliches Populationsgesetz, wie in der Tat jede besondre historische Produktionsweise ihre besondren, historisch gültigen Populationsgesetze hat. Ein abstraktes Populationsgesetz existiert nur für Pflanze und Tier, soweit der Mensch nicht geschichtlich eingreift.

Wenn aber eine Surplusarbeiterpopulation notwendiges Produkt der Akkumulation oder der Entwicklung des Reichtums auf kapitalistischer Grundlage ist, wird diese Surpluspopulation umgekehrt zum Hebel der kapitalistischen Akkumulation, ja zur Existenzbedingung der kapitalistischen Produktionsweise. Sie bildet eine disponible industrielle Reservearmee, die dem Kapital so absolut gehört, als ob es sie auf seine eignen Kosten großgezüchtet hätte. Sie schafft für seine wechselnden Verwertungsbedürfnisse das stets bereite exploitable Menschenmaterial, unabhängig von den Schranken der wirklichen Bevölkerungszunahme.«[31]

---

30 Historikern zufolge taucht die Formulierung »industrielle Reservearmee« zum ersten Mal in einem Artikel des *Northern Star* vom 23. Juni 1836 auf.

31 Marx, Das Kapital, Bd. I: Der Produktionsprozeß des Kapitals, Erstes Buch, Siebenter Abschnitt, Dreiundzwanzigstes Kapitel, S. 660f.

Marx erklärt, dass sich das Kapital durch das Verhältnis bestimmt, in dem das konstante Kapital, das heißt der Wert der Produktionsmittel, zum variablen Kapital, das heißt dem Wert der Arbeitskraft – die Summe der Löhne –, steht. Ihm zufolge hat »jeder Kapitalist [...] das absolute Interesse, ein bestimmtes Arbeitsquantum aus kleinerer, statt ebenso wohlfeil oder selbst wohlfeiler aus größerer Arbeiterzahl auszupressen. In dem letzten Fall wächst die Auslage von konstantem Kapital verhältnismäßig zur Masse der in Fluß gesetzten Arbeit, im ersten Fall viel langsamer. Je größer die Stufenleiter der Produktion, desto entscheidender dies Motiv. Seine Wucht wächst mit der Akkumulation des Kapitals.«[32] Die Entwicklung der kapitalistischen Produktionsweise und der Produktivkraft der Arbeit befähigt den Kapitalisten, mehr Arbeit mit der gleichen Menge an variablem Kapital durch eine intensivere Ausbeutung der Arbeitskräfte zu mobilisieren. Außerdem kauft er »mit demselben Kapitalwert mehr Arbeitskräfte [...], indem er progressiv geschicktere Arbeiter durch ungeschicktere, reife durch unreife, männliche durch weibliche, erwachsne Arbeitskraft durch jugendliche oder kindliche verdrängt«.[33] Marx schließt daraus:

»Die Produktion einer relativen Surpluspopulation oder die Freisetzung von Arbeitern geht daher noch rascher voran als die ohnehin mit dem Fortschritt der Akkumulation beschleunigte technologische Umwälzung des Produktionsprozesses und die entsprechende proportionelle Abnahme des variablen Kapitalteils gegen den konstanten. [...] Die Überarbeit des beschäftigten Teils der Arbeiterklasse schwellt die Reihen ihrer Reserve, während umgekehrt der vermehrte Druck, den die letztere durch ihre Konkurrenz auf die ersten ausübt, diese zur Überarbeit und Unterwerfung unter die Diktate des Kapitals zwingt. Die Verdammung eines Teils der Arbeiterklasse zu erzwungnem Müßiggang durch Überarbeit des andren Teils, und vice versa, wird Bereicherungsmittel des einzelnen Kapitalisten und beschleunigt zugleich die Produktion der industriellen Reservearmee auf einem dem Fortschritt der gesellschaftlichen Akkumulation entsprechenden Maßstab.«[34]

32 Ebenda, S. 664.
33 Ebenda, S. 664f.
34 Ebenda, S. 665f.

Der Druck, den die industrielle Reservearmee auf die aktive Arbeiterarmee ausübt, ist in Phasen der Stagnation besonders stark. Furcht vor Arbeitslosigkeit führt zur Hinnahme schlimmster Arbeitsbedingungen. In Phasen der Überproduktion führt das Vorhandensein dieser Reservearmee jedoch auch dazu, dass die aktiven Arbeiter ihre Ansprüche mäßigen. Der Kapitalist setzt darauf voll und ganz. »Die relative Übervölkerung ist also der Hintergrund, worauf das Gesetz der Nachfrage und Zufuhr von Arbeit sich bewegt. Sie zwängt den Spielraum dieses Gesetzes in die der Exploitationsgier und Herrschsucht des Kapitals absolut zusagenden Schranken ein.«[35] Engels gab in »Die Lage der arbeitenden Klasse in England« die Worte eines Textilindustriellen an seine Arbeiter wieder: »Wollt ihr nicht in meiner Schmorpfanne gebraten werden, so könnt ihr auch geradezu ins Feuer spazieren.«[36] Im Grunde ist die Marxsche Analyse ein Echo auf diejenige, die Engels in seiner meisterhaften Monographie vorgenommen hatte. Dieser hatte nämlich bereits deutlich gemacht, wie sehr die Existenz einer Reservearmee zu einem Faktor der Konkurrenz zwischen den Arbeitern werden kann, von der die Bourgeoisie direkt profitiert:

»Da haben wir die Konkurrenz der Proletarier untereinander. Wenn alle Proletarier nur den Willen aussprächen, lieber verhungern als für die Bourgeoisie arbeiten zu wollen, so würde diese schon von ihrem Monopol abstehen müssen; aber das ist nicht der Fall, das ist sogar ein ziemlich unmöglicher Fall, und daher ist die Bourgeoisie noch immer guter Dinge. Nur eine Schranke hat diese Konkurrenz der Arbeiter – kein anderer Arbeiter wird für weniger arbeiten wollen, als er zu seiner Existenz nötig hat; wenn er einmal verhungern soll, so wird er lieber faul als arbeitend verhungern wollen. Freilich ist diese Schranke relativ; der eine braucht mehr als der andere, der eine ist an mehr Bequemlichkeit gewöhnt als der andere – der Engländer, der noch etwas zivilisiert ist, braucht mehr als der Irländer, der in Lumpen geht, Kartoffeln ißt und in einem Schweinestall schläft. Aber das hindert den Irländer nicht, gegen den Engländer zu konkurrieren und allmählich den Lohn

---

35 Ebenda, S. 668.
36 Vgl. Engels, Die Lage der arbeitenden Klasse, S. 416.

und mit ihm den Zivilisationsgrad des englischen Arbeiters auf das Niveau des irischen herabzudrücken.«[37]

Wie Marx daraus ableitet, »sind die allgemeinen Bewegungen des Arbeitslohns ausschließlich reguliert durch die Expansion und Kontraktion der industriellen Reservearmee, welche dem Periodenwechsel des industriellen Zyklus entsprechen. Sie sind also nicht bestimmt durch die Bewegung der absoluten Anzahl der Arbeiterbevölkerung, sondern durch das wechselnde Verhältnis, worin die Arbeiterklasse in aktive Armee und Reservearmee zerfällt, durch die Zunahme und Abnahme des relativen Umfangs der Übervölkerung, durch den Grad, worin sie bald absorbiert, bald wieder freigesetzt wird.«[38] Anstatt in der industriellen Entwicklung einen linearen Prozess zu sehen, unterstreicht Marx daher die Existenz von Zyklen, die durch das Auf und Ab von Phasen technologischer Fortschritte, die einen Teil der Arbeiter arbeitslos machen, und Phasen extensiver Entwicklungen, welche dagegen mehr Arbeitskräfte erfordern, gekennzeichnet sind. Die Überzähligen sind also keineswegs als Anomalie des Produktionssystems anzusehen, sondern ganz im Gegenteil eine unerlässliche Voraussetzung für den kapitalistischen Akkumulationsprozess. Für Marx ist das ein abgekartetes Spiel (»les dés sont pipés«[39]), da das Kapital auf beiden Seiten zugleich agiert. »Wenn seine Akkumulation einerseits die Nachfrage nach Arbeit vermehrt, vermehrt sie andrerseits die Zufuhr von Arbeitern durch deren ›Freisetzung‹, während zugleich der Druck der Unbeschäftigten die Beschäftigten zur Flüssigmachung von mehr Arbeit zwingt, also in gewissem Grad die Arbeitszufuhr von der Zufuhr von Arbeitern unabhängig macht. Die Bewegung des Gesetzes der Nachfrage und Zufuhr von Arbeit auf dieser Basis vollendet die Despotie des Kapitals.«[40] Das Ausmaß der Konkurrenz unter den Arbeitern, das vom Druck dieses relativen Überschusses an Arbeitskräften abhängt, kann nur durch eine Art gewerkschaftlicher Übereinkunft zwischen den Beschäftigten und Unbeschäftigten abgemil-

37 Ebenda, S. 307.
38 Marx, Das Kapital, S. 666.
39 Ebenda, S. 669, im Original frz.; Anm. des Übers.
40 Ebenda.

dert werden. Dass es dazu kommt, dauert meist lange, so sehr scheinen die Interessen der Beschäftigten, zumindest kurzfristig, den Interessen der Unbeschäftigten entgegenzustehen.

Dass die Armen eine Reservearmee bilden, ergibt sich für Marx aus einer ökonomischen und zugleich soziologischen Interpretation der Dinge. Für ihn ist diese Bevölkerungsgruppe nicht nur eine ökonomische Notwendigkeit, sondern auch gesellschaftlich sichtbar und unterscheidet sich durch ihre objektive Situation von der Arbeiterbevölkerung. Sie steht zwar am Rand, aber keinesfalls außerhalb der kapitalistischen Produktion. Sie gehört zum Kapital. Anders gesagt ist der *Pauper* gewissermaßen ein auf Abruf am Produktivsystem teilnehmender Akteur, dessen Unterhalt nicht durch eine lohnförmige Austauschbeziehung gewährleistet wird, sondern durch unterschiedliche Ressourcen, einschließlich der von der Gemeinschaft gewährten Unterstützungsleistungen. Letztere sind nicht vom rechtlichen Status der Arbeitskraft abhängig. Sie sind von den Regulierungsnormen des Lohnarbeitsverhältnisses abgekoppelt, werden jedoch nichtsdestotrotz dem globalen Mehrwert entnommen. Die Unterstützungsleistungen gewährleisten so das Funktionieren des kapitalistischen Systems als Ganzes.

Die industrielle Reservearmee kann drei verschiedene Formen annehmen. Eine *flüssige Form*, die man in den großen modernen Industriezentren findet, von denen die Arbeiter einmal »attrahiert« und dann wieder »repelliert« werden. Die überzählige Arbeiterschaft wächst mit dem Umfang der Industrie. Manche Branchen rekrutieren jugendliche Arbeiter, die jedoch wieder entlassen werden, sobald sich ihre Jugend dem Ende neigt. Ein Teil dieser Bevölkerungsgruppe emigriert auf der Suche nach einem anderen Arbeitgeber, reist im Grunde aber nur dem »emigrierenden Kapital« nach. Eine weitere Ausprägung ist die *latente Form*, die vor allem für die bäuerliche Sphäre charakteristisch ist, die vom Fortschritt der Technik und der Kapitalakkumulation ergriffen wird. Die Nachfrage nach der ländlichen Arbeiterbevölkerung nimmt ab, so dass ein Teil der Landbevölkerung einen Überschuss darstellt. Bevor sie aber den Sprung in das Stadt- und Manufakturproletariat macht, stellt sie gewissermaßen ein verfügbares Arbeitskräftereservoir dar. Schließlich gibt es eine *stagnante Form*, die sich aus Arbeitern mit unregelmäßiger Beschäftigung zusammensetzt, deren Lebensbedingungen deutlich unter dem durchschnittlichen Niveau der arbeitenden Klasse liegen. Viele von ihnen gehen bei sehr niedrigem Lohn einer Heimarbeit nach und rekrutieren sich meist aus untergehenden Industriezweigen. Diese drei Formen der industriellen Reservearmee stellen keine Welt für sich dar, da ihre Mitglieder sich zumindest zeitweilig unter die aktive Arbeitsarmee mischen.

Marx betont, dass es unterhalb dieser Reserve an Arbeitskräften noch weitere Schichten des Pauperismus gibt. Sie setzen sich aus Vagabunden, Verbrechern, Prostituierten zusammen, also aus den gesellschaftlichen Sphären, die das *Lumpenproletariat* ausmachen. Diese Gesellschaftsschicht umfasst drei Kategorien: erstens Arbeitsfähige, deren Masse mit jeder Krise anschwillt; zweitens Waisen- und Pauperkinder, Fürsorge beziehende Arme, die ihrerseits zu Kandidaten der industriellen Reservearmee werden und zu gegebenem Zeitpunkt in die Manufakturen »eingezogen« werden; drittens Verkommene, Verlumpte, Arbeitsunfähige, Opfer der Industrie, »Verstümmelte, Verkrankte, Witwen etc.«. Der Pauperismus bildet Marx zufolge »das Invalidenhaus der aktiven Arbeiterarmee und das tote Gewicht der industriellen Reservearmee«.[41]

Aus seiner theoriegeleiteten und zugleich deskriptiven Analyse der Reservearmee zieht Marx eine wichtige soziologische Schlussfolgerung: Die Masse der Armen ist weder fix, noch nimmt sie nur konstant zu, wie Tocqueville annahm, sondern spiegelt in erster Linie das periodische Auf und Ab des industriellen Zyklus wider. Auf der Basis präziser Angaben über die Zahl der Armen, Bezieher dessen, was er »öffentliche Almosen« nennt, weist Marx nach, dass jedes Anwachsen der *Paupers* von einer Produktionskrise ausgelöst wird, die eine Stadt, wie etwa London im Jahr 1866,[42] erschüttern kann oder sogar eine ganze Region aufgrund des Niedergangs des Industriezweigs, der bisher für Beschäftigung des größten Teils ihrer

---

41 Ebenda, S. 673.

42 Marx berichtet, dass die Zahl der Armen in London 1866 verglichen mit dem vorangegangenen Jahr einen Zuwachs von 19,5 Prozent und verglichen mit 1864 einen Zuwachs von 24,4 Prozent erfahren habe. Vgl. ebenda, S. 683.

Bevölkerung gesorgt hat. Marx bemerkt jedoch, dass man gegenüber der offiziellen Statistik aufgrund der Behandlung der Armen im *workhouse*, dieser »Strafanstalt des Elends«, die ihm in Anlehnung an Engels als eine barbarische und mit der Sklaverei vergleichbare Lösung erscheint, misstrauisch sein sollte.

In den Marxschen Untersuchungen zu den Überzähligen findet sich ein grundlegender Begriff, nämlich der des industriellen Zyklus: Mit den Phasen rascher Akkumulation und massiver Konzentration der Produktionsmittel gehen miserable Lebensbedingungen für die Arbeiter (Mangelernährung, Überbelegung in heruntergekommenen Unterkünften, Gefahr von Krankheiten und Epidemien und so weiter) einher, mit den Phasen der Stagnation oder des Niedergangs der Produktion ein immenser Anstieg der Arbeitslosigkeit sowie der Zahl der von den Behörden unter bisweilen unmenschlichen Umständen versorgten Armen.

Die Existenz dieser industriellen Reservearmee ist zumindest teilweise aus der Pauperisierungstheorie abgeleitet, was zahlreiche Debatten nach sich gezogen hat. Die Marxschen Analysen über diese Reservearmee bieten nämlich das wichtigste Belegstück für die Gültigkeit der Theorie. Was die Lohnabhängigen am Aufstieg hindert, ist just dieser permanent vorhandene Überschuss an unbeschäftigter Arbeitskraft, die auf den Arbeitsmarkt Druck ausübt und eine Rivalität unter den Lohnabhängigen erzeugt. Im »Kapital« gibt es keinen wirklichen Beweis für diese Theorie. Wie Raymond Aron gezeigt hat, gelingt es Marx nicht, überzeugend darzulegen, dass die Einkommen der Arbeiter zwangsläufig in dem Maße geringer werden, wie die Produktivkraft zunimmt.[43] Dagegen hat er nachgewiesen, dass der Lohn gleich der Menge an Gütern ist, die für das Leben des Arbeiters und seiner Familie nötig sind, ein lebensnotwendiges Minimum, das von Gesellschaft zu Gesellschaft in Abhängigkeit von Kriterien variiert, die durch gesellschaftliche Wertsetzungen vorgegeben werden. Marx hätte also selbst ableiten können, dass der als absolutes Minimum angesehene Lebensstandard nur zusammen mit den Produktionsfortschritten steigen kann,

43 Dazu sei als Lektüre Aron, Le marxisme de Marx, S. 462ff., empfohlen.

was im Übrigen mit dem übereinstimmt, was sich seit dem 19. Jahrhundert tatsächlich zugetragen hat. Andererseits hat er zu Recht hervorgehoben, dass der Grad der Ausbeutung in den verschiedenen Phasen konstant bleibt. Die Produktivitätszuwächse und Arbeitszeitverkürzung können nur dann zu einer Verringerung des notwendigen Lebensstandards führen, wenn gleichzeitig der Grad der Ausbeutung steigt.

Wenn die Theorie der Pauperisierung durch die historische Tatsache des Anstiegs des Lebensstandards der Arbeiter widerlegt wurde, bedeutet das, dass Marx der Nachweis gelungen ist, dass die auf einer permanenten Mechanisierung beruhende kapitalistische Produktionsweise einen mit den industriellen Zyklen variierenden Teil der beschäftigten Arbeiter arbeitslos macht. Ohne ausreichende Absicherung werden die entlassenen Lohnabhängigen also zu Opfern eines veritablen Pauperisierungsprozesses, in den vielleicht nicht alle Arbeitnehmer hineingezogen werden, sie aber auf jeden Fall.

Tocqueville und Marx haben sich zwar gleichermaßen sensibel für die Entstehung und das rasche Anwachsen der Klasse der Bedürftigen in dieser Phase des Pauperismus gezeigt, ihre Ergebnisse decken sich jedoch nur teilweise: Während Tocqueville die gesellschaftlichen und politischen Folgen der Abhängigkeit dieser Klasse von der Gemeinschaft hervorgehoben hat, hat Marx die ökonomische Bedeutung und den Ursprung dieses Phänomens in den aus der industriellen Revolution hervorgegangenen Herrschaftsverhältnissen gesucht. Beide haben die Bedeutung des Prozesses erfasst, durch den ein nicht unbedeutender Teil der Bevölkerung dauerhaft in eine prekäre und entwürdigende Lage geraten war, ihre Interpretation dessen fällt aber unterschiedlich aus. Für Tocqueville ist das aufkommende Elend zwangsläufig mit dem Zivilisationsprozess verknüpft, der einem Teil der Bevölkerung einen untergeordneten und abhängigen Status zuweist und auf Dauer die Idee der Demokratie überhaupt infrage zu stellen droht. Für Marx ist es dagegen vor allen Dingen das Resultat der kapitalistischen Akkumulation, die auf der grundsätzlichen Ungleichverteilung des Eigentums und der schrankenlosen Ausbeutung der Arbeiterklasse durch die Inhaber der Produktionsmittel beruht.

In Wirklichkeit stehen die beiden Deutungen nur scheinbar im Widerspruch. Zumindest teilweise verhalten sie sich sogar komplementär zueinander. Vermisst man bei Tocqueville eine Analyse der ökonomischen Grundlagen und der Produktionsverhältnisse der kapitalistischen Entwicklung, fehlt bei Marx eine umfassende Sicht auf die langfristigen Auswirkungen der gestiegenen Abhängigkeit der Armen von staatlichen Organen sowie deren Verpflichtung, die Armen im Namen von Demokratie und Staatsbürgerlichkeit zu unterstützen. Während Tocqueville die Frage nach der Ausbeutung der Arbeiter bei völliger Unterschätzung der ökonomischen Logik der Reproduktion von Ungleichheit praktisch unter den Tisch fallen lässt, sieht Marx in der gesetzlichen Armenfürsorge nur eine Frage des Abzugs vom allgemeinen Mehrwert ohne große Auswirkungen auf die politischen Grundlagen moderner Gesellschaften. Anders gesagt behandelt der eine wie der andere die Pauperismusfrage, ohne den ökonomischen und gesellschaftlichen Tatbestand der Ausbeutung der Lohnabhängigen mit dem politischen Tatbestand der Armenfürsorge als einer Voraussetzung für das Aufkommen des modernen Wohlfahrtsstaats zu verknüpfen.

Die im 19. Jahrhundert entstehende Soziologie der Armut erfuhr durch diesen zweifachen Blick – der im Übrigen nicht auf die beiden hier vorgestellten Autoren beschränkt ist, selbst wenn beide dabei eine große Rolle spielten – einen Schub, in dem nicht allein die Absicht zum Ausdruck kam, Armut als solche zu analysieren, sondern überdies der erklärte Wille, die soziale Frage der Epoche und damit die Entwicklung der modernen Gesellschaften umfassend zu deuten.

Der entscheidende Beitrag Simmels

Der der Soziologie der Armut gewidmete Artikel Georg Simmels wurde zuerst 1907 und dann 1908 in dem monumentalen Band mit dem Titel »Soziologie« noch einmal veröffentlicht. Er ist aus mehreren Gründen von Interesse. Zunächst klärt er die Definitionsprobleme und ermöglicht ein Verständnis der Konstruktionsweisen der Kategorie der Armen sowie der Formen, durch die sie an die Gesamtgesellschaft gebunden sind.[44] Der konstruktivistische Ansatz Simmels ist konsequent durchgeführt und heuristisch fruchtbar: Er bricht mit allen möglichen naturalistischen und substantialistischen Begrifflichkeiten, die in wissenschaftlichen und politischen Debatten auch heute noch im Schwange und in der Spontansoziologie sowieso fest verankert sind.

Wenn Marx und Tocqueville als die Wegbereiter der Soziologie der Armut angesehen werden dürfen, dann ist Simmel zweifelsohne ihr Begründer. Sein Text eröffnet Perspektiven für eine soziohistorische Theorie der Formen gesellschaftlicher Regulierung. Simmel behandelt darin Fragen der Armenfürsorge und analysiert sie mit Blick auf die Entwicklung der europäischen Gesellschaften. Mit diesem Text bleibt die Soziologie der Armut daher nicht auf ein besonderes soziologisches Feld beschränkt, sondern verweist auf die grundsätzlichen Fragen des sozialen Zusammenhalts und versucht daraus theoriegeleitete Vorschläge mit Allgemeingültigkeitsanspruch abzuleiten. Simmel ist im Übrigen stets darum bemüht, anhand der Untersuchung verschiedenster und scheinbar marginaler empirischer Gegenstände einen Beitrag zu einer allgemeinen Theorie der Gesellschaft zu leisten.

Simmels Text hatte großen Einfluss auf die amerikanische Soziologie. Er inspirierte Arbeiten zur Marginalität, wie etwa diejenigen von Robert Ezra Park. Das später von Stonequist[45] aufgegriffene theoretische Konzept des »marginal man« steht in enger Verwandtschaft zu dem von Simmel vorgelegten Analyserahmen, damit lassen sich unabhängig von der Frage der Armut Phänomene wie der Status des Fremden oder auch die Prostitution untersuchen, die auf den ersten Blick in keinem unmittelbaren Zusammenhang mit ihr stehen. Die der Mertonschen Theorie nahestehenden Arbeiten von Herbert J. Gans zur Funktion der Armut in den Vereinigten

---

44 Ich danke Franz Schultheis für seine Bereitschaft, dass ich die wichtigsten Gedanken aus der Einleitung, die wir gemeinsam für die von uns 1998 herausgegebene französische Ausgabe von Simmels Text in der Reihe »Quadrige« verfasst haben, teilweise und in überarbeiteter Form wieder aufgreifen durfte.

45 Vgl. Stonequist, The Marginal Man.

Staaten[46] lassen sich ebenfalls als Fortführung der Simmelschen Untersuchung sehen.

Armut als soziologischer Gegenstand sui generis

Der Leser der ersten Seiten von Simmels Text mag zunächst etwas irritiert sein, falls er eine Untersuchung der Lebenslage der benachteiligten Bevölkerungsschichten im Geiste der Beobachter gesellschaftlicher Verhältnisse des 19. Jahrhunderts erwartet hat. Simmels Text ist in erster Linie theoretisch orientiert:

»Dadurch allein, daß jemand arm ist, gehört er [...] noch nicht in eine sozial bestimmte Kategorie. Er ist eben ein armer Kaufmann, Künstler, Angestellter usw. und verbleibt in dieser, durch die Qualität seiner Tätigkeit oder Position bestimmten Reihe.« Und er fügt hinzu: »Erst in dem Augenblick, wo sie schon unterstützt werden – vielfach schon, wenn die ganze Konstellation dies normalerweise fordert, auch ohne daß es wirklich geschieht, – treten sie in einen durch Armut charakterisierten Kreis ein. Freilich wird dieser nicht durch eine Wechselwirksamkeit seiner Mitglieder zusammengehalten, sondern durch die kollektive Attitüde, die die Gesellschaft als ganze ihm gegenüber einnimmt.«[47]

Noch expliziter drückt er das so aus:

»Soziologisch angesehen ist nicht die Armut zuerst gegeben und daraufhin erfolgt Unterstützung – dies ist vielmehr nur das Schicksal seiner personalen Form nach –, sondern derjenige, der Unterstützung genießt bzw. sie nach seiner soziologischen Konstellation genießen sollte – auch wenn sie zufällig ausbleibt –, dieser heißt der Arme.

Es ist ganz in diesem Sinne, wenn von sozialdemokratischer Seite betont worden ist, der moderne Proletarier sei zwar arm, aber kein Armer. Der Arme als soziologische Kategorie entsteht nicht durch ein bestimmtes Maß an Mangel und Entbehrung, sondern dadurch, daß er Unterstützung erhält oder sie nach sozialen Normen erhalten sollte. So ist nach dieser Richtung die Armut nicht an und für sich, als ein quantitativ festzulegender Zustand zu bestimmen, sondern nur nach der sozialen Reaktion, die auf einen gewissen Zustand hin eintritt.«[48]

---

46 Vgl. Gans, »Über die positiven Funktionen der unwürdigen Armen«.
47 Simmel, »Der Arme«, S. 552f.
48 Ebenda, S. 551f.

Damit führt Simmel die Überlegungen Tocquevilles fort. Ein solches Herangehen an das Phänomen Armut mag etwas ungenügend erscheinen. So betonen einige Autoren, dass diese institutionelle Armut nur eine Dimension der Armut darstelle, da sie das nicht deklarierte Elend nicht berücksichtige, das in aller Stille und fernab der sozialen Behörden erlebt wird, meist aus Angst vor gesellschaftlichem Ehrverlust, manchmal aber auch, weil die Bedürftigsten die ihnen zustehenden Rechte nicht kennen. Schon im 19. Jahrhundert äußerte Eugène Buret, dass ihm die über die Fürsorge vermittelte Auffassung von Armut unvollkommen erscheine: »In jeder zivilisierten Nation gibt es ein offizielles Elend, welches das öffentliche Fürsorgewesen zu mildern bemüht und das leicht zu erfassen ist. Wir können in Erfahrung bringen, wie viele Individuen in etwa Unterstützung beantragt haben, wie viel sie erhalten haben, wie viele Leidende die Krankenhäuser und Spitäler aufgenommen haben. Diese Zahlen können uns jedoch bei weitem nichts über den Grad und die Ausdehnung der wirklichen Bedürftigkeit sagen, sondern nur als eine Art Thermometer dienen, um das wirkliche und latente Elend eines jeden Landes zu messen.« Dieser Gedanke mündet in folgende, etwas vage Feststellung: »Die Armut ähnelt der Wärme; diejenige, die sich nicht in spürbarer Form äußert, ist um einiges höher als diejenige, die von außen zutage tritt und deren Vorhandensein unsere Messinstrumente und Statistiken anzeigen.«[49]

Armut in Simmels Verständnis ist jedoch nicht nur relativ, sondern gesellschaftlich konstruiert. Ihre Bedeutung ist diejenige, die ihr die Gesellschaft verleiht. Diese Definition war bei Tocqueville und Marx schon implizit vorhanden. Simmel entfaltet sie gegen Ende seines Textes in ihrer ganzen theoretischen Reichweite. Seine Analysen laufen alle auf einen wesentlichen Gedanken hinaus: Die so definierten Armen befinden sich nicht außerhalb, sondern innerhalb der Gesellschaft. Aufgrund des Umstands, dass sie sich in einer abhängigen Situation gegenüber der Gemeinschaft befinden, die sie als solche anerkennt und ihnen Unterstützung gewährt, nehmen

49 Vgl. Buret, De la misère des classes laborieuses en France et en Angleterre, Bd. 1, S. 132.

sie in der Tat eine besondere Position ein, doch sie sind, wie Simmel betont, sehr eng mit deren Zwecken verbunden. Sie stellen ein Element dar, das ein organischer Teil des *Ganzen* ist. Zur Erläuterung dieser besonderen Situation zieht Simmel das Beispiel des Fremden heran – mit dem er sich in einem anderen, ungefähr zur selben Zeit veröffentlichten Essay beschäftigt. Dieser steht nämlich wie der Arme auch materiell außerhalb der Gruppe, innerhalb deren er sich aufhält. Diese Form des Ausschlusses ist nicht nur relativ, sondern offenbart vor allem die gegenseitigen Abhängigkeiten zwischen den Teilen einer diese konstituierenden größeren sozialen Struktur. Dabei handelt es sich um eine besondere Art von Interaktion, die den Fremden wie den Armen mit dem Ganzen einer viel größeren Entität vereint:

»Die eigentümliche Ausschließung, die der Arme seitens der ihn unterstützenden Gemeinschaft erfährt, ist das Bezeichnende für die Rolle, die er innerhalb der Gesellschaft, als ein besonders situiertes Glied derselben spielt.«[50]

Da die Armen vom Kollektiv abhängig sind, bezeichnet man sie – auch heute noch – oft als »Überzählige« oder als »Nutzlose«. Unausgesprochen ist damit gemeint, dass es der Gesellschaft besser ginge, wenn sie nicht existierten, da sie dann von der Bürde der Unterstützung gewissermaßen entledigt wäre und für das Wohlergehen der anderen mehr Mittel aufwenden könnte. Diese Bilder sind natürlich stark vereinfachend. Mit dieser Ansicht unterschlägt man, dass die Fürsorge eine regulierende Rolle für das gesamte Sozialsystem spielt. Auch wenn den Armen aufgrund der Tatsache, dass sie Unterstützung erhalten, nur ein minderwertiger, disqualifizierender sozialer Status zukommt, bleiben sie trotzdem voll und ganz Angehörige dieser Gesellschaft, sozusagen deren unterste Schicht. Von dem Augenblick an, wo der Einzelne diesem *Ganzen* angehört, ist er »von vornherein mit im Zweckpunkt der Aktion« und nicht »draußen gelassen«.[51]

---

50 Simmel, »Der Arme«, S. 526.
51 Ebenda, S. 524.

»Indem er technisch ein bloßes Objekt der Gesellschaft ist, ist er im weiteren soziologischen Sinne ein Subjekt, das einerseits wie alle andren die Realität jener abbildet, andrerseits, wie alle andren, jenseits ihrer überpersönlichen abstrakten Einheit steht.«[52]

Für Simmel hat das Verhältnis der Gemeinschaft zu ihren Armen oder den Fremden im formalen Sinne ebenso eine gesellschaftskonstituierende Funktion wie das Verhältnis der Gesamtheit zu irgendeiner anderen sozialen Kategorie. Die Fremden wie die Armen stellen keine isolierten Wesenheiten dar. Ob sie unterstützt werden oder sich selbst versorgen können, stehen sie doch anderen Gruppen sowie dem gesellschaftlichen Kollektiv als Ganzem gegenüber.

»Allein dieses Gegenüber bedeutet eine ganz bestimmte Beziehung, die ihn als ein Element in das Gruppenleben hineinzieht. So steht der Arme freilich außerhalb der Gruppe, indem er ein bloßes Objekt für Vornahmen der Gesamtheit mit ihm ist, aber dieses Außerhalb ist – kurz ausgedrückt – nur eine besondere Form des Innerhalb.«[53]

Anders gesagt bildet die Fürsorge ein Teil der Organisation des *Ganzen*, zu dem die Armen wie die Besitzenden und andere Gruppen gehören. Simmel zieht daraus den Schluss, dass das Ganze, zu dem der Arme in einer ganz bestimmten Beziehung steht, ohne ihn »eben anders wäre als es ist, und mit der so gewonnenen, den Armen in seine Totalität einschließenden Beschaffenheit in jenes Gegenüber, jene Behandlung seiner als eines Objektes, eintritt«.[54] Er will vor allem die soziohistorischen Formen des Netzes wechselseitiger Beziehungen zwischen den Armen und dem Rest der Gesellschaft in einer weiter gespannten Konfiguration begreifen, die etwa eine ganze Nation in einem bestimmten Stadium ihrer Entwicklung sein kann. Für ihn sind aus soziologischer Sicht nicht die Armut oder das gesellschaftliche Sein der Armen als solches relevant, sondern die gesellschaftlich institutionalisierten Formen, welche sie in einer bestimmten Gesellschaft zu einem bestimmten Moment ihrer Geschichte annehmen.

---

52 Ebenda, S. 526.
53 Ebenda, S. 546.
54 Ebenda, S. 548.

Diese Soziologie der Armut ist in Wirklichkeit eine Soziologie des gesellschaftlichen Bandes. Simmel legt in seinem Text einen theoretischen Rahmen vor, der sich der Theorie sozialer Konfigurationen von Norbert Elias gegenüberstellen lässt. Armut in der Simmelschen Definition stellt nämlich eine fast perfekte Umsetzung dieser Theorie dar. Im Verhältnis zu den Armen lassen sich über das Unterstützungsprinzip Spannungen, eventuelle Ungleichgewichte, ja sogar Risse erkennen, die das Gesellschaftssystem als Ganzes bedrohen, zugleich aber auch eine Regulationsform, die die Auswirkungen mildert und die wechselseitigen Abhängigkeiten der Individuen und Gruppen aufrechterhält, auch wenn diese auf ungleichen und manchmal sogar konfliktgeladenen Beziehungen beruhen.

Simmel geht auf die Erfahrung von Armut zwar nicht direkt ein, seine Untersuchung zeigt aber folgerichtig die wesentlichen Dimensionen der Situation der Armen, die aus dem Fürsorgeverhältnis resultieren. Wenn Armut bekämpft und für die Gemeinschaft als nicht hinnehmbar angesehen wird, wird auch ihr gesellschaftlicher Status entwürdigend und stigmatisierend. Die Armen sind folglich mehr oder weniger dazu gezwungen, ihre Situation in der Isolation zu bewältigen. Sie bemühen sich, ihren niedrigen Status ihrer Umgebung gegenüber zu verheimlichen und gehen auf Distanz zu denen, die ihnen aufgrund ihrer Lage am nächsten stehen. Das Gefühl der Erniedrigung hindert sie daran, so etwas wie ein Gefühl der Klassenzugehörigkeit zu entwickeln. Die soziale Kategorie, unter die sie fallen, ist heterogen, was die Gefahr der Isolation ihrer Angehörigen noch vergrößert. Die gesellschaftliche Gruppe der Armen stellt Simmel zufolge in der modernen Gesellschaft eine »höchst eigenartige soziologische Synthese« dar.

»Sie besitzt ihrer Bedeutung und Lokalisierung im Gesellschaftskörper nach eine große Homogeneität, die ihr aber, wie angedeutet, nach den individuellen Qualifikationen ihrer Elemente ganz abgeht. Sie ist der gemeinsame Endpunkt von Schicksalen der verschiedensten Art, von dem ganzen Umfang der gesellschaftlichen Unterschiedenheiten her münden Personen in ihr, keine Wandlung, Entwicklung, Zuspitzung oder Senkung des gesellschaftlichen Lebens geht vorüber, ohne ein Residuum in der Schicht der Armut wie in einem Sammelbecken abzulagern. Das ist das Furchtbare an dieser Armut – im Unterschied gegen das bloße Armsein, das jeder mit sich selbst abzumachen hat und das nur eine Färbung seiner sonstigen, individuell qualifizierten Lage ist – daß es Menschen gibt, die ihrer sozialen Stellung nach nur arm sind und weiter nichts.«[55]

Diese Analyse der Heterogenität der Armen lässt sich auch heute noch nachvollziehen. In Frankreich durchgeführte Untersuchungen zu den Empfängern des Mindesteinkommens zur Eingliederung (RMI – Revenue minimum d'insertion), aber auch Forschungen aus anderen europäischen Ländern zu im Fürsorgebezug stehenden Personen sind zu ganz ähnlichen Ergebnissen gekommen.[56] Der Bezug von Sozialhilfeleistungen in einem durch eine sehr schlechte Arbeitsmarktlage und geschwächte soziale Bindungen gekennzeichneten wirtschaftlichen Kontext schlägt sich in einer zunehmenden Diversifizierung der Armen wieder. Viele von ihnen erleben, selbst wenn sie aus unterschiedlichsten sozialen Milieus stammen, einen Prozess sozialer Disqualifizierung, in dessen Verlauf sie aus der Arbeitswelt in die Sphäre der Erwerbslosigkeit und der Abhängigkeit abgedrängt werden, wo sie den übrigen Armen gleichgestellt sind, die eine ganz andere Karriere durchlaufen haben mögen.

Die gesellschaftliche Funktion des Unterstützungsverhältnisses

Abgesehen davon, dass der Text einen analytischen Rahmen liefert, um die Armutsfrage in modernen Gesellschaften in soziologischen Begrifflichkeiten erfassen zu können, finden sich darin auch einige Hinweise auf das Unterstützungsverhältnis und dessen gesellschaftliche Funktion. Simmel geht zwar auf Großbritannien und Frankreich ein, bezieht sich jedoch im Wesentlichen auf die Situation der Armenunterstützung in Deutschland. Intensiver behandelt er das preußische Armengesetz von 1842 sowie das deutsche Unterstützungswohnsitzgesetz von 1871. Seine Beispiele entstammen alle dem 19. Jahrhundert, als die Fürsorgegesetzgebung noch in den Kinderschuhen steckte.

Simmels Untersuchungen werfen die Frage des Umgangs mit der Armut zu einem Zeitpunkt auf, als in den meisten europäischen

---

55 Ebenda, S. 554.
56 Vgl. Paugam (Hg.), L'Europe face à la pauvreté.

Ländern parallel zu den ersten Versuchen, den gesetzlichen Rahmen für obligatorische Sozialversicherungen zu schaffen, nationale Fürsorgesysteme eingerichtet werden. Im Zuge dieser Phase forcierter Industrialisierung und des Ausbaus der Sicherungssysteme für die wichtigsten sozialen Risiken wird die Fürsorge zunehmend residual. Sie interveniert nur an der Peripherie der Arbeitnehmergesellschaft, bleibt jedoch nichtsdestoweniger unerlässlich für deren Regulierung.

Deutschland hatte einen gewissen Vorsprung gegenüber den übrigen Ländern Europas. Mit der Bismarckschen Sozialgesetzgebung (1883–1889)[57] wurde eine obligatorische Sozialversicherung gegen die Risiken Berufsunfall, Krankheit und Alter geschaffen, wodurch ein beträchtlicher Teil der fürsorgeabhängigen Bevölkerungskategorien in den Zuständigkeitsbereich der Sozialversicherung fiel. Trotzdem blieb die unterstützungsbedürftige Bevölkerungsgruppe weiterhin groß, um die Wende zum 20. Jahrhundert umfasste sie insgesamt noch ungefähr 3,4 Prozent. Die im Fürsorgebezug stehende Gruppe rekrutierte sich vor allem aus den Menschen, die keinen Anspruch auf Sozialversicherungsleistungen hatten, die ja an den Lohnarbeiterstatus gebunden waren. Dabei handelte es sich insbesondere um Frauen und Kinder und damit vor allem auch um kinderreiche Familien sowie Alleinerziehende mit ihren Kindern. Die im Fürsorgebezug stehenden Menschen hatten formal Anrecht auf Hilfe, verfügten jedoch nicht über die juristischen Möglichkeiten, um diese Ansprüche auch geltend zu machen, während die von der Sozialversicherung erfassten Risikogruppen eine Rechtsgarantie besaßen. Die Stigmatisierung der von der Armenfürsorge abhängigen Personen wurde noch dadurch verschärft, dass sie ihre staatsbürgerlichen Rechte (Wahlrecht) verloren und somit auf den Status von Bürgern zweiter Klasse degradiert wurden.[58]

---

57 Vgl. Schultheis, »L'État et la société civile face à la pauvreté en Allemagne«.

58 Schon zu Zeiten des »aufgeklärten Despotismus« Friedrichs II. wurde das Programm eines autoritären Staatssozialismus anstelle eines Sozialstaats konzipiert. Zu einer Zeit, als Frankreich sich auf den revolutionären Umsturz des Ancien Régime zubewegte, gelang es dem preußischen König, dieses in Deutschland aufrechtzuerhalten, indem er das Modell

Simmel analysiert das Prinzip der Fürsorge als ein grundlegendes soziales Verhältnis, dessen einzelne Elemente er einer Überprüfung unterzieht. Drei Elemente sind für ihn besonders wichtig. Erstens wird die Unterstützung persönlich gewährt und deckt nur bestimmte Bedürfnisse ab. Sie unterscheidet sich darin von anderen Einrichtungen, die im Dienste der sozialen Wohlfahrt und der Sicherheit aller Individuen stehen. Im Gegensatz etwa zur obligatorischen Sozialversicherung, die sich auf sämtliche Risiken erstreckt, denen die Lohnabhängigen und ihre Familien ausgesetzt sind, hat sie von vornherein nur eine sich aus bestimmten Personen zusammensetzende Randgruppe im Blick.

Zweitens ist der Fürsorge mehr daran gelegen, den Geber als den Empfänger zufriedenzustellen. Der fiduziarische Charakter des Altruismus,[59] der sich in den früheren und aktuellen Formen der privaten Wohlfahrtspflege leicht ausmachen lässt, trifft auch auf das Unterstützungsverhältnis zu, das auf der Intervention der gesamten Gesellschaft zugunsten eines Teils ihrer Mitglieder beruht. Armenunterstützung wird nämlich in erster Linie im Interesse der Gemeinschaft gewährt. Simmel zieht zur Illustration die Beispiele Familie und Gewerkschaften heran:

---

patrimonialer Herrschaft in einen – schützenden und zugleich autoritären – bürokratischen Paternalismus umwandelte, der modern war hinsichtlich seiner organisatorischen Grundlagen und reaktionär hinsichtlich seiner politischen Grundsätze. Das macht die fast schon mit nietzscheanischer Verve vorgetragene Attacke Max Webers auf diese Form »gemütlicher« Herrschaft über die vom Herdentrieb gelenkten Massen begreiflich. »Wir erhielten Renten für die Kranken, die Beschädigten, die Invaliden, die Alten. Das war gewiß schätzenswert. Aber wir erhielten n i c h t die vor allem nötigen Garantien für die E r h a l t u n g der physischen und psychischen Lebenskraft [...].« Vgl. Weber, »Parlament und Regierung im neugeordneten Deutschland«, S. 319. Der pessimistische Ton, in dem Weber den »sozialen Fortschritt« behandelt und der sich so deutlich von der für den französischen Solidarismus charakteristischen Thematisierung dieses Fortschritts absetzt, erklärt sich in erster Linie durch die besondere Form der Entstehung der sozialen Institutionen in Deutschland. Von oben herab ausgearbeitet, initiiert und erlassen, waren sie nur der symptomatische Ausdruck einer Gesellschaft ohne eine dieses Namens würdige moderne politische Kultur.

59 Moscovici, »Les formes élémentaires de l'altruisme«.

»Sogar innerhalb der Familien erfolgen unzählige Unterstützungen nicht nur um des Unterstützten willen, sondern damit er der Familie keine Schande mache und diese nicht durch die bloße Tatsache der Armut eines Mitgliedes ihre Reputation verliere. Die von den englischen Gewerkvereinen ihren Mitgliedern gewährte Unterstützung bei Arbeitslosigkeit soll nicht sowohl eine Linderung individueller Not bewirken, als verhindern, daß der Arbeitslose aus Not zu billig arbeite und so den Lohnstandard des ganzen Gewerkes herunterdrücke.«[60]

Die Interessen einer Nation an der Unterstützung ihrer Armen sind vielfältig. Ihre Funktionen bestehen darin, die wirtschaftliche Leistungsfähigkeit des Armen wiederherzustellen, seine Körperkraft vor dem Verfall zu bewahren, die Degenerierung seiner Nachkommenschaft zu verhindern und schließlich Impulse zu gewalttätiger Bereicherung zu verhindern. Auf diese Weise, so sagt Simmel, »erfährt tatsächlich die *Totalität* seines sozialen Kreises ihrerseits eine Reaktion auf das, was sie an ihm getan hat«.[61]

Drittens ist die Fürsorge schließlich per definitionem konservativ. Sie stellt einen wichtigen Faktor für das Gleichgewicht und den Zusammenhalt der Gesellschaft dar. Simmel als Erbe der Nietzscheschen Philosophie reduziert daher das Phänomen der Armenfürsorge nicht auf ihre philanthropische oder »humanitäre« Dimension. Seine makrosoziologische Herangehensweise führt ihn im Gegenteil dazu, den simplen Utilitarismus der Gesellschaft hervorzuheben, für die die Armenpflege ein Mittel des Selbstschutzes und der Selbstverteidigung ist.

»Aus diesem Sinn der Armenpflege heraus wird klar, daß sie, indem sie dem Wohlhabenden nimmt und dem Armen gibt, doch keineswegs auf ein Gleichwerden dieser individuellen Positionen geht, daß ihr Begriff nicht einmal der Tendenz nach die Differenzierung der Gesellschaft in Arme und Reiche aufheben will. Vielmehr liegt ihr die Struktur der Gesellschaft, wie sie nun einmal besteht, zugrunde, im schärfsten Unterschiede gegen alle sozialistischen und kommunistischen Bestrebungen, die gerade diese Struktur selbst aufheben möchten. Ihr Sinn ist gerade, gewisse extreme Erscheinungen der sozialen

60 Simmel, »Der Arme«, S. 517f.
61 Ebenda, S. 523.

Differenziertheit so weit abzumildern, daß jene Struktur weiter auf dieser ruhen kann.«[62]

Dieser Gedanke mündet in den folgenden tragischen und zugleich realistischen Schluss:

»Fußte sie in dem Interesse für den individuellen Armen, so wäre dem Prinzip nach gar keine Grenze gegeben, an der die Güterverschiebung zu seinen Gunsten halt machen müßte, bevor sie die Ausgleichung erreichte; da sie aber stattdessen im Sinne der Gesellschaftstotalität – des politischen, familiären, irgendwie soziologisch bestimmten Kreises – erfolgt, so hat sie keinen Grund, der Art und dem Maß nach für das Subjekt zulänglicher zu sein, als es die Erhaltung der betreffenden Totalität in ihrem status quo verlangt.«[63]

Diese beinahe schon als systemtheoretisch zu bezeichnende funktionalistische Betrachtungsweise der Armenfürsorge gründet auf einem kritischen Verständnis gegenüber dem Recht auf Armenunterstützung. Simmel macht die Beobachtung, dass der Staat zwar auf den Grundsatz der Verpflichtung zur Unterstützung der Armen[64] Bezug nimmt, diese Verpflichtung sich jedoch in keinem echten Anspruch der Armen niederschlägt, solange diese für den Fall, dass ihnen die Unterstützung versagt wird, nicht auch Rechtsmittel einlegen können. Sie können Unterstützung erhalten, aber nicht einfordern. Diese Kritik trifft heute zumindest weniger zu als noch zu Beginn des 20. Jahrhunderts. In den meisten der in Europa geltenden Sozialgesetzgebungen hat man Widerspruchsverfahren eingeführt, die insbesondere in den Ländern genutzt werden, in denen die Gewährung der Unterstützung dem subjektiven Ermessen der Mitarbeiter der Sozialbehörden vor Ort anheimgestellt ist. In den

---

62 Ebenda, S. 518.

63 Ebenda.

64 Die Unterstützung der Armen aller Altersgruppen und in allen Lebensumständen wurde in Frankreich durch die erste Nationalversammlung 1791 auf der Grundlage der Vorarbeiten des Ausschusses für Bettelei-fragen gar in den Rang einer der heiligsten Pflichten der Nation erhoben. An diesen Grundsatz einer nationalen Schuld gegenüber den Bedürftigsten wurde zwei Jahrhunderte später im Moment der Abstimmung über das Gesetz zum Mindesteinkommen zur Eingliederung (RMI) wieder erinnert.

Ländern, in denen die Gewährung des Anspruchs auf für alle gleichen Grundsätzen beruht, ist der Entscheidungsspielraum der Sachbearbeiter geringer und es kommt zu weniger Widerspruchsfällen. Nichtsdestoweniger kann man diese gesetzlich vorgesehenen Prozeduren auch insofern hinterfragen, als sie eine gewisse Rechtskultur und eine Fähigkeit zum Protestieren voraussetzen, die bei den Armen oft gar nicht vorhanden ist. Viele empfinden es als so erniedrigend, Sozialhilfe zu beantragen, dass sie angesichts einer möglichen Ablehnung lieber auf alle Ansprüche verzichten.

Andererseits ist dieses Recht auf Unterstützung keineswegs unveränderlich und unbedingt. Durch die Bezugnahme auf diesen zu den Menschenrechten gehörenden Grundsatz sind Staat und Gesellschaft zum Handeln angehalten, allerdings können sie diese Verpflichtung so weit eingrenzen, wie sie es nach Maßgabe ihrer wirtschaftlichen Leistungsfähigkeit und anderer politischer Orientierungen für angemessen erachten. Eine Regierung kann durchaus ein Gesetz, das ein anderes zugunsten der Armen teilweise oder ganz beschneidet, mit dem Argument verabschieden, dass das alte zu kostspielig ist und damit die Wirtschaft zu stark belastet, oder dass es negative Auswirkungen nach sich zieht, da es zum Beispiel die familiale Solidarität verdrängt. In einer Zeit, in der die Zahl der Sozialhilfeempfänger spürbar steigt, ist das Gleichgewicht in der Beziehung zwischen den Armen und dem Rest der Gesellschaft bedroht. Der Anspruch auf Unterstützung kann also im Umfang eingeschränkt und die Voraussetzungen für die Gewährung können stärker reglementiert werden. Simmel zeigt, dass der Staat bestrebt ist, seine Unterstützungspflicht beispielsweise unter Bezugnahme auf die zivilrechtlichen Unterhaltspflichten einzuschränken, womit er riskiert, eventuell die Grenze zu überschreiten, die von einem individuellen moralischen Standpunkt aus erforderlich wäre. Selbst Eltern mit geringem Einkommen müssen für ihre Kinder aufkommen, wenn diese in Schwierigkeiten geraten, und umgekehrt. Nur im Falle absoluter Mittellosigkeit muss die Gemeinschaft eingreifen.

Eine solche Konkurrenzsituation zwischen Zivil- und Sozialrecht im Feld der Armutsbekämpfung ist freilich nicht zufällig oder willkürlich, sondern systematisch, sogar konstitutiv. Seit der Einführung der modernen Gesetzgebung, für die der französische Code civil paradigmatisch gewesen ist, spielt die Unterhaltspflicht die Rolle des Schlusssteins für das Gebäude der modernen Familie, indem sie die familialen Bande – auf Gedeih und Verderb – zu unauflöslichen macht und damit das Fundament für die soziale Solidarität in den modernen Gesellschaften legt. Die soziale Frage, wie sie in Gestalt des Pauperismus im vorletzten Jahrhundert zutage getreten ist, hat jedoch die Grenzen dieser privatistischen Auffassung von Solidarität offengelegt. Die materielle Armut der Bedürftigsten geht nämlich meistens mit einer extrem prekären Familiensituation einher, was die Unterstützung der Angehörigen schwierig, wenn nicht unmöglich macht. Um die Schwachstellen eines durch die Familie nur noch unzureichend gewährleisteten Schutzes in Bezug auf soziale Risiken auszugleichen, hat der moderne Staat mehr und mehr die Form eines Sozialstaats angenommen. Das gesellschaftliche Verhältnis zur Armut ist nun ebenso sehr »Familienangelegenheit« wie »Staatsangelegenheit«. Dem Geist der modernen Sozialgesetzgebung entsprechend käme die staatliche Solidarität nach der familialen Solidarität, dürfte also erst in dem Moment einsetzen, wo Letztere ausfällt. In der Praxis erweist sich das Verhältnis zwischen den beiden Prinzipien allerdings als weniger eindeutig. Die verschiedenen Sozialgesetzbücher enthalten zahlreiche Beispiele für die Überschreitung des rechtlichen und zugleich sozialpolitischen Prinzips der Subsidiarität. Der flexible und manchmal etwas willkürliche Gebrauch dieses Prinzips erlaubt den Regierungen, ihre Maßnahmen zur Armutsbekämpfung den konjunkturellen Umständen anzupassen. Nicht zufällig wird der Subsidiaritätsgedanke in Zeiten knapper Haushalte wiederentdeckt und aufgewertet; nicht zufällig versuchen die Regierungen auch, die Kürzung von Sozialprogrammen im Namen moralischer Grundsätze familialer Solidarität zu rechtfertigen, wie beispielsweise folgende Slogans belegen: »Gebt den Familien wieder mehr Verantwortung!« oder: *»Empower people!«* Simmel war die tragende Rolle der Unterhaltspflicht für den kollektiven Umgang mit Armut durchaus bewusst. Er äußerte gar den radikalen Gedanken, dass dieses Prinzip seine historische Daseinsberechtigung im Willen der Regierungen hätte, die Belastungen der öffentlichen Haushalte einzuschränken.

Die kritische Haltung Simmels gegenüber der Armenunterstützung unterscheidet sich spürbar von derjenigen Tocquevilles. Als er der Frage der Privatwohltätigkeit nachgeht, gesteht er ihr durchaus zu, auch generös zu sein. Im Gegensatz zu Tocqueville versucht er jedoch nicht, ihre Überlegenheit gegenüber der öffentlichen Fürsorge zu beweisen. Die Gebenden möchten gemeinhin, dass ihre Geste der Großzügigkeit in ihrem Umfeld zur Geltung kommt. Den Armen etwas zu geben ist gewiss ein individueller Akt, er lässt sich allerdings nur vor dem Hintergrund der ihn charakterisierenden und motivierenden sozialen Interaktion begreifen. Der Gebende agiert nicht isoliert. Sein Handeln vollzieht sich in Beziehung zu anderen Menschen oder anderen Gebenden. Wenn er in einer bestimmten Gemeinschaft handelt, ist er zugleich, und sei es auch nur indirekt, um die Billigung und Anerkennung seiner Mitmenschen bemüht, was wesentlich dafür ist, dass er weiterhin aus einer Haltung des Teilens und der Solidarität heraus handelt.[65] Die Uneigennützigkeit ist relativ, denn sie geht stets, zumindest teilweise, mit einem interessegeleiteten Akt einher. Für Simmel mag »eine Gesamtheit, die sich aktuell zusammen befindet, [...] einer Aufwallung verschwenderischer Großmut folgen; allein wo der Wille jedes Einzelnen nicht so unmittelbar erwiesen wird, sondern seitens Beauftragter vorausgesetzt werden muß, kann diese Voraussetzung nur die sein, daß jeder so wenig wie möglich ausgeben will.«[66] Der Privatwohltätigkeit ist es jedoch nur schwer möglich, auf die Bedürfnisse der Ärmsten einzugehen. Die Verfechter der öffentlichen Wohlfahrtspflege verurteilten gegen Ende des 18. Jahrhunderts ihre

65 Vilfredo Pareto hat dieses Bedürfnis der Individuen nach Zustimmung seitens der Gruppe, der sie angehören, wenn sie Leidenden Gutes tun, ebenfalls untersucht: »Die Gefühle, dank denen ein Mensch sich schädigt, um andere zu schützen, wirken auf die Glieder einer Gesellschaft nicht nur als Antrieb zu bestimmten Handlungen, sondern auch zur Billigung, ja zur Bewunderung derer, die so handeln. Daher wirken sie mittelbar auf den zu bestimmten Handlungen angetriebenen Einzelnen nicht nur durch seine Billigung dieser Handlungen, sondern auch durch den Wunsch, die Billigung anderer zu finden und ihrer Mißbilligung zu entgehen.« Vgl. ders., Allgemeine Soziologie, S. 109.

66 Simmel, »Der Arme«, S. 532.

Unzulänglichkeiten und empfahlen ein straffer durchorganisiertes System öffentlicher Armenunterstützung. Für Simmel liegt »die Unzulänglichkeit der privaten Fürsorge [...] nicht nur in dem Zuwenig, sondern auch in dem Zuviel, das den Armen zum Müßiggang erzieht, die vorhandenen Mittel wirtschaftlich unproduktiv verwendet und den einen launenhaft auf Kosten des andren begünstigt«.[67]

In seiner Analyse verfällt er jedoch nicht darauf, einen Gegensatz zwischen privater und öffentlicher Fürsorge aufzubauen. Er versucht, die Kluft zu überwinden, indem er ihre komplementären gesellschaftlichen Funktionen betont. »Der Staat begegnet – am entschiedensten eben in England – der äußerlich erscheinenden Not, die Privatwohltätigkeit ihren individuellen Ursachen; allein die fundamentalen, ökonomisch-kulturellen Zustände, auf denen als Basis sich jene persönlichen Verhältnisse erheben – diese zu gestalten ist wieder Sache der Allgemeinheit«.[68] Die private Armenfürsorge ist auch »ein soziales Geschehen [...], eine soziologische Form, die dem Armen nicht weniger entschieden – nur nicht für den oberflächlichen Blick ebenso deutlich – eine Stellung als organisches Glied des Gruppenlebens zuweist«.[69] Simmel zufolge will die englische öffentliche Armenfürsorge nicht wissen, ob eine Person Unterstützung verdient oder nicht. Das Arbeitshaus ist ein derartig ungemütlicher Ort, dass allein diejenigen, die wirklich in äußerster Not sind, diese Form der Fürsorge wählen. Ihr Gegenstück ist die private Fürsorge. »Der Staat kommt der Armut, die Privatwohltätigkeit dem Armen zu Hilfe.«[70]

---

67 Ebenda, S. 541.

68 Ebenda, S. 543.

69 Ebenda, S. 545.

70 Ebenda, S. 541. Bei Karl Polanyi findet sich in gewissem Sinne diese Gegenüberstellung zwischen dem Prinzip der Redistribution, demzufolge der Zentralbehörde die Verantwortung für die Verteilung des erarbeiteten Reichtums zukommt, und dem Reziprozitätsprinzip, das nicht von einer Zentralgewalt durchgesetzt wird und vor allem in den Bereich der Beziehungen zwischen Personen oder Gruppen gehört, die auf Austausch beruhen, selbst wenn dieser, wie im Fall der Fürsorge, ein ungleicher ist. Vgl. Polanyi, The Great Transformation.

Schließlich beschränkt sich Simmel nicht darauf, die Grundelemente des Unterstützungsverhältnisses zu definieren, sondern analysiert auch dessen Entwicklung. Mit großer Aufmerksamkeit verfolgt er den Übergang der Verantwortung für die Fürsorge von der Kommune auf den Staat. Vor der Entstehung des modernen Wohlfahrtsstaats lag es auf der Hand, dass Armenunterstützung auf lokaler Ebene durchgeführt wurde, da die Armen Teil der Ortsgemeinde waren. Bevor sie verarmten und der Fürsorge zur Last fielen, konnten sie auf die eine oder andere Weise ihren Beitrag zur Entwicklung der Gemeinde leisten, die ihnen dafür im Gegenzug Anerkennung und Unterstützung schuldete. Durch den wirtschaftlichen Aufschwung und die Mobilitätserfordernisse wurde dieses Gleichgewicht erschüttert, so dass nun, so Simmel, »nur der gesamte Staatsverband als terminus a quo und ad quem aller Leistungen anzusehen ist. Gestattet das Staatsgesetz jetzt einem Jeden, seinen Wohnsitz in jeder beliebigen Gemeinde aufzuschlagen, hat diese nicht mehr das Korrelat ihres Verwachsens mit ihren Einwohnern: das Abwehrrecht gegen Niederlassung nicht genehmer Elemente – so kann ihr nicht mehr die solidarische Verbindung, im Nehmen und Geben, mit dem Individuum zugemutet werden.«[71] Aufgrund dieser geschichtlichen Tatsache bilden die Armen nunmehr eine Entität innerhalb einer größeren Gesamtheit. Sicherlich wird ihre Stellung in der Sozialstruktur zum Teil durch das Verhältnis bestimmt, das der Staat mittels der Sozialgesetze zu ihnen unterhält, aber ebenso durch die Art der von ihm zu ihrer Unterstützung festgesetzten Interventionen. Mit dem modernen Staatswesen wird das wechselseitige Abhängigkeitsverhältnis zwischen den Armen und der restlichen Gesellschaft komplexer. Es wächst über die lokale Sozialstruktur hinaus und entfaltet sich zu einer nationalen Konfiguration. Simmel zufolge wirkt sich die Zentralisierung der Armenunterstützung so aus, dass sich die unmittelbare Sichtbarkeit der Armen verschiebt in Richtung einer Sichtbarkeit über das allgemeine und abstraktere Konzept der Armut.

Insofern spiegeln die langfristigen historischen Transformationen des gesellschaftlichen Verhältnisses zur Armut die Entwick-

---

71 Simmel, »Der Arme«, S. 527.

lungslogik der abendländischen Gesellschaften wider, wie sie insbesondere Norbert Elias aufgezeigt hat, dessen soziologisches Werk zahlreiche Affinitäten zum Werk Simmels aufweist. Diese Entwicklung entspricht bekanntlich dem langsamen, aber kontinuierlichen Prozess der sukzessiven Zentralisierung einer ganzen Reihe von Funktionen und Formen gesellschaftlicher Regulierung, angefangen beim staatlichen Gewaltmonopol über die bürokratische Verwaltung der Bevölkerung bis hin zum entstehenden Sozialstaat zur Gewährleistung des sozialen Schutzes der Individuen und des gesellschaftlichen Zusammenhalts. Dieser historische Prozess ging einher mit einer Formalisierung der sozialen Beziehungen im Allgemeinen und der Formen der Fürsorge und Solidarität im Besonderen, allerdings ist zu betonen, dass er nicht gleichförmig vonstatten ging. Er hat sich in den einzelnen Ländern auf je spezifische Weise vollzogen, so dass sich die jeweiligen Prägungen, wie etwa der Grad an politischer und administrativer Zentralisierung oder auch das Kräfteverhältnis zwischen staatlichen Institutionen und anderen öffentlichen Akteurstypen, wie etwa den Wohlfahrtsverbänden oder den Gewerkschaften, leicht ausmachen lassen.

Wenn wir Simmel durch seine Soziologie der Armut folgen, vertiefen wir damit die theoretische Reflexion über die Grundlagen des gesellschaftlichen Bandes, deren Wegmarken er schon frühzeitig abgesteckt hat. Die Implikationen seiner Überlegungen gehen weit über eine rein deskriptive Soziologie der Armut und der Armenpolitik hinaus, wenn sie auch eine solche durchaus beinhaltet. Aus diesem Grund kann dieser Text auch heute noch einen Bezugspunkt für all diejenigen darstellen, die sich über die Armutsfrage hinaus mit den Regulierungsformen moderner Gesellschaften befassen.

2. Der gesellschaftliche Umgang mit Armut

Simmel zufolge ist das Schlimmste an der Armut, dass man »arm [ist] und weiter nichts«, dass man also von der Gesellschaft nicht anders definiert werden kann als eben durch den Umstand, arm zu sein. Von dem Augenblick an, wo der Lebensunterhalt des Armen von der Gemeinschaft bestritten wird, kann er keinen anderen gesellschaftlichen Status mehr als den des Unterstützungsempfängers beanspruchen, zumal die Fürsorge eine bestimmte gesellschaftliche Funktion hat, die diese Bezeichnung beinahe unvermeidlich macht. Die von Simmel vorgeschlagene soziologische Definition der Armut entspricht in gewissem Sinne einem Idealtypus. Die Tatsache des Unterstütztwerdens weist den »Armen« eine spezifische Karriere zu, verändert ihre bisherige Identität und wird zu einem Stigma, das sämtliche Beziehungen zu ihren Mitmenschen markiert. Wenn die Armut von der Gesellschaft als nicht tolerierbar beurteilt und bekämpft wird, kann ihr gesellschaftlicher Status ja nur ein minderwertiger sein. Es mag sein, dass die »Armen« aufgrund ihrer Situation als Unterstützungsempfänger einen niedrigeren Status haben, der sie disqualifiziert, dennoch bleiben sie Angehörige dieser Gesellschaft, deren unterste Schicht sie sozusagen darstellen.

Die Bestimmung des Idealtypus der modernen Armut ist jedoch kein reiner Selbstzweck, sondern methodologisch begründet. Der Idealtyp ist in erster Linie ein Erkenntnismittel. Man kann nicht im Voraus wissen, ob diese Herangehensweise fruchtbar ist oder nicht. Erst wenn man die Wirklichkeit dem Idealgebilde gegenübergestellt hat, lässt sich seine Tragfähigkeit beurteilen. Insofern beschäftigt sich die Forschung auch damit, ob es Abweichungen gibt, um diese anschließend zu analysieren.

Nach einer zusammenfassenden Darstellung der Forschungen zum Unterstützungsverhältnis, die ich auf der Basis von französischem Umfragenmaterial durchgeführt habe, werden in diesem Kapitel die Grundlagen für den gesellschaftlichen Umgang mit Armut in den Gegenwartsgesellschaften erarbeitet und die Erklärungsfaktoren bestimmt. Es mündet in eine Typologie der elementaren Formen der Armut, die im zweiten Teil des Buches Gegenstand einer empirischen Überprüfung sein wird.

Das Unterstützungsverhältnis und seine Ausprägungen

Zwei im Abstand von einigen Jahren durchgeführte Erhebungen – eine lokale mit monographischem Charakter, die andere eine auf ganz Frankreich bezogene repräsentative Erhebung – verschafften mir die Möglichkeit, den Idealtypus Simmels auf die Probe zu stellen. Aus diesen beiden komplementären Erhebungen lassen sich die Schlüsse ziehen, die im Folgenden dargestellt werden.[1]

Die Erfahrung gesellschaftlicher Disqualifizierung

Zum Zeitpunkt der ersten Erhebung in Saint-Brieuc 1986/87, also 80 Jahre nach der Veröffentlichung von Simmels Aufsatz, nahm die Anzahl der Personen, die sich an die Sozialbehörden wenden mussten, um ihren Unterhalt bestreiten zu können, rasch und massiv zu. Armut anhand des Unterstützungsverhältnisses zu definieren, schien mir unter heuristischen Gesichtspunkten als äußerst vielversprechend für die Konstitution des Forschungsgegenstands und bestens geeignet für eine Analyse des gesellschaftlichen Kontextes gegen Ende des 20. Jahrhunderts.

Anhand dieser Erhebung konnte ich zeigen, dass die Bedeutung der von den »Armen« im Umgang mit den Sozialbehörden gemachten Erfahrungen in engem Zusammenhang zu dem jeweiligen Interventionstypus steht. Das hat mich dazu veranlasst, drei Typen des Unterstützungsverhältnisses und insgesamt sieben Erfahrungstypen zu unterscheiden.[2] Der Typ »Unterstützungsempfänger« zeichnet

---

1 Der Leser sei für eine mehr ins Detail gehende Darstellung dieser beiden Erhebungen und ihrer Ergebnisse auf Paugam, La disqualification sociale, für die erste sowie auf Paugam, La société française et ses pauvres, für die zweite verwiesen.

2 Vgl. Paugam, La disqualification sociale, Tabelle S. 50.

sich durch ein regelmäßiges und quasi vertragsförmiges Verhältnis zu den Sozialbehörden aus. Die Angehörigen dieses Typs gelten aufgrund der ihnen unterstellten Schwierigkeiten, für sich selbst aufzukommen, als »schwere Fälle«. Bei der Erhebung zeigte sich aber, dass neben diesem Kerntyp von Unterstützungsempfängern mindestens noch zwei weitere Typen existierten. Der eine liegt im Ansehen etwas darüber und ist durch eine eher punktuelle Intervention bei besonders anfälligen Gruppen gekennzeichnet; dieser Typ wird demnach auch als »Fragile« bezeichnet. Der dritte Typ liegt statusmäßig unterhalb des Typs »Unterstützungsempfänger«. Er bezieht sich auf stärker marginalisierte Gruppen, die meist völlig isoliert von der Familie und den sozialen Einrichtungen lebten. Dieser Typ wird als »Marginalisierte« bezeichnet.

Die Kategorie der »Armen« im Hilfebezug erschien somit zugleich vielgestaltig und ambivalent. Für die Gemeinschaft stellen die »Armen« eine klar umrissene Kategorie dar, da sie ja in Gestalt der ihretwegen geschaffenen Einrichtungen institutionalisiert ist. Die Betroffenen begreifen sich freilich keineswegs als eine sozial homogene Gruppe. Der Bezug von Sozialhilfe in einem ökonomischen Kontext, der von einer zunehmend schlechter werdenden Arbeitsmarktlage bestimmt wird, drückt sich in einer immer größeren Diversifikation der Armen aus, die ja verschiedenen sozialen Schichten entstammen und oft einen Prozess durchlaufen hatten, der sie in die Sphäre der Erwerbslosigkeit und der Abhängigkeit abdrängte, wo sie anderen Armen gleichgestellt wurden, die ihrerseits ganz andere soziale und berufliche Karrieren hinter sich hatten.

Diese Heterogenität wird noch deutlicher, wenn man für die drei Typen von Unterstützungsverhältnissen nochmals Typen der Unterstützungserfahrung – insgesamt sieben – unterscheidet:

- *die verinnerlichte Fragilität*,
- *die ausgehandelte Fragilität*,
- *der verzögerte Unterstützungsbezug*,
- *der verfestigte Unterstützungsbezug*,
- *der fordernde Unterstützungsbezug*,
- *die abgewendete Marginalität* und schließlich
- *die organisierte Marginalität*.

Diese im Anschluss an die Erhebung ausgearbeitete Typologie trug zum einen der Schichtung der »Armen« Rechnung, wie sie in Gestalt der von den verschiedenen sozialen Diensten praktizierten »Zielgruppenbildung« teilweise institutionalisierte Formen angenommen hat: Jede Behörde hat ihr Vorgehen mehr oder weniger auf mindestens eine als arm definierte Bevölkerungskategorie abgestimmt. Zum anderen berücksichtigte sie die Bedeutung, welche die vom Hilfebezug betroffenen Individuen ihren Erfahrungen beimaßen. Die Erhebung konnte vor allem zeigen, dass die »Armen« selbst dann, wenn sie von der Gemeinschaft abhängig sind, noch über gewisse Handlungsmöglichkeiten verfügen. Werden sie stigmatisiert, können sie durchaus noch auf Mittel des Widerstands zurückgreifen gegen den Verruf, in den sie geraten sind. Werden sie in deklassierte Viertel abgeschoben, können sie kollektiv – manchmal sogar individuell – Widerstand gegen die ihnen von der Gesellschaft entgegengebrachte Verachtung leisten, indem sie ihre kulturelle Legitimität und damit ihre soziale Inklusion zu wahren oder wiederzuerlangen suchen.

Die Ergebnisse dieser Feldforschung führen zu dem Schluss, dass Armut heute weniger ein Zustand als ein Prozess ist. Jede statische Definition von Armut trägt mit dazu bei, heterogene Gruppen in eine Kategorie zu pressen und die eigentliche Frage nach dem Prozess einer zunehmenden Häufung von Problemen, den die Individuen oder ganze Haushalte durchmachen, nach seinen Ursachen und mehr oder weniger langfristigen Folgen unter den Tisch zu kehren. Um diesem Phänomen gerecht zu werden, wurde der Begriff der *gesellschaftlichen Disqualifizierung* geprägt. Er bezeichnet die Verdrängungsprozesse vom Arbeitsmarkt von mehr oder minder breiten Kreisen der Bevölkerung sowie die Erfahrungen im Unterstützungsverhältnis, die mit den verschiedenen Phasen dieses Prozesses einhergehen. Der Begriff der gesellschaftlichen Disqualifizierung betont also die Mehrdimensionalität, die Dynamik und den Prozesscharakter von Armut.

Die erste Auflage von »La disqualification sociale« erschien 1991. Sollte dieses Buch neu geschrieben werden, müsste ich noch nachdrücklicher darauf hinweisen, dass die drei Typen des Verhältnisses zu den Sozialbehörden drei verschiedenen Phasen des Prozesses entsprechen.[3] Um den Gedanken der Prozesshaftigkeit stärker herauszustellen und dem Missverständnis hinsichtlich der Typologien entgegenzutreten, die leider viele mit empirischen Kategorien verwechseln, erscheint es mir sinnvoller, von *Fragilität* zu sprechen anstatt von *Fragilen*, von *Abhängigkeit* gegenüber den Sozialarbeitern anstatt von *Hilfebeziehern* und von einer *Auflösung* der sozialen Netze anstatt von *Marginalisierten*. Auf keinen Fall war die ausgearbeitete Typologie eine statistische Kategorisierung, die fest umrissenen Schichtungen entspricht. Sie implizierte prinzipiell die Möglichkeit einer zeitlichen Entwicklung, eines sukzessiven Durchlaufens verschiedener Phasen. Die im Text vorgenommene Analyse der sieben Erfahrungstypen trug den Veränderungen der Lebensumstände und sozialen Identitäten Rechnung. Dennoch erforderte der monographische Charakter der in Saint-Brieuc durchgeführten Erhebung bei der Niederschrift eine gewisse Vorsicht. Die Frage des Übergangs von einem Typ zum nächsten konnte nur anhand einer relativ beschränkten Anzahl von Tiefeninterviews erörtert werden, in denen die Befragten ihre früheren Erfahrungen hatten mitteilen und selbst eine Analyse ihrer Armutskarriere vornehmen konnten. Diese rückblickende Analyse erforderte bei den Befragten ein Bewusstsein über den Verlauf ihres Unterstützungsverhältnisses – was nicht immer der Fall war. Das Material war zu dürftig, als dass man eine überzeugende Argumentation hätte darauf aufbauen können. Außerdem konnte ich nicht belegen, dass sich die in dieser Stadt untersuchten Formen von Armut für ganz Frankreich verallgemeinern ließen. Erst die späteren Forschungsarbeiten konnten diesen Ansatz konsolidieren und damit auch das Konzept der sozialen Disqualifizierung bereichern.

Wert auf dem Arbeitsmarkt und Intensität der sozialen Beziehungen

Die von 1990 bis 1991 im Rahmen des Centre d'étude des revenus et des coûts durchgeführte Verlaufsstudie über die Bezieher des

---

3 Das Vorwort zur 1994 erschienenen dritten Auflage von Paugam, La disqualification sociale, liefert die entsprechenden Argumente.

RMI konnte die in Saint-Brieuc ausgearbeitete Typologie auf breiterer Basis bestätigen und zudem die Entwicklung dieser Gruppen im Zeitverlauf untersuchen. Es handelte sich um eine fragebogengestützte Untersuchung in drei aufeinanderfolgenden Wellen, die in neun Departements bei insgesamt 2000 RMI-Beziehern durchgeführt wurde.

Im Anschluss an die erste Welle ließen sich anhand ihrer Situation auf dem Arbeitsmarkt und ihrer sozialen Beziehungen drei Typen von RMI-Beziehern unterscheiden. Die sich um den *ersten Typ* gruppierenden Leistungsbezieher zeichneten sich durch eine unstete Teilhabe am wirtschaftlichen und gesellschaftlichen Leben aus. Ihre Schwierigkeiten lassen sich durch eine mangelnde oder den Erfordernissen des Arbeitsmarktes nicht entsprechende berufliche Bildung erklären. Allerdings hatten sie noch nicht jede Hoffnung auf ein stabiles Beschäftigungsverhältnis aufgegeben. Ihre Kontakte zur öffentlichen Arbeitsvermittlung (ANPE) oder zu den Einrichtungen der beruflichen Eingliederung erlaubten ihnen, einige soziale Beziehungen aufrechtzuerhalten, allerdings war bei ihnen ein Schwächerwerden der sozialen Netze und eine Tendenz zur Abschottung feststellbar. Für die sich um den *zweiten Typ* gruppierenden Leistungsbezieher kam ein stabiles Arbeitsverhältnis aufgrund ihres Alters, einer angeschlagenen Gesundheit oder mangelnder beruflicher Erfahrung zumindest im wettbewerbsorientierten Sektor der Wirtschaft nicht mehr infrage. Dennoch standen sie nicht ganz ohne soziale Beziehungen da, insofern sie gegen die soziale Deklassierung Ressourcen aus ihrer Umgebung (Schattenwirtschaft, Nutzen der Angebote der Sozialdienste und so weiter) mobilisierten. Ihre gesellschaftlichen und familiären Beziehungen waren zwar häufig sehr begrenzt, sie spielten jedoch eine nicht zu vernachlässigende Rolle bei der Organisation des Alltagslebens. Den sich um den *dritten Typ* gruppierenden Leistungsbeziehern war nicht nur kurzfristig der Zugang zum Arbeitsmarkt versperrt, sie hatten auch sämtliche familiären oder gesellschaftlichen Bindungen verloren. Nichtsesshafte und Obdachlose waren diesem Typus zuzuordnen.

Jeder Typ von Leistungsbeziehern hatte ein ganz besonderes Verhältnis zu den Angeboten der sozialen Dienste. Der erste nahm eine distanzierte Haltung gegenüber der Fürsorge ein; der zweite wurde regelmäßig von Sozialarbeitern betreut und konnte daher früher als die beiden anderen eine Eingliederungsvereinbarung abschließen; der dritte schließlich stand den Einrichtungen im Allgemeinen distanziert und misstrauisch gegenüber und hatte, wenn überhaupt, nur peripher mit dem Sozialwesen zu tun. Die Untersuchung bestätigte, dass diese drei Typen von Leistungsbeziehern den drei Typen des Unterstützungsverhältnisses entsprachen, die wiederum mit denjenigen, die ich in meiner monographischen Studie über Saint-Brieuc untersucht hatte, zwar nicht identisch, aber zumindest einigermaßen deckungsgleich waren. Man konnte daraus schließen, dass der Prozess sozialer Disqualifizierung gesellschaftliche Gruppen erfasst, die man in unterschiedlichen Proportionen sowohl in ländlichen Gegenden als auch im städtischen Bereich, den großen und mittleren Städten, antrifft. Die Ergebnisse der ersten Untersuchung ließen sich also durchaus auf ganz Frankreich übertragen.

Die zur Entwicklung der Typologie von »La disqualification sociale« angewandte Methode unterscheidet sich jedoch von der aus der Studie über das RMI hervorgegangenen Typologie. In der ersten wurden die Erfahrungen der »Armen« im Umgang mit den Sozialdiensten durch den Typ von Intervention, dem sie unterzogen wurden, erklärt; in der zweiten bestand das Ziel dagegen darin, dieses Ergebnis auf breiterer Basis zu überprüfen und darüber hinaus nicht nur die Bedeutung des Unterstützungsverhältnisses, sondern auch die dieses Verhältnis strukturierenden Faktoren zu erläutern. Diese Faktoren – der Wert auf dem Arbeitsmarkt und die Intensität der sozialen Beziehungen – waren in der ersten Typologie nicht als solche präsent; sie tauchten erst in der Beschreibung auf, bildeten aber im Gegensatz zur zweiten Typologie nicht das Grundgerüst der Argumentation. Aus der logischen Kombination dieser beiden Faktoren ergibt sich – als Ausgangshypothese – die Typologie der RMI-Bezieher, die in der Folge mittels einer quantitativen Datenanalyse, insbesondere einer Korrespondenzanalyse, empirisch überprüft wurde.[4] Wenn diese beiden Typologien sich decken, so liegt

---

4 Vgl. Paugam, La société française et ses pauvres, Tabelle 1, S. 167ff. für die empirische Überprüfung.

das daran, dass sich im Denken wie in der Wirklichkeit eine Kontinuität feststellen lässt. Es handelt sich gewissermaßen um eine Überlagerung von Erklärungsfaktoren:

– der Typus der sozialen Intervention, die sich auf die »Armen« richtet, erklärt das Verhältnis, in dem sie zu den sozialen Diensten stehen, und die Bedeutung, die für sie ihre Erfahrungen haben (Arbeitssuche und Verhältnis zu den Sozialarbeitern) (1. Typologie);

– die Kombination der beiden Faktoren »Wert auf dem Arbeitsmarkt« und »Intensität der sozialen Beziehungen« erklärt den Typus der Intervention, die sich auf die »Armen« richtet, und im weiteren Sinne das Verhältnis der Armen zu den sozialen Diensten, die Bedeutung ihrer Erfahrungen, und ermöglicht es, ihre Maßnahmenkarriere im Rahmen des RMI zu analysieren (2. Typologie).

Da die Studie zu den RMI-Empfängern eine Längsschnittanalyse war, konnten wir auch unser Wissen über den Verlauf sozialer Disqualifizierung erweitern. Es wurde möglich, die Erklärung zu vertiefen und von der auf die Typen des Unterstützungsverhältnisses zielenden Analyse zur Analyse der Bedingungen für den Übergang von einer Phase zur nächsten überzugehen. Wie ich weiter oben schon angedeutet habe, scheint es mir heute aus diesem Grund angemessener, von *Fragilität* statt von *Fragilen*, von *Abhängigkeit* gegenüber den Sozialarbeitern statt von *Hilfebeziehern* und von einer *Auflösung* der sozialen Netze statt von *Marginalisierten* zu sprechen.

Die *Fragilität* korrespondiert mit den ersten Erfahrungen im Prozess sozialer Disqualifizierung. Den nach einem beruflichen Scheitern deklassierten Personen oder denjenigen, die erst gar keine Beschäftigung finden, wird nach und nach die Distanz bewusst, die sie von der großen Bevölkerungsmehrheit trennt. Es kommt ihnen so vor, als ob ihr Scheitern für jedermann sichtbar wäre und ihr alltägliches Verhalten als Zeichen von Minderwertigkeit oder gar eines Handicaps gedeutet würde. Wenn Arbeitslose öffentlich die Gründe für ihre Probleme erläutern müssen, haben sie das Gefühl, als »Aussätzige« betrachtet zu werden. Wenn sie in schlecht beleumundeten Siedlungen wohnen, nennen sie den Namen ihres Viertels lieber gar nicht, weil sie es als sehr erniedrigend empfinden, mit Leuten in Zusammenhang gebracht zu werden, deren Missachtung ihnen nur zu gut bewusst ist. Wenn sie bei einer Sozialarbeiterin um Hilfe nachsuchen müssen, ist ihnen das Demütigende dieser Situation unerträglich. Sie halten sich lieber von den Sozialarbeitern fern. Der Eintritt in die Mühlen der Sozialhilfe wird von ihnen als Aufgabe ihres sozialen Status und zunehmender Verlust ihrer Würde empfunden. Diese Menschen sind der Auffassung, dass sie durchaus noch Aussichten auf eine Arbeitsstelle haben. Sie kommen regelmäßig zur Arbeitsvermittlung (ANPE) und lesen die Stellenangebote und Kleinanzeigen. Wenn sie das RMI bekommen, wollen sie so schnell wie möglich wieder aus dem Bezug dieser Leistung heraus. Es ist für sie schlicht eine Übergangshilfe, eine Art Arbeitslosengeld. Sie gehen davon aus, dass gesellschaftliche Integration auf Erwerbstätigkeit beruht und dass das RMI das Risiko mit sich bringt, in der Sozialhilfe hängen zu bleiben. Die Gefahr, dass sie sich ans Nichtarbeiten gewöhnen könnten, ist ihnen bewusst, und sie fürchten sich davor, in die Falle zu laufen, mit der Zeit ganz auf ihre berufliche Identität zu verzichten. Die Untersuchung hat gezeigt, dass die RMI-Empfänger das Bild von den »Fürsorgeschmarotzern« als moralisches Urteil verinnerlicht haben. Es ist daher in ihren Augen sinnlos, eine Eingliederungsvereinbarung abzuschließen, die doch nur ihre Verbindung zur Sozialarbeit und ihre Abhängigkeit davon verfestigt. Lieber suchen sie allein nach Arbeit. Auffällig ist, dass sie, wenn sie eine Stelle finden, oft zugleich auch ihre Familienbeziehungen intensivieren.

Die *Fragilität* kann in die Phase der *Abhängigkeit* von sozialen Diensten münden, da prekäre Beschäftigungsverhältnisse, vor allem dann, wenn sie zu einem Dauerzustand werden, ein geringeres Einkommen und eine Verschlechterung der Lebensumstände nach sich ziehen. Die *Abhängigkeit* ist in der Tat diejenige Phase, in der die Sozialdienste sich regelmäßig um die Probleme dieser Menschen kümmern müssen. Der Großteil der Betroffenen hat die Aussicht auf Erwerbstätigkeit aufgegeben. Einmal abgesehen von den Fällen, bei denen Sozialhilfe aufgrund einer körperlichen oder geistigen Behinderung oder aufgrund von Invalidität bezogen wird, wenden sich die Menschen, die eine Deklassierung erfahren haben, immer erst nach einer mehr oder weniger langen Phase der Entmutigung und der Niedergeschlagenheit an die Sozialarbeiter. Sie nehmen es hin, dass sie bedürftig sind und nun regelmäßig mit den Sozialdiensten in Kontakt treten müssen, um ein garantiertes Einkommen und verschiedene andere Hilfen zu bekommen, weil sie einfach nicht mehr anders können. Solange sie noch motiviert waren, wieder Arbeit zu bekommen, nahmen sie noch eine distanzierte Haltung gegenüber den sozialen Diensten ein. Doch nach den vielen vergeblichen Anläufen, den vielen Kursen und Praktika, die nicht zum Erfolg führten, tendiert nun ihre Hoffnung auf wirkliche Eingliederung in die Welt der Arbeit gegen null. Manche RMI-Bezieher im Stadium der *Fragilität*, die zu Beginn der erwähnten Umfrage noch auf Stellensuche waren, gaben ein Jahr später an, gesundheitliche Probleme zu haben, die sie an einer Arbeitsaufnahme hinderten. Diese Verschlechterung des Gesundheitszustands, die sich auch als Rechtfertigung für zahlreiche Schwierigkeiten interpretieren lässt, ist für sich genommen schon der erste Schritt in die Phase der *Abhängigkeit*. Es ließ sich bestätigen, dass diejenigen, die eine vergleichbare Entwicklung durchlaufen hatten, häufig selbst Kontakt zu den Sozialarbeitern aufgenommen und Eingliederungsvereinbarungen unterschrieben hatten. Sie müssen nur noch den Status von Unterstützungsempfängern akzeptieren. Für sie beginnt nun eine andere Karriere, in deren Verlauf sich ihre Persönlichkeit rasch verändert. Sie erlernen soziale Rollen, die den spezifischen Erwartungen der Sozialarbeiter entsprechen. Von diesem Moment an fangen sie an, ihren Unterstützungsbezug zu rechtfertigen und zu rationalisieren. Manche Eltern erklären, dass sie nicht für sich die Hilfen beziehen, sondern nur für ihre Kinder. In diesem Fall äußert sich das Akzeptieren des Status eines Unterstützungsempfängers zum Beispiel in der völligen Hingabe der Hausfrau und Mutter, für das Wohlbefinden ihrer Nachkommenschaft zu sorgen. Andere führen die Wirtschaftskrise an, um ihren Unterstützungsbezug als dauerndes soziales Recht zu legitimieren, selbst wenn manche Hilfen in Wirklichkeit nur zeitlich begrenzt und nur bei Vorliegen bestimmter Voraussetzungen gewährt werden.

Diese Art der Integration erlaubt es noch, gewisse soziale Bindungen aufrechtzuerhalten. Diejenigen, die die Erfahrung der *Abhängigkeit* machen, suchen nach einem Ausgleich für ihr Scheitern, indem sie ihre Identität als Eltern, die Fähigkeit, ihren Haushalt zu führen oder verschiedene Aktivitäten in ihrem Umfeld auszuüben (gegenseitige Hilfen, kleinere Arbeiten aus gegenseitiger Verbundenheit und so weiter) besonders hervorheben. Das Verhältnis, in dem sie zu den Sozialarbeitern stehen, kann sehr herzlich sein, sofern sie mit ihnen zu kooperieren versuchen. Die Sozialarbeiterin kann in manchen Fällen sogar zur Vertrauten werden, die einiges versteht und nach angemessenen Lösungen sucht. Gleichwohl sorgt der Status des Unterstützungsempfängers für Unzufriedenheit. Das Einkommen aus der Sozialhilfe erweist sich stets als zu gering, um mit den Belastungen durch die Wohnung, den Kosten, die Unterhalt, Schule und sonstige Aktivitäten der Kinder mit sich bringen, klarzukommen. Darüber hinaus sind diese Haushalte oft verschuldet.[5]

Auf diese Phase kann eine nächste folgen, die durch die *Auflösung* der sozialen Netze charakterisiert ist, insbesondere wenn die Unterstützungszahlungen eingestellt werden und die Betroffenen mit einer Häufung von Benachteiligungen konfrontiert sind. Sie können durch das unterste Netz der sozialen Sicherung fallen und zunehmend marginalisiert werden. Armut steht dann synonym für sozialen Absturz. Wer in die Phase der *Auflösung* gerät, ist mit einer Vielfalt von Problemen konfrontiert: Arbeitsmarktferne, Gesundheitsprobleme, Wohnungslosigkeit, Verlust des Kontakts zur Familie und so weiter. Dies ist die letzte Phase des Prozesses, das Ergebnis einer Häufung von Fehlschlägen, die zu extremer Marginalisierung führen. Ohne eine echte Chance, aus dieser Lage wieder herauszukommen, leben solche Menschen in dem Gefühl, dass sie für die Gesellschaft schlicht nutzlos sind. Ihnen ist der Sinn des Lebens abhandengekommen. Häufig versuchen sie, ihr Unglück oder Scheitern durch Trinken zu kompensieren. Die Sozialarbeiter, die mit ihrer

5 Die Sozialbehörden haben die Höhe des RMI nicht nach dem tatsächlichen Bedarf der mittellosen Haushalte festgelegt, sondern in Abhängigkeit vom Mindestlohn (SMIC). Um eventuelle negative Arbeitsanreize zu vermeiden, scheint es ihnen angebracht, die Höhe des RMI unterhalb des SMIC zu legen. Die Parlamentarier hatten bei der Verabschiedung des Gesetzes über das RMI einstimmig für diesen Grundsatz votiert. Der Status des Unterstützungsempfängers bleibt, wie man sieht, ein minderwertiger. Die Leistungen verhindern nur das äußerste Elend.

Wiedereingliederung befasst sind, sehen ihr Hauptproblem häufig in Alkohol oder anderen Drogen.

In dieser Gruppe finden sich Menschen, die mitten in ihrem Berufsleben von heftigen Schicksalsschlägen getroffen wurden und deren »Absturz« hart und brutal war, aber auch junge Leute in seelischer Verzweiflung. Manche von ihnen sind sehr schnell von der Phase der *Fragilität* in die letzte Phase des Prozesses sozialer Disqualifizierung geraten, manchmal ohne die *Abhängigkeit* von den sozialen Diensten durchlaufen zu haben. Der Hauptgrund für diese frühe Marginalisierung liegt im Nichtvorhandensein stabiler Beziehungen zur Familie. Für diejenigen, die sehr große Schwierigkeiten haben, überhaupt einen Einstieg ins Berufsleben zu finden, bedeutet der Umstand, dass sie von ihrer Familie keinerlei Hilfe erwarten können, die fehlende Erfahrung einer der elementarsten Formen von Solidarität. Selbst wenn die Voraussetzungen für eine rasche Verbesserung ihrer Situation nicht immer gewährleistet sind, wäre man im Unrecht anzunehmen, dass das RMI ihnen keinerlei Möglichkeiten bietet, am wirtschaftlichen und sozialen Leben teilzunehmen. Die Untersuchung konnte beispielsweise bestätigen, dass viele von ihnen dank dieser Unterstützung eine gewisse Würde wiederfinden konnten. Allein die Tatsache, jeden Monat ein wenn auch noch so geringes Einkommen zu haben, stellt für sie eine Lösung dar, mit der sie nicht gerechnet hatten und mit der sie erst mal wieder »den Kopf über Wasser bekommen«, sie können wieder Dinge einkaufen, auf deren Erwerb sie bis dahin verzichten mussten. Manche kauften sich nun Kleider, die sie bis dahin von Wohltätigkeitsorganisationen bezogen hatten, und konnten mehr für ihre äußere Erscheinung tun. Diese kleinen Dinge des alltäglichen Lebens erweisen sich im Prozess der Resozialisierung als wesentlich. Es zeigte sich, dass manche Menschen, die lange Zeit keinen Kontakt mehr zu ihrer Familie gehabt hatten, wieder Verbindung zu ihren Kindern oder ihren Eltern aufnahmen, als sie das RMI bekamen. Unter dieser arbeitsmarktfernsten Gruppe von Leistungsbeziehern lag der Anteil derjenigen, die eine Stelle, ein Praktikum oder eine Arbeitsbeschaffungsmaßnahme bekommen hatten, bei 25 Prozent pro Jahr, was keineswegs vernachlässigenswert ist. Die gemeinnützigen Tätigkeiten erfüllen durchaus eine Resozialisierungsfunktion.

Sie ermöglichten es manchen, wieder etwas Selbstvertrauen zu gewinnen, indem sie das Gefühl entwickelten, für die Gemeinschaft von Nutzen zu sein.

Wenn es RMI-Beziehern gelingt, ihre Würde ganz oder teilweise wiederherzustellen, beweist das, dass für sie noch nicht alles verloren ist. Anders gesagt, auch wenn sich die Phasen des Prozesses sozialer Disqualifizierung mit unerbittlicher Logik vollziehen, besteht dennoch die Möglichkeit, die Verbindung zur Welt der Arbeit wiederherzustellen, den sozialen »Absturz« abzufangen, einen Ausgleich für den Rückzug vom Arbeitsmarkt erhalten zu können und in manchen Fällen der Stigmatisierung zu entgehen.

Die beiden vorgestellten Untersuchungen ergänzen sich also. Die Analyse des Prozesses sozialer Disqualifizierung, die jeweils auf unterschiedliche Art vorgenommen wurde, hängt natürlich vom Erhebungsort ab. Es ist nicht sicher, dass diese Untersuchungen, wären sie in einem anderen Land durchgeführt worden, dieselben Ergebnisse erbracht hätten. Auch der Zeitpunkt muss berücksichtigt werden. In den Jahren 1986 und 1987 beziehungsweise 1990 und 1991 durchgeführt, sind die Erhebungen auch in einem bestimmten wirtschaftlichen, politischen und gesellschaftlichen Kontext verankert und zumindest in Frankreich mit den Phänomen der »neuen Armut« verbunden, das aufs Engste mit der Verschlechterung der Situation auf dem Arbeitsmarkt und der Zunahme der Langzeitarbeitslosen zusammenhängt. Diese Phase ist ebenfalls geprägt von der Verabschiedung des Gesetzes vom 1. Dezember 1988 über das RMI.

Genau diese Beschränkungen, denen jede auf eine Nation bezogene Untersuchung unterliegt, haben mich dann zu der Arbeit an einer vergleichenden Soziologie der Armut veranlasst, aus der dieses Buch hervorgegangen ist. Für eine Untersuchung der soziohistorischen Variationen der wechselseitigen Beziehungen zwischen den »Armen« und dem Rest der Gesellschaft muss allerdings ein anderer analytischer Rahmen entwickelt werden.

Die Grundlagen des gesellschaftlichen Umgangs mit Armut

Aufgrund der Unterschiedlichkeit, mit der die Armutsfrage jeweils gestellt wird, gerät der komparative Zugang leicht in eine methodologische Sackgasse. Dazu kann es insbesondere dann kommen, wenn man von der in einem Land wie Frankreich vorherrschenden Definition von Armut ausgeht, indem man die dort existierenden Institutionen zugrunde legt und sich dann mit der Frage beschäftigt, inwiefern dies auch auf die anderen Länder zutrifft oder ob sie sich davon unterscheiden. Ein solches Vorgehen hat den Nachteil, dass man die Unterschiede von einem einzigen als legitim betrachteten Denksystem aus untersucht – eine Eigenheit des kulturellen und nationalen Ethnozentrismus –, anstatt dass man die sozialgeschichtlichen Grundlagen der in den einzelnen Ländern jeweils bestehenden Institutionen zu verstehen versucht, von denen aus die Kategorien der Armut gedacht und definiert werden. Anders gesagt muss der vergleichenden Forschung daran gelegen sein, die aus den für dieses oder jenes Land typischen gesellschaftlichen Debatten hervorgegangenen Fragen hinter sich zu lassen, um einen Analyserahmen zu entwickeln, der den jeweiligen zugrunde liegenden gesellschaftlichen Logiken gerecht wird und aus denen sich die Philosophie und die praktische Ausrichtung der jeweiligen Kategorisierungen sowie der ergriffenen Maßnahmen ergibt. Zum Verständnis der in den europäischen Ländern verfolgten Politik bedarf es sozialgeschichtlicher Untersuchungen zu den jeweiligen Vorstellungen von Armut, die wiederum auf voneinander abweichende Auffassungen bezüglich des Verhältnisses von staatlichen Institutionen im engeren Sinne, den parastaatlichen und privaten Einrichtungen verweisen.[6]

Bei der Bestimmung des gesellschaftlichen Umgangs mit Armut und der Analyse dessen sozialgeschichtlicher Variationen können zwei Dimensionen in Betracht gezogen werden. Die erste betrifft die

---

6 Eine Darstellung der Probleme des internationalen Vergleichs auf diesem Gebiet findet sich bei Schultheis/Bubeck, »Theoretical and methodological problems in intercultural comparison of the phenomenon of extreme urban poverties«.

Repräsentationen dieses Phänomens sowie die soziale Konstruktion der Kategorie »Arme«. Sie lässt sich zumindest teilweise anhand einer Analyse der institutionellen Formen des sozialstaatlichen Umgangs mit diesen Bevölkerungsgruppen erfassen, da sich in ihnen die gesellschaftliche Wahrnehmung von »Armut«, die Bedeutung, die Gesellschaften den damit verbundenen Fragen zumessen, und zugleich die Art und Weise, mit der sie diese zu bewältigen versuchen, niederschlagen. Die zweite Dimension betrifft die Bedeutung der Erfahrungen der so definierten Gruppen, ihr Verhalten gegenüber denjenigen, die sie als solche bezeichnen, und die Anpassungsweisen an die unterschiedlichen Situationen, die sie zu bewältigen haben.

Die Unterschiedlichkeit der sozialen Repräsentationen

Haben sich Ökonomen und Statistiker schon in unzähligen Studien mit der Messung der Armut befasst und die zweckmäßigsten Methoden hierfür festgelegt, sind dagegen solche Forschungen eine Seltenheit geblieben, die sich mit den sozialen Repräsentationen von Armut befassen, also mit der Bedeutung, die dieses Phänomen für die Individuen im Zusammenhang mit ihren Erfahrungen und Interaktionen hat, die für das Leben in Gesellschaft charakteristisch sind. Wenn man mit Max Weber soziale Repräsentationen als Vorstellungen betrachtet, an denen sich individuelles Handeln orientiert, dann kommt es darauf an, das, was »in den Köpfen realer Menschen« vorgeht,[7] eingehender zu analysieren, besonders wenn sie das Phänomen Armut zu erklären versuchen, und dies umso mehr, als jede Gesellschaft Maßnahmen hinsichtlich der Armen ergreift, die der Armut einen besonderen Sinn verleihen und ihr eine spezifische Funktion zuweisen.[8]

Die Historiker haben zu erklären versucht, wie sich der gesellschaftliche Umgang mit Armut im Laufe der Jahrhunderte hat wandeln können,[9] und den Soziologen ist der Nachweis gelungen, dass

7 Weber, Wirtschaft und Gesellschaft, S. 7.
8 Gans, »Über die positiven Funktionen der unwürdigen Armen.«
9 Hier sei besonders auf Polanyi, The Great Transformation; Geremek, Geschichte der Armut, sowie auf Castel, Die Metamorphosen der sozialen Frage, verwiesen.

die expliziten oder latenten Funktionen des Armenfürsorgesystems im Verlauf des 20. Jahrhunderts insbesondere in Abhängigkeit von den jeweiligen Entwicklungsphasen der Industriegesellschaft und der Konjunktur starken Veränderungen unterlagen. So haben Frances Fox Piven und Richard A. Cloward am Beispiel der Vereinigten Staaten nachgewiesen, dass die Hauptfunktion der Fürsorge darin besteht, die temporären Ausbrüche öffentlicher Unruhen in Zeiten von Rezession und Massenarbeitslosigkeit zu regulieren. In Phasen wirtschaftlichen Wachstums und politischer Stabilität verschwindet diese Funktion zugunsten einer ganz anders gearteten, nämlich der, den Armen über eine manchmal drastische Reduzierung der bis dahin erhaltenen Unterstützung einen Anreiz zu bieten, sich dem Arbeitsmarkt zur Verfügung zu stellen.[10] Während der ersten Phase sieht man die Armen noch als Opfer, und die Herausforderung besteht darin, zu verhindern, dass sie gegen das Gesellschaftssystem aufbegehren; in der zweiten Phase werden sie hingegen als potentiell faul angesehen, und nur eine Politik der »Moralisierung« hält man für geeignet, um ihr Verhalten zu ändern. Diese Untersuchungen betonen die Rolle der konjunkturellen Lage und deren Folgen für die Organisationsformen der Armenunterstützung. Sie schließen jedoch mehrere Dimensionen ein und konzentrieren sich nicht direkt auf die Wahrnehmung der Armut. Ungeachtet dieser Wandlungen der Fürsorgepolitik lässt sich gleichwohl die Hypothese vertreten, dass es zu einer Veränderung der Repräsentationen von Armut kommt. Die Politiker intervenieren im Anschluss an Ereignisse, welche die Meinung prägen und die Wahrnehmungen verändern.

Was ist unter »Repräsentationen von Armut« zu verstehen? Im Anschluss an die sozialpsychologische Forschung ist es geläufig geworden, dass man die kollektiven Repräsentationen von den sozialen Repräsentationen unterscheidet.[11] Kollektive Repräsentationen bilden Durkheim zufolge den Gegensatz zu den individuellen und

---

10 Piven/Cloward, Regulierung der Armut. Es sei hier auch auf die Veröffentlichungen von Katz, In the Shadow of the Poorhouse sowie The Undeserving Poor verwiesen.

11 Vgl. Moscovici, »Des représentations collectives aux représentations sociales«.

sind durch eine ausgeprägte Stabilität bezüglich ihrer Übertragung und Reproduktion charakterisiert.[12] Sie halten sich über Generationen hinweg und üben auf die Individuen einen Zwang aus. Dagegen gibt es bei den sozialen Repräsentationen eine größere Vielfalt sowohl bei den Individuen als auch den Gruppen. Unter dem gemeinsamen Einfluss der Mechanismen ihrer Reproduktion und ihres Erwerbs im Rahmen der vielfältigen Interaktionen des sozialen Lebens können sie sich durchaus auch verändern. Die Wahrnehmung der Armut ist keineswegs statisch – die Arbeiten der Historiker haben dies zur Genüge belegt –, weshalb es mir eher angebracht erscheint, von sozialen Repräsentationen der Armut zu sprechen als von kollektiven, selbst wenn beide Begriffe zum Teil deckungsgleich sind. Wenn ich von »sozialen Repräsentationen« spreche, möchte ich also deren Vielfalt innerhalb einer Gesellschaft und die Möglichkeit ihrer Entwicklung in Abhängigkeit von der wirtschaftlichen, sozialen und politischen Lage hervorheben.

Für die Untersuchung der sozialen Repräsentationen von Armut wurden mehrere, seit Mitte der 1970er Jahre durchgeführte Erhebungen miteinander verglichen, wodurch zum einen die wichtigsten Unterschiede zwischen den Ländern der Europäischen Union erklärt werden konnten, zum anderen die wichtigsten Schwankungen seit einem Vierteljahrhundert.[13] Diese Studie ging von der Hypothese aus, dass sich die jeweiligen sozialen Repräsentationen von Armut unabhängig von Alters-, Geschlechts- oder Klasseneffekten durch einen mit der jeweiligen Nation zusammenhängenden Effekt (Effekt des Landes beziehungsweise struktureller Effekt) und durch einen mit den Veränderungen des Arbeitsmarkts zusammenhängenden Effekt (konjunktureller Effekt) erklären lässt. Im Effekt des

---

12 Bei Durkheim heißt es: »Die Gesellschaft ist eine Wirklichkeit *sui generis*. Sie hat ihre eigenen Züge, die man im übrigen Universum nicht oder nicht in derselben Form findet. Die Vorstellungen, die sie ausdrücken, haben also einen anderen Inhalt als die rein individuellen Vorstellungen, und man kann im vorhinein sicher sein, daß die ersteren den zweiten etwas hinzufügen.« Vgl. Durkheim, Die elementaren Formen des religiösen Lebens, S. 36f.

13 Vgl. Paugam/Selz, »The perception of poverty in Europe since the Mid 1970s.«

Landes schlägt sich der Anteil an Stabilität nieder, also das, was Durkheim den »mentalen Unterbau der Gesellschaft« nennt, im konjunkturellen Effekt dagegen die Sensibilität gegenüber wirtschaftlichen Schwankungen, die alle Länder beeinflussen. 1976, im Jahr der ersten Erhebung, lag die Arbeitslosenquote in den meisten Ländern unter 5 Prozent, während sie 1993, dem Jahr der dritten Erhebung, in zahlreichen Ländern doppelt so hoch war. Solche Entwicklungen lassen die Bevölkerung der verschiedenen Länder selten unbeeindruckt. Sie wirken sich zumindest teilweise auf den Konsum der Haushalte aus.

Seit der ersten Erhebung von 1976 beschäftigte sich eine Frage speziell mit den Ursachen für Armut. Damit ließen sich zwei einander radikal entgegengesetzte Erklärungen, wie sie für die Armut traditionell gegeben werden, unterscheiden: jene, die die Faulheit oder den mangelnden Willen der Armen betont, und jene, die die Ungerechtigkeiten in der Gesellschaft hervorhebt. Die Erklärung durch Faulheit verweist auf eine moralische Auffassung, die auf Pflichtbewusstsein und einer strengen Arbeitsethik beruht. Aus dieser Perspektive wird den Armen gewissermaßen der Vorwurf gemacht, sie würden nicht genügend Verantwortung für sich selbst übernehmen, weshalb ihnen die Sozialbehörden nicht groß unter die Arme greifen sollten. Diesem Ansatz zufolge ist jedes Individuum selbst für sich verantwortlich und kann sich nur durch eigene Anstrengung vor Armut schützen. Armut mit Ungerechtigkeit zu erklären impliziert dagegen eine umfassendere Auffassung von Gesellschaft. Die Armen gelten dann vor allem als Opfer eines Systems, das sie verurteilt, und die Behörden haben die Pflicht, den Armen zu helfen, indem sie sich um größere soziale Gerechtigkeit bemühen. Die beiden Erklärungsansätze entsprechen zwei kontrastierenden Meinungen, deren ideologischer und politischer Gehalt offensichtlich ist. Sie haben jeweils eine eigene Geschichte, insofern alle Gesellschaften seit dem Mittelalter hinsichtlich des Umgangs mit der Armut zwischen »Galgen und Erbarmen« hin und her gerissen waren – um den Titel der französischen Übersetzung des Buches von Bronislaw Geremek[14] aufzu-

14 Geremek, Geschichte der Armut (frz. Übersetzung: La potence ou la pitié. L'Europe et les pauvres du Moyen Âge à nos jours, Paris 1987).

greifen. Das heißt, dass sie zwischen der Versuchung standen, die für faul und unverantwortlich gehaltenen und daher unerwünschten Armen zu eliminieren, und der Versuchung, Mitleid mit all jenen zu haben, mit denen es das Schicksal nicht gut gemeint hat und die immer in Not und Elend gelebt haben.

Diese Untersuchung ließ den Schluss zu, dass die sozialen Repräsentationen der Armut zum einen je nach Land variieren, also parallel zu den jeweiligen politischen und kulturellen Wahrnehmungsschemata, zum anderen je nach wirtschaftlicher und gesellschaftlicher Konjunktur, insbesondere mit dem Auf und Ab der Arbeitslosigkeit (zur detaillierten Darstellung der Ergebnisse siehe den Anhang dieses Buches mit dem Titel »Wie die Europäer die Armut sehen«). Anhand einer statistischen Analyse ließ sich der reine Effekt des Landes isolieren, sobald der Einfluss der mit den Schwankungen der Arbeitslosigkeit zusammenhängenden Variablen kontrolliert wurde. Die Erklärung der Armut durch Faulheit ist in einigen Ländern deutlich verbreiteter als in anderen. Unabhängig vom jeweiligen Land existiert aber auch ein eigener Effekt der Arbeitslosigkeit. Wenn diese steigt, dann sinkt unter ansonsten gleichen Bedingungen die Wahrscheinlichkeit spürbar, dass die Befragten als Erklärung für Armut Faulheit angeben, sinkt die Arbeitslosigkeit, dann steigt die Wahrscheinlichkeit, dass die Befragten diese Antwort geben. Es scheint, als ob der Bevölkerung in Zeiten der Krise und des Stellenmangels bewusst würde, dass es nicht an den Armen selbst liegt, wenn sie keine Arbeit finden.

Wenn die für die Armut angegebenen Ursachen je nach Land variieren, liegt das an den Institutionen und Strukturen, die aufgrund ihrer Trägheit und Autorität mit dazu beitragen, den »mentalen Unterbau der Gesellschaft« mehr oder weniger dauerhaft zu prägen. Jedes Land ist zum einen mit spezifischen Problemen konfrontiert, zum anderen mit solchen, die es mit den anderen Ländern gemeinsam hat. Mit beiden Problemen muss es aber mit seinen eigenen Mitteln umgehen. Ein Land wird wenig geneigt sein, ambitionierte sozialpolitische Maßnahmen einzuführen, wenn seine Bewohner Armut vorwiegend als ein Problem ansehen, für das jeder Einzelne selbst verantwortlich ist; im Gegensatz dazu wird es sich umso mehr für die nötigen Mittel im Kampf gegen die Armut einsetzen, wenn seine Bewohner in diesem Problem die Auswirkungen eines ungerechten Systems sehen, das die Bedürftigsten zu einem belastenden Schicksal verurteilt. Die Unterschiede zwischen den Ländern lassen sich daher als Wirkung sowohl eines geschichtlich verankerten Wertesystems als auch einer Tradition wohlfahrtsstaatlicher Intervention begreifen. Jedes Land interveniert in Bezug auf seine Armen in ganz bestimmter Weise und mit jeweils unterschiedlichen Mitteln. So haben manche Länder schon seit mehreren Jahrzehnten ein garantiertes Mindesteinkommen für die Bedürftigsten (Dänemark 1933; Großbritannien 1948; Bundesrepublik Deutschland 1961; Niederlande 1963; Belgien 1974; Irland 1977), andere haben vor kurzem erst ein solches System eingeführt (Luxemburg 1986; Frankreich 1988; Portugal 1996) und wieder andere sind erst dabei, auf lokaler oder regionaler Ebene damit Erfahrungen zu sammeln, oder haben noch gar keine vergleichbaren Maßnahmen ergriffen (Italien, Griechenland). Wenn man diese verschiedenen Systeme und Modalitäten sozialstaatlicher Intervention eingehend untersucht, springen einem die Unterschiede geradezu ins Auge.[15]

Wenn aber die Ursachen, die man der Armut zuordnet, unabhängig vom Land mit der Wirtschaftskonjunktur und besonders der Arbeitslosigkeit ebenfalls variieren, dann kann man daraus nur den Schluss ziehen, dass die Repräsentationen der Armut nicht ein für alle Mal gelten. Wie alle sozialen Repräsentationen sind sie nichts Starres.

Man kann also von einer struktur- und zugleich konjunkturabhängigen Herausbildung der Armut sprechen. Dadurch wird jeweils der gesellschaftliche Status der Gruppen bestimmt, die als arm angesehen werden, da sich ja in den Bezeichnungen, die diese konstituieren, sowie in den Formen sozialstaatlicher Intervention, deren Objekte sie sind, die kollektiven Erwartungen ihnen gegenüber niederschlagen. Genauso können die Erfahrungen und die Formen der Anpassung dieser Gruppen an ihre soziale Umgebung sich auf die Einstellungen der verschiedenen Gesellschaften, in denen sie leben,

---

15 Vgl. Paugam (Hg.), L'Europe face à la pauvreté.

und insbesondere auf die für sie zuständigen sozialen Einrichtungen auswirken. Auf der Basis verschiedener Beobachtungen könnte man für ein bestimmtes Land zu der Einschätzung gelangen, dass die Armen durch den Hilfebezug nur passiv werden und folglich eine Verringerung der Beihilfen vorsehen. In einem anderen Land wird man sich darauf einigen, dass es aufgrund der Unterstützung im nahen Umfeld sowie der Widerstands- und Organisationformen, welche die Bedürftigsten zum Überleben entwickelt haben, unnütz wäre, ihnen mehr Unterstützung zu gewähren. Oder man wird ganz im Gegenteil zu dem Urteil gelangen, dass das Unterstützungssystem beibehalten oder gar ausgebaut werden muss, solange die Hauptaufgabe darin besteht, der gesamten Nation den Glauben zu erhalten, dass diese imstande ist, auf diese Weise eine gesellschaftliche Schuld den Armen gegenüber zumindest in Teilen abzutragen.

Ganz allgemein wird die in einer bestimmten Gesellschaft als arm betrachtete Personengruppe von den existierenden Unterstützungssystemen entsprechend den strukturellen Faktoren, die größtenteils zum institutionellen Erbe gehören, mehr oder weniger gut versorgt und mehr oder weniger stark stigmatisiert. Wie wir gesehen haben, verhindern diese strukturellen Faktoren jedoch nicht die Auswirkung konjunktureller Faktoren, was wiederum zu dem Schluss führt, dass die Wahrnehmung der Armut einem Wandel unterworfen ist.

Kontrastierende Erfahrungen

Die französischen Umfragen haben die Unterschiedlichkeit der Erfahrungen beim Bezug von Unterstützungsleistungen herausgestellt, eine Unterschiedlichkeit, die wir mit den Prozessen sozialer Disqualifizierung und ihren verschiedenen Phasen zu erklären versuchten. Es gibt aber auch ausgeprägte soziohistorische Variationen. Diese Erfahrungen sind mit Faktoren verknüpft, die wie die sozialen Repräsentationen vom jeweiligen Land und der Konjunktur abhängen.

In Phasen einer Verschlechterung der Arbeitsmarktsituation, insbesondere wenn es zu einer starken Zunahme der Langzeitarbeitslosigkeit kommt, die immer breitere Kreise der Bevölkerung erfasst, wenden sich diese zwangsläufig an die sozialen Einrichtungen und machen in manchen Fällen zum ersten Mal die Erfahrung, arm zu sein und Fürsorge in Anspruch nehmen zu müssen. Während der großen Krise der 1930er Jahre wurden breite Schichten der Bevölkerung, die bis dahin vor Armut geschützt waren, von den direkten Folgen des Zusammenbruchs der industriellen Produktion und von Arbeitslosigkeit betroffen. Auf dem Höhepunkt der Krise betrug die Arbeitslosigkeit fast 18 Prozent der abhängig Beschäftigten im Seine-Departement, und man geht davon aus, dass in diesem Departement 58 Prozent der Personen, die in diesen Jahren arbeitslos wurden, dies mindestens noch einmal wurden.[16] Unter diesen Umständen ging die Kaufkraft der Arbeiter dramatisch zurück, während die Klientel der Fürsorgeämter sowie der Nachtasyle und Suppenküchen im Eiltempo zunahm. Der Historiker André Gueslin bemerkt, dass die »neuen Armen«, die während dieser Krisenperiode bedürftig wurden, sich schämten, in den Fürsorgeämtern mit den »richtigen Armen« in Berührung zu kommen, also mit den traditionellen Armen, die schon lange Unterstützung bezogen und meist mit Sozialfällen oder Ausgegrenzten gleichgesetzt wurden.[17] Dieses besonders für die »neuen Armen« erniedrigende Unterstützungsverhältnis entspricht exakt demjenigen, wie wir es in den 1980er und 1990er Jahren in den schon erwähnten Erhebungen beobachten konnten, die in einem in Bezug auf die Beschäftigungskrise durchaus vergleichbaren Zeitraum durchgeführt wurden. In einer Phase wirtschaftlichen Aufschwungs und der Vollbeschäftigung sind die Armutserfahrungen weniger von dieser massenhaften Inanspruchnahme des Fürsorgeapparats geprägt. Sie spiegeln eher das, was manche Forscher als »strukturelle Armut« bezeichnen, also die Armut, die unabhängig von der jeweiligen Konjunktur von einer Generation zur nächsten vererbt wird

---

16 Vgl. Gueslin, Les gens de rien, S. 73f.

17 Die Zeitung *L'Est républicain* berichtet im Dezember 1931, dass »diese kostenlose Essens- und Kleiderausgabe die Elenden und Berufsbettler anzieht. Der ehrbare Arbeiter will mit dieser unerwünschten Klientel nicht zusammengebracht werden«. Vgl. Gueslin, Les gens de rien, S. 84.

und in ihren Extremformen einen kleineren Teil der Bevölkerung erfasst.

Die Variable Nation übt ebenfalls einen starken Einfluss aus. Da die Gruppe der »Armen« nicht genau definiert ist und in Europa auch nicht überall in gleicher Weise versorgt wird, kann ihre Erfahrung von einem Land zum nächsten sehr variieren. Bei vergleichbarem Lebensstandard hat der Umstand, im erwerbsfähigen Alter Unterstützung zu beziehen, für ein Individuum nicht die gleiche Bedeutung und kommt nicht in den gleichen Einstellungen zum Ausdruck, wenn es in einem Land lebt, in dem die Arbeitslosigkeit auf niedrigem Niveau liegt und der gesellschaftliche Druck auf abweichende Verhaltensweisen stark ist, wie wenn es in einer Gesellschaft mit struktureller Arbeitslosigkeit und ausgeprägter Parallelökonomie lebt. Im ersten Fall gehört das Individuum zu einer Minderheit und läuft Gefahr, stigmatisiert zu werden und das Gefühl zu entwickeln, den Erwartungen der Umgebung nicht zu entsprechen; im zweiten Fall fühlt es sich weniger marginalisiert und kann mit den materiellen und symbolischen Ressourcen, die es ohne großen Aufwand aus Schwarzarbeit bezieht, mit größerer Wahrscheinlichkeit seinen sozialen Status aufrechterhalten. Arm zu sein in einem Land, in dem das System der sozialen Absicherung auf dem Staatsbürgerstatus aufbaut und damit der gesamten Bevölkerung umfassenden Schutz gewährt, hat auch eine andere Bedeutung als in einem Land, in dem die soziale Sicherung eher residuell ist. Im ersten Fall wäre die Unterstützung auf einen marginalen Bevölkerungsanteil beschränkt, der oft nur noch auf die Einlösung seines Leistungsanspruchs wartet; im letzteren wäre sie weiter gefasst und umfasste potentiell größere und unterschiedlichere Bevölkerungsgruppen.

Erklärende Faktoren

Drei Faktoren erklären die Verschiedenheit sozialer Repräsentationen und Erfahrungen: der Entwicklungsstand der Wirtschaft und die Arbeitsmarktlage, die Gestalt und Dichte des sozialen Netzes und die Ausgestaltung des Systems der sozialen Sicherung und der sozialen Dienste.

Entwicklungsstand der Wirtschaft und Arbeitsmarktlage

Der wirtschaftliche Entwicklungsgrad spielt eine maßgebliche Rolle. Wie schon Tocqueville im Jahr 1835 hervorhob, hat es für die Betroffenen eine andere Bedeutung, ob sie in einem an sich schon armen Land wie dem Portugal seiner Zeit arm sind oder in einem prosperierenden Land, wie zum Beispiel in Großbritannien vor der industriellen Revolution.[18] Noch heute muss man diesen Unterschied aufgrund der nach wie vor bestehenden Ungleichheit der Produktionsniveaus und der Entwicklungsrhythmen zwischen den Ländern der Europäischen Union, aber auch zwischen den Regionen innerhalb der Länder berücksichtigen.

Der Begriff Entwicklung lässt sich je nach den zugrunde gelegten Kriterien unterschiedlich verstehen. Man kann ihn in eingeschränktem Sinne anhand eines zentral gesetzten Indikators, wie dem Bruttoinlandsprodukt pro Einwohner, definieren. Es ist üblich, die Staaten (oder Regionen) auf einer Skala beginnend mit den entwickeltsten Ländern aufzulisten. Dieses Vorgehen führt vor Augen, dass es innerhalb der Europäischen Union bis heute ausgeprägte Kontraste gibt. Im Jahr 2004 lag das BIP pro Einwohner in Kaufkraftäquivalenten im Verhältnis zum Durchschnitt der Europäischen Union (25 Länder), der dem Index 100 entspricht, in Norwegen mit einem Index von 149 an der Spitze, während Portugal nur einen Index von 74 erreichte. Unter den Beitrittsländern erreichten einige sogar noch niedrigere Werte, wie etwa Bulgarien, das nur auf einen Index von 32 kam.[19] Wenn das BIP pro Einwohner nach der Region berechnet wird, lassen sich überraschende Abweichungen innerhalb einzelner Länder feststellen. Das bekannteste Beispiel ist sicher Italien. Der Norden Italiens ist hinsichtlich der Wirtschaftskraft eine der reichsten und dynamischsten Regionen, während der Mezzogiorno eine der ärmsten ist. Ein mindestens ebenso ausgeprägter Kontrast existiert in Deutschland seit der Wiedervereinigung. Der Westen, also die alte Bundesrepublik, lässt sich mit dem

---

18 Vgl. oben, Kapitel 1, S. 33.
19 Quelle: Eurostat.

Norden Italiens vergleichen, während der Osten, die ehemalige DDR, im Großen und Ganzen arm bleibt.

Entwicklungsökonomen beschränken sich nicht allein auf diesen Indikator, der von der Entwicklung ein eindimensionales und rein quantitatives Bild zeichnet. Die Voraussetzung für den Übergang von einer traditionellen zu einer modernen Gesellschaft, von einer unterentwickelten zu einer entwickelten Wirtschaft, besteht nach Raymond Aron nicht nur darin, dass das Pro-Kopf-Einkommen der Bevölkerung ansteigt, sondern auch in dem Umstand, dass der Industrialisierungsprozess mit einer Ausweitung der primären und beruflichen Bildung sowie einer Hinwendung zu einer für die Produktivität unerlässlichen rationalen Einstellung seitens der Arbeitnehmer einhergeht.[20] Dieser Übergang geht selten reibungslos vonstatten. Häufig wird er von Ungleichheiten begleitet und erzeugt soziale Unruhen und psychische Störungen. In seinen Algerien-Studien untersuchte Pierre Bourdieu den Anpassungsprozess an die kapitalistische Wirtschaftsweise und damit die Bedingungen für das Aufkommen eines *homo oeconomicus*.[21] Er stellte fest, dass bei den Kabylen zu Beginn der 1960er Jahre die religiöse Moral ökonomisches Kalkül untersagte. Letzteres musste verborgen bleiben. Die Zeitvorstellungen orientierten sich am Agrarzyklus und Vorsorge war auf das laufende Jahr beschränkt. Für den kabylischen Bauern hatte Geld keinerlei Wert. Wertschätzung genoss dagegen die produktive wie auch die unproduktive Arbeit. In dieser stammesförmig organisierten Gesellschaft gewährten die familialen Solidarbeziehungen Schutz vor Not und Elend. Man wollte gar nicht wissen, wer die meisten Menschen unterstützte. Die Einführung des Geldes trug zum Wertverlust der nichtproduktiven Arbeit bei und destabilisierte dadurch das Sozialsystem. Arbeit wandelte sich nach und nach zu einer gewinnorientierten Tätigkeit. Die Entwicklung des Bildungssystems veränderte grundlegend das Verhältnis zwischen den Generationen. Die von den Alten, insbesondere vom Vater verkörperte Autorität wurde durch die bessere Bildung der Jungen geschwächt.

---

20 Aron, Trois essais sur l'âge industriel, S. 17f.

21 Bourdieu, Die zwei Gesichter der Arbeit.

Mit der kapitalistischen Entwicklung kam es schließlich zur Herausbildung eines Subproletariats, einer Gruppe von periodisch nicht beschäftigten und schlecht verdienenden Arbeitern, die mit ihrem Leben nicht mehr zurechtkamen, als sie mit Armut konfrontiert wurden. »In der Instabilität eingerichtet, all jener Schutzeinrichtungen beraubt, welche die eingesessenen Traditionen auch dem letzten der Pächter, der *Khammès*, gewährten, bar jeder Qualifikation und Bildung, welche allein die Sicherheit gewähren könnte, nach der sie sich über alles sehnen; gefangen in einer Existenz des Hier-und-Jetzt und der chronischen Sorge um das Morgen, macht es ein ökonomisches System, das Planung, Kalkül und die Rationalisierung des wirtschaftlichen Verhaltens erfordert, den Subproletariern, Arbeitslosen und Tagelöhnern, den Kleinhändlern und Angestellten kleiner Unternehmen und Handelsbetriebe unmöglich, zu rechnen und vorauszuplanen.«[22] In den heutigen Entwicklungsländern ist das Subproletariat meist eine Massenerscheinung, vor allem in den Metropolen, wo es in riesigen Elendsvierteln lebt. Dieses Subproletariat erneuert sich durch den beständigen Zustrom aufgrund der enormen Landflucht, reproduziert sich jedoch auch häufig von Generation zu Generation. Es gehört zum normalen Bild dieser Länder mit ihren ins Auge stechenden sozialen Ungleichheiten.

Der Begriff Entwicklung spielt bei der Analyse einer Gesellschaft und der darin angetroffenen Formen von Armut eine große Rolle. Man sollte freilich in Anbetracht der zahlreichen gegen das vereinfachende Rostowsche Modell der Wachstumsstufen[23] vorgebrachten Kritiken von vornherein klarstellen, dass nicht alle Gesellschaften zwangsläufig den gleichen Pfad durchlaufen und somit mehrere Modelle möglich sind. Ich möchte gerne mit der Definition der industriellen Gesellschaft zum einen und der Arbeitnehmergesellschaft zum anderen beginnen und so weit wie möglich auf die Unterschiede zwischen diesen Definitionen und den Realitäten der untersuchten Gesellschaften eingehen. Eine moderne Gesellschaft definiert sich vor allem durch die Organisation der Arbeit, durch

22 Ebenda, S. 106.
23 Rostow, Stadien wirtschaftlichen Wachstums.

den Einsatz von Wissenschaft und Technik sowie die wirtschaftlichen und gesellschaftlichen Folgen dieser Rationalisierung der Produktion. Raymond Aron bestimmte die industrielle Gesellschaft anhand von fünf Dimensionen:

1) der Trennung zwischen Arbeitsort und Unternehmen einerseits und Familie andererseits, selbst wenn diese Trennung nicht universell ist und es immer einen nicht zu vernachlässigenden Anteil von Handwerksbetrieben gibt, in denen sich die ökonomischen und familiären Funktionen überlappen und häufig um denselben Ort gruppieren;

2) der Arbeitsteilung zwischen den Wirtschaftssektoren, aber auch innerhalb der Unternehmen entsprechend den technischen Notwendigkeiten;

3) der Akkumulation von Kapital;

4) rationaler Kalkulation, um die Produktionskosten möglichst niedrig zu halten und damit das Kapital erneuern und vermehren zu können;

5) der Konzentration der Arbeiter am Arbeitsort.

Aus dieser Definition wird ersichtlich, dass es große Unterschiede zwischen den Ländern und Regionen der Europäischen Union gibt. Auf manche Länder treffen die Charakteristika für eine industrielle Gesellschaft mehr zu als auf andere. Auch innerhalb eines Landes gibt es Regionen, die ländlicher geprägt bleiben als andere und wo Handwerk und Kleinunternehmertum die Grundlage des wirtschaftlichen Geschehens bilden. Es lässt sich also die Hypothese aufstellen, dass Armut, je nachdem, ob sie in einer Region untersucht wird, die dieser idealtypischen Definition nahekommt oder fernsteht, eine ganz unterschiedliche Bedeutung annimmt.

Der Begriff Arbeitnehmergesellschaft scheint mir eine Ergänzung zu dem der industriellen Gesellschaft darzustellen. Für Robert Castel ist ein Lohnarbeitsverhältnis durch drei Elemente charakterisiert: »eine Form der Vergütung der Arbeit, nämlich den Lohn, welcher die Konsummuster und die Lebensweise der Arbeiter und ihrer Familien weitgehend bestimmt, sodann eine Form der Arbeitsdisziplin, die den Produktionsrhythmus regelt, schließlich einen legalen Rahmen, der das Arbeitsverhältnis strukturiert, also den Arbeitsvertrag und die dazugehörigen Bedingungen«.[24] Er unterscheidet das Lohnarbeitsverhältnis, wie es zu Beginn der Industrialisierung, während der Zeit des Pauperismus vorherrschend war, vom modernen Lohnarbeitsverhältnis, das die Regulationsökonomen als »fordistisch« bezeichnen.[25] Fünf Voraussetzungen müssen für ihn erfüllt sein, damit es zum Übergang vom frühen Lohnarbeitsverhältnis zu diesem Arbeitnehmerverhältnis[26] kommt:

1) »eine klare Trennung zwischen denen, die tatsächlich und regelmäßig arbeiten, und den Nichterwerbstätigen oder teilweise Erwerbstätigen, die entweder vom Arbeitsmarkt ausgeschlossen oder in geregelte Formen integriert werden sollen«;

2) »die Bindung des Arbeiters an seinen Arbeitsplatz und die Rationalisierung des Arbeitsprozesses im Rahmen einer präzisen, genau abgegrenzten und reglementierten Zeitverwendung«;

3) »die durch den Lohn ermöglichte Teilhabe an den neuen Konsumnormen, durch die der Arbeiter selbst zum Nutznießer und Konsumenten der Massenproduktion wird«;

4) »Teilhabe am Sozialeigentum und an den öffentlichen Dienstleistungen. Der Arbeitnehmer ist auch ein Gesellschaftssubjekt mit Anspruch auf Teilhabe am Vorrat der in der Gesellschaft verfügbaren nicht-marktmäßigen Gemeingüter«;

5) »die Verankerung in einem Arbeitsrecht, das den Arbeitnehmer als Mitglied eines Kollektivs anerkennt, dem ein sozialer Status jenseits der rein individuellen Dimension des Arbeitsvertrags eigen ist«.

Massenarbeitslosigkeit und berufliche Prekarität sind heute zu Symptomen einer tiefen Krise dieser Arbeitnehmergesellschaft geworden, wie sie sich in ihrer modernen Gestalt während der »Trente Glorieuses«[27] herausgebildet hat, einer Krise, die heute praktisch alle Industrienationen erfasst hat. Es sei jedoch hervorge-

---

24 Castel, Die Metamorphosen der sozialen Frage, S. 286.

25 Vgl. vor allem Boyer, La théorie de la régulation.

26 Castel, Die Metamorphosen der sozialen Frage, S. 286ff.

27 Die dreißig »goldenen« Nachkriegsjahre (1946–1975); eine von Jean Fourastié geprägte Bezeichnung für die französische Wirtschaftswunderepoche; Anm. des Übers.

hoben, dass sich die Arbeitnehmergesellschaft nicht in allen Ländern nicht in identischer Form durchgesetzt hat. In manchen hat sie sich nur partiell entwickelt, die Wirtschaft bleibt weiterhin durch selbständige oder informelle Arbeit geprägt sowie durch die aus der ländlichen Gesellschaft übernommenen Traditionen. Dies trifft insbesondere auf zahlreiche Regionen Südeuropas zu. Robert Castel räumt überdies ein, dass sich das Modell der Arbeitnehmergesellschaft nicht für alle europäischen Länder verallgemeinern lässt. »Man kann behaupten«, sagt er, »dass in den Ländern des Südens die Tragpfeiler der Lohnarbeit nicht dieselbe Konsistenz und dasselbe Ausmaß wie im Norden haben und demnach die Gesellschaften des Südens auch in geringerem Maße ›Arbeitnehmergesellschaften‹ sind als jene des Nordens.«[28] Die Rede von der Krise der Arbeitnehmergesellschaft meint also nicht immer das Gleiche, es hängt jeweils davon ab, ob man sich auf eine voll ausgebildete oder nur teilweise entwickelte Arbeitnehmergesellschaft bezieht. Die Hypothese erscheint plausibel, dass Arbeitslosigkeit und Armut in diesen beiden Gesellschaftstypen nicht auf identische Weise erfahren werden.

Gestalt und Dichte der sozialen Netze

Die Repräsentationen und Erfahrungen der Armut sind jedoch nicht völlig von der ökonomischen Entwicklung abhängig, sondern auch eng mit der Gestalt und Dichte des sozialen Netzes verknüpft. Die Ergebnisse der in Frankreich durchgeführten Umfragen veranlassten uns, dem möglichen Schwächerwerden oder gar der Auflösung der sozialen Netze besondere Aufmerksamkeit zu widmen. Schon bei den ersten gemeinsam mit anderen europäischen Forschern durchgeführten vergleichenden Forschungen zeigte sich, dass das Phänomen noch nicht in allen Ländern untersucht worden war. Es lässt sich also nicht sagen, dass die Armen unabhängig von dem Land, in dem sie leben, gesellschaftlich isolierter sind als an-

---

28 Castel, »Le modèle de la société salariale comme principe d'une comparaison entre les systèmes de protection sociale en Europe du Nord et en Europe du Sud«, S. 44.

dere gesellschaftliche Gruppen. In manchen Fällen zeigt sich sogar das Gegenteil: Der kollektive Widerstand gegen die Armut kann sich in Form intensiver Austauschbeziehungen innerhalb der Familie oder zwischen Familien vollziehen, ebenso in Form wechselseitiger Solidaritätsbezeugungen im Rahmen nachbarschaftlicher Beziehungen, so dass die Armen völlig ins soziale Gefüge integriert sind. Die Bedeutung von Armut in einer bestimmten Gesellschaft lässt sich ohne Bezugnahme auf solche soziale Bindungen nicht angemessen begreifen.

Dennoch sollte man sich auf eine Definition dieser Bindungen verständigen, um ihre Verflechtungen und zugleich das Risiko ihrer gleichzeitigen oder allmählichen Auflösung untersuchen zu können. Vier Grundformen von sozialen Bindungen lassen sich unterscheiden:

- *die auf Abstammung beruhende Bindung*,
- *die auf gewählter Zugehörigkeit beruhende Bindung*,
- *die aus organischer Zugehörigkeit erwachsende Bindung* und
- *die aus der Staatsbürgerlichkeit erwachsende Bindung.*

Wenn man von der *auf Abstammung beruhenden Bindung* spricht, erkennt man zugleich an, dass jedes Individuum in eine Familie hineingeboren wird und im Prinzip bei seiner Geburt auf seinen Vater und seine Mutter und auf eine erweiterte Familie trifft, die es sich nicht ausgesucht hat; zugleich betont man damit aber auch die Sozialisationsfunktion der Familie. Die auf der Abstammung beruhende Bindung trägt von Geburt an mit zum emotionalen Gleichgewicht des Individuums bei, insofern sie ihm zugleich Stabilität und Schutz gewährt. Psychologen haben nachgewiesen, dass jedes Kind so etwas wie ein Bedürfnis nach Zuneigung empfindet, das es befriedigt haben will.

Die *auf gewählter Zugehörigkeit beruhende Bindung* fällt in den Bereich der außerfamilialen Sozialisation, wenn das Individuum in Kontakt zu anderen tritt, die es im Rahmen verschiedener Gruppen und Institutionen kennenlernt. Für die Teilnahme am Leben außerhalb der Familie muss es sich einfügen können, indem es Normen und Regeln achten lernt, die schon vor ihm da waren. Die Orte dieser Form von Sozialisation sind vielfältig: Nachbarschaft, Cliquen, der Freundeskreis, Vereine, Kirchen, Sport- und Kultureinrichtungen und so weiter.[29] Im Laufe seiner sozialen Erfahrungen untersteht das Individuum aufgrund der Notwendigkeit, sich zu integrieren, einem Zwang, zugleich ist es aber auch autonom, da es selbst ein Netz an Zugehörigkeiten aufbaut, im Rahmen dessen seine Persönlichkeit durch den Blick der anderen Bestätigung erfährt. Auch die Paarbildung lässt sich in diesem Sinne verstehen. Das Individuum fügt sich durch diesen Akt in ein anderes familiales Netz ein und erweitert damit seinen persönlichen Umkreis. So wenig Wahlfreiheit das Individuum bei der *auf der Abstammung beruhenden Bindung* hat, so groß ist seine Autonomie bei der *auf gewählter Zugehörigkeit beruhenden Bindung:* Es kann Verbindungen eingehen oder sich ihnen verweigern. Im Lauf seiner außerfamilialen Sozialisation lernt das Individuum nicht nur, sich mit anderen zu verbinden, sondern auch, sich von anderen zu unterscheiden oder gar abzugrenzen.

Die *aus organischer Zugehörigkeit erwachsende Bindung* gehört ebenfalls in den Bereich der außerfamilialen Sozialisation, unterscheidet sich aber insofern von der eben erläuterten Bindung, als sie sich durch das Erlernen und die Ausübung einer bestimmten Funktion im Rahmen der Arbeitsteilung auszeichnet. Durkheim zufolge besteht das soziale Band (*le lien social*) in der modernen Gesellschaft – das, was er als organische Solidarität bezeichnet – vor allem in der Komplementarität der Funktionen, die allen Individuen, sosehr sie sich auch voneinander unterscheiden mögen, eine bestimmte soziale Position verleiht und ihnen einen elementaren Schutz sowie das Gefühl, nützlich zu sein, vermittelt. Diese aus

---

29 Man könnte hier darauf hinweisen, dass im Gegensatz zu der *auf Abstammung beruhenden Bindung*, die in den Bereich der primären Sozialisation fällt, diese Art Sozialisation eher zur sekundären Sozialisation gehört. Gleichwohl lässt man gemeinhin die sekundäre Sozialisation mit dem Erwachsenenalter beginnen und beschränkt die primäre Sozialisation auf Kindheit und Jugend. Diese klassische Gegenüberstellung von primärer und sekundärer Sozialisation entspricht also nicht der hier eingeführten Unterscheidung zwischen familialer und außerfamilialer Sozialisation, da die außerfamiliale die innerfamiliale fortführt und gleich einer sich im Rhythmus sozialer Lernerfahrungen erweiternden Sphäre vervollständigt.

organischer Zugehörigkeit erwachsende Bindung konstituiert sich folglich schon während der Schulzeit und reicht bis in die Berufswelt hinein.

Schließlich beruht die *aus der Staatsbürgerlichkeit erwachsende Bindung* auf dem Grundsatz der nationalen Zugehörigkeit. Theoretisch erkennt die Nation all ihren Angehörigen bestimmte Rechte und Pflichten zu und macht aus ihnen vollwertige Staatsbürger. In demokratischen Gesellschaften haben alle Bürger die gleichen Rechte, was nicht heißt, dass die wirtschaftlichen und sozialen Ungleichheiten verschwinden, sondern dass innerhalb der Nation Bemühungen unternommen werden müssen, damit sämtliche Bürger gleichermaßen behandelt werden und einen Körper mit einer gemeinsamen Identität und gemeinsamen Werten bilden.[30] Die aus der Staatsbürgerlichkeit erwachsende Bindung steht gewissermaßen über den anderen, da sie im Prinzip alle Spaltungen, Gegensätze und Rivalitäten überwinden und transzendieren kann. In demokratischen Gesellschaften verfügt der Bürger auch über wirtschaftliche und soziale Rechte, die ihn über den reinen Warenstatus hinausheben. Durch diesen »Dekommodifizierungsprozess« hat sich die *aus der Staatsbürgerlichkeit erwachsende Bindung* gewissermaßen erweitert, um sämtlichen Individuen einen größeren Schutz gegen die Widrigkeiten des Daseins zu garantieren.

Diese vier Bindungsformen sind unterschiedlicher Natur, zwei grundlegende Dinge sind ihnen jedoch gemeinsam. Sie alle gewähren den Individuen zugleich den *Schutz* und die *Anerkennung*, die sie für ihre soziale Existenz brauchen. Der Schutz bezieht sich auf das gesamte Unterstützungspotential, das ein Individuum gegen die Risiken des Daseins mobilisieren kann (familiäre, gemeinschaftliche, berufliche, soziale und andere Ressourcen), die Anerkennung auf die soziale Interaktion, die das Individuum anspornt, indem sie ihn seiner eigenen Existenz und der Wertschätzung durch andere versichert.

Diese vier Bindungstypen ergänzen und überlappen sich. Durch ihre Überschneidung konstituieren sie gewissermaßen das soziale

---

30 Schnapper, La communauté des citoyens.

Gewebe, welches das Individuum umgibt. Wenn ein Individuum Personen, die es zum ersten Mal trifft, seine Identität offenbart, kann es sowohl auf seine Nationalität (*aus der Staatsbürgerlichkeit erwachsende Bindung*), seinen Beruf (*aus organischer Zugehörigkeit erwachsende Bindung*), auf die Gruppen, denen es angehört (*auf gewählter Zugehörigkeit beruhende Bindung*) oder auf seine familiäre Herkunft (*auf der Abstammung beruhende Bindung*) Bezug nehmen. Das Besondere an der Sozialisation besteht darin, dass sie jedem Individuum erlaubt, auf der Basis des durch die Institutionen bereitgestellten Gerüsts die Fäden seiner vielfältigen Zugehörigkeiten, die ihm Schutz und soziale Anerkennung garantieren, zu einem Gewebe zu verarbeiten. Dieses Gewebe sieht jedoch von Individuum zu Individuum unterschiedlich aus. In manchen Fällen sind die Fäden zu dünn und zu locker verwoben; in anderen Fällen sind einige Fäden solider als andere, und doch kann das Gewebe reißen oder es bilden sich nach und nach Löcher. Im Grunde ist kein Stoff, in dem verschiedene Fäden miteinander verwoben sind, frei von dem Risiko, dass das Reißen eines Fadens zum Ausfransen des Ganzen führt oder dass es durch den an just der schwächsten Stelle ausgeübten Druck auch zum Reißen der anderen Fäden kommt.

Diese vier Bindungstypen können sich von einer Gesellschaft zur anderen relativ stark unterscheiden. Überall stellen sie jedoch den sozialen Schussfaden dar, der den Individuen gegeben ist und mit dem sie während des Sozialisationsprozesses ihre Zugehörigkeiten zum Gesellschaftskörper weben müssen. So wie die Dichte der sozialen Bindungen von einem Individuum zum anderen je nach den besonderen Bedingungen seiner Sozialisation variiert, hängt sie auch von der relativen Bedeutung ab, welche die Gesellschaften ihnen beimessen. Die Rolle, die beispielsweise die familiären Solidarbeziehungen und die kollektiven Erwartungen an sie spielen, unterscheidet sich von einer Gesellschaft zur nächsten. Die Formen der Soziabilität, die auf der *auf gewählter Zugehörigkeit* oder *aus organischer Zugehörigkeit erwachsenden Bindung* beruhen, sind weitgehend von der Art der Lebensführung abhängig und folglich sehr vielfältig. In den einzelnen Ländern kommt dem Prinzip der Staatsbürgerlichkeit als Fundament der sozialen Absicherung unterschiedlich hohe Bedeutung zu.

In dem oben zitierten europäischen Forschungsprojekt über die Erfahrung von Arbeitslosigkeit wurden mehrere Formen der Regulierung ausgemacht und empirisch überprüft. Dabei wurde das Verhältnis zwischen den der Sphäre wohlfahrtsstaatlicher, öffentlicher Intervention zugeschriebenen Verantwortlichkeiten und denjenigen, die der Sphäre der Familie zugeordnet werden, berücksichtigt.[31] Aufgrund des engen Zusammenhangs zwischen der Erfahrung von Armut und der Erfahrung von Arbeitslosigkeit kann man sich auf diese Modelle zumindest zur Hypothesenbildung berufen. Drei Typen ließen sich unterscheiden: das *öffentlich-individualistische Modell*, das *familialistische Modell* und das *Modell geteilter Verantwortlichkeit*.

Dem *öffentlich-individualistischen Modell* liegt die Annahme zugrunde, dass der Gesellschaft als Ganzes die Verantwortung für das Problem der Armut und damit für das Wohlergehen der Armen zukommt. Da diese nicht die Verantwortung für ihre persönliche Situation zu tragen haben, zielt das wohlfahrtsstaatliche System vorrangig darauf ab, ihnen einen bestimmten Lebensstandard zu garantieren. Das impliziert ein hohes Entwicklungsniveau des Systems der sozialen Absicherung, das zugleich auch die notwendigen Mittel zur Gewährleistung einer Teilhabe am gesellschaftlichen Leben bereitstellt, unabhängig von der jeweiligen Situation der Individuen auf dem Arbeitsmarkt und gegenüber ihrer Familie. Bei dem hohen Niveau der öffentlichen Unterstützung ist die normative Verpflichtung der Familien, sich um ihre Angehörigen im Fall von Arbeitslosigkeit oder Armut zu kümmern, schwach ausgeprägt.

Das *familialistische Modell* verwirft den Grundsatz einer vom Kollektiv getragenen sozialen Verantwortung für die Armut und hebt die Verpflichtung der Familie im doppelten Sinne als Haushalt und als erweitertes verwandtschaftliches Netzwerk zur Versorgung ihrer Angehörigen hervor. Der öffentlichen Politik kommt vor allem die Rolle zu, die Integrität der Familie gegen jedwede Infragestellung ihrer Schutzfunktionen zu gewährleisten. Die implizite Annahme ist dabei, dass das Individuum aufgrund seiner Armut

---

31 Vgl. Gallie/Paugam (Hg.), Welfare Regimes and the Experience of Unemployment in Europe.

nicht zu verurteilen ist und dass es ein Recht darauf hat, die Mittel der Familie für die Zeit, in der es in Schwierigkeiten steckt, in Anspruch zu nehmen. Die Verantwortlichkeiten gegenüber den Armen oder Arbeitslosen sind in diesem Fall vergleichbar mit denen gegenüber abhängigen Kindern. Aufgrund des Eingebundenseins in das alltägliche Leben der Familie und deren weitergehendes soziales Leben ist es auch unwahrscheinlich, dass Armut zu eingeschränkten sozialen Beziehungen innerhalb der Gemeinschaft führt.

Schließlich geht es im *Modell geteilter Verantwortlichkeit* darum, ein Gleichgewicht herzustellen zwischen der Verantwortung der Sozialbehörden für die Armen und jener, die der Familie obliegt. Die jeweiligen Grenzen lassen sich auf unterschiedliche Weise ziehen. Die Verantwortlichkeiten können gleichzeitig zur Geltung kommen und sich etwa in einem öffentlichen Intervenieren äußern, um die Befriedigung der Grundbedürfnisse sowie das Eingreifen der Familie zur weitergehenden Absicherung des Lebensstandards zu gewährleisten. Alternativ kann das Verhältnis im Fall von Arbeitslosigkeit als zeitlich abgestuft definiert werden, etwa wenn während der ersten Zeit die Versorgung der Arbeitslosen zunächst mit öffentlichen Mitteln erfolgt und im Anschluss daran mit den Mitteln der Familie. Die solchen Systemen implizite Annahme lautet, dass das Individuum zumindest mitverantwortlich ist für seine Situation. Die Grenzen behördlicher Interventionen bringen für sich genommen schon so etwas wie einen Verdacht gegenüber Personen zum Ausdruck, die geneigt sein könnten, Arbeitslosigkeit einer Beschäftigung vorzuziehen. Daher gilt die Aufmerksamkeit der möglicherweise anreizmindernden Wirkung, die eine völlige Absicherung des Lebensstandards mittelfristig haben könnte. Die der Familie dabei zugeschriebene residuelle Rolle impliziert zudem, dass dieser normalerweise auch keinerlei Verantwortung zukäme. Unter diesen Umständen ist es wahrscheinlich, dass die familiäre Unterstützung mit heftigem Druck auf den Einzelnen einhergeht, damit er sich dem Arbeitsmarkt (wieder) zur Verfügung stellt. Sie nimmt dann die Gestalt eines Systems sozialer Kontrolle über die Armen und Arbeitslosen an. In Anbetracht der restriktiven Voraussetzungen für die Inanspruchnahme öffentlicher Unterstützung und der Bedeutung, die dem Gedanken der potentiellen Verantwortlichkeit des Einzelnen zukommt, besteht eine hohe Wahrscheinlichkeit, dass Armut und Arbeitslosigkeit die Identität der Person angreifen und einen schrittweisen Rückzug aus dem gesellschaftlichen Leben nach sich ziehen.

Unsere Forschung hat gezeigt, dass das *familialistische Modell* in den mediterranen Gesellschaften deutlich stärker entwickelt ist. Das *öffentlich-individualistische Modell* zeichnet die skandinavischen Gesellschaften aus, während das *Modell geteilter Verantwortlichkeit* eher die Situation in Ländern wie Frankreich, Großbritannien oder Deutschland widerspiegelt. Das Risiko sozialer Disqualifizierung ist also nicht in jedem Land gleich hoch. Am höchsten ist es in den Ländern, die sich dem *Modell geteilter Verantwortung* annähern. In der Interventionssphäre des Wohlfahrtsstaats führt der Argwohn gegenüber der Bevölkerungsschicht von Armen und Arbeitslosen dazu, sie nicht als gleichberechtigte Staatsbürger zu behandeln. Auch in der Interventionssphäre der Familie werden die Armen und Arbeitslosen nicht immer als verdienstvolle Mitglieder des verwandtschaftlichen Netzes angesehen. Dieses auf Misstrauen beruhende Modell führt unausweichlich zu defensiven und konfliktbehafteten Reaktionen innerhalb der zwischenmenschlichen Beziehungen.

Anhand der Ergebnisse dieser Forschungen lässt sich bestätigen, dass das Austarieren der verschiedenen Typen sozialer Bindungen eng mit der normativen Struktur von Gesellschaften zusammenhängt. Von diesem Gleichgewicht hängt weitestgehend der soziale Status der Armen sowie die Form und Intensität ihrer Teilnahme an den gesellschaftlichen Austauschbeziehungen ab.

Das System der sozialen Absicherung und des Sozialwesens

Abgesehen vom wirtschaftlichen Entwicklungsniveau und der Bedeutung der verschiedenen Bindungstypen kann die Erfahrung der Armut in den einzelnen Ländern auch abhängig vom System der sozialen Sicherung und den Interventionsformen variieren. Der Wohlfahrtsstaatstypus wirkt sich beispielsweise auf die Definition der

Kategorie der Armen aus, die unterstützt werden. In jedem wohlfahrtsstaatlichen Regime rutschen bestimmte Bevölkerungsgruppen durch die Maschen des Sozialversicherungsnetzes, und die Anzahl der Unterstützungsempfänger schwillt je nach Ort und Zeit an. Die zunehmende Ausweitung des Sozialversicherungssystems während der Phase der Prosperität nach dem Krieg hat zwar die Inanspruchnahme traditioneller Fürsorge reduziert, sie jedoch nicht vollständig zum Verschwinden gebracht. Die Anzahl der unterstützungsberechtigten Armen hängt also weitgehend davon ab, inwieweit das wohlfahrtsstaatliche Regime imstande ist, die anfälligsten Randgruppen der Bevölkerung im allgemeinen Netz der Sozialversicherung zu halten.

Ein Blick auf das Beispiel des Arbeitslosengeldes zeigt das sehr deutlich. In den meisten europäischen Ländern hat sich die Anzahl von Beziehern sozialer Mindestleistungen vergleichbar entwickelt: ein starker Anstieg in der ersten Hälfte der 1980er Jahre mit einem Höhepunkt um 1985, gefolgt von einer Stabilisierung und einem Rückgang in mehreren Ländern ab 1988. Der Beginn der 1990er Jahre zeichnete sich durch einen erneuten Anstieg aus. Das globale Anschwellen der Zahlen in den 1980er und 1990er Jahren hängt vor allem mit der verschlechterten Arbeitsmarktsituation zusammen. Es lässt sich eine starke Ähnlichkeit zwischen dem Kurvenverlauf der Arbeitslosigkeit, vor allem der Langzeitarbeitslosigkeit, und der Kurve der Bezieher von sozialen Mindestleistungen beobachten. Diese Entsprechung der Entwicklungsverläufe ist wiederum in den Ländern ausgeprägter, in denen die Lohnersatzleistungen für Arbeitslose durch das beitragsfinanzierte System der sozialen Sicherung niedrig ausfallen. Robert Salais, Nicolas Baverez und Bénedicte Reynaud konnten zeigen, dass dies schon während der Krise der 1930er Jahre der Fall war.[32] Das französische System der Absicherung von Arbeitslosigkeit beruhte auf zwei unterschiedlichen Verfahren: der fakultativen Arbeitslosenversicherung gewerkschaftlichen Ursprungs und der Fürsorge. Die fakultative Arbeitslosenversicherung wurde nach und nach auf die gesamte Arbeitnehmerschaft ausgedehnt, aber ihre Entwicklung

32 Salais/Baverez/Reynaud, L'invention du chômage.

blieb bis zur Krise bescheiden. Angesichts der dramatischen gesellschaftlichen Folgen der Arbeitslosigkeit förderte die französische Regierung die Einrichtung öffentlicher Unterstützungsfonds, wie sie schon seit Beginn des Ersten Weltkriegs bestanden. Ihre Zunahme in den 1930er Jahren war beeindruckend: Ende 1931 zählte man 244, Ende 1932 593, Ende 1933 610, Ende 1934 702 und Ende 1935 852.[33] In diesem Anstieg spiegelt sich das direkte Eingreifen des Staates und der Kommunen in die Verwaltung der Arbeitslosigkeit, indem die berufsbezogenen Versicherungskassen einerseits und die Wohltätigkeitsbüros oder karitativen Einrichtungen andererseits verdrängt wurden. Im Ergebnis kam es zu einer viel größeren Sichtbarkeit der neuen Kategorie der Arbeitslosen im Leistungsbezug.

Die Bedeutung der von der Fürsorge abhängigen Bevölkerung und die damit einhergehende Erfahrung der Armut lassen sich zum Teil aus der Gesamtausrichtung des Wohlfahrtsstaats der einzelnen Länder erklären. Zum besseren Verständnis der nationalen Besonderheiten des Unterstützungsverhältnisses in Europa lassen sich vier Faktoren unterscheiden: 1. die Aufteilung der Verantwortung zwischen dem Staat und den übrigen Akteuren; 2. die administrative Definition der zu versorgenden Bevölkerungsgruppe; 3. die Logik, die der Definition der Hilfen zugrunde liegt; und schließlich 4. die Form sozialer Intervention.

1. Die Aufteilung der Verantwortlichkeiten im Bereich der Fürsorge zwischen dem Staat und den übrigen Akteuren, insbesondere den Kommunen, aber auch den Verbänden, hängt mit der jeweiligen historischen Tradition staatlichen Eingreifens der einzelnen Länder zusammen. Wenn auch jeder Wohlfahrtsstaat sein System sozialer Sicherung auf nationaler Ebene angesiedelt hat, und zwar im Sinne einer Reihe von auf gesamtgesellschaftlicher Ebene definierten und unabhängig vom jeweiligen Wohnort anwendbaren sozialen Rechten, ist doch in zahlreichen Ländern der Fürsorgebereich im Hinblick auf die der Verwaltung der Hilfen und manchmal auch der Bestimmung ihrer Höhe Aufgabengebiet der Kommu-

33 Ebenda, S. 132f.

nen geblieben. Sehr oft hat die Ausweitung des Sozialversicherungssystems die traditionelle Fürsorge in einem solchen Maße überflüssig oder residuell gemacht, dass der Staat es vorgezogen hat, die entsprechenden Kompetenzen zumindest teilweise lokalen Instanzen zu überlassen, vor allem in den Ländern, in denen diese ihre Kompetenzen auf diesem Gebiet schon unter Beweis gestellt hatten. Aus historischen Gründen weicht die Organisation der Fürsorge in den einzelnen Ländern Europas stark voneinander ab. In manchen Fällen ist der Staat der Hauptakteur, bei dem die Initiativen zusammenlaufen; in anderen dagegen bleibt die Kommune der Hauptakteur.[34] Deshalb kann man durchaus die Hypothese aufstellen, dass der soziale Status der Unterstützungsempfänger in jedem Land – und manchmal auch innerhalb ein und desselben Landes – anders ist, je nachdem, ob in diesem Land die Verantwortlichkeit den Kommunen übertragen ist oder nicht. Zudem sei darauf hingewiesen, dass die Gruppe der Unterstützungsempfänger in den verschiedenen Ländern auch nicht in gleichem Maße sichtbar ist, was sich zum Teil durch nationale Unterschiede in der Art und Ausrichtung der Debatten zu diesem sozialen Problem erklären lässt. Schließlich betrifft die Aufteilung der Verantwortung auch die Verteilung der Kompetenzen zwischen Staat und nichtkommerziellen Organisationen. Die Rolle Letzterer erscheint ebenfalls zwischen den Ländern zu variieren.[35]

2. Ein Recht auf Fürsorge zu definieren, heißt soviel wie auf administrativem Weg die Bevölkerungsgruppe festzulegen, die darauf Anspruch erheben kann. Hierbei lassen sich zwei gegensätzliche Konzeptionen unterscheiden. Die erste basiert auf einer einheitlichen Definition, das heißt, dass alle Armen nach Kriterien definiert wer-

---

34 Eine aktuelle Untersuchung zur Fürsorge in Europa konnte die Existenz einer Vielfalt von Formen lokaler Regulation nachweisen. Vgl. Saraceno (Hg.), Social Assistance Dynamics in Europe. Es sei insbesondere auf das von Enzo Mingione, Marco Oberti und José Pererinha verfasste Kapitel 2 »Cities as local systems« (S. 35–79) verwiesen sowie auf Kapitel 3, »Income support measures for the poor in European cities« (S. 81–125), das von Yves Bonny und Nicoletta Bosco verfasst wurde.

35 Vgl. Salamon/Anheiner, Defining the Nonprofit Sector.

den, die von den Institutionen und der Gesamtgesellschaft als legitim beurteilt werden. Die klassischen Kriterien sind monetärer Natur. Diese Herangehensweise macht genaue Untersuchungen zur Armut von Haushalten notwendig, die man ausgehend von einer bestimmten Einkommensschwelle bestimmt. Die ersten europäischen Länder, die das Anrecht auf ein garantiertes Mindesteinkommen für die Mittellosesten anerkannt haben, haben sich generell auf diesen einheitlichen Grundsatz berufen und damit eine allgemeine Gesetzgebung für die als arm eingestufte Bevölkerungsgruppe vorgesehen. Die zweite Konzeption ist dagegen kategorialer Natur. Ihr liegt eine Einschätzung der Risiken zugrunde, mit denen bestimmte Randgruppen zu rechnen haben. Man spricht dann nicht mehr von der Armut als einem homogenen Ganzen, sondern differenziert nach unterschiedlichen sozialen Kategorien von Armutssituationen, bei denen eine Unterstützung in Form einer sozialen Grundsicherung legitim erscheint. Dieser zweite Ansatz lässt die Möglichkeit offen, die so definierten Kategorien zu hierarchisieren, je nach Einschätzung ihrer jeweiligen Probleme und der Schwere ihrer Belastungen. Die kategoriale Konzeption hat den Nachteil, bestimmten Randgruppen die Anspruchsberechtigung zu verwehren, da man sich, um Hilfe gewährt zu bekommen, in einer Situation befinden muss, die in die eine oder andere der bestehenden Kategorien fällt. Wenn keine zur Situation des von Schwierigkeiten betroffenen Individuums passt, kann ihm nicht geholfen werden, es sei denn in Form einer fakultativen oder außerlegalen Unterstützung. Solche Situationen fanden sich in Frankreich häufig vor der Einführung des Revenu minimum d'insertion (RMI), das seither das unterste Netz für diejenigen darstellt, die nicht in den Genuss einer der übrigen kategorialen sozialen Mindestleistungen kommen. Mit der einheitlichen Konzeption lassen sich solche Schwierigkeiten umgehen, doch auch sie wird den Einzelfällen häufig nicht gerecht. Aus diesem Grund haben diejenigen Länder, deren Sozialgesetzgebung eine solche Konzeption zugrunde liegt, den verantwortlichen Einrichtungen einen weiten Ermessensspielraum gelassen, um für die besonderen Bedürfnisse der Einzelpersonen und Haushalte angemessene Lösungen zu finden. Die einheitliche und die kategoriale Konzeption der Gruppe der Armen hängt in Wirklichkeit mit zwei unterschiedlichen Philosophien der Definition der Unterstützung zusammen.

3. Um die Erfahrung der Armut untersuchen zu können, muss man natürlich auch die Hilfen definieren, auf die die als arm eingestuften Bevölkerungsgruppen Anspruch erheben können. Auch hier lassen sich zwei verschiedene Ansätze ausmachen. Der erste folgt einer *Bedürftigkeitslogik*, und zwar in dem Sinne, als das Ziel darin besteht, das Überleben der ärmsten Personen durch die Gewährung der Mittel zur Befriedigung ihrer elementarsten Bedürfnisse (vor allem Nahrung und Unterkunft) sicherzustellen. Dieser Anspruch bildet zumindest zum Teil den Ausgangspunkt für die Forschungen zu den Lebensbedingungen armer Bevölkerungsgruppen. Die zweite Konzeption folgt der *Statuslogik*. Ziel hierbei ist, den Armen im Namen sozialer Gerechtigkeit und gesellschaftlicher Verantwortung zu helfen, ohne jedoch an der bestehenden Sozialstruktur substantiell etwas ändern zu wollen. Anders gesagt: Die Fürsorge verleiht den Betroffenen einen gesellschaftlichen Status, doch muss dieser in Abhängigkeit von den anderen Statuspositionen innerhalb der Hierarchie bestimmt werden und vor allem deutlich unter dem des am niedrigsten bezahlten Lohnabhängigen liegen. Grundlegend bei dieser Perspektive ist der Begriff des Bedarfs, doch stellt er nicht das Hauptkriterium dar, nach dem beispielsweise über den Betrag der vorgesehenen Hilfen entschieden wird. Dieser bestimmt sich vor allem durch die Imperative der wechselseitigen Klassifizierung der Individuen in so viele hierarchische Statuspositionen wie Bedürfnisse nach sozialer Distinktion. Im Grunde setzt sich das legitimste Konzept sozialer Ordnung durch, um diese Statusungleichheiten zu rechtfertigen. Die Armenunterstützung ist insofern, wie Simmel schon zu Beginn des letzten Jahrhunderts bemerkte, kein Mittel, das den Interessen der Armen dient, sondern vielmehr eine indirekte Form der Wahrung des gesellschaftlichen Status quo. Die europäischen Länder, die ein garantiertes Mindesteinkommen eingeführt haben, haben sich mehr oder weniger von einer dieser beiden Logiken inspirieren lassen, was bis heute eine wesentliche Dimension der nationalen Unterschiede im gesellschaftlichen Umgang mit Armut darstellt.

4. Der letzte Differenzierungsfaktor betrifft schließlich die Modalitäten des Intervenierens, um den als arm eingestuften Bevölkerungsgruppen die Inanspruchnahme der vorgesehenen Hilfen zu ermöglichen. Das Unterstützungsverhältnis kann sich radikal unterscheiden, je nachdem, ob die sozialstaatlichen Einrichtungen und Fachkräfte über eine Entscheidungsautonomie innerhalb des institutionellen normativen Rahmens im Umgang mit Unterstützungssuchenden verfügen. Zwei Formen sind in diesem besonderen Feld der Sozialarbeit zu unterscheiden.[36] Die erste entspricht einer *bürokratischen Intervention*: Der intervenierende Akteur, sei es eine Behörde oder ein Individuum, wendet peinlich genau an, was die Gesetzgebung vorsieht, ohne den Einzelfall zu berücksichtigen. Die Antwort auf einen Antrag fällt stets formal aus und wird unmittelbar erteilt: Entweder dem Individuum kann geholfen werden, weil es sich in einer Situation befindet, die im Sozialrecht vorgesehen ist, oder eben nicht, und in diesem Fall muss es sich an eine informellere Einrichtung, etwa im karitativen Bereich, wenden. Die zweite Interventionsform beruht auf der Interpretation von Einzelfällen und der Suche nach der – ausgehend von der Beurteilung der Legitimität der Antragstellung – angemessensten Lösung. Insofern handelt es sich um eine *individualistische Intervention*. Zur Rolle des intervenierenden Sachbearbeiters gehört in diesem Fall, sich wirklich auf die Bewertung der Situationen einzulassen. Dies erfordert auch weitergehende berufliche Kompetenzen als bei einer strikt bürokratischen Intervention. Diese Art von Intervention ist leichter zu bewerkstelligen, wenn das geltende Sozialrecht eine größere Bandbreite von Handlungsoptionen vorsieht. Für den Sozialarbeiter geht es darum, aus einer breiten Palette von möglichen Lösungen diejenige auszuwählen, die in seinen Augen dem Betroffenen am besten entspricht. Man kann sich fragen, welche Interventionsform die Würde des Einzelnen am ehesten respektiert. Die bürokratische Intervention vermeidet *a priori* eine starke Stigmatisierung des Individuums, da seine Situation auf unpersönliche Weise behandelt wird. Der Sachbearbeiter urteilt nicht, sondern beschränkt sich

36 Die Aussagen hier beschränken sich auf die Modalitäten sozialer Intervention im Bereich der Geltendmachung von Ansprüchen.

darauf, die Voraussetzungen für die Inanspruchnahme einer Hilfe auf der Grundlage von Akten und Unterlagen zu überprüfen, die oft vom Individuum selbst erstellt worden sind. Die individualistische Intervention macht dagegen ein Eindringen des Sozialarbeiters in das Privatleben des Hilfesuchenden fast unvermeidlich. Er läuft Gefahr, sich moralisierend gegenüber dem Verhalten des Hilfesuchenden zu äußern, das er auf der Basis seiner eigenen Auffassung davon, wie die Bedürftigen zu sein haben, als unverantwortlich oder deviant beurteilt.

Die nationalen oder örtlichen Besonderheiten des Unterstützungsverhältnisses entsprechen also politischen Festlegungen. Jede Gesellschaft geht mit der Armutsfrage auf ihre Weise um, und davon hängen der Status der Armen sowie die damit einhergehenden Erfahrungen ab.

Letzten Endes ist unter den für diese Untersuchung in Betracht gezogenen erklärenden Faktoren der erste ökonomischer Natur (Entwicklung und Arbeitsmarkt), der zweite gesellschaftlicher Art (Gestalt und Dichte der sozialen Netze) und der dritte politischer Natur (System der sozialen Absicherung und des Sozialwesens). Diese drei Faktorentypen wurden zu analytischen Zwecken unterschieden, doch in der Realität sind sie meist miteinander verquickt. Sie sollen nun im Anschluss zur Erstellung einer Typologie der elementaren Formen der Armut herangezogen werden.

Typologie

Eine elementare Form der Armut korrespondiert jeweils mit einem bestimmten Typ der wechselseitigen Beziehung zwischen einer – aufgrund ihrer Abhängigkeit von Sozialeinrichtungen – als arm bezeichneten Bevölkerungsgruppe und dem Rest der Gesellschaft. Diese von Simmel inspirierte Definition unterscheidet sich damit von einer substantialistischen Bestimmung des Phänomens Armut. Sie legt nahe, Armut entsprechend ihrer Verortung in der Sozialstruktur als Instrument zur Regulierung der gesamten Gesellschaft – also als eines Ganzen – zu denken, einer Regulierung, die sich in erster Linie über die Einrichtungen der Fürsorge oder des Sozialwesens vollzieht. Eine elementare Form der Armut charakterisiert insofern zum einen das Verhältnis der Gesellschaft gegenüber der Bevölkerungsgruppe, die ihrer Meinung nach der Obhut der Fürsorge obliegt, zum anderen das Verhältnis dieser Randgruppe zum Rest der Gesellschaft. Sowohl die Lage als auch die Erfahrungen derjenigen, die man als »arm« bezeichnet, hängt in hohem Maße von diesem wechselseitigen Verhältnis ab. Das aber wandelt sich im Lauf der Geschichte und in Abhängigkeit von gesellschaftlichen und kulturellen Traditionen.

Drei elementare Formen der Armut lassen sich unterscheiden: die *integrierte Armut*, die *marginale Armut* und die *disqualifizierende Armut* (vgl. die Tabellen II.1 und II.2).

Die *integrierte Armut* verweist mehr auf die soziale Frage der Armut im traditionellen Sinne als auf die der sozialen Ausgrenzung. Bei dieser Form des gesellschaftlichen Verhältnisses zur Armut ist die Anzahl derjenigen, die man als »Arme« bezeichnet, hoch und sie unterscheiden sich nur wenig von den anderen Bevölkerungsschichten. Ihre Situation ist so alltäglich, dass man über sie weniger als eine eigene gesellschaftliche Gruppe spricht, als vielmehr vom Problem einer Region oder einer Ortschaft, die schon seit jeher arm gewesen ist. Die gesellschaftliche Debatte kreist ganz allgemein um die Frage der wirtschaftlichen, sozialen und kulturellen Entwicklung und steht damit in erster Linie in Bezug zu territorialen sozialen Ungleichheiten. In den sozialen Repräsentationen steht die Armut der Bevölkerung in Zusammenhang mit der Armut der ganzen Region und des gesamten Sozialsystems. Da die »Armen« keine *underclass* im angelsächsischen Verständnis bilden, sondern eine breite gesellschaftliche Gruppe umfassen, sind sie auch nicht allzu sehr stigmatisiert. Ihr Lebensstandard ist niedrig, doch bleiben sie fest in die um Familie, Nachbarschaft oder Dorfgemeinschaft organisierten sozialen Netze integriert. Selbst wenn sie arbeitslos sind, führt dies an und für sich noch nicht zu einer Abwertung ihres Status. Die Arbeitslosigkeit wird meist durch Einkommen aus der Schattenwirtschaft kompensiert, diese Tätigkeiten haben überdies eine integrative Funktion. Ein solches Verhältnis zur Armut bildet sich in »unterentwickelten« oder »wenig industrialisierten« tradi-

Tabelle II.1 – Allgemeine Kennzeichen

Idealtypen	Soziale Repräsentationen	Alltagserfahrungen
Integrierte Armut	Armut wird definiert als soziale Lage eines Großteils der Bevölkerung Die gesellschaftliche Debatte kreist um die Frage der wirtschaftlichen, sozialen und kulturellen Entwicklung	Die Armen bilden keine *underclass*, sondern eine breite gesellschaftliche Gruppe Schwache Stigmatisierung
Marginale Armut	Bekämpfte Armut, die gesellschaftliche Debatte dreht sich um die Frage der Ungleichheit und der Verteilung der Gewinne. Sichtbarkeit einer marginalisierten sozialen Gruppe	Die Anzahl der Personen mit dem Status des »Armen« (im Simmelschen Sinne) ist gering, sie sind jedoch stark stigmatisiert Man spricht von ihnen als von »Sozialfällen«
Disqualifizierende Armut	Kollektives Bewusstwerden des Phänomens der »Neuen Armut« oder der »Ausgrenzung« Kollektive Furcht vor dem Ausgrenzungsrisiko	Immer mehr Menschen gelten als »Arme« oder »Ausgegrenzte, allerdings sind die Situationen, in denen sie leben, und ihr sozialer Status sehr heterogen Der Begriff *underclass* greift aufgrund der Verschiedenheit und Instabilität der Situationen nicht, er taucht aber in der gesellschaftlichen Debatte häufig auf

tionalen Gesellschaften eher aus als in modernen. Häufig liegt das an der wirtschaftlichen Rückständigkeit, vor allem der vorindustriellen Länder im Gegensatz zu denen, die sowohl über einen entwickelten und diversifizierten Produktivapparat als auch über die nötigen Mittel verfügen, um der überwiegenden Mehrheit der Bevölkerung Wohlstand und soziale Sicherheit gegenüber den wesentlichen Daseinsrisiken zu gewährleisten. Wir werden noch sehen, dass bestimmte europäische Regionen immer noch rückständig sind, einschließlich solche, in denen Wirtschaftsentwicklungspro-

Tabelle II.2 – Faktoren, die zum Bestand der Idealtypen beitragen

Idealtypen	Entwicklung und Arbeitsmarkt	Soziale Bande	System der sozialen Sicherung
Integrierte Armut	Schwacher ökonomischer Entwicklungsgrad, Schattenwirtschaft, versteckte Arbeitslosigkeit	Stark ausgeprägte familiale Solidaritäten, Unterstützung durch die Umgebung	Reduzierte sozialstaatliche Abdeckung, kein garantiertes Mindesteinkommen
Marginale Armut	Quasi-Vollbeschäftigung, reduzierte Arbeitslosigkeit	Beibehaltung oder Nachlassen des Rückgriffs auf familiale Solidarbeziehungen	Verallgemeinertes soziales Sicherungssystem, garantiertes Mindesteinkommen für die Bedürftigsten (eingeschränkte Inanspruchnahme)
Disqualifizierende Armut	Starker Anstieg der Arbeitslosigkeit, Instabilität der Beschäftigungssituationen, Schwierigkeiten bei der Eingliederung	Schwach ausgebildete soziale Bindungen, insbesondere bei Arbeitslosen und benachteiligten Bevölkerungsgruppen	Starke Zunahme der Empfänger des garantierten Mindesteinkommens, Ausbau der Armenunterstützung

gramme durchgeführt wurden und in denen ein ausgebautes System sozialer Sicherung existiert.

In der gesellschaftlichen Debatte verweist die *marginale Armut* mindestens so sehr auf die Armut im traditionellen Sinne wie auf die der sozialen Ausgrenzung. Im Gegensatz zur *integrierten Armut* bilden die als »Arme« oder »Ausgegrenzte« bezeichneten Personen nur eine kleine Randgruppe der Bevölkerung. Im gesellschaftlichen Bewusstsein gelten sie gewissermaßen als die Stiefkinder der modernen Zivilisation, die mit dem Wachstumsrhythmus nicht Schritt halten und sich auch nicht an die normativen Vorgaben der industriellen Entwicklung anpassen konnten. Auch wenn die marginale Armut nur ein Randphänomen darstellt, wirkt sie doch verstörend, da sie die »Fehlleistungen« des Systems deutlich macht und die »Desillusionierung des Fortschritts« weiter vorantreibt.[37] Aus diesem Grund sind die Sozialbehörden auch so sehr um die Betreuung dieser Bevölkerungsgruppe bemüht, die ihrer Meinung nach ohne Unterstützung von außen nicht in der Lage ist, sich beruflich oder sozial einzugliedern. Diesem besonderen Umgang mit Armut liegt die Annahme zugrunde, dass die Existenz dieser am gesellschaftlichen Rand lebenden Minderheit das Funktionieren des Wirtschafts- und Sozialsystems als Ganzes nicht sonderlich beeinträchtigt. Die Armut muss zwar bekämpft werden, ohne jedoch die Aufmerksamkeit der Verantwortlichen in Wirtschaft, Politik oder Gewerkschaften über Gebühr zu beanspruchen. Die gesellschaftspolitische Debatte kreist weniger um diese randständige Bevölkerungsgruppe, als vielmehr um die »Verteilung der Gewinne«. Der soziale Status der als unangepasst geltenden Personen ist äußerst niedrig. Die sozialstaatliche Intervention, deren Objekt sie sind, verstärkt bei ihnen das Gefühl, der »Bodensatz« der Gesellschaft zu sein. Sie sind mit einem Stigma behaftet, können sich freilich der Bevormundung durch die sozialen Fachkräfte nicht entziehen. Ein solcher Umgang mit Armut und Ausgrenzung entwickelt sich tendenziell eher in fortgeschrittenen und expandierenden Industriegesellschaften, die über die Mittel verfügen, die Arbeitslosigkeit in Grenzen zu halten und ausreichende Ressourcen bereitzustellen, um allen, meist dank gewerkschaftlicher Errungenschaften, eine solide soziale Absicherung garantieren zu können. Die Existenz des Wohlfahrtsstaats führt gewiss nicht automatisch zu einem Ausmerzen der gewachsenen Solidarbeziehungen (etwa innerhalb der Familie). Durch das Angebot einer allumfassenden Absicherung kann er freilich langfristig an ihre Stelle treten, zumal sie aufgrund des allgemein ansteigenden Wohlstands, im Gegensatz zu den traditionellen Wirtschaftssystemen, ihre fundamentale Bedeutung für die Aufrechterhaltung des gesellschaftlichen Gleichgewichts verlieren.

---

37 Aron, Fortschritt ohne Ende?

Die *disqualifizierende Armut* steht eher in Zusammenhang mit der Frage gesellschaftlicher Ausgrenzung als mit Armut im eigentlichen Sinne, auch wenn die sozialen Akteure weiterhin beide Begrifflichkeiten verwenden. Die Anzahl der sogenannten »Armen« oder »Ausgegrenzten« steigt kontinuierlich. Sie werden aus der produktiven Sphäre verdrängt, geraten in Abhängigkeit von den Sozialbehörden und stoßen auf immer mehr Probleme. Beim überwiegenden Teil handelt es sich nicht um einen gleichbleibenden Zustand der Bedürftigkeit, sondern um einen Prozess, in dessen Verlauf es zu plötzlichen Umwälzungen in der Organisation des Alltagslebens kommen kann. Immer mehr Menschen geraten in prekäre berufliche Situationen, aus denen sich weitere Benachteiligungen ergeben können: etwa ein niedriges Einkommen, eine dürftige Wohnsituation, ein angeschlagener Gesundheitszustand, der Zerfall familiärer Beziehungen und private Unterstützungsnetze, eine immer unregelmäßigere Teilnahme an allen möglichen Formen des institutionalisierten Soziallebens. Selbst wenn sie nur relativ ist, kann eine materielle Notlage, mit der unausweichlich auch eine Abhängigkeit von Sozialleistungen und dem Apparat der Sozialhilfe einhergeht, bei den Betroffenen das Gefühl auslösen, in ein Räderwerk geraten zu sein, das in völliger gesellschaftlicher Nutzlosigkeit endet. Die soziale Entwertung wird umso stärker empfunden, als viele dieser Menschen in ihrer Kindheit nicht die Erfahrung der Armut gemacht haben. Im Gegensatz zur *marginalen Armut* zieht dieses Phänomen die Gesellschaft als Ganzes in Mitleidenschaft und wächst sich zur »neuen sozialen Frage«, zu einer Bedrohung für die Gesellschaftsordnung und den Zusammenhalt der Individuen aus. Die *disqualifizierende Armut* ruft kollektive Ängste hervor, da immer mehr Menschen unter diese Kategorien fallen und viele, deren Situation instabil ist, die Befürchtung haben, auch bald dazuzugehören. Dieser besondere gesellschaftliche Umgang mit Armut und Ausgrenzung entwickelt sich tendenziell eher in sogenannten »postindustriellen« Gesellschaften, vor allem in denjenigen, die eine starke Zunahme der Arbeitslosigkeit und prekärer Beschäftigungslagen zu verzeichnen haben (ein Phänomen, das zum Teil dem Wandel des Produktivapparats und den Veränderungen der internationalen Wirtschaftsbeziehungen geschuldet ist), was Robert Castel als Krise der Arbeitnehmergesellschaft bezeichnet.[38] In solchen Gesellschaften sind die familialen Solidarbeziehungen generell schwächer ausgeprägt, ohne freilich ganz verschwunden zu sein, und die wirtschaftlichen und sozialen Ungleichheiten werden eher vergrößert, als dass sie korrigiert werden. Erschwerend kommt hinzu, dass die Schattenwirtschaft zu stark von den Behörden kontrolliert wird, als dass sie den notleidenden Menschen stabile Betätigungsgelegenheiten bieten könnte. Was die Auswirkungen der Arbeitslosigkeit bei der *integrierten Armut* zu dämpfen vermag, erweist sich bei der *disqualifizierenden Armut* als schwieriger zu bewerkstelligen und ist gesellschaftlich weniger durchorganisiert. Daher tritt die Abhängigkeit von den Sozialbehörden für die zahlreichen Randgruppen stärker zutage.

In diesem Kapitel sollte ein Untersuchungsrahmen entwickelt werden, mit dem sich in vergleichender Perspektive die soziohistorischen Variationen des gesellschaftlichen Umgangs mit Armut, oder exakter, des wechselseitigen Abhängigkeitsverhältnisses zwischen den »Armen« und dem Rest der Gesellschaft erklären lassen. Die Darstellung legte besonderes Gewicht auf dic gesellschaftlichen Repräsentationen und die Alltagserfahrungen der Armut, auf die Betonung ihrer Unterschiedlichkeit in zeitlicher wie räumlicher Hinsicht und schließlich auf die Suche nach entsprechenden Erklärungsfaktoren. Diese vergleichende Soziologie der Armut mündete in eine typologische Analyse der elementaren Formen der Armut.

Wie alle Typologien, die auf Idealtypen aufbauen, stellt auch diese Typologie nur eine Zwischenetappe im Verlauf der soziologischen Untersuchung dar. Sie wurde im Anschluss an in Frankreich durchgeführten Forschungen und im Rahmen von mehreren europaweiten Vergleichsuntersuchungen ausgearbeitet. Aus diesen europaweiten Untersuchungen stammen die Ergebnisse, auf die nun im zweiten Teil des Buches Bezug genommen wird, um die drei elementaren Formen der Armut empirisch überprüfen zu können.

---

38 Castel, Die Metamorphosen der sozialen Frage.

Zweiter Teil
Variationen

»Die vergleichende Soziologie ist nicht etwa nur ein besonderer Zweig der Soziologie; sie ist die Soziologie selbst.«

Émile Durkheim, »Die Regeln der soziologischen Methode«, 1895

»Soll es also eine Wissenschaft geben, deren Gegenstand die Gesellschaft und nichts andres ist, so kann sie nur diese Wechselwirkungen, diese Arten und Formen der Vergesellschaftung untersuchen wollen.«

Georg Simmel, »Soziologie. Untersuchungen über die Formen der Vergesellschaftung«, 1908

Einleitung

Dieser Teil des Buches beruht auf vergleichenden Forschungen, die im Laufe der letzten Jahre durchgeführt wurden (vgl. die Darstellung dieser Untersuchungen in der Einführung zu diesem Buch). Sie entstanden im Zusammenhang mit Forschungsprogrammen, die in dreierlei Hinsicht europäisch waren: Sie wurden von europäischen Forschergruppen auf den Weg gebracht und durchgeführt, sie bezogen sich auf die Situation der Länder der Europäischen Union, und sie wurden größtenteils von der Europäischen Kommission finanziert. Wenn ich vorwiegend aus diesen Projekten stammende empirische Daten verwendet habe, so geschah dies aus dem Grund, weil sie sich für eine Untersuchung der vielfältigen Erscheinungsformen und gesellschaftlichen Implikationen der Armut geradezu angeboten haben.

Europa ist ein wahres Labor für Soziologen. Es besteht aus überwiegend reichen Ländern, in denen die Mehrheit der Bevölkerung an Bildung und Wohlstand partizipiert. Es besitzt eine gemeinsame Geschichte und Zivilisation, woraus die Bewohner ihre Identität beziehen. Europa ist aber auch ein überaus kontrastreiches Gebilde. Mit Erstaunen stellt man fest, dass sich unter den europäischen Ländern alle drei Typen von *Wohlfahrtskapitalismus* wiederfinden lassen, was sie Gøsta Esping-Andersen definiert hat.[1] Zum ersten Typ gehören die skandinavischen Staaten, allesamt Länder, die dem sozialdemokratischen Modell verhaftet sind. Dieses zeichnet sich vor allem durch ein System sozialer Sicherung aus, das sich die Universalität sozialer Rechte zum Ziel setzt. Der zweite Typ umfasst Länder wie Deutschland, Frankreich oder Belgien, also Länder, die gewöhnlich als dem korporatistischen Modell der Verteidigung gesellschaftlicher Interessen und errungener Rechte nahestehend angesehen werden. Zum dritten Typ gehören Großbritannien und Irland, die dem liberalen Modell nahestehen. Hier beschränkt sich der Staat auf Minimalinterventionen im Bereich sozialer Sicherung.

1 Esping-Andersen, The Three Worlds of Welfare Capitalism.

Schließlich gibt es einen vierten, von Esping-Andersen in seiner Typologie nicht berücksichtigten, heute aber als komplementär betrachteten Typ, unter den die Länder des Mittelmeerraums fallen, deren soziales Sicherungssystem rückständig ist.[2]

Darüber hinaus ist in Europa eine enorme Heterogenität hinsichtlich des Wirtschaftswachstums und ökonomischen Entwicklungsstandes zu beobachten. Manche, vorwiegend ländliche Gebiete sind immer noch bitterarm verglichen mit anderen, die eine geballte Konzentration von Industrie- und Dienstleistungsaktivitäten aufweisen. Europa bietet sich in fast idealer Weise für internationale Vergleiche an, insofern es Länder zusammenfasst, die ausreichend Nähe zueinander haben, damit vergleichende Daten überhaupt einen Sinn ergeben, und zugleich genügend Kontraste aufweisen, so dass sich ein Vergleich rechtfertigen lässt. Schließlich sei noch angemerkt, dass die Forscher in Europa heutzutage über Mittel verfügen, die es vor nur zehn Jahren noch nicht gab. Das Europäische Haushaltspanel (EHP), dessen erste Erhebungswelle 1994 in sämtlichen Ländern der Union durchgeführt wurde, stellt in dieser Hinsicht einen außerordentlichen Fortschritt dar.

Wenn das in diesem Teil behandelte empirische Material auch vorwiegend aus europäischen Umfragen stammt, wurde der Fall der Vereinigten Staaten doch immer dann mit berücksichtigt, wenn sich (wie insbesondere in den Kapiteln 4 und 5) eine Vergleichsmöglichkeit ergab. Es wäre ebenso denkbar gewesen, die Typologie der elementaren Formen der Armut auch anhand der Daten anderer Länder zu überprüfen. Wenn das hier nicht geschehen ist, so liegt das nicht daran, dass ich nicht daran gedacht hätte, sondern dass ich einen Teil der dafür notwendigen Daten nicht erheben konnte. Es schien mir auch vernünftig, den Umfang dieses Buches nicht noch weiter aufzublähen und die empirische Forschung für den Augenblick auf diese europäischen Daten zu beschränken, die ja für sich genommen schon eine runde Sache darstellen.

---

2 Vgl. Ferrara, »The ›southern model‹ of welfare in social Europe«.

3. Die integrierte Armut

Vor der Osterweiterung der Europäischen Union war Portugal das Land in Europa mit dem höchsten Anteil an Personen, die in finanzieller Armut lebten. Nach wie vor ist es eines der am meisten von Armut betroffenen Länder: Ungefähr 20 Prozent der Haushalte gelten als arm (vgl. Anhang, Tabelle 1). Innerhalb des Landes finden sich jedoch ebenso große regionale Unterschiede wie in Italien oder Spanien.[1] Die am stärksten ländlich geprägten Regionen sind tatsächlich ärmer als die anderen. Madeira zum Beispiel ist eine portugiesische Insel, deren ökonomische Entwicklung, abgesehen vom Tourismus, bescheiden geblieben ist und deren Bewohnerschaft den höchsten Anteil an Armen in ganz Portugal aufweist. Mehr als 40 Prozent leben unterhalb der Armutsgrenze, die bei 60 Prozent des mittleren Einkommens der Portugiesen angesetzt wird.[2] Der Anteil der Armen in der urban geprägten Umgebung von Lissabon liegt deutlich niedriger. Dennoch stellt man mit Überraschung fest, dass der Anteil der Bevölkerung von Madeira, der sich selber für arm hält – was man als subjektive Armut bezeichnet –, unter allen Regionen Portugals am niedrigsten rangiert. Da heißt, dass die Armut in den Regionen, in denen sie eine Massenerscheinung ist und wo die Armen mit großer Wahrscheinlichkeit unter vielen anderen

1 Die regionalen Unterschiede bezüglich Armut in Italien sind enorm. Der Anteil an armen Familien ist im Mezzogiorno viermal so hoch als im Norden. Vgl. Commissione di indagine sulla povertà, La povertà in Italia nel 1993. Über die Messung der Armut und die regionalen Ungleichheiten innerhalb des Landes informieren Sgritta/Innocenzi, »La povertà«. Spanien weist vielleicht keine so ausgeprägte Nord-Süd-Strukturierung auf wie Italien, dennoch sind dort die regionalen Unterschiede ebenfalls sehr ausgeprägt. 1991 hatten 11 von 43 Provinzen (gemessen auf der Basis der Schwelle von 50 Prozent des mittleren jährlichen Familieneinkommens) einen Anteil an armen Familien zwischen 30 Prozent und 41 Prozent, während sich der nationale Durchschnitt auf 19,4 Prozent belief. Vgl. Juarez (Hg.), Informe sociologico sobre la situacion en España, vor allem S. 315–334.

2 Vgl. Soares/Bago d'Uva, Income, Inequality and Poverty, S. 159–205.

Armen leben, eine andere Bedeutung hat. Als Teil des sozialen Systems stellt sie sogar eine eigene Lebensart und trotz der belastenden Entbehrungen ein mehr oder minder akzeptiertes Schicksal dar. In diesen Regionen ist Armut etwas Normales und nicht skandalös. Die mittleren oder oberen Schichten sehen die Armen als etwas, was außerhalb ihrer selbst und ihrer Welt liegt, während sich die Armen gar kein anderes Schicksal für sich selbst vorzustellen vermögen. In einer solchen Gesellschaftsform sind die Ungleichheiten meistens enorm. Die Bedürfnisse sind geringer, da die Wohlstandsnormen, auf die sich die arme Bevölkerung bezieht, insgesamt niedriger sind. Die Ökonomen bezeichnen dieses Phänomen als Sichabschleifen der Präferenzen.

Anhand von Beispielen, die für die besondere Situation der wirtschaftlich am schwächsten entwickelten europäischen Länder stehen, möchte dieses Kapitel die soziologische These der *integrierten Armut* plausibel machen. Er will die zahlreichen, aus vergleichenden Erhebungen hervorgegangenen Daten dem Idealtyp der im vorangegangenen Kapitel entwickelten *integrierten Armut* gegenüberstellen. Insbesondere soll überprüft werden, ob die Armut, so wie sie in den südlichen Ländern Europas und in besonders armen Regionen gesellschaftlich wahrgenommen und erlebt wird, diesem Idealtyp nahe kommt und damit eine spezielle, stabile und sich zugleich reproduzierende Form von Armut ist. Zunächst wollen wir zeigen, dass in den wirtschaftlich gesehen ärmsten Ländern Europas der Anteil der bedürftigen Menschen nicht nur am höchsten ist, sondern dass die Armut in den sozialen Repräsentationen wie in den Alltagserfahrungen auch stabiler ist und sich häufiger reproduziert als in den übrigen Ländern. Anschließend werden wir nachweisen, dass der Grund für höhere Integration der Armut in den südlichen Ländern Europas in der nach wie vor sehr großen Bedeutung der familialen Solidarität zu suchen ist. Schließlich werden wir am Beispiel des Mezzogiorno, der ärmsten Region Italiens, eine Untersuchung der Alltagserfahrungen von Armut und Arbeitslosigkeit im Zusammenhang mit der informellen Ökonomie und den Eigenheiten des dortigen Sozialwesens vornehmen.

Ein permanenter und sich reproduzierender Zustand

In den Forschungen über Armut bleibt eine Frage praktisch unbeantwortet, obwohl sie schon oft untersucht wurde. Es geht um das Verhältnis zwischen zwei charakteristischen Formen von Armut: der Armut, die sich von einer Generation zur nächsten quasi schicksalhaft reproduziert, und der Armut, von der Menschen, die sich bislang in Sicherheit vor diesem Problem wähnten, plötzlich überrascht werden. Die erste Form der Armut hält den Einzelnen unentrinnbar fest, und der Betroffene ist überzeugt, dass er nichts für seinen Zustand kann, da ja für ihn und seine Umgebung gar keine andere Lösung denkbar ist. Die zweite bricht dagegen über Individuen herein, die zuvor noch keine Erfahrung mit Armut gemacht hatten und nun angesichts der finanziellen Einschränkungen und der unvermeidlichen Demütigungen, die sie durch diese neue Situation erleiden, hilflos dastehen. Es handelt sich also um den aus der gesellschaftspolitischen Debatte bekannten Gegensatz von »traditioneller« beziehungsweise »struktureller Armut« und »neuer Armut«. Welche dieser beiden Formen entspricht am ehesten der Realität? Wenn es in jedem Land einen bestimmten Bevölkerungsanteil gibt, der über Generationen hinweg arm bleibt, und einen anderen, der Armut nur episodisch erfährt, dann findet sich in den wirtschaftlich gesehen ärmsten Ländern und insbesondere in den südlichen Ländern Europas die Armut am ehesten als dauerhafter, sich reproduzierender Zustand. Zum Beleg kann die Untersuchung einerseits auf Daten zurückgreifen, mit denen sich die sozialen Repräsentationen von Armut einschätzen lassen, andererseits auf solche, mit denen man das Ausmaß der Armut im Zeitverlauf ermitteln kann.

Als Erbe wahrgenommene Armut

Diese These lässt sich anhand einer Frage überprüfen, die in vier speziell der Wahrnehmung von Armut gewidmeten Eurobarometern gestellt wurde, von denen das erste aus dem Jahr 1976 stammt, das zweite von 1989, das dritte von 1993 und das vierte schließlich von 2001. Die Frage richtete sich an Personen, die ge-

Graphik III.1 – Anteil der Personen, die angeben, dass die Armen, die es in ihrer Umgebung gibt, schon immer in dieser Situation gewesen sind (ererbte Armut)

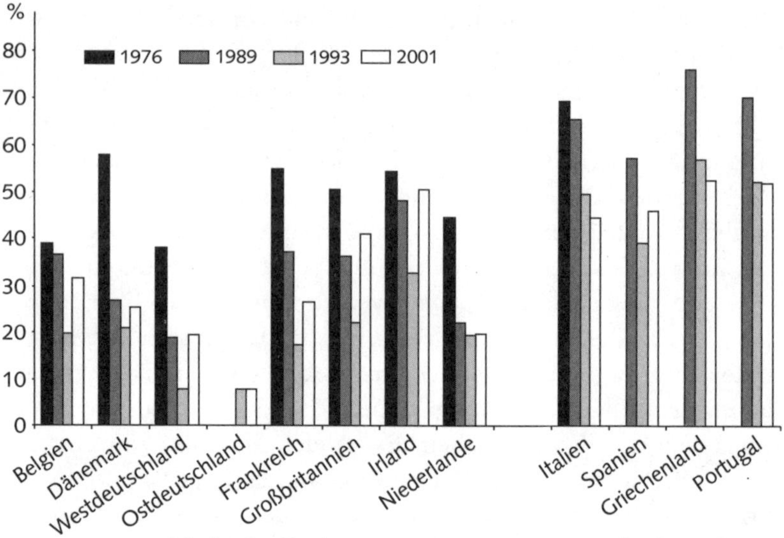

Quelle: Eurobarometer, »Armut – Ausgrenzung«.

äußert hatten, dass es in ihrer Umgebung Menschen gibt, die in extremer Armut, in Armut oder am Rande der Armut leben. Man fragte sie anschließend, ob diese Menschen ihrer Meinung nach schon immer in dieser Situation gewesen sind, was man als »ererbte« Armut bezeichnen kann, oder ob sie in diesem Zustand hineingeraten sind, nachdem sie schon bessere Zeiten gesehen hatten (Armut, die nach einem »Absturz« erlitten wird). An der Graphik III.1 lässt sich ablesen, dass ein sehr hoher Anteil der in den südlichen Ländern Befragten Armut als einen dauerhaften und ererbten Zustand wahrnimmt (2001 belief sich der Anteil in Griechenland und in Portugal auf 53 Prozent, in Italien und Spanien auf 46 Prozent).

Die Wahrnehmung von Armut als eines ererbten Phänomens variiert auch zwischen den jeweiligen Erhebungszeitpunkten. In sämtlichen Ländern ist diese Wahrnehmung von 1976 bis 1993 unter dem möglichen Einfluss einer sich verschlechternden Arbeitsmarktlage zurückgegangen, hat aber von 1993 bis 2001 wieder merklich zugenommen. Im Jahr 2001 haben sich die Unterschiede zwischen den Ländern zwar abgeschwächt, die Wahrnehmung der Armut als Erbe bleibt jedoch in Deutschland, Dänemark und den Niederlanden marginal. (Für eine ausführlichere Analyse der Erklärungsfaktoren für diese spezifische Wahrnehmung vgl. den Anhang am Ende des Buchs, »Wie die Europäer die Armut sehen«.)

Armut als Dauerzustand

Um die Intensität der Armut im Zeitverlauf ermitteln zu können, genügt es nicht, nur die sozialen Repräsentationen zu betrachten. Vielmehr muss anhand von objektiven Daten genau geprüft werden, ob die zu einem bestimmten Zeitpunkt von Armut betroffenen Personen diese Erfahrung nur übergangsweise oder über einen längeren Zeitraum hinweg machen. Seit Soziologen und Ökonomen auf Längsschnitterhebungen zurückgreifen, also auf Umfragen, die in bestimmten Zeitabständen mit derselben Stichprobe wiederholt werden, können sie das Fortbestehen von Armut im Zeitverlauf untersuchen. Einige von ihnen haben die Aufmerksamkeit darauf gelenkt, dass Armut in modernen Gesellschaften vor allem ein vorübergehendes Phänomen darstellt oder, in anderen Worten, dass Individuen und Haushalte eher punktuell von Armut betroffen sind und nur eine Minderheit permanent mittellos ist.[3] Man muss allerdings die nationalen Unterschiede berücksichtigen und betonen, dass Armut in den südeuropäischen Ländern eine Dauererscheinung darstellt.

Auf der Basis der Daten des Europäischen Haushaltspanels konnten für den Zeitraum von 1994 bis 1998, also für fünf aufeinanderfolgende Jahre, drei Kategorien unterschieden werden: Personen, die noch nie arm gewesen sind, Personen, die mindestens einmal arm gewesen sind (vorübergehend arm), und schließlich Personen,

3 Seit einigen Jahren schon messen Armutsforscher der Frage der Dauer eine höhere Bedeutung zu. Vgl. Leisering/Leibfried, Time and Poverty in Western Welfare Staates.

Tabelle III.1 – Ausmaß der Armut gemessen an der zeitlichen Dauer (Zeitraum von 1994 bis 1998) (in %)

	Niemals arm	Vorübergehend arm*	Wiederholt arm**	Gesamt
1. Gruppe:	77,7	10,6	10,7	100
Dänemark	77,4	13,2	9,5	100
Niederlande	77,9	9,6	12,5	100
2. Gruppe:	70,7	11,0	18,3	100
Deutschland	73,4	11,1	15,5	100
Frankreich	68,4	10,4	21,2	100
Belgien	63,9	13,4	22,7	100
3. Gruppe:	61,7	13,2	25,2	100
Großbritannien	61,4	13,4	25,2	100
Irland	63,8	10,7	25,5	100
4. Gruppe:	60,8	13,1	26,1	100
Italien	62,1	12,6	25,5	100
Spanien	60,0	13,5	26,5	100
Griechenland	58,5	13,9	27,6	100
Portugal	58,8	13,7	27,6	100
Europa	66,2	12,0	21,8	100

Anm.: Die Armutsschwelle, auf die in der Tabelle Bezug genommen wird, liegt bei 60 Prozent des Medianeinkommens eines jeden Landes. Die verwendete Äquivalenzskala ist die modifizierte OECD-Skala (1 für den ersten Erwachsenen, 0,5 für die weiteren Erwachsenen und 0,3 für Kinder unter 14 Jahren).

* Nur einmal in fünf Jahren arm

** Mehr als einmal in fünf Jahren arm

Quelle: Europäisches Haushaltspanel, 1994–1998.

die länger als ein Jahr arm gewesen sind (wiederholt arm). Tabelle III.1 unterscheidet vier Ländergruppen, die sich bestimmten *welfare capitalism*-Typen zuordnen lassen.[4]

Es gibt einen engen statistischen Zusammenhang zwischen dem Ausmaß der Armut, gemessen an ihrer zeitlichen Dauer, und der

4 Vgl. Esping-Andersen, The Three Worlds of Welfare Capitalism.

Gruppierung der Länder. In der ersten Ländergruppe ist der Anteil der wiederholt von Armut betroffenen Personen am niedrigsten (9,5 Prozent in Dänemark und 12,5 Prozent in den Niederlanden). In der zweiten Gruppe nimmt dieser Anteil zu, er beträgt im Durchschnitt 18,3 Prozent und variiert zwischen 15,5 Prozent in Deutschland und 22,7 Prozent in Belgien. In der dritten Gruppe nimmt der Anteil noch weiter zu und steigt auf durchschnittlich 25,2 Prozent. In der letzten Gruppe erreicht er im Durchschnitt 26,1 Prozent und einen Höchstwert von 27,6 Prozent in Griechenland und Portugal. Damit lässt sich belegen, dass die Armut in den Ländern ein längerwährender Zustand ist, in denen es noch ländliche, wenig entwickelte Regionen gibt und das System der sozialen Absicherung rückständig ist.

Um die Intensität von Armut im Zeitverlauf zu untersuchen, lassen sich auch mögliche Erfahrungen mit finanziellen Schwierigkeiten heranziehen. Im Eurobarometer 56.1 von 2001 über Armut und soziale Ausgrenzung wurde eine Frage in der folgenden Art und Weise formuliert: »Wie gut kommen Sie mit Ihrem Haushaltseinkommen aus?« Die Befragten konnten zwischen vier Antwortmöglichkeiten wählen: »mit großen Schwierigkeiten«, »mit Schwierigkeiten«, »komme gut aus«, »komme sehr gut aus«, und man bat sie anschließend zu präzisieren, wie lange sich der Haushalt schon in dieser finanziellen Lage befindet. Damit war es möglich, die Dauer der finanziellen Schwierigkeiten von denjenigen zu erfahren, die eine der zwei ersten Möglichkeiten gewählt hatten. Anhand von Graphik III.2 lassen sich die Unterschiede nach Ländern analysieren, wobei sich ein deutlicher Unterschied zwischen den nördlichen und den südlichen Ländern ergibt.

In den nördlichen Ländern war der Großteil derjenigen mit finanziellen Schwierigkeiten über zwei oder drei Jahre hinweg mit dieser Erfahrung konfrontiert, wohingegen in den südlichen Ländern diese Schwierigkeiten zusammengenommen viel länger dauerten, nämlich rund 14 oder 15 Jahre für den überwiegenden Anteil dieser Teilpopulation. Daraus wird ersichtlich, dass Armut in den nördlichen Ländern eher eine konjunkturelle Erscheinung darstellt, in den südlichen Ländern eher eine strukturbedingte.

Graphik III.2 – Dauer der Schwierigkeiten je nach Land

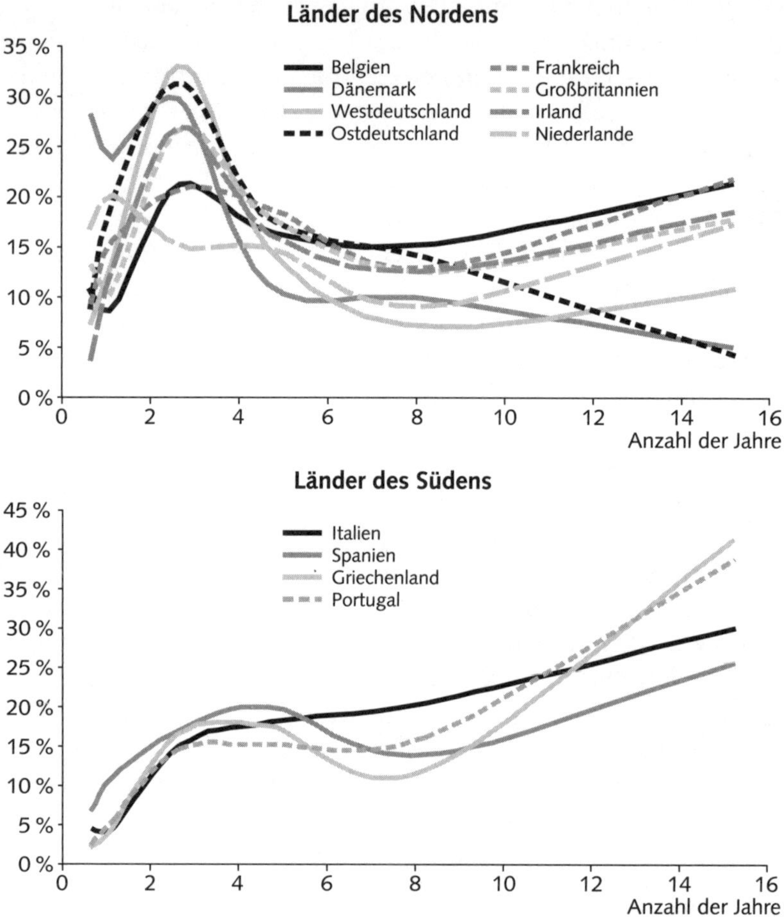

Quelle: Eurobarometer, 56.1, 2001.

Es zeigt sich, dass Analysen zur Intensität der Armut im Zeitverlauf anhand von Längsschnittdaten ganz ähnliche Ergebnisse hervorbringen wie diejenigen, die nach der Dauer der finanziellen Schwierigkeiten fragen. Das Phänomen tritt in den südeuropäischen Ländern durchgehend langfristiger und häufiger wiederkehrend auf. Wie wir gesehen haben, sind das genau die Länder, in denen Armut auch am häufigsten als etwas Ererbtes wahrgenommen wird. Die sozialen Repräsentationen stimmen also mit der beobachteten Realität überein.

Da Armut in den südlichen Ländern Europas ein stabilerer Zustand ist, lässt sich die Hypothese aufstellen, dass sie sich dort auch in höherem Maße von einer Generation zur nächsten vererbt. Werden Kinder in einem permanent benachteiligten Milieu sozialisiert, haben sie als Erwachsene mit hoher Wahrscheinlichkeit ähnliche Schwierigkeiten wie ihre Eltern. Wenn man die erklärenden Variablen für Armut untersucht, darf man die Analyse des familialen Herkunftsmilieus nicht ausklammern. Gestützt auf seine Untersuchung armer Familien in Mexiko, New York und San Juan, erklärte der Anthropologe Oscar Lewis in den 1960er Jahren, dass die »Kultur der Armut« aufgrund des Einflusses, den sie auf die Kinder ausübt, tendenziell über Generationen hinweg fortbesteht. »Wenn die Kinder aus den Elendsvierteln sechs oder sieben Jahre alt sind, haben sie gewöhnlich schon die grundlegenden Werte und Einstellungen ihrer Subkultur in sich aufgenommen und sind psychologisch gar nicht mehr darauf eingestellt, sich verändernde Umstände und die Möglichkeiten, die sich in ihrem Leben ergeben könnten, in vollem Umfang zu nutzen.«[5] Oscar Lewis betonte, dass für diese Kultur der Armut die individuelle Überzeugung, ohnmächtig und abhängig am Rande der Gesellschaft zu stehen sowie ein stark entwickeltes Gefühl der Minderwertigkeit charakteristisch seien. Darüber hinaus hob er hervor, dass »eine fehlende wirkliche Teilhabe und Integration der Armen in die großen Institutionen der Gesellschaft eines der zentralen Merkmale der Kultur der Armut darstellt. Das ist ein komplexes Problem und das Resultat einer Vielfalt von Faktoren, zu denen man das Fehlen finanzieller Mittel, Segregation, Diskriminierung, Angst, Misstrauen oder Apathie und das Suchen nach lokalen Lösungen für Probleme zählen kann.«[6] Die Daten, über die wir aus europaweit durchgeführten soziologischen Umfragen verfügen, lassen sich nicht mit denen vergleichen, die dieser Anthropologe über viele Jahre im Feld gesammelt hat. Sie sind jedoch statistisch repräsentativ und gestatten breitangelegte Vergleiche.

---

5 Vgl. Lewis, La vida, S. XLV.
6 Ebenda.

Im Eurobarometer 56.1 von 2001 über Armut und soziale Ausgrenzung wurde eine Frage zur Kindheit der Befragten gestellt, insbesondere auch zu möglichen finanziellen Schwierigkeiten der Eltern zu dem Zeitpunkt, als diese noch für ihren Unterhalt und ihre Erziehung zu sorgen hatten.

Anhand von Tabelle III.2 lassen sich mögliche Auswirkungen dieser finanziellen Schwierigkeiten während der Kindheit auf die finanziellen Schwierigkeiten im Erwachsenenalter untersuchen. Es besteht wie zu erwarten eine hohe Korrelation zwischen zwei Variablen: die Wahrscheinlichkeit, im Erwachsenenalter finanzielle Schwierigkeiten zu haben, ist höher, wenn man bereits seine Kindheit in einem ökonomisch benachteiligten Milieu verbracht hat.[7] Allerdings variiert die Intensität dieser Korrelation zwischen den Ländern, und dies auch dann, wenn man nicht nur die Wirkung von Geschlecht und Alter (Modell 1) kontrolliert, sondern auch den Effekt des Haushaltseinkommens (Modell 2). Für die südlichen Länder fallen die Koeffizienten der logistischen Regression durchgehend sehr hoch und statistisch signifikant aus, was besagt, dass die Reproduktion von in der Kindheit erfahrenen finanziellen Schwierigkeiten sehr ausgeprägt ist. In den nördlicheren Ländern sind die Koeffizienten insgesamt niedriger und nicht immer signifikant. Das ist insbesondere in Ostdeutschland, in Großbritannien, in den Niederlanden und in Finnland der Fall, wo unabhängig vom Modell der Koeffizient nicht signifikant wird. Anders gesagt: Die Tendenz zur Reproduktion der in der Kindheit erfahrenen finanziellen Schwierigkeiten ist in den nördlicheren Ländern weniger ausgeprägt als in den südlichen.

Dieses Phänomen erklärt sich in erster Linie durch die Einkommensungleichheit, die in den südeuropäischen Ländern deutlich höher ist. Das Verhältnis zwischen dem Anteil des Gesamteinkommens, das 20 Prozent der Bevölkerung mit den höchsten Einkommen (oberes Quintil) beziehen, und dem Anteil des Gesamteinkommens, das die 20 Prozent mit dem niedrigsten Einkommen (unteres

---

7 Diese Frage war erst kürzlich Gegenstand einer Untersuchung. Vgl. Corcoran, »Mobility, persistance, and the consequences of poverty for children«.

Tabelle III.2 – Wirkung der finanziellen Schwierigkeiten der Eltern während der Kindheit auf die Wahrscheinlichkeit, im Erwachsenenalter selbst finanzielle Schwierigkeiten zu haben, differenziert nach Ländern (logistische Regression)

Interaktion Land/finanzielle Schwierigkeiten der Eltern (FSE)	Modell 1 (Geschlecht, Alter und Land kontrolliert)	Modell 2 (Geschlecht, Alter, Land und Einkommen kontrolliert)
Nördliche Länder:		
Belgien	.69***	.57*
Dänemark	.38 n.s.	.46*
Westdeutschland	.90***	.79*
Ostdeutschland	.31 n.s.	.38 n.s.
Frankreich	.32 n.s.	.48*
Großbritannien	.28 n.s.	.21 n.s.
Irland	.85***	.88**
Luxemburg	.76**	.73**
Niederlande	.34 n.s.	.27 n.s.
Finnland	.14 n.s.	.16 n.s.
Schweden	.75***	.62***
Österreich	.46*	.39 n.s.
Südliche Länder:		
Italien	.85***	.76***
Spanien	1.00***	.95***
Griechenland	1.01***	.83***
Portugal	1.14***	.96***
Einkommen:		
1. Quartil		1.63***
2. Quartil		.54***
3. Quartil		–.15**
4. Quartil		Ref.

* P < 0.05; ** P < 0.01; *** P < 0.001; n.s.: nicht signifikant

Quelle: Eurobarometer 56.1, 2001.

Quintil) beziehen, beträgt in Portugal 6,5, in Griechenland 5,7 und in Spanien 5,5 Prozent, in Dänemark dagegen 3, in Schweden 3,4 und in Deutschland 3,6 Prozent.[8] Wenn die Einkommensungleichheit größer ist, verwehrt sie einem Teil der Bevölkerung eine bessere Zukunft und verstärkt in diesem Sinn das Risiko der Vererbung von Armut. Dieses Phänomen lässt sich aber auch mit der ökonomischen Entwicklung und den Beschäftigungsperspektiven erklären. In den Ländern, die eine bedeutsame wirtschaftliche und gesellschaftliche Entwicklung durchlaufen haben, wie das während der Wachstumsphase nach dem Zweiten Weltkrieg der Fall war, waren die Chancen für sozialen Aufstieg weitaus größer als in den weniger entwickelten Ländern, etwa denen des südlichen Europa, die ja Auswanderungsländer waren. In den wirtschaftlich armen Ländern oder Regionen, in denen Arbeitslosigkeit oder Unterbeschäftigung hoch sind und die soziale Absicherung schwach entwickelt ist, bestand oder besteht stets ein enger Zusammenhang zwischen der Armut und dem gesellschaftlichen Schicksal.

Schließlich sollte man Richard Hoggarts treffende Ausführungen im Hinblick auf die Kultur der englischen Unterschichtenmilieus berücksichtigen. »Wenn den Leuten bewusst wird, dass sie wenig Möglichkeiten haben, ihre Lage zu verbessern, und darauf nicht unbedingt mit Verzweiflung oder Ressentiment reagieren, sondern dies schlicht als Tatsache in ihrem Leben akzeptieren, dann können sie ein ›annehmbares‹ Leben führen, ein Leben, ohne ständig an die versagten Möglichkeiten zu denken. Die sozialen Zwänge scheinen wie Naturgesetze, wie das Rohmaterial, aus dem man sich sein Leben zimmern muss.«[9]

In den ländlichen Gegenden Südeuropas ist die Wahrscheinlichkeit, über längere Zeit hinweg arm zu sein, so hoch, dass die betroffene Bevölkerung auch mehr als andernorts darauf eingestellt ist, damit fertig zu werden. Die Armut stellt also einen dauerhaften, sich reproduzierbaren Zustand dar.

Die Unterscheidung zwischen konjunktureller und struktureller Armut, die auch weitgehend mit dem Unterschied zwischen den

---

8 Quelle: Eurostat, 2001.

9 Hoggart, The Uses of Literacy, S. 77f.

nördlichen und den südlichen Ländern zusammenfällt, bedeutet jedoch nicht, dass es strukturelle Armut nur in den südlichen und konjunkturelle Armut nur in den nördlichen Ländern gibt. Auch in den nördlichen Ländern bleibt ein gewisser Anteil der Bevölkerung über Generationen hinweg arm und ist unabhängig von der wirtschaftlichen und sozialen Konjunktur permanent mit dem Kampf ums Überleben beschäftigt.[10] Die Untersuchungen zeigen vielmehr, dass dieser Anteil in den nördlichen Ländern deutlich niedriger ist und die konjunkturelle Armut als Phänomen häufiger vorkommt als in den südlichen Ländern.

Die Armut ist im Sinne der Typologie in den südeuropäischen Ländern mit höherer Wahrscheinlichkeit integrierter, weil sie dort massenhafter auftritt und auch länger andauert als in den nördlichen Ländern. Sie ist ein konstitutives Element des sozialen Systems. Um aber noch stärker integriert zu sein, muss sie eine eigene Form sozialer Organisation ausbilden. Daher soll im Folgenden untersucht werden, welche Rolle die Familie in den von Armut betroffenen Milieus spielt.

Die Familie: eine Frage des Überlebens

Die *integrierte Armut* ist eine Form von Armut, deren Auswirkungen von der Familie zum Teil aufgefangen werden können, ein Phänomen, das dem im vorangegangenen Kapitel vorgestellten familialistischen Modell der Regulierung von Arbeitslosigkeit entspricht (vgl. S. 103). Dieses Modell basiert auf der gesellschaftlichen Anerkennung der solidarischen Verpflichtungen der Familie für sämtliche Familienmitglieder. Wenn der Einzelne arm oder arbeitslos ist, kann ihm das nicht zum Vorwurf gemacht werden und er hat in dieser Situation ein Anrecht darauf, am Einkommen und Vermögen der Familie zu partizipieren. Ein solches System familialer Solidarität setzt sich umso leichter durch, wenn es mit einer nachrangigen Rolle des Staates beziehungsweise der Sozialbehörden bei der sozia-

10 Auf die Ursachen für dieses Phänomen werden wir im folgenden Kapitel noch genauer eingehen.

len Absicherung zusammenfällt. Es empfiehlt sich hier, eine breitere Definition von Familie zugrunde zu legen, die nicht nur die, dem Begriff des Haushalts der Statistiker oder dem der häuslichen Gemeinschaft der Anthropologen folgend, unter einem Dach lebenden Personen mit einschließt, sondern auch das Netz der erweiterten Verwandtschaft, zu dem insbesondere die Kinder gehören, aber auch deren Ehegatten und die Enkelkinder. Diese Definition berücksichtigt also auch die Begriffe Abstammung sowie Schwägerschaft.

Basierend auf dieser umfassenderen Definition soll hier gezeigt werden, dass es in den südeuropäischen Ländern den Ärmsten der Armen möglich ist, auf die Ressourcen ihrer Familie zurückzugreifen, um die Schwierigkeiten, mit denen sie zu kämpfen haben, manchmal sogar dauerhaft zu überwinden. Diese Ressourcen können aus dem eigenen Haushalt stammen, aber auch von Familienmitgliedern außerhalb dieses Haushalts erbracht werden. Derartige Solidarbeziehungen sind in einem klassischen Familienverständnis fest verankert, das stark von der Religion beeinflusst sein kann. Anders gesagt hängt die Integration der Armut in das soziale System in den südeuropäischen Ländern zu einem großen Teil von den von den Armen geteilten familiären und religiösen Werten ab.

Das Prinzip des familiären Zusammenlebens

Allein zu leben ist an sich kein Indikator für die Anfälligkeit sozialer Netze. Man kann darin auch ein Zeichen bewusst gewählter Autonomie der Individuen gegenüber ihrer Familie und ihrem Umfeld sehen. Diese Autonomie verhindert weder eine enge Bindung an Eltern und Freunde, noch steht sie im Gegensatz zu einem intensiven und vielgestaltigen Gemeinschaftsleben. Dagegen ist bei allein lebenden Personen, die nur in geringem Maß am sozialen Leben teilnehmen, die Gefahr von Isolation oder gar völligen Rückzugs größer, was eine zunehmende Kumulierung von Benachteiligungen bedingen kann, die zu Ausgrenzung – hier als letzte Phase eines Prozesses der sozialen Disqualifizierung definiert – führen kann.

Die Wahrscheinlichkeit, allein zu leben, ist in Europa von Land zu Land unterschiedlich hoch. Der Anteil von Personen in dieser Situation bewegt zwischen 4 Prozent in Spanien und 22 Prozent in

Dänemark.[11] Die Menschen unterhalb der Armutsgrenze[12] leben in den nördlichen Ländern Europas weitaus häufiger allein als in den südlichen. Unter den von Armut betroffenen Arbeitslosen befinden sich in Dänemark fast 41 Prozent Alleinlebende, in Deutschland 37 Prozent gegenüber 2,2 Prozent in Spanien und 1,4 Prozent in Italien. Es zeigt sich auch, dass in einigen Ländern die Wahrscheinlichkeit des Alleinlebens umso höher ausfällt, je schlechter die Beschäftigungssituation[13] ist: In Dänemark befinden sich 30,2 Prozent der Langzeitarbeitslosen in dieser Situation gegenüber 15,2 Prozent der Personen mit einer stabilen Beschäftigung, das entspricht einer Abweichung von 15 Prozentpunkten. Der Anteil der allein lebenden Langzeitarbeitslosen ist in den Niederlanden (23,5 Prozent), in Deutschland (17,5 Prozent) und in Großbritannien (15,7 Prozent; vgl. Tabelle III.3) ebenfalls hoch. Die Abweichung zwischen den Langzeitarbeitslosen und den Personen in stabiler Beschäftigung beträgt in den Niederlanden ungefähr zehn Punkte und acht Punkte in Großbritannien. Das steht in Kontrast zu den Ländern Südeuropas, wo der Anteil der allein lebenden Langzeitarbeitslosen sehr gering ist, nämlich weniger als 2 Prozent in Spanien und Portugal sowie weniger als 4 Prozent in Italien und Griechenland.

In den südlichen Ländern Europas bleiben die Arbeitslosen in ihrer Familie, solange sie keinen eigenen Hausstand gründen können. Man kann in diesem Fall von einem Modell »familiären Langzeitzusammenlebens« sprechen.

---

11 Vgl. Middlemans/Paserman, »Vivre sous le même toit«, S. 1–4.

12 Gemäß einer Schwelle von 60 Prozent des mittleren Einkommens, modifizierte OECD-Skala.

13 Die in diesem Abschnitt getrennt behandelten unterschiedlichen Beschäftigungssituationen wurden insbesondere anhand einer Frage des Europäischen Haushaltspanels über die Zufriedenheit der Erwerbstätigen hinsichtlich der Stabilität ihrer Beschäftigung erstellt. Die Zufriedenen wurden als Personen mit einer stabilen Beschäftigung eingestuft, die Unzufriedenen, die ihre Stelle seit mehr als einem Jahr hatten, als Personen mit einem bedrohten Beschäftigungsverhältnis. Die Unzufriedenen, die ihre Arbeit seit weniger als einem Jahr hatten, wurde als Personen mit instabiler Beschäftigung eingeordnet. Darüber hinaus wurden die Arbeitslosen danach unterschieden, ob sie davon seit weniger oder seit mehr als einem Jahr betroffen sind.

Tabelle III.3 – Anteil von allein lebenden Personen je nach Beschäftigungssituation und nach Land (in %)

	Stabile Beschäftigung	Bedrohte Beschäftigung	Instabile Beschäftigung	Arbeitslosigkeit < 1 Jahr	Arbeitslosigkeit > 1 Jahr	Gesamt
1. Gruppe:						
Dänemark	15,2	12,7	19,0	29,9	30,2	16,5
Niederlande	13,2	17,9	22,3	19,3	23,5	15,0
2. Gruppe:						
Deutschland	15,1	15,0	13,1	21,1	17,2	15,4
Frankreich	10,6	8,7	8,6	13,0	10,3	10,3
Belgien	9,3	10,2	9,8	10,0	7,9	9,4
3. Gruppe:						
Großbritannien	7,9	9,1	10,2	15,0	15,7	9,1
Irland	8,2	8,1	3,5	5,0	7,1	7,6
4. Gruppe:						
Italien	6,3	6,6	1,5	2,5	2,4	5,6
Spanien	3,7	3,3	1,8	1,7	1,5	3,0
Griechenland	5,8	4,8	6,4	4,5	3,7	5,3
Portugal	2,4	2,6	1,6	1,4	1,1	2,4

Population: Bevölkerung zwischen 18 und 65 Jahren

Quelle: Europäisches Haushaltspanel, 1994, erste Welle.

Die Unterschiede zwischen den Ländern werden durch die Ergebnisse einer logistischen Regression bestätigt, mit der sich die Effekte mehrerer Variablen, nämlich Alter, Geschlecht und Bildungsabschluss, kontrollieren ließen (vgl. Tabelle III.4). Verglichen mit Personen in stabiler Beschäftigung (Referenz des Modells) ist die Wahrscheinlichkeit des Alleinlebens (mit einer statistisch signifikanten Abweichung) für Arbeitslose, die weniger als ein Jahr arbeitslos sind, sowie für Langzeitarbeitslose höher, und zwar in Großbritannien, in den Niederlanden und in Dänemark. Dagegen ist die Abweichung für diese Kategorien in Italien, Spanien und Griechenland (und in diesem letzten Land hochsignifikant) negativ.

Tabelle III.4 – Wirkung von Beschäftigungsunsicherheit und Arbeitslosigkeit auf die Wahrscheinlichkeit des Alleinlebens (logistische Regression)
Referenz: stabile Beschäftigung

	Bedrohte Beschäftigung		Instabile Beschäftigung		Arbeitslosigkeit < 1 Jahr		Arbeitslosigkeit > 1 Jahr	
	B.	Sign.	B.	Sign.	B.	Sign.	B.	Sign.
1. Gruppe:								
Dänemark	–.36	*	.05	n.s.	.60	***	.75	***
Niederlande	.53	***	.58	**	.65	**	.81	***
2. Gruppe:								
Deutschland	.07	n.s.	–.14	n.s.	.46	*	.26	n.s.
Frankreich	–.04	n.s.	–.12	n.s.	.23	(*)	.21	n.s.
Belgien	.04	n.s.	.31	n.s.	.39	n.s.	–.08	n.s.
3. Gruppe:								
Großbritannien	.15	n.s.	.51	*	.84	n.s.	.85	***
Irland	.32	(*)	–.21	n.s.	.02	n.s.	.64	*
4. Gruppe:								
Italien	.35	**	–.77	n.s.	–.30	n.s.	–.52	(*)
Spanien	.22	n.s.	–.01	n.s.	–.08	n.s.	–.37	n.s.
Griechenland	–.17	n.s.	–.11	n.s.	–.45	*	–.95	**
Portugal	.09	n.s.	.53	n.s.	–.01	n.s.	–1.33	n.s.

Population: Bevölkerung zwischen 18 und 65 Jahren.
(*) P < .1; * P < 0.05; ** P < 0.01; *** P < 0.001; n.s. nicht signifikant.
Anmerkung: Das Modell kontrolliert die Effekte von Alter, Geschlecht und Bildungsniveau.

Quelle: Europäisches Haushaltspanel, 1994, erste Welle.

Innerhalb dieser Länder, vor allem in Italien, zeigen sich auffallende regionale Unterschiede. Das Niveau der wirtschaftlichen Entwicklung wirkt sich in hohem Maße auf die Struktur der Arbeitslosigkeit, aber auch auf die familiären Strukturen aus. Es reicht schon, den Anteil der bei ihren Eltern lebenden Kinder im Alter von 18 bis 30 Jahren als Indikator für den mehr oder weniger traditionellen Charakter des jeweiligen Familienmodells zu nehmen, um sich darüber Klarheit zu verschaffen. Dieser Anteil fällt sowohl unter der Gesamtbevölkerung im Erwerbsalter als auch unter den Arbeitslosen im Süden Italiens deutlich höher aus als im mittleren Italien oder im Norden (vgl. Tabelle III.5).[14]

Tabelle III.5 – Anteil der Kinder von 18 bis 30 Jahren in Italien, die bei ihren Eltern leben (in %)

Regionen	Gesamtbevölkerung im Erwerbsalter (18–65 J.)	Arbeitslose Bevölkerung
Norden	19,0	48,5
Zentrum	21,2	53,4
Süden	27,2	59,0
Italien	23,1	56,2

Quelle: Europäisches Haushaltspanel, 1994, erste Welle.

Am Beispiel Italien lässt sich also belegen, dass die Selbständigkeit gegenüber der Familie mit dem Niveau der wirtschaftlichen Entwicklung zunimmt. Wenn die Beschäftigungsmöglichkeiten eingeschränkt sind, ist auch das Armutsrisiko höher, und um mit den existentiellen Schwierigkeiten fertig werden zu können, müssen die Bindungen zu den Angehörigen aufrechterhalten werden. Diese besonders auf die Zwänge abhebende Erklärung reicht freilich noch nicht aus. Wie lässt sich damit erklären, dass nicht alle von Arbeitslosigkeit betroffenen jungen Europäer bei ihren Eltern wohnen?

14 Der Definition des statistischen Instituts Italiens zufolge umfasst der Norden folgende Regionen: Nordwesten, Lombardei, Nordosten und Emilia Romagna. Die Mitte Italiens umfasst folgende Regionen: Toskana, Umbrien, Marken, Latium. Schließlich umfasst der Süden die Regionen: Abruzzen-Molise, Kampanien, Apulien, Basilicata, Kalabrien, Sizilien und Sardinien. In den in diesem Kapitel vorgenommenen Analysen zu Italien wurde diese Klassifikation mit einer Ausnahme übernommen, nämlich der Region Abruzzen-Molise, die wirtschaftlich entwickelter ist als die übrigen Regionen Süditaliens und die deshalb dem Ratschlag mehrerer Experten folgend zu den Regionen Mittelitaliens gezählt wurde.

Man muss hier zwei sich ergänzende Faktoren in Rechnung stellen. Zum einen existiert in den südlichen Ländern Europas eine im Vergleich zu den anderen Ländern weiterverbreitete Tradition familialer Solidarbeziehungen, die in Zusammenhang zu dem oben beschriebenen Familienmodell steht. Diese Solidarität, der sich vor allem die Eltern verpflichtet fühlen, wird innerhalb des Haushalts durch eine strikte Arbeitsteilung noch verstärkt. Haushaltsvorstand ist meistens der Mann, dessen wesentliche Rolle in der Gewährleistung der finanziellen Autonomie des Haushalts besteht, insbesondere durch das im Rahmen seiner Berufstätigkeit erzielte Einkommen, während sich die Frau der Organisation des häuslichen Lebens und den Kindern widmet, selbst wenn diese bereits erwachsen sind. Die sich aus dem längeren Zusammenleben ergebende normative Verpflichtung betrifft die Eltern genauso wie die Kinder. Letztere können keinen eigenen Hausstand gründen oder sich gemeinsam mit einem Partner niederlassen, solange sie keine Stelle oder eine sonstige sichere Beschäftigung gefunden haben. Bei den Eltern zu wohnen ist für sie also normal, und sie nehmen voll und ganz am Leben in diesem Haushalt teil. In ihrer Untersuchung über junge Menschen in Frankreich, Großbritannien, Dänemark und Spanien hat Cécile Van de Velde festgestellt, dass sich die jungen Spanier stark von den anderen unterschieden. Der sprachliche Aufwand, den sie betreiben, um ihr langes Verbleiben im elterlichen Haushalt zu rechtfertigen, basiert auf einem Gefühl der Familienzugehörigkeit.[15] Das verlängerte Zusammenleben ist etwas Normales und wird nicht stigmatisiert. Viele von ihnen sagen aus, dass sie sich bei ihren Eltern wohl fühlen. Am meisten setzen sich aber die Eltern für den Verbleib ihrer Kinder am häuslichen Herd ein. Ein vorzeitiger Auszug ohne legitimen Grund kommt einem »emotionalen Verrat« nahe. Die jungen Spanier wollen ihrerseits »den Eltern nicht weh tun«, »die Familienehre nicht verraten«.

Unter solchen Umständen ist das Risiko sozialer Isolation geringer, insbesondere für die jungen Arbeitslosen. Familiensoziologen haben mehrfach auf die herausragende Rolle familiärer Werte und der Eltern-Kind-Beziehungen in den Ländern Südeuropas und vor

---

15 Vgl. Van de Velde, Devenir adulte.

allem in Italien hingewiesen.[16] Schon oft, vielleicht zu oft, wurde behauptet, dass Italien in erster Linie eine »Ansammlung von Familien und kein Staat« sei. Jedenfalls kann man sagen, dass sich in den Ländern, in denen die Familie das wichtigste Fundament sozialer Integration darstellt, Armut und Arbeitslosigkeit nicht in schwächeren familiären Banden niederschlagen.

Als weiteren Erklärungsfaktor kann man anführen, dass die südlichen Länder Europas ein schwächer ausgebautes System sozialer Sicherung haben als die nördlichen Länder. Ihr Umgang mit Arbeitslosigkeit ist beispielsweise durch ein System charakterisiert, das sich als *»under-protection regime«* bezeichnen lässt.[17] Dieses bietet den Arbeitslosen, vor allem denen, die noch nie gearbeitet haben, nur sehr geringe Unterstützungsleistungen, was ihre Abhängigkeit von der Familie noch vergrößert. Die jungen Arbeitslosen haben also gar keine andere Wahl, als bei ihren Eltern zu wohnen und abzuwarten, dass ihre berufliche Situation ihnen irgendwann auf eigenen Füßen zu stehen erlaubt.

Die Stärke der familialen Solidarität

Zur Beurteilung der Stärke der familiären Solidarbeziehungen in den Ländern Südeuropas kann man sich auch auf die Möglichkeiten der Menschen stützen, sich von nicht im selben Haushalt lebenden Familienangehörigen oder Personen aus dem Umfeld helfen zu lassen (vgl. Tabelle III.6). Hier handelt es sich um eine Form der Solidarität, die nicht mehr nur die häusliche Gemeinschaft, sondern die weitere der Verwandtschaft umfasst. Die verfügbaren Daten beziehen sich ausschließlich auf die von nicht zum Haushalt gehörenden Personen erhaltenen finanziellen Unterstützungen. Es zeigt sich, dass die Notwendigkeit solcher Unterstützungen für Langzeitarbeitslose größer ist, da ihnen, angenommen dass die Höhe der Arbeitslosenentschädigung mit länger andauernder Arbeitslosigkeit zurückgeht, von allen Erwerbstätigen die geringsten Mittel zur Verfügung stehen.

---

16 Vgl. Saraceno, Familiensoziologie.

17 Vgl. Gallie/Paugam (Hg.), Welfare Regimes and the Experience of Unemployment in Europe.

Tabelle III.6 – Wirkung von Beschäftigungsunsicherheit und Arbeitslosigkeit auf die Wahrscheinlichkeit, von Eltern, Freunden oder anderen außerhalb des Haushalts lebenden Personen eine finanzielle Unterstützung oder Wohnung und Verpflegung zu erhalten (logistische Regression). Referenz: stabile Beschäftigung

	Bedrohte Beschäftigung		Instabile Beschäftigung		Arbeitslosigkeit < 1 Jahr		Arbeitslosigkeit > 1 Jahr	
	B.	Sign.	B.	Sign.	B.	Sign.	B.	Sign.
Nördliche Länder								
Dänemark	–.03	n.s.	.25	n.s.	.17	n.s.	.04	n.s.
Frankreich	.03	n.s.	.50	*	.52	*	–.00	n.s.
Deutschland	–.06	n.s.	.13	n.s.	–.54	(*)	.35	(*)
Großbritannien	–.27	n.s.	.54	**	–.10	n.s.	.17	n.s.
Belgien	.10	n.s.	.50	(*)	.02	n.s.	.69	**
Irland	.02	n.s.	.84	n.s.	1.43	*	.48	n.s.
Niederlande	–.33	n.s.	1.23	**	–.28	n.s.	1.60	**
Südliche Länder								
Spanien	.28	n.s.	.64	**	.72	**	1.20	***
Portugal	.45	n.s.	.53	n.s.	1.38	**	1.34	**
Griechenland	.19	n.s.	.94	***	.68	*	1.59	***
Italien	.23	(*)	.94	***	1.09	***	1.40	***
Regionen Italiens								
Norden	.14	n.s.	.62	n.s.	–.06	n.s.	.86	*
Zentrum	.24	***	1.24	***	.35	***	1.66	***
Süden	.38	***	1.27	***	1.87	***	1.84	***

Population: Bevölkerung zwischen 18 und 65 Jahren.

(*) P < .1; * P < 0.05; ** P < 0.01; *** P < 0.001; n.s. nicht signifikant.

Anmerkung: Das Modell kontrolliert die Effekte von Alter, Geschlecht, Zusammensetzung des Haushalts, Bildungsniveau und Haushaltseinkommen.

Quelle: Europäisches Haushaltspanel, 1994, erste Welle.

Verglichen mit der Referenzkategorie des Modells – nämlich den Personen in stabiler Beschäftigung – fällt der Koeffizient für die Langzeitarbeitslosen in den südlichen Ländern Europas (Italien, Spanien, Portugal und Griechenland) positiv, hoch und hochsignifikant aus, wohingegen er für Belgien niedriger oder aber nicht signifikant für Frankreich, Dänemark, Großbritannien und Irland ist. Daraus lässt sich schließen, dass die Langzeitarbeitslosen in Südeuropa mehr Unterstützung aus ihrem Umfeld erhalten,[18] auch nachdem man den Effekt der Variablen Geschlecht, Alter, Haushaltszusammensetzung, Bildungsniveau und Haushaltseinkommen kontrolliert hat. Der Gegensatz zwischen den südlichen und den nördlichen Ländern Europas, der sich schon in einer früheren von uns für Eurostat[19] durchgeführten Studie gezeigt hat, tritt hier noch deutlicher hervor.

Der Fall der Niederlande verdient besondere Aufmerksamkeit: Der Koeffizient für die Langzeitarbeitslosen ist fast der gleiche wie in den südlichen Ländern Europas. Das überrascht etwas, da die vom Wohlfahrtssystem dieses Landes garantierten sozialen Transferleistungen deutlich höher sind. Angesichts der Leistungsfähigkeit des niederländischen Systems sozialer Sicherung hätte man eher erwartet, dass die Arbeitslosen dort in geringerem Maße darauf angewiesen sind, oder genauer, dass es für sie weniger lebensnotwendig ist, private Unterstützung in Anspruch zu nehmen. Dieses Ergebnis

---

18 Laurence Loison konnte in ihrer qualitativen Studie über portugiesische Arbeitslose die Bedeutung familialer Solidaritäten belegen. Die Form der Regulierung von Arbeitslosigkeit in Portugal zeichnet sich ihr zufolge durch hohe Anforderungen im Hinblick auf familiäre Verpflichtungen aus. Vgl. Loison, L'expérience vécue du chômage au Portugal.

19 In dieser anhand der Kreuzung von mehreren Indikatoren vorgenommenen statistischen Analyse hatte ich eine fehlende Korrelation zwischen niedrigem Lebensstandard und gering ausgebildeten familialen Netzen in Spanien und Italien festgestellt (Portugal und Griechenland wurden mangels geeigneter statistischer Quellen nicht in die Untersuchung aufgenommen). In diesen Ländern ergaben sich vergleichbare Ergebnisse, wenn man andere Indikatoren, wie die Existenz privater Unterstützungsnetze, heranzog: Die Ärmsten standen im Fall von Schwierigkeiten nicht ohne Beziehungen und Unterstützungsmöglichkeiten da. Vgl. Paugam, »Poverty and social disqualification«.

erklärt sich durch die von niederländischen Soziologen belegte Tatsache, dass die Arbeitslosen in der Nähe ihrer Familie wohnen bleiben und geographisch weniger mobil sind als die übrigen Erwerbstätigen. Man kann jedoch auch feststellen, dass der Anteil der Langzeitarbeitslosen, die Unterstützung von ihrer Familie oder aus ihrem Umfeld erhalten, insgesamt sehr niedrig ist (unter einem Prozent). Der Vergleich familiärer Solidaritäten von Langzeitarbeitslosen in den Niederlanden zu denjenigen von Betroffenen aus südeuropäischen Ländern ist also relativ. Hinzu kommt, dass die Kurzzeitarbeitslosen in den südlichen Ländern Europas ebenfalls signifikant mehr Unterstützung aus ihrem Umfeld erhalten als Personen in einer stabilen Beschäftigung, was in den Niederlanden nicht der Fall ist.

In Italien sind die Unterschiede zwischen den Regionen enorm. Für den Norden ist der Einfluss prekärer Beschäftigung (bedrohte Beschäftigungsverhältnisse, instabile Beschäftigungsverhältnisse) und der weniger als ein Jahr dauernden Arbeitslosigkeit auf die Unterstützung durch die Familie und das Umfeld im Verhältnis zur stabilen Beschäftigung nicht signifikant. Dagegen liegt in Mittel- und Süditalien für jede der vier unsicheren Situationen, von der bedrohten Beschäftigung bis zur Langzeitarbeitslosigkeit, im Vergleich zu stabiler Beschäftigung ein starker und signifikanter Effekt vor. Die Koeffizienten fallen für den Süden Italiens durchgehend höher aus.[20] Diese Resultate erklären sich, wie wir später noch genauer sehen werden, durch das niedrige wirtschaftliche Entwicklungsniveau dieser Region und die örtliche Organisation der armen Familien.

Obwohl die gestellte Frage die von außerhalb des Haushalts kommende Unterstützung betraf, muss man berücksichtigen, dass diese zur innerhalb des Haushalts praktizierten Solidarität hinzukommt, da die Arbeitslosen, wie schon gesehen, häufiger bei ihren

---

20 In Neapel durchgeführte Erhebungen bestätigen die Bedeutung der von den Arbeitslosen erhalten familiären Unterstützung sowohl für den wirtschaftlichen Bereich wie für die Arbeitssuche oder auch die psychische Unterstützung. Vgl. vor allem Cerase/Morlicchio/Spanò, Disoccupati e disoccupate a Napoli.

Eltern leben. Werden diese Solidarbeziehungen aufrechterhalten, wenn die Arbeitslosen alleine leben? Zur Beantwortung dieser Frage haben wir den Anteil der Arbeitslosen berechnet, die alleine leben und von ihrer Familie oder ihrem Umfeld Unterstützung erhalten, sowie den Anteil der Menschen, die alleine leben, aber nicht arbeitslos sind. Es zeigt sich, dass die allein lebenden Arbeitslosen in Griechenland, Spanien und Italien ebenfalls proportional häufiger unterstützt werden. In Griechenland bezieht mehr als einer von zwei allein lebenden Arbeitslosen Hilfen dieser Art.

Wenn die familialen Solidaritäten in den südlichen Ländern Europas eine so bedeutende Rolle für die Linderung des durch Arbeitslosigkeit verursachten Armutsrisikos spielen, darf man daraus nicht den Schluss ziehen, dass sich die im Namen nationaler Solidarität in den nördlichen Ländern geleistete Unterstützung negativ auf die von der Familie erbrachte Unterstützung auswirkt. Man sollte darin in erster Linie ein soziales System am Werk sehen. Wenn ein Großteil der Bevölkerung dieselbe benachteiligte soziale Lage teilt, hängt die familiäre Hilfe vor allen Dingen mit einer Logik des kollektiven Kampfes gegen die Armut zusammen. Die Reziprozität des Austauschs ist also funktional. Jeder gibt und gibt zurück, weil jeder von *sich* gibt und *sich* einsetzt, um mit den Schicksalsprüfungen zurechtzukommen. Aus diesem Grund finden sich in Regionen mit hoher Arbeitslosigkeit und Armut mit größerer Wahrscheinlichkeit dauerhafte familiale Solidarbeziehungen, die auf der Notwendigkeit zu gemeinsamem Standhalten basieren.[21]

Gewiss sind familiale Solidaritäten aus den wirtschaftlich entwickelteren Regionen nicht ganz verschwunden, sie haben aber nicht mehr die gleiche vitale Funktion. Die Autonomiebedürfnisse der Individuen und die geringere Homogenität innerhalb der Familien machen diese Solidaritäten insgesamt flexibler, informeller, aber auch anfälliger. Wenn nämlich die Austauschbeziehungen in-

21 Diese Feststellung stützt sich vor allem auf die Theorie von Mauss über die Gabe, die sich nach wie vor mit Gewinn für die Analyse familialer Solidaritäten heranziehen lässt. Vgl. Paugam, To give, to receive and give back. Man kann auch auf folgenden Artikel heranziehen: Paugam/Zoyem, »Le soutien financier de la famille«.

nerhalb der Familie aus dem Lot geraten, laufen sie Gefahr, die Empfänger daran zu hindern, ihrerseits zu geben und sich einzusetzen, was dem Austausch auf Dauer zwangsläufig den Boden entzieht.

Familiäre Werte und religiöse Praxis

In den Unterschichtenmilieus kommt der Familie eine fundamentale Rolle zu. Richard Hoggart hat gezeigt, dass sie der letzte Raum bleibt, den die Ärmsten noch managen können, alles andere entgleitet ihnen. Der Kreis der Familie, der mehr oder weniger offen ist für Beziehungen zur Umgebung, zu denjenigen, die innerhalb der Nachbarschaft dasselbe kulturelle Universum miteinander teilen, bildet eine Art Schutzwall gegen das Unverständnis, gegen die Demütigungen und Schikanen von außen. Die soziale Welt der Armen konstituiert sich Hoggart zufolge durch die Zweiteilung zwischen »ihnen« und »uns«.[22] Sie zeichnet sich durch eine systematische Doppelung der Bezugs- und Handlungssysteme aus, je nachdem, ob man unter sich ist, sich in der Privatsphäre bewegt oder in der Sphäre der Beziehungen zur Welt der anderen. Dieser Kreis der Familie ist emotional besetzt, denn er sorgt für die Sicherheit der Existenz und ist das sichtbare Zeichen einer identitätsstiftenden gesellschaftlichen Verankerung. Vater oder Mutter zu sein – wenn möglich noch von mehreren Kindern – ist eine Voraussetzung für die Konstitution und Reproduktion dieser Welt.

Die Auffassung, Kinder zu haben sei im Leben eine absolute Notwendigkeit, stellt einen guten Indikator für familiale Werte dar. In Tabelle III.7 lassen sich je nach Einkommen und Land große Unterschiede erkennen. Erwartungsgemäß ist der Anteil der Personen, der es als absolut notwendig betrachtet, Kinder zu haben, unter den wirtschaftlich rückständigsten Ländern Europas, wie Griechenland und Portugal, am höchsten (87 Prozent in Griechenland und fast 75 Prozent in Portugal gegenüber nur 30 Prozent in den Niederlanden). Überraschend ist jedoch, dass in allen Ländern Südeuropas

22 Vgl. Hoggart, The Uses of Literacy; siehe besonders Kapitel 3, »Them« und »Us«, S. 62–85.

Tabelle III.7 – Anteil der Personen, die meinen, dass Kinder zu haben im Leben eine absolute Notwendigkeit darstellt, nach Einkommenshöhe und Land

	1. Quartil (ärmstes Q.)	2. Quartil	3. Quartil	4. Quartil (reichstes Q.)	Gesamt in %	Verhältnis 1. Quartil zum 4. Quartil
1. Gruppe:						
Dänemark	40,2	56,3	59,6	62,1	59,0	0.65
Schweden	51,3	61,6	55,0	59,4	56,4	0,86
Niederlande	29,5	25,3	35,5	35,8	30,7	0,82
2. Gruppe:						
Westdeutschland	56,3	50,2	53,1	62,1	53,4	0,92
Ostdeutschland	54,5	59,3	68,0	67,8	61,8	0,80
Frankreich	66,4	66,7	71,6	74,3	69,5	0,89
Belgien	47,9	48,7	53,1	60,1	51,0	0,80
3. Gruppe:						
Großbritannien	52,9	41,4	30,8	46,7	51,3	1,13
Irland	42,6	56,5	53,1	62,1	53,4	0,69
4. Gruppe:						
Italien	61,1	66,4	57,1	54,9	57,5	1,11
Spanien	68,8	51,6	40,7	39,8	48,8	1,73
Portugal	77,8	77,8	72,4	57,6	74,6	1,35
Griechenland	90,3	86,2	89,0	86,4	87,3	1,05

Quelle: Eurobarometer 56.1, 2001.

dieser Anteil bei den Personen noch höher ausfällt, deren Einkommen im ärmsten Quartil liegt. Das Verhältnis vom ersten Quartil zum vierten ist in Italien, Spanien, Griechenland und Portugal größer als 1. Bei allen anderen Ländern mit Ausnahme Großbritanniens ist dieses Verhältnis kleiner als 1, was bedeutet, dass sich in diesen Ländern die Ärmeren im Verhältnis zu den Reicheren seltener für die Notwendigkeit des Kinderhabens aussprechen. Folglich besteht ein starker Kontrast zwischen den nördlichen Ländern Europas und den südlichen.

Bei den Ländern im Süden liegt es auf der Hand, dass sich die Ärmsten familiären Werten stark verbunden fühlen. Wie lässt sich dieses Phänomen verstehen? »Ihr einziger Reichtum sind die Kinder«, sagen die Sozialarbeiter und Pädagogen in diesen Ländern manchmal, um die hohe Anzahl von Kindern in den benachteiligten Milieus zu erklären. Das ist zweifellos richtig, allerdings nur, wenn man diesen Reichtum nicht im ökonomischen Sinn versteht. Auch wenn Kinder in den ärmsten Gegenden der Welt noch als Einkommensquelle betrachtet werden – Kinderarbeit ab dem Alter von zehn Jahren ist noch immer nicht überall verschwunden[23] –, lässt sich diese Erklärung doch nicht für die Länder in Betracht ziehen, in denen der Kinderschutz ernst genommen wird und die Schwierigkeiten bei der beruflichen Eingliederung der jungen Menschen bekanntlich eine permanente Belastung für die Familien bedeutet. Die hohe Anzahl von Kindern in den ärmeren Milieus erklärt sich vielmehr durch die Identifikation mit dem dominierenden sozialen Modell, das Fortpflanzung und Elternrolle einen hohen Wert zuschreibt. Und dieses familienzentrierte Modell ist in den Ländern Südeuropas verbreiteter als in den übrigen.

Es besteht auch ganz allgemein ein starker Zusammenhang zwischen familiären Werten und religiöser Praxis. In der Europäischen Union denken 67,2 Prozent der Personen, die regelmäßig ihren Glauben praktizieren, gegenüber nur 53,5 Prozent der übrigen, dass Kinder zu haben im Leben eine absolute Notwendigkeit darstellt. Man kann durchaus behaupten, dass sich die familiären und die religiösen Werte gegenseitig verstärken.

---

23 Kinderarbeit wird immer wieder von den internationalen Organisationen angeprangert. Erinnern wir uns, dass sie in Frankreich zu Zeiten der industriellen Revolution nicht nur auf die Manufakturen beschränkt war. Es war im 19. Jahrhundert in den ländlichen Gegenden Frankreichs allgemein üblich, sich viele Kinder zu wünschen, um ihre Arbeitsleistung in Anspruch nehmen zu können. »Sobald es ihr Alter erlaubte«, erklärt Eugen Weber, »also zwischen fünf, sechs oder acht Jahren, wurden die Kinder zur Arbeit herangezogen, etwa um auf die Hühner oder die Gänse aufzupassen, beim Viehhüten zu helfen, einzukaufen oder etwas zu tragen, bis sie dann eine regelmäßige Aufgabe oder Anstellung mit ungefähr zehn Jahren völlig in die Welt der Erwachsenen integrierte.« Vgl. Weber, La fin des terroirs, S. 253.

Tabelle III.8 – Anteil der Personen, die regelmäßig ihren Glauben praktizieren, nach Einkommenshöhe und Land

	1. Quartil (ärmstes Q.)	2. Quartil	3. Quartil	4. Quartil (reichstes Q.)	Gesamt in %	Verhältnis 1. Quartil zum 4. Quartil
1. Gruppe:						
Dänemark	10,3	14,2	15,3	11,8	12,9	0,87
Schweden	10,3	8,6	6,1	13,5	9,0	0,76
Niederlande	19,3	29,4	34,7	20,4	24,3	0,95
2. Gruppe:						
Westdeutschland	27,2	25,8	20,1	23,1	23,5	1,18
Ostdeutschland	15,8	9,9	9,3	9,1	10,7	1,74
Frankreich	7,9	11,6	9,0	12,6	10,8	0,63
Belgien	16,0	19,3	14,3	20,3	16,1	0,79
3. Gruppe:						
Großbritannien	14,7	14,3	10,8	12,7	15,7	1,16
Irland	76,5	63,8	69,9	65,8	60,2	1,16
4. Gruppe:						
Italien	45,5	37,9	31,6	41,0	36,6	1,11
Spanien	29,2	25,9	12,9	14,8	20,0	1,97
Portugal	61,7	52,7	38,6	31,8	47,2	1,94
Griechenland	79,2	52,4	42,4	33,7	47,5	2,35

Quelle: Eurobarometer 56.1, 2001.

In den südlichen Ländern und in Irland ist auch der Anteil der Menschen, die regelmäßig religiös aktiv sind, weitaus größer als in den anderen Ländern (vgl. Tabelle III.8). Dies ist der Fall bei fast 50 Prozent der Portugiesen und Griechen beziehungsweise 60 Prozent der Iren gegenüber nur 11 Prozent der Franzosen oder 9 Prozent der Schweden. In den südeuropäischen Ländern und in Irland praktizieren die Personen, deren Einkommen sich im ärmsten Quartil bewegt, ihren Glauben nicht nur proportional häufiger, der Anteil liegt auch noch deutlich höher als derjenige der Personen, deren Einkommen den anderen Quartilen entspricht, besonders dem vierten. Das Verhältnis zwischen erstem und viertem Quartil beträgt in Griechenland 2,35, in Spanien 1,97 und in Portugal 1,94. In den Ländern der ersten Gruppe (Dänemark, Schweden, Niederlande), ebenso in Frankreich und Belgien ist das Verhältnis im Vergleich dazu kleiner als 1, was bedeutet, dass die Ärmsten in diesen Ländern sogar seltener regelmäßig religiös aktiv sind als die Personen, deren Einkommen dem höchsten Quartil entspricht.

Armut ist folglich in den ökonomisch schwächer entwickelten und traditionell ländlich geprägten Ländern und Regionen religiös verankert. Wir haben gezeigt, dass in Italien der Anteil von Personen mit geringen Einkünften, die regelmäßig ihren Glauben praktizieren, insgesamt schon recht hoch ist, im Süden fällt er aber verglichen mit dem Norden noch um einiges höher aus (51,2 Prozent im Süden gegenüber 40 Prozent im Norden). Man kann dieses Phänomen sogar durch eine Botschaft im Evangelium erklären. Die Seligpreisung der Armut, wie sie uns in den Evangelien von Matthäus und Lukas überliefert und in dem Ausdruck »Selig seid ihr Armen«[24] so treffend wiedergegeben ist, hat eine erleichternde und erlösende Wirkung. Man könnte zahlreiche Beispiele aus der Heiligen Schrift zitieren. Wenn Lukas in seinem Evangelium die göttliche Gerechtigkeit anruft, bringt er eine ähnliche Botschaft an die Ärmsten zum Ausdruck: »Denn er hat große Dinge an mir getan, der da mächtig ist und des Name heilig ist. Und seine Barmherzigkeit währet immer für und bei denen, die ihn fürchten. Er übet Gewalt mit seinem Arm und zerstreuet, die hoffärtig sind in ihres Herzens Sinn. Er stößet die Gewaltigen vom Thron und erhebt die Niedrigen. Die Hungrigen füllet er mit Gütern und lässt die Reichen leer.«[25] Die Botschaft des Evangeliums kann jedoch nicht die einzige Erklärung für die größere Verbreitung der Glaubenspraxis unter den Armen der südlichen Länder sein, denn dann wären sie in allen in christlicher Tradition stehenden Ländern religiös aktiver als Personen mit höherem Einkommen. Dies ist aber nicht der Fall. Wie uns die

---

24 Man lese hierzu die Erläuterungen Jean Labbens, der zugleich Armutssoziologe und Leser der Heiligen Schrift ist; Labbens, Le dessein temporel de Jésus.

25 Evangelium nach Lukas, 1, 49–53.

Religionssoziologie lehrt, liegt die Erklärung nicht in den Texten, sondern in deren kultureller Rezeption, also in der Gesamtheit der Dimensionen, die die Lebensweise der Ärmsten konstituiert und von denen die religiöse Dimension nicht losgelöst gesehen werden kann. Die Besonderheit der Länder des Südens im Vergleich zu denen des Nordens beruht darauf, dass hier eine deutlich höhere Anzahl von Armen auf Dauer dieselben Lebensumstände teilt. Die Armut ist dort diffuser. Sie dringt weit weniger ins individuelle Bewusstsein ein und kann, vor allem in Gestalt religiöser Praxis, in der Gruppe leichter abgefedert werden. In einer armen Region ermöglicht diese Praxis gewissermaßen die Zugehörigkeit zur örtlichen Gemeinschaft der Armen. Erinnern wir uns, dass es in diesen nur schwach entwickelten ländlichen Gebieten eine Volksfrömmigkeit gibt, die man in dieser Form nirgendwo anders in Europa findet. Insbesondere die Verehrung der Jungfrau Maria ist dort sehr verbreitet. Zahlreiche religiöse Kultstätten und Wallfahrtsorte zeugen in diesen abgelegenen Landstrichen von einem bei den Ärmsten besonders lebendigen Glauben. Wie andere Religionen stellt auch die christliche zweifellos ein Mittel des Widerstands gegen die Armut dar. Indem sie die Reichen zur Nächstenliebe und zum Teilen ermuntert, bestärkt sie auch die Armen und gibt ihnen Hoffnung. In diesen Regionen wird Armut umso mehr als eine normale gesellschaftliche Lage empfunden, als sie sich auf einen Grundstock etablierten religiösen Glaubens stützen kann.[26]

Da der christliche Glaube auch die Familie wertschätzt, beziehen die Armen daraus gleichermaßen die Anerkennung ihrer Existenz als Eltern und ihrer täglichen Anstrengungen bei der Betreuung ihrer Kinder, einschließlich der schon erwachsenen. Arm zu sein unter den Armen dieser Regionen läuft letztlich darauf hinaus, als Familie arm und vereint im selben Glauben zu sein. In diesem Sinn kann man durchaus davon sprechen, dass die Armut gesellschaftlich und religiös integriert ist.

---

26 Bezüglich der Volksfrömmigkeit als eines Lebensstilelements sei auf Isambert, Le sens du sacré, verwiesen.

Informelle Ökonomie und Klientelismus

In den Ländern und Regionen mit der schwächsten Wirtschaftskraft ist Armut, wie wir gesehen haben, ein Dauerzustand. Solange die Perspektiven auf einen Arbeitsplatz und auf sozialen Aufstieg im Ganzen mäßig sind, wird sie von Generation zu Generation weitergegeben. Die Familie spielt eine vitale Rolle für die Linderung der alltäglichen Schwierigkeiten, vermag das aber nicht allein aus sich heraus. Es stellt sich die Frage, woher die von ihr verteilten Mittel stammen? Anders gesagt, wie schaffen es die Armen in diesen Familien, ihren Lebensunterhalt zu verdienen? Die Antwort findet sich in der Funktionsweise des Arbeitsmarktes und im System sozialstaatlicher Intervention. Ich möchte im Folgenden vor allem am Beispiel des Mezzogiorno zeigen, dass die Armutserfahrung in den armen südeuropäischen Regionen aufs Engste mit der Bedeutung der informellen Ökonomie und des die öffentliche Fürsorge prägenden »klientelistischen Systems« zusammenhängt.

Arm sein im Mezzogiorno

Seit einigen Jahren schon befassen sich Wissenschaftler mit der informellen Ökonomie, insbesondere in jenen wirtschaftlich wenig entwickelten Regionen, in denen sie einen schwer fassbaren und doch integralen Bestandteil des gesamten Wirtschaftslebens darstellt. Per definitionem entzieht sich die informelle Ökonomie beinahe vollständig der volkswirtschaftlichen Gesamtrechnung. Folglich kann man sich anhand präziser statistischer Daten nur mit Mühe darüber Klarheit verschaffen. Der italienische Soziologe Carlo Trigilia weist darauf hin, dass die informelle Ökonomie in Wirklichkeit ganz verschiedenartige Erscheinungen umfasst. Er unterscheidet zum einen die *häusliche oder gemeinschaftliche Ökonomie*, die nicht gegen das Gesetz verstößt und in der zulässige Güter und Dienstleitungen für den familiären Eigenverbrauch oder den eines erweiterten sozialen Umfelds produziert werden; zum anderen die *verborgene Ökonomie* beziehungsweise *Schattenwirtschaft*, die teilweise oder gänzlich gegen Gesetze verstößt und bei der im Rahmen der Produktion von erlaubten Gütern und Dienstleistungen in

Form von Schwarzarbeit ganz bewusst Steuerhinterziehung begangen wird; und schließlich die *kriminelle Ökonomie*, die ganz offensichtlich gegen das Gesetz verstößt und deren produzierte Verbrauchsgüter und Dienstleistungen, wie etwa der Drogenhandel, selber illegal sind.[27] Bleibt zu erwähnen, dass die Grenze zwischen formeller und informeller Ökonomie häufig fließend ist, besonders in den Ländern oder Regionen, in denen das Wirtschaftsleben keinen ausgefeilten rechtlichen Regeln unterliegt. Die beiden Bereiche lassen sich folglich nur schwer voneinander scheiden. Dazu kommen noch mögliche Verbindungen zwischen der formellen und der informellen Ökonomie. Ein Angestellter eines privaten Unternehmens, das ganz legal für den Markt produziert, kann zur gleichen Zeit und regelmäßig für den informellen Sektor arbeiten. Es ist zum Beispiel üblich, dass in der Schattenwirtschaft tätige Menschen ihr Einkommen durch häusliche oder gemeinschaftliche Produktion aufstocken. Die Armen der weniger industrialisierten Länder finden umso leichter ihr Auskommen im informellen Sektor, als dieser einen nicht zu unterschätzenden Teil der globalen Ökonomie bildet.

Im Mezzogiorno wie in anderen schwach entwickelten Ökonomien ist informelle Beschäftigung gängige Praxis.[28] Sie kann durchaus den Löwenanteil des Haushaltseinkommens von armen Familien ausmachen. Im Süden Italiens durchgeführte Untersuchungen zeigen, dass die Arbeitslosen häufig bemüht sind, ein zu geringes oder völlig fehlendes Arbeitslosengeld damit zu kompensieren. Emilio Reyneri erklärt die ständige Arbeitslosigkeit in dieser Region durch den schwachen Anreiz zur Mobilität besonders in Richtung Mittel- und Norditalien. »Die Schattenwirtschaft im Mezzogiorno gewährt zusammen mit öffentlichen Subventionen ein Familieneinkommen, das trotz seiner geringen Höhe zur Sicherung des Lebensunterhalts ausreicht. In Mittel- oder im Norditalien nach Arbeit zu suchen verliert also aufgrund der finanziellen und sozialpsychologischen Kosten der Umsiedlung jegliche Attraktivi-

---

27 Vgl. Trigilia, Sociologie économique.

28 Vgl. Pugliese, Socio-économie du chômage, siehe vor allem das Kapitel V, »Le modèle italien du chômage«.

tät.«[29] Mangels verlässlicher Daten über das Ausmaß der informellen Ökonomie versuchen die italienischen Statistiker, eine Grobeinschätzung zu liefern. Danach sind im Mezzogiorno 28 Prozent der Stellen informeller Arbeit zuzuordnen gegenüber 8 Prozent im übrigen Italien.[30] Man kann auch den Anteil der 18- bis 65-Jährigen in stabiler Beschäftigung heranziehen und wird dann feststellen, dass, je höher dieser Anteil ist, umso weniger auf informelle Arbeit zurückgegriffen wird und sich umgekehrt umso mehr Menschen mit Arbeit oder auf Arbeitssuche mehr oder weniger organisierten informellen Aktivitäten widmen werden, je niedriger der Anteil ausfällt. Die stabile Beschäftigung lässt sich anhand von zwei Kriterien definieren: eine reguläre Stelle zu haben und zufrieden mit der dadurch gewährten Sicherheit zu sein. Dieser Definition zufolge liegt die stabile Beschäftigung im Norden Italiens bei 43 Prozent der Erwerbsbevölkerung, in der Mitte bei 39 Prozent und im Süden nur bei 27 Prozent.[31] Dieser Unterschied bestätigt folglich, dass im Süden Italiens das Modell stabiler Lohnarbeit weniger verbreitet ist, während es in den dynamischeren und industrialisierteren Beschäftigungsräumen des Nordens vorherrscht.

Die Attraktivität der informellen Wirtschaft lässt sich nicht begreifen, wenn man nicht die Funktionsweise des gesamten Arbeitsmarktes berücksichtigt. Der Mezzogiorno ist eine ökonomisch so verarmte Region,[32] dass die dort lebenden Arbeitslosen mit viel höherer Wahrscheinlichkeit auf Dauer ohne Arbeit und arm bleiben als diejenigen in den übrigen Regionen Italiens. Die Arbeitslosenrate lag den von INSTAT[33] veröffentlichten Daten zufolge 1996 im Norden bei 6,6 Prozent, in Mittelitalien bei 10,3 Prozent und bei 21,7 Prozent im Süden (bei 12,1 Prozent für Gesamtitalien). Darüber hinaus unterscheidet sich der Süden vom Norden auch durch

29 Reyneri, »Italie: longue attente à l'abri de la famille et des garanties publiques«, S. 138.

30 Reyneri, Sociologia del mercado del lavoro.

31 Nach den Daten der ersten Welle des Europäischen Haushaltspanels, 1994.

32 Commissione di indagine sulla povertà e sull'emarginazione, La povertà in Italia. Siehe auch Trigilia, Sviluppo senza autonomia.

33 INSTAT: Nationales Statistisches Amt Italiens; Anm. des Übers.

den Charakter der Arbeitslosigkeit. Beinahe jeder zweite Arbeitslose im Süden gegenüber nur jedem Dritten im Norden befindet sich zum ersten Mal auf Arbeitssuche, was bedeutet, dass die jungen Menschen im Süden aufgrund des chronischen Stellenmangels in dieser Region zusätzlich benachteiligt werden.[34] Dagegen liegt der Anteil der Menschen, die nach dem Verlust ihres Arbeitsplatzes arbeitslos geworden sind, im Süden bei 32,4 Prozent, im Norden bei 45,4 Prozent, was sich durch die ausgeprägtere industrielle Dynamik im Norden und die klassischen Probleme bei der Umstrukturierung des produzierenden Sektors, insbesondere in den Beschäftigungsräumen Turin, Genua und Mailand, erklären lässt. Mittelitalien nimmt dabei eine Zwischenposition ein. Diese regionalen Ungleichheiten schlagen sich bei den Arbeitslosen in unterschiedlichen Einstellungen gegenüber Beschäftigung nieder, da die Wahrscheinlichkeit, eine Arbeit zu finden, vom Grad der wirtschaftlichen und industriellen Entwicklung abhängt.

Unter diesen Voraussetzungen verwundert es nicht, dass die Armutsrate abhängig von der jeweiligen Beschäftigungssituation und Region variiert.[35] Der Kontrast springt förmlich ins Auge, wenn man die beiden Extreme vergleicht: Bei den Personen, die eine stabile Beschäftigung haben, liegt die Armutsrate im Norden bei 3 Prozent und im Süden bei 19 Prozent; unter den Langzeitarbeitslosen beträgt sie im Norden 11,6 Prozent und im Süden 65,2 Prozent (vgl. Tabelle III.9). Das Armutsrisiko hält sich folglich im Norden für Langzeit- und Kurzzeitarbeitslose gleichermaßen in Grenzen: Die Quoten für beide Kategorien sind nicht weit von denen Dänemarks entfernt, einem Land, das, wie wir gesehen haben, einer ganz anderen kulturellen Tradition verhaftet ist und dessen System sozialer Sicherung für Arbeitslose sich mit dem Italiens nicht vergleichen lässt. Dieses auf den ersten Blick überraschende Ergebnis erklärt sich zum Teil durch das System der Lohn-

34 Vgl. Mingione/Pugliese, »Modelli occupazionali e disoccupazione giovanile di massa nel mezzogiorno«.

35 Über das italienische Modell der Armut kann man sich sehr gut informieren in Morlicchio, Poverta ed esclusione sociale, siehe besonders Kapitel 5.

Tabelle III.9 – Anteil der Armen* nach ihrer Beschäftigungssituation und der Region in Italien

	Stabile Beschäftigung	Bedrohte Beschäftigung	Instabile Beschäftigung	Arbeitslosigkeit < 1 Jahr	Arbeitslosigkeit > 1 Jahr	Gesamt
Norden	3,0	3,9	10,0	7,3	11,6	5,2
Zentrum	4,8	6,1	14,4	17,9	31,6	9,3
Süden	19,0	37,0	50,7	51,7	65,2	37,0
Verhältnis S/N	6,3	9,5	5,1	7,1	5,6	7,1

Population: Bevölkerung zwischen 18 und 65 Jahren
* Die in dieser Tabelle verwendete Armutsschwelle liegt bei 50 Prozent des italienischen Durchschnittseinkommens. Die verwendete Äquivalenzskala ist die modifizierte OECD-Skala (1 für den ersten Erwachsenen, 0,5 für die weiteren Erwachsenen und 0,3 für Kinder unter 14 Jahren).

Quelle: Europäisches Haushaltspanel, 1994, erste Welle.

ersatzleistungen bei Arbeitslosigkeit, das vor allem die Beschäftigten bestimmter Industriezweige schützt. Demgegenüber sind im Süden Italiens die Langzeitarbeitslosen viel stärker benachteiligt, da hier die Wahrscheinlichkeit, aus der Arbeitslosigkeit herauszukommen, gering ist und die Höhe der Entschädigungen gegen null strebt.

Im Mezzogiorno verringert Nicola Negri zufolge die Tatsache, eine Arbeit zu haben, nicht zwangsläufig auch das Armutsrisiko, da die verfügbaren Beschäftigungen, die die Arbeitslosen schließlich mangels besserer Perspektiven akzeptieren, sehr oft prekär sind und sich im Niedriglohnbereich bewegen.[36] Es zeigt sich, dass im Süden jede zweite Person, die in einem instabilen Beschäftigungsverhältnis steht, unterhalb der Armutsschwelle lebt, was ungefähr dem Anteil der Kurzzeitarbeitslosen derselben Region entspricht. Die Berechnung des Verhältnisses der Langzeitarbeitslosen zu den in bedrohter Beschäftigung Stehenden ergibt für den Norden 3,0, für Mittelita-

36 Vgl. Negri, »Les failles d'un système localisé en Italie«.

lien 5,2 und für den Süden 1,7. Die Armut erscheint demzufolge im Süden diffuser: Sie beherrscht den Alltag breiter Kreise der Bevölkerung, und man kann verstehen, dass dort die informelle Wirtschaft als Ergänzung wichtiger ist als andernorts.

Stützt man sich auf Messungen der subjektiv empfundenen Armut, fühlen sich die Arbeitslosen dieser Region nicht ärmer als die Arbeitslosen des Nordens, obgleich sie objektiv gesehen viel weniger haben. Tabelle III.10 vergleicht drei Modelle, die jeweils einem bestimmten Ansatz der Messung von Armut entsprechen. Dabei zeigt sich, dass das Armutsrisiko der Arbeitslosen im Süden Italiens nicht nur in monetärer Hinsicht (Koeffizient 2,42) höher ist als im Norden, sondern auch hinsichtlich des materiellen Armutsindikators, wenngleich der Koeffizient hierbei etwas niedriger ausfällt (Koeffizient 1,50). Dagegen ergibt der Indikator für finanzielle Unzufriedenheit keinen signifikanten Unterschied zwischen den Arbeitslosen im Süden und denen im Norden.

Tabelle III.10 – Logistische Regression für die Wahrscheinlichkeit italienischer Arbeitsloser, von Armut betroffen zu sein, entsprechend der gewählten Armutsdefinition und nach Region

	Monetäre Armut[1]		Materielle Armut[2]		Unzufriedenheit in finanzieller Hinsicht[3]	
	B.	Sign.	B.	Sign.	B.	Sign.
Norden	Ref.		Ref.		Ref.	
Zentrum	.56	**	.87	***	.37	**
Süden	2,42	****	1.50	****	–.08	n.s.

Population: Bevölkerung zwischen 18 und 65 Jahren.
* P < .1; ** P < .05; *** P < 0.01; **** P < 0.001; n.s. nicht signifikant
[1] Wahrscheinlichkeit, unter der Armutsschwelle zu leben (50 Prozent des Durchschnitts), modifizierte OECD-Skala.
[2] Armutsindex nach dem Lebenslagenansatz.
[3] Wahrscheinlichkeit, in finanzieller Hinsicht unzufrieden zu sein.
Anmerkung: Das Modell kontrolliert die Effekte des Alters, des Geschlechts, der familiären Situation, der Zusammensetzung des Haushalts, des Bildungsniveaus und des Haushaltseinkommens.

Quelle: Europäisches Haushaltspanel, 1994, erste Welle.

Um dieses wichtige Ergebnis noch eingehender zu testen, haben wir eine schrittweise logistische Regression für die finanzielle Zufriedenheit in Italien durchgeführt, wobei wir Interaktionsterme, insbesondere für die Wechselwirkung von Arbeitslosigkeit und Wohnregion eingeführt haben. Tabelle III.11 zeigt die reinen Effekte dieser Interaktionen, nachdem die Effekte des Geschlechts, des Alters, der Haushaltszusammensetzung, des Bildungsniveaus, des Haushaltseinkommens und der Beschäftigungssituation kontrolliert wurden.

Selbst wenn man all diese Effekte kontrolliert, treten die Effekte der Region erneut deutlich in Erscheinung. Die Arbeitslosen in Mittelitalien, im Modell durch die Variable »Arbeitslosigkeit« gekennzeichnet, sind mit einer signifikant niedrigeren Wahrscheinlichkeit mit ihrer finanziellen Situation zufrieden als die Personen, die eine Stelle haben. Die im Norden lebenden Arbeitslosen unter-

Tabelle III.11 – Reiner Effekt der Arbeitslosigkeit und der Wohnregion auf die finanzielle Zufriedenheit in Italien (schrittweise logistische Regression)

	B.	Sign.
Regionen:		
Mitte	Ref.	
Norden	.17	***
Süden	–.27	****
Beschäftigungssituation:		
Arbeitslosigkeit	–2.21	****
Interaktionen:		
Arbeitslosigkeit*Norden	.11	n.s.
Arbeitslosigkeit*Süden	.46	**

Population: Bevölkerung zwischen 18 und 65 Jahren.
* P < .1; ** P < .05; *** P < 0.01; **** P < 0.001; n.s. nicht signifikant.
Anmerkung: Das Modell kontrolliert die Effekte des Alters, des Geschlechts, der familiären Situation, der Zusammensetzung des Haushalts, des Bildungsniveaus und des Haushaltseinkommens.

Quelle: Europäisches Haushaltspanel, 1994, erste Welle.

scheiden sich nicht in signifikanter Weise. Demgegenüber hat Arbeitslosigkeit auf die im Süden lebenden Personen einen weniger ausgeprägten Effekt auf die finanzielle Zufriedenheit als in den anderen Regionen, da der Koeffizient der Interaktion positiv und zugleich signifikant ausfällt (0,46).

Dieses Ergebnis erscheint auf den ersten Blick etwas merkwürdig. Logischer wäre es, nähme die finanzielle Unzufriedenheit mit dem Grad der Armut und den Problemen der wirtschaftlichen Entwicklung zu. Ist das nicht der Fall, muss man daraus schließen, dass das Anspruchsniveau der am meisten Benachteiligten entsprechend der in ihrer Region gegebenen Möglichkeiten der Bedürfnisbefriedigung variiert. Damit soll nicht gesagt werden, dass die Arbeitslosen im Süden Italiens besonders glücklich über ihre Situation sind, sondern nur, dass Wohlstandsnormen weitgehend vom Grad der wirtschaftlichen Entwicklung abhängig sind und es zu Frustrationen kommen kann, wenn die Entbehrung inmitten des Überflusses erlebt wird.[37] Damit wird die These bestätigt, dass die Armut der Arbeitslosen je nach wirtschaftlichem Entwicklungsniveau einer Region eine andere Bedeutung annimmt. Mangelnde Beschäftigung und materielle Entbehrung stellen eine weniger schmerzhafte Prüfung dar, wenn eine Region ohnehin weder Arbeit noch wirtschaftliche Entwicklungsmöglichkeiten zu bieten hat. In einer prosperierenden und dynamischen Region wird hingegen den Arbeitslosen der Unterschied, der sie von den anderen Bevölkerungsteilen trennt, stärker bewusst, weshalb sie auch mehr Bitterkeit und Frustration empfinden. Das Auseinanderklaffen zwischen der objektiven Situation und dem durch das allgemeine Wohlstandsniveau bedingten Anspruchsniveau stellt die eigentliche Prüfung für die Arbeitslosen dar.

---

37 Diese Feststellung verweist einmal mehr auf die Beobachtung, die Tocqueville macht, als er die inmitten der allgemeinen Unrast gleichsam vergessenen Bevölkerungsgruppen mit den freiesten und gebildetsten Menschen vergleicht, die in den glücklichsten Verhältnissen der Welt leben. »Die ersteren«, schließt er, »[denken] fast nie an die Übel [...], die sie erdulden, wogegen die andern ständig von den Gütern träumten, die sie nicht besitzen.« Vgl. Tocqueville, Über die Demokratie in Amerika, S. 200.

Wenn die Beschäftigungsaussichten gering sind und ein »Grundstock an Arbeitslosigkeit«[38] existiert, ist es durchaus vernünftig, wenn man sich mit dieser Situation zu arrangieren versucht und darin keine Erniedrigung sieht. Spezialisten für den Mezzogiorno haben betont, dass die Funktionsweise des Arbeitsmarktes in dieser Region auf drei Erwerbssektoren beruht: dem öffentlichen Sektor, der gesellschaftlich am meisten Wertschätzung erfährt; dem privaten Sektor, dem oft Unternehmen angehören, deren Zukunft unsicher ist, in denen die Löhne niedrig und die Karrieremöglichkeiten gering sind; und schließlich dem informellen Sektor. Das Ideal für jeden Arbeitssuchenden stellt der Eintritt in den öffentlichen Sektor dar, zumal sich die dort garantierte Beschäftigung mit ergänzenden Aktivitäten im informellen Sektor vereinbaren lässt. Für eine Anstellung muss man lange warten, da die angebotenen Stellen nicht ausreichen, um die Nachfrage zu befriedigen. Der Zugang wird (im Übrigen genauso wie die Gewährung von Invalidenrenten) zudem durch klientelistische Praktiken geregelt. Im Wissen, dass das geltende System beim Arbeitsamt denen Zusatzpunkte gibt, die dort seit langem gemeldet sind, und es nicht ausgeschlossen ist, dass Langzeitarbeitslose über kurz oder lang in den öffentlichen Sektor integriert werden, lehnen viele eine Arbeit im privaten Sektor lieber ab und suchen ergänzende Einnahmequellen im informellen Sektor.[39] Beschäftigungslose Personen leben also zum großen Teil von Schwarzarbeit. Insofern betrifft ihre Armut nicht den sozialen Bereich und sie bleiben insgesamt gesellschaftlich integriert.

Klientelismus im Sozialwesen

Einen Teil ihrer Ressourcen können die Armen auch aus dem Fürsorgesystem beziehen. In den Ländern Südeuropas kann man deshalb von einer *lokalen Regulierung* der Armut sprechen. Die Hauptverantwortung für die ganz Armen untersteht der lokalen Ebene, also der Kommune. Hier fällt die Entscheidung über die Gruppen,

---

38 Vgl. Pugliese, Socio-économie du chômage.

39 Ich stütze mich hier auf Informationen von Negri, »Les failles d'un système localisé en Italie«.

für deren Bedürfnisse man aufkommen will. Da das allgemeine Niveau der sozialen Sicherung niedrig ist und der Staat nicht willens oder imstande ist, in ausreichendem Maße aktiv zu werden, ergreifen die Kommunen die Initiative. Daraus resultiert eine große Vielfalt an Praktiken, folglich aber auch starke regionale Ungleichheiten innerhalb eines Landes. Mit einem solchen Regulationsmodus fällt die Definition der Zielgruppe eher kategorial aus, da es die beschränkten Mittel den Kommunen selten erlauben, die Armutsfrage grundsätzlich anzugehen. Die unterstützungsbedürftige Bevölkerung ist so zahlreich und die zu befriedigenden Bedürfnisse sind so drängend, dass ein einheitliches Vorgehen praktisch nicht möglich ist. Deshalbt müssen die Kommunen entsprechend der von ihnen für legitim erachteten Prioritäten eine Auswahl treffen. Die kategoriale Definition sowie die Statuslogik, wie sie im vorherigen Kapitel (vgl. S. 110) beschrieben wurden, setzen sich aufgrund der Kraft des Faktischen durch, was mit sich bringen kann, dass sich bestimmte Bevölkerungsgruppen in Armutssituationen befinden können, ohne Unterstützung zu bekommen.

Folglich begünstigt ein solcher Regulierungsmodus klientelistische Verhältnisse. Die Intervention könnte ganz bürokratisch erfolgen, wenn die Sachbearbeiter nur die Kriterien anzuwenden hätten, die auf kommunaler Ebene im Hinblick auf den Bedarf der Mittellosesten definiert wurden. In Wirklichkeit lässt aber die keinerlei staatlicher Kontrolle unterworfene, ausschließlich kommunale Kompetenz bei der Vergabe der Leistungen einen gewissen Spielraum bei der Behandlung von Einzelfällen, was unvermeidlich zur Einführung schwammiger und willkürlicher Kriterien führt, wodurch einige Personen auf Kosten anderer bevorzugt werden. Aus diesem Grund schlägt sich die lokale Regulierungsweise mit großer Wahrscheinlichkeit in einem Verwaltungshandeln nieder, das vom Prinzip her bürokratisch und nicht personenbezogen ist, faktisch jedoch zumindest teilweise auf Praktiken beruht, die damit eigentlich nicht zu vereinbaren sind.

Halten wir fest, dass sich der in diesen Regionen beobachtbare gesellschaftliche Umgang mit Armut oft als hinderlich für die Entwicklung von neuen sozialpolitischen Maßnahmen erweist. Die Armut ist ein integraler Bestandteil des gesamten gesellschaftlichen

Systems und trägt sogar zu dessen Regulierung bei. Die für die Verwaltung des Unterstützungssystems politisch und institutionell Verantwortlichen haben oft die gesellschaftlichen und kulturellen Kompensationslogiken des Rückzugs vom normalen Arbeitsmarkt und die Logiken kollektiver Organisation angesichts der Armut bestens integriert. Sie kennen auch die familialen Solidaritäten, weshalb sie oft zu der Ansicht kommen, dass es nutzlos ist, anders zu handeln. Italienische Soziologen kritisieren offen diese Haltung, da sie darin nur einen Vorwand sehen, um die Hände in den Schoß legen zu können (oder vielmehr ohne festgelegte institutionelle Regeln einfach weiterzumachen). In Spanien ist eine vergleichbare Situation zu beobachten, auch wenn der Klientelismus dort weniger fest verankert zu sein scheit. Die Autonomen Regionen, die Mindesteinkommensprogramme eingeführt haben, haben diese jeweils nach unterschiedlichen Prinzipien ausgestaltet, die ihnen für den jeweiligen gesellschaftlichen und kulturellen Kontext am passendsten erschienen.[40] Die meisten von ihnen haben dabei darauf geachtet, dass die familialen Solidaritäten nicht in Mitleidenschaft gezogen werden. Ganz allgemein mobilisiert die Armutsfrage die Behörden in den südlichen Ländern anders als in den nördlichen Ländern. Die institutionelle Sichtbarkeit der Armut – im Sinne ihrer Bearbeitung durch das Fürsorgesystem – ist geringer ausgeprägt. In Spanien wurde in den 1990er Jahren der Anteil der zwischen 25- und 64-jährigen Bezieher des *salario social* auf 0,4 Prozent geschätzt, was im Verhältnis zum Anteil der Bezieher des französischen RMI oder zu anderen in den nördlichen Ländern existierenden Mindesteinkommensregelungen wenig war. Die dezentrale Organisation des Sozialwesens macht es auch schwierig, dass das Armutsproblem umfassender in den Blick gerät, und vermischt sich überdies tendenziell mit der allgemeineren Frage regionaler Ungleichheiten bezüglich der ökonomischen und gesellschaftlichen Entwicklung. In den südlichen Ländern Europas findet sich folglich insbesondere der Typus der *integrierten Armut*.

40 Vgl. Aguilar u.a., La cana y el pez.

4. Die marginale Armut

»Für den Augenblick [...] ist der Mensch des Westens der Armut entronnen, die so lange sein unausweichliches Los war.« Dieser Satz stammt von dem Ökonomen John Kenneth Galbraith und ist seinem 1958 erschienenen Essay mit dem Titel »The Affluent Society« entnommen.[1] Alfred Marshall zitierend kam er mit diesem zu dem Schluss, dass Not zu Beginn des 20. Jahrhunderts das Schicksal aller ungelernten Arbeiter in Stadt und Land ist. Dieser Teil der Bevölkerung hatte kaum eine Schulbildung genossen, arbeitete zu viel, wurde von Sorgen gedrückt und konnte sich weder Rast noch Freizeit gönnen. »Diese Not«, so Galbraith, verschwand aber »als ein allgemeines Übel [...] mit der Steigerung des Produktionsausstoßes, der, mochte er auch noch so unvollkommen verteilt sein, trotzdem in erheblichem Ausmaß auch jenen zugute kam, die sich ihren Unterhalt mit ihrer Hände Arbeit verdienen mußten. Also wurde die Armut, ehemals ein Problem der Mehrheit, nun zum Problem einer Minderheit. Sie hat aufgehört, ein genereller Zustand zu sein, und ist zum Spezialfall geworden. Dadurch hat das Problem der Armut seine besondere zeitgemäße Form erhalten.«[2]

Diese Beobachtungen erscheinen uns heute allzu optimistisch. Die im vorangegangenen Kapitel dargestellten Untersuchungen nuancieren sie in vielem, widersprechen ihnen gar. Wie wir gesehen haben, bleibt die *integrierte Armut* in manchen westlichen Ländern, vor allem in Südeuropa, eine verbreitete und diffuse Form von Armut. In manchen armen Regionen sind immer noch breite Kreise der Bevölkerung von dieser strukturellen Form betroffen. Die Vorstellung von Armut als einer Restgröße, auf die Galbraith implizit Bezug nimmt, lässt sich bei weitem nicht auf alle westlichen Gesellschaften übertragen. Wie im nächsten Kapitel noch zu zeigen sein wird, erreicht heute die *disqualifizierende Armut* so große Gruppen der westlichen Gesellschaften, die mit der Verschlechterung der Ar-

1 Galbraith, Gesellschaft im Überfluß, S. 11.
2 Ebenda, S. 282.

beitsmarktsituation konfrontiert sind, dass sich nicht mehr mit Gewissheit behaupten lässt, die Armut stelle in ihrem spezifisch modernen Erscheinungsbild nur noch ein Minderheitenproblem dar.

Galbraiths Vorstellung von Armut verdient dennoch eine eingehendere Betrachtung. Symptomatisch kommt darin nämlich eine während der Jahre des wirtschaftlichen Wohlstandes weitverbreitete Anschauung zum Vorschein.[3] In zahlreichen europäischen Ländern teilte man zu dieser Zeit denselben Fortschrittsoptimismus und denselben Glauben daran, die Armut endgültig besiegen zu können. Und auch wenn sie während der Jahre der Vollbeschäftigung und des starken Wirtschaftswachstums nicht verschwunden ist, so hat sie sich doch in den sozialen Repräsentationen wie in den Alltagserfahrungen beträchtlich verändert. Sie ist sozusagen fast unsichtbar geworden. Diese Form von Armut entspricht dem Idealtyp der *marginalen Armut*, wie er in Kapitel 2 vorgestellt wurde. Die meisten europäischen Länder, vor allem die ökonomisch am weitesten entwickelten, praktizierten einen Umgang mit Armut, der in den Jahren starken Wirtschaftswachstums diesem Idealtyp tatsächlich sehr nahe kam. Aufgrund der großen Bedeutung, die sie der sozialen Absicherung beimessen, gelingt es einigen europäischen Ländern, insbesondere den skandinavischen, bis heute, das Ausmaß der Armut erfolgreich einzudämmen. Sie stehen daher diesem Typus am nächsten.

Ziel dieses Kapitels ist es, das soziologische Verständnis für diese Form von Armut durch aus Vergleichserhebungen stammenden Daten zu vertiefen. Wie im vorangegangenen Kapitel soll auch dieser Idealtyp mit Daten konfrontiert werden, um seine Aussagekraft überprüfen und ihn konzeptuell validieren zu können. An einigen Beispielen möchte ich aufzeigen, wie die Armut, ohne ganz verschwunden zu sein, gesellschaftlich fast unsichtbar hat werden kön-

---

3 In einem Essay, der bei seinem Erscheinen 1972 ein gewisses Aufsehen erregte, stellte Lionel Stoléru fest, dass die Armut zwar ein vom Wirtschaftswachstum nicht gelöstes Problem darstelle, das Neuartige für ihn aber gerade darin bestehe, dass wir in den wohlhabenden Ländern ein Entwicklungsstadium erreicht haben, wo ihre Abschaffung möglich geworden ist. Vgl. Stoléru, Vaincre la pauvreté dans les pays riches.

nen. Dazu muss die Bedeutung sozialer Transferleistungen bewertet werden, ebenso sollen aber auch die Faktoren untersucht werden, die in den prosperierenden und ein hohes Maß an sozialer Absicherung gewährleistenden Gesellschaften zu der starken Stigmatisierung der Armen beitragen. Ein besonderes Augenmerk wird dabei auf die zu ihrer Bezeichnung gebrauchten Begriffe gelegt.

Eine fast unsichtbar gewordene Armut

Als erklärende Faktoren für die marginale Armut sollen nicht nur das Wirtschaftswachstum und seine Auswirkungen auf den Arbeitsmarkt berücksichtigt werden, sondern auch die Rolle der sozialen Leistungen für die benachteiligten Bevölkerungsgruppen. Wenn die Armut während der von wirtschaftlicher Prosperität geprägten Nachkriegszeit in zahlreichen Industrienationen fast unsichtbar geworden ist, so hat dies auch etwas mit der Transformation des Wohlfahrtsstaats zu tun, vor allem in Form einer Zurückdrängung der Fürsorge, die bis dahin die hauptsächliche Form sozialstaatlicher Intervention zugunsten der am meisten benachteiligten Gruppen darstellte.

Die Fürsorge als Restgröße

Die Anwendung des Prinzips der »Dekommodifizierung« ermöglichte es den modernen Gesellschaften, den Individuen ein höheres Maß an Sicherheit gegenüber den Wechselfällen des Lebens und dem Armutsrisiko zu bieten. Die Individuen über den Status einer austauschbaren Ware zu heben, das war die große Herausforderung für den Wohlfahrtsstaat. Dieser Dekommodifizierungsprozess wurde jedoch nicht in allen westlichen Ländern gleich weit vorangetrieben, wie Gøsta Esping-Andersen überzeugend nachweisen konnte, indem er drei Modelle von Wohlfahrtsregimes unterschied.[4] Das skandinavische beziehungsweise sozialdemokratische Modell ist in diesem Sinne das gelungenste. Es ist gewissermaßen das Flaggschiff

4 Vgl. Esping-Andersen, The Three Worlds of Welfare Capitalism.

der sozialen Staatsbürgerlichkeit und universeller sozialer Rechte. Das kontinentale oder korporatistische Modell basiert auf dem System obligatorischer Sozialversicherungen, getragen von einer Haltung der Verteidigung von Interessen und errungenen Rechten. Dieses Modell unterstützt die Aufrechterhaltung sozialer Statusunterschiede, basiert auf einer traditionellen Auffassung der Rolle der Familie und räumt der Fürsorge einen nicht zu vernachlässigenden Platz ein. Das liberale Modell schließlich zeichnet sich durch bedarfsabhängige Unterstützungsleistungen, eher bescheidene soziale Transfers universellen Charakters und ein eingeschränktes Sozialversicherungssystem aus. Der Staat fördert den Markt, beschränkt sich auf Minimaleingriffe, um den elementarsten sozialen Schutz zu gewährleisten, und versucht manchmal sogar Anreize für die Entwicklung eines privaten Versicherungsschutzes zu schaffen.[5]

Mit Hilfe dieser Klassifikationen lassen sich die Organisationsformen der sozialen Sicherung in den westlichen Gesellschaften ganz allgemein sowie die sich daraus ergebenden besonderen Formen der sozialen Schichtung besser verstehen. Die Ausgestaltung des Wohlfahrtsstaats hat Auswirkungen darauf, wie die im Unterstützungsbezug stehenden Armen kategorisiert werden und damit wiederum auf die Alltagserfahrung von Armut. In jedem wohlfahrtsstaatlichen Regime fallen bestimmte Bevölkerungsgruppen durch die Maschen des sozialen Netzes und vergrößern je nach Ort und Zeit die Anzahl der Fürsorgeempfänger. Die zunehmende Ausweitung des Sozialversicherungssystems in den Zeiten des Wirtschaftswachstums trug einiges zum Schrumpfen der traditionellen Fürsorge bei, vermochte sie jedoch nicht vollständig aufzulösen. Die Anzahl der Armen im Fürsorgebezug hängt also größtenteils mit der Fähigkeit des Wohlfahrtsstaats zusammen, die verwundbarsten Gruppen der Bevölkerung im allgemeinen Sicherungsnetz aufzufangen.

Es gibt nur wenige empirische Studien zu den Auswirkungen sozialer Transferleistungen im 20. Jahrhundert. Die Arbeiten des eng-

---

5 Man ist versucht, Großbritannien heute diesem Modell zuzordnen, auch wenn der Wohlfahrtsstaat in diesem Land ursprünglich völlig anders konzipiert war.

lischen Ökonomen B. Seebohm Rowntree sind daher von umso größerer Bedeutung. Während des gesamten 20. Jahrhunderts waren sie richtungweisend für die in dieser Hinsicht unternommene Armutsforschung. Die detaillierte Studie zu den Budgets und zum Konsum armer Haushalte, die er in den Jahren 1900, 1936 und in etwas reduzierter Form 1950 in York durchführte und die mit theoretischen Überlegungen zum Subsistenzlohn einherging, schuf zumindest teilweise die Grundlage für die Ausformulierung sozialpolitischer Maßnahmen zur Einkommensgarantie.

B. S. Rowntrees Erhebung von 1936 bezog sich auf sämtliche Arbeiterhaushalte der Stadt York, deren Haushaltsvorstand über ein Einkommen von 250 Pfund oder weniger pro Jahr verfügte. Die Erhebung, die er 1950 gemeinsam mit G. R. Lavers durchführte, bezog sich auf eine vergleichbare Stichprobe. Nachdem sie die Ansichten verschiedener Spezialisten eingeholt hatten, gingen sie davon aus, dass die Einkommensschwelle von 550 Pfund pro Jahr derjenigen entsprach, die ihnen 1936 als Referenzwert gedient hatte. Damit konnten sie die Entwicklung der Armut zwischen den beiden Erhebungszeitpunkten ermitteln und den Einfluss der Sozialtransfers auf diese Entwicklung berechnen. Die beiden gewählten Zeitpunkte entsprechen einem Zeitintervall von 14 Jahren, was man im Hinblick auf die heute üblichen Untersuchungen langfristiger Trends des wirtschaftlichen und sozialen Geschehens als relativ bescheiden ansehen kann – deswegen sind sie jedoch nicht weniger aussagekräftig. Zwischen 1936 und 1950 hat sich der Wohlfahrtsstaat beträchtlich gewandelt. Der bekannte, in Großbritannien im November 1942 veröffentlichte Bericht William Beveridges[6] bildete die Grundlage für die Implementierung eines Plans zur Errichtung eines Sozialversicherungssystems, dessen Ziel darin bestand, die Menschen über eine Einkommensumverteilung mittels Versicherungs- und Familienleistungen aus der Not zu befreien. Die Umsetzung dieses Plans stellt eine wahre Revolution dar. Ein

6 Beveridge, Social Insurance and Allied Services. Der Bericht löste ein derartiges Interesse aus, dass 70000 Exemplare in drei Stunden verkauft waren und seine Verbreitung im Jahr seiner Veröffentlichung die beeindruckende Zahl von 300000 Exemplaren erreichte.

Großteil der in dem Bericht enthaltenen Empfehlungen wurde zwischen 1945 und 1948 unter einer Mehrheit der Labour Party auf legislativem Wege verwirklicht. Zwei Maßnahmebündel wurden umgesetzt: die vollkommene Generalisierung des sozialen Sicherungssystems im Rahmen eines öffentlichen Dienstes und die Schaffung eines nationalen Gesundheitswesens einschließlich des Anrechts auf kostenlose Behandlung, all das unter direkter Verantwortung des Staates.[7]

Mit der Entscheidung, die Armut von 1936 mit der von 1950 zu vergleichen, versuchten Rowntree und Lavers, die offenkundigsten Auswirkungen dieser Reformen zu erheben. Hierfür unterschieden sie fünf Einkommensklassen innerhalb der als arm eingestuften Bevölkerung, indem sie deren Wert den beiden Erhebungszeitpunkten entsprechend (vgl. Tabelle IV.1) ermittelten.

Anhand dieser Äquivalentsetzung der fünf Einkommensklassen ließ sich die Entwicklung der Struktur der Armut zwischen den beiden Erhebungszeitpunkten vergleichen und anschließend genau berechnen, wie diese Entwicklung verlaufen wäre, wenn die Sozialtransfers mit denen von 1936 identisch geblieben wären. Diese minutiös durchgeführte Untersuchung erbrachte aufschlussreiche Ergebnisse (vgl. Tabelle IV.2).

Erstens zeigte sich, dass die Armut zwischen den beiden Erhebungszeitpunkten stark zurückgegangen war. Die als die ärmste eingestufte Klasse A umfasste 1936 14,2 Prozent der untersuchten Population und nur noch 0,4 Prozent im Jahr 1950. Die nächsthöhere Klasse war von 16,9 Prozent auf 2,4 Prozent geschrumpft. Die extreme Armut, die einen wesentlichen Anteil der Arbeiterschaft von 1936 betroffen hatte, war 14 Jahre später praktisch verschwunden. Zweitens zeigt uns die Tabelle, dass die Klasse A noch 4,7 Prozent und die Klasse B 17,5 Prozent der untersuchten Population umfasst hätte, wären die Sozialtransfers zwischen den beiden

---

7 Das zur gleichen Zeit geschaffene französische System sozialer Sicherung weist Ähnlichkeiten wie auch markante Unterschiede auf. Nachlesen lässt sich das in dem Buch von Gibaud, De la mutualité à la sécurité sociale, wie auch in dem Artikel von Kerschen, »L'influence du rapport Beveridge sur le plan français de Sécurité sociale de 1945«.

Tabelle IV.1 – Definition der Äquivalenz der Einkommensklassen in Großbritannien zwischen 1936 und 1950 gemessen am verfügbaren Einkommen für einen Haushalt mit einem Mann, einer Frau und drei Kindern (oder eines äquivalenten Einkommens im Rahmen eines anders zusammengesetzten Haushalts)

Klasse	1936	1950
A	Weniger als 33 £	Weniger als 77 £
B	33 bis weniger als 43 £	77 bis weniger als 100 £
C	43 bis weniger als 53 £	100 bis weniger als 123 £
D	53 bis weniger als 63 £	123 bis weniger als 146 £
E	63 £ und mehr	146 £ und mehr

Quelle: Tabelle erstellt anhand der Daten aus Rowntree/Lavers, »Poverty and the Welfare State«.

Tabelle IV.2 – Wirkung der Sozialtransfers auf die der Arbeiterschaft zugehörigen Individuen unterhalb der Armutsschwelle*

	1936	Situation 1950		Situation 1950, wenn die Sozialtransfers gleich wie die von 1936 geblieben wären	
Klasse	%	Anzahl Personen	%	Anzahl Personen	%
A	14,2	234	0,4	2970	4,7
B	16,9	19512	2,4	10971	17,5
C	18,9	12096	19,2	9378	14,9
D	13,9	12429	19,8	10692	17,0
E	36,1	36585	58,2	28845	45,9

* Mit Ausnahme des Dienstpersonals und der in Institutionen lebenden Personen.

Quelle: Erhebungen in York/Großbritannien. Tabelle erstellt anhand der Daten aus Rowntree/Lavers, »Poverty and the Welfare State«.

Zeitpunkten gleichgeblieben, zusammengenommen also 22,2 Prozent. Daraus lässt sich schließen, dass der Rückgang der Armut in diesem Zeitraum nicht allein der günstigeren Konjunktur 1950 im Vergleich zu 1936, sondern vor allem der Erhöhung der sozialen

Transferleistungen zwischen den beiden Zeitpunkten zuzuschreiben ist.

Dieser Verlauf kann also als eine direkte Folge des von Beveridge ausgearbeiteten Plans zur Errichtung eines Systems der sozialen Sicherung angesehen werden. Für Beveridge kam der Sozialversicherung die wesentliche Funktion zu, die Befriedigung der Grundbedürfnisse der Menschen vollständig zu gewährleisten. Ebenso sah er vor, dass die nationale Fürsorge eine komplementäre, aber begrenzte und wenn möglich sogar residuelle Rolle spielen sollte. Dieses Programm stand in Einklang mit der tatsächlichen Entwicklung. Nach und nach wurden die Sozialversicherungen auf die gesamte Bevölkerung, insbesondere auf die Arbeiterschaft ausgedehnt, so dass immer seltener Fürsorge in Anspruch genommen werden musste. Diese Entwicklung verringerte sowohl die Armut als auch ihre gesellschaftliche Sichtbarkeit.

Die Stiefkinder des Wirtschaftswachstums

Es wäre gewiss übertrieben zu behaupten, dass die Armut während der Jahre des Wirtschaftswunders verschwunden wäre. Direkt nach dem Krieg war sie in Frankreich noch ein Massenphänomen. Die begrenzten Ressourcen der Wirtschaft hatten die Staatsorgane gar zur Einführung von Rationierungsmaßnahmen gezwungen. Zahlreiche, nach den Bombardements obdachlos gewordene Familien wurden in schnell errichteten provisorischen Baracken, meist aus Holz, untergebracht. Der Bevölkerung fehlte es an allem. Mitte der 1950er Jahre war die Situation noch besorgniserregender, vor allem was die Wohnungsversorgung anbelangte.[8] Ältere Menschen hatten aufgrund der Lücken in ihren Rentenanwartschaften sehr unter Armut zu leiden. Viele von ihnen blieben von den nur subsidiär gewährten und gerade den Mindestbedarf deckenden sozialen Unterstützungsleistungen abhängig.[9] Es mussten noch einige Jahre

8 Vgl. Paugam, La société française et ses pauvres, insbesondere das Kapitel 1 mit dem Titel »Les ›Trente Glorieuses‹ et la pauvreté«.

9 Anne-Marie Guillemard zufolge »besteht das Hauptziel der sozialen Verwaltung der Lebensweisen der älteren Menschen darin, ihre Not zu lindern; zugleich weist sie ihnen eine abhängige, marginale und segregierte

vergehen, bis sich die Situation der älteren Menschen verbesserte. Noch 1970 befanden sich unter den als arm eingestuften Haushalten 27 Prozent Rentnerhaushalte gegenüber nur 3,9 Prozent Arbeitnehmerhaushalten.[10] Trotz dieser brennenden Frage der Altersarmut zeichnete sich in den 1960er Jahren ein neues Bild der Armut ab. In dieser wirtschaftlich günstigen Phase verblasste die Sichtbarkeit der Armut zunehmend. Für viele stellte sie ein im Verschwinden begriffenes, eigentlich sekundäres Problem dar. Angesichts dieses für die Jahre rasanten Wirtschaftswachstums charakteristischen Umgangs mit Armut könnte man versucht sein, sie mit dem Idealtypus der *marginalen Armut* gleichzusetzen. Dieser besondere Umgang mit Armut ist keine Besonderheit Frankreichs. Auch wenn dort der Wiederaufbau langsamer als in anderen Ländern, wie etwa Deutschland, vonstatten ging, so durchliefen doch alle Industrienationen Europas eine vergleichbare Entwicklung.

In der Zeit, als Galbraith seinen Essay »Gesellschaft im Überfluß« schreibt, lässt sich ihm zufolge die moderne Armut in zwei große Kategorien einteilen: die »Einzelfälle« und die »Armutsinseln«.[11] Ersteren »begegnet man in jedem ländlichen oder städtischen Gemeinwesen, auch wenn die Gemeinde noch so sehr blüht oder die Zeiten noch so gut sind«. Zum »Einzelfall« gehören, so Galbraith, die »arme Farmerfamilie mit dem heruntergekommenen Hof und den schmutzigen Kindern, die im Dreck spielen, die Leute in der rußgeschwärzten Wohnbaracke dicht neben dem Bahngleis, die Bewohner eines Kellerlochs irgendwo in einer Hintergasse«. Spricht man von »Einzelfällen«, zieht man damit eine Trennlinie zwischen ihnen und dem Rest der Bevölkerung. Fast alle aus ihrer Umgebung sind mit der Armut fertig geworden. Ihre soziale Laufbahn unterscheidet sich also deutlich von jener der anderen, und es stellt sich die Frage, warum dies so ist. Für Galbraith ist die Ursache für die

---

gesellschaftliche Position zu, was bei niemandem wirklich Anstoß erregt«. Vgl. Guillemard, Le déclin du social.

10 Nach einer Erhebung zu den steuerpflichtigen Einkommen 1970 unter Zugrundelegung einer Armutsschwelle von 50 Prozent des Medianeinkommens. Quelle: INSEE-DGI, Rapport de l'Observatoire national de la pauvrété et de l'exclusion sociale, 2003–2004, S. 26.

11 Vgl. Galbraith, Gesellschaft im Überfluß, S. 284f.

Armut nicht in den Charakteristika des Milieus zu suchen, sondern in den besonderen Merkmalen der Einzelnen oder der Familie. Als Beispiele führt er geistige Defizite, einen schlechten Gesundheitszustand, die mangelnde Fähigkeit, sich der Disziplin des Wirtschaftslebens zu fügen, zu viele Kinder, Alkohol, mangelnde Schulbildung oder eine Mischung aus diesen Faktoren an. Das heißt, die »Einzelfälle« erklären sich seiner Meinung nach durch individuelle oder familiäre Defizite.

Ganz anders stellt sich die Situation der »Armutsinseln« dar. Hier sind alle oder fast alle arm, weshalb man die Armut nicht aus persönlichen Mängeln heraus erklären kann. Diese Inseln finden sich in wenig entwickelten ländlichen Gegenden, vor allem im Süden der Appalachen. Die Gründe für diese »insulare« Armut liegen seiner Ansicht nach nicht allein darin, dass Bodenschätze oder sonstige natürliche Güter fehlen oder die Böden unfruchtbar wären. Sie hängt vielmehr mit einem Heimatgefühl zusammen, dem Wunsch einer verhältnismäßig großen Anzahl von Menschen, ihr Leben an ihrem Geburtsort oder in dessen Nähe zu verbringen. »Solange man dort bleibt, ist man gleichsam gefesselt an eine unproduktive, mehr oder minder gelegentliche oder nur kümmerlichen Lohn einbringende Beschäftigung, ob es sich nun um Landwirtschaft, um Bergbau oder eine industrielle Tätigkeit handelt.«[12]

Ob es sich nun um »Einzelfälle« oder »Inseln der Armut« handelt, Armut bleibt für Galbraith jedenfalls ein marginales Phänomen, das auf dem Land eher zu finden ist als in den großen städtischen Zentren. Wir werden zwar noch sehen, dass diese Vorstellung von Armut einige Jahre später von Michael Harrington in seinem Buch »The Other America« infrage gestellt wird, doch entspricht sie einem logischen Verlauf, der in einer Phase wirtschaftlichen Aufschwungs darin besteht, in der Masse, die größtenteils zu Wohlstand kommt, eine Minderheit auszumachen, die am Rande der Gesellschaft lebt und deren Vorhandensein schließlich als störend empfunden wird.

Eine vergleichbare Situation lag in Frankreich vor. Abgesehen von dem erwähnten Problem der älteren Menschen, dessen Lösung

12 Ebenda, S. 285.

noch einige Zeit auf sich warten ließ, war die beherrschende soziale Frage nicht die der Armut, sondern die der Ungleichheit und der Verteilung der Gewinne.[13] Die französische Gesellschaft erlebte in dieser Zeit einen noch nie da gewesenen Anstieg ihres Lebensstandards und löste sich aus den Fesseln tausendjährigen Darbens.[14] Dieses beispiellose Wirtschaftswachstum ging einher mit einem nicht minder bedeutsamen Ausbau der sozialen Sicherung. Ergebnis war ein Anstieg des Wohlstands für den überwiegenden Teil der Bevölkerung – eine augenfällige Tatsache, die sich in zu dieser Zeit kursierenden Schlagworten wie »Zeitalter des Überflusses«, »Gesellschaft des Überflusses« oder Buchtiteln wie der von englischen Soziologen verfasste »The Affluent Worker« niederschlug. Nur wenige ehrenamtlich Aktive oder Sozialarbeiter bemühten sich aktiv um die Benachteiligsten, die in der Öffentlichkeit nach und nach in Vergessenheit gerieten.

Gegen Ende der 1950er Jahre entstand beispielsweise die Bewegung ATD Quart Monde, deren Ziel es war, sich für die Subproletarier, also diejenigen, die seit Generationen arm waren und blieben, einzusetzen. Im Zusammenhang mit diesen Stiefkindern des Wirtschaftswachstums kam Mitte der 1960er Jahre der Begriff *exclusion* auf, zuerst unter der Feder von Pierre Massé, damals Generalsekretär des Commissariat général du Plan,[15] in seinem Essay »Les dividendes du progrès«, und dann vor allen Dingen durch das

---

13 Wirtschaftswissenschaftler, Statistiker und Soziologen verfassten in jener Zeit zahlreiche Arbeiten zu den Ungleichheiten, wie insbesondere das folgende, aus einem Kolloquium hervorgegangene Buch bezeugt: Darras, Le partage des bénéfices.

14 Der Ökonom Jean Fourastié demonstrierte dies in seinem inzwischen zu einem Klassiker gewordenen Buch Les Trentes Glorieuses ou la révolution invisible.

15 Das direkt dem Premierminister unterstellte Commissariat général du Plan wurde 1946 von de Gaulle als zentralisierte Verwaltungsbehörde eingeführt, um der öffentlichen Hand in Fragen der Wirtschaftspolitik Entscheidungshilfe zu leisten und die Kohäsion des Staates sowie die Kohärenz seiner Politiken mit Hilfe der drei Funktionen Abstimmung, Vorausschau und Bewertung zu stärken. Als Nachfolgeeinrichtung wurde im Jahr 2007 das Centre d'analyse stratégique gegründet. Anm. des Übers.

Buch »L'exclusion sociale«, das im Umfeld von ATD Quart Monde von einem Freund Pater Joseph Wresinskis verfasst wurde.[16]

Der Begriff *exclusion* bezeichnete damals nicht das Phänomen der Verschlechterung des Arbeitsmarkts und der Auflösung sozialer Netzwerke, sondern vielmehr den sichtbaren und fast schon beschämenden Fortbestand einer Bevölkerungsgruppe, die abseits vom wirtschaftlichen Fortschritt stand. Der Abstand zwischen dem steigenden Wohlstand der Bevölkerung und denjenigen, die den Anschluss verpasst hatten, wurde von den Aktivisten und engagierten Sozialarbeitern als schockierend empfunden. Man führte vereinzelt Forschungsprojekte über Notsiedlungen durch[17] und leitete mehrere Sozialprogramme in die Wege. Es zeigte sich aber deutlich, dass es trotz Überfluss und einer hochentwickelten Zivilisation nicht gelingen würde, die Reproduktionsmechanismen dieses beharrlichen Elends unter Kontrolle zu bringen, was zu bitteren »Desillusionierungen« führte.[18]

In den 1960er Jahren konnte sich Jean Labbens auf zahlreiche Untersuchungen stützen, die er selbst in den erwähnten Übergangssiedlungen der Pariser Region durchgeführt hatte, um die Analyse Galbraiths zu widerlegen. Ihm zufolge ließ sich die Situation der Subproletarier nicht durch die Annahme von »Sonderfällen« erklären, die inmitten des allgemeinen Wohlstands auf der Strecke geblieben seien. Wenn es sich um »Fälle« handelte, müsste man ja in diesen Siedlungen einen beträchtlichen Anteil an Personen aus den unteren, aber nicht verelendeten Schichten antreffen, die aufgrund eines Unfalls, eines schweren Schicksalsschlags oder besonderer Umstände einen sozialen Absturz erfahren hätten. Seine Ergebnisse belegen jedoch, dass es in diesen Übergangssiedlungen wenige Familien gab, deren Lage sich plötzlich verschlechtert hatte. Solche Fälle trafen auf nur ungefähr 13 Prozent seiner Stichprobe zu. »Für den Rest, für beinahe die Gesamtheit der Franzosen [innerhalb der

16 Vgl. Klanfer, L'exclusion sociale.

17 Vgl. beispielsweise die Arbeiten von Pétonnet, Ces gens-là, und von Labbens, Le Quart Monde.

18 Im Anschluss an den vielsagenden Titel des von Raymond Aron zu dieser Zeit veröffentlichten Buches: »Fortschritt ohne Ende?«

Stichprobe] lässt sich daher von einer Prädestiniertheit oder einer Prädisposition sprechen: einer Prädestiniertheit hinsichtlich der Verelendeten und Nichtsesshaften, ebenso des Großteils der Armen, da ein strukturelles Element hinzugekommen ist, das sie in der Armut festhält. Einer Prädisposition hinsichtlich der Dauerempfänger öffentlicher Fürsorge sowie einiger Armer, die sich mit einem aus einer niedrigeren sozialen Schicht stammenden Partner zusammengetan haben. Betrachtet man nicht mehr die Individuen, sondern die Haushalte, treten Prädestiniertheit oder Prädisposition noch deutlicher hervor. Wenn nämlich einer der Ehegatten ein besseres Leben anstreben konnte, war der andere schon auf das Elend ausgerichtet. Kurzum, die gegenwärtige Situation ist etwas Ererbtes. Dieses Erbe betrifft nicht nur unsere Untersuchungspersonen, sondern auch deren Brüder und Schwestern. Es konnte scheinbar nicht abgelehnt werden. Das Lager und die Siedlungen existieren also keineswegs, um diejenigen Franzosen unterzubringen, die plötzlich in Armut oder in Notlagen geraten sind, sondern die schon immer dort gelebt haben.«[19]

Um zu zeigen, dass diese in den Städten erlebte Armut vor allen Dingen etwas Ererbtes war, ging Labbens besonders auf die Rolle der Schule ein. Er stützte sich dabei insbesondere auf eine Reihe soziometrischer Tests, um die Einbindung von Kindern aus diesen Wohnvierteln in das schulische Milieu derjenigen von Kindern einer Vergleichsstichprobe gegenüberstellen zu können. Aus den Ergebnissen dieser Untersuchungen ließ sich der Schluss ziehen, dass Kinder aus benachteiligten Milieus in viel höherem Maße marginalisiert wurden als andere. Sie stießen viel häufiger auf Ablehnung und verinnerlichten daher den Gedanken, dass sie an der Schule eigentlich nichts zu suchen hätten. »Ein Kind, das in der Schule marginalisiert wird«, schreibt Labbens, »macht nicht nur die Erfahrung, dass die Schwierigkeiten, die es sowieso schon hat, sich die für seine Zukunft nötigen Kenntnisse anzueignen, größer werden, sondern es lernt gar nicht oder nur schwer, seine Rolle in einer Gruppe zu finden; aufgrund eines Mangels an Bildung und seiner unzureichenden sozialen Einbindung ist es also in zweifacher Hinsicht schlecht auf

---

19 Vgl. Labbens, Le Quart Monde, S. 87.

seine Aufgaben als Erwachsener vorbereitet.«[20] Diese Kinder aus bildungsfernen Schichten werden als Eltern später genauso wenig imstande sein, ihren Kindern die Selbstsicherheit zu vermitteln, die sie brauchen, um sich von ihren hartnäckigen Minderwertigkeits- und Ohnmachtsgefühlen befreien zu können. Andere innerhalb des Subproletariats durchgeführte Studien haben ebenfalls die Ich-Schwäche der Kinder, ihren extremen Mangel an Selbstvertrauen und den Einfluss des familiären Milieus, vor allem das darin permanent herrschende Unsicherheitsgefühl, hervorgehoben.[21]

Im Gefolge der Untersuchungen Labbens' und anderer im Mouvement ATD Quart Monde engagierter Forscher entwickelte sich im Lauf dieser Jahre starken Wirtschaftswachstums die These von der Reproduktion der Armut. Anders als bei Galbraith wird hier der Schwerpunkt nicht auf die Rolle individueller oder familiärer Unzulänglichkeiten und Schwächen gelegt, sondern auf die strukturellen Faktoren bei der Weitergabe von Benachteiligungen von einer Generation zur nächsten. Dabei soll gezeigt werden, dass dieser Mechanismus sogar dann fortbesteht, wenn sich der Wohlstand auf die gesamte Gesellschaft ausdehnt. Darin liegt der Hauptunterschied zwischen der ererbten Armut inmitten allgemeiner Prosperität, wie sie Labbens analysiert hat, und der ererbten Armut in den armen Ländern oder Regionen, wie wir sie im vorangegangenen Kapitel untersucht haben. In dem uns hier interessierenden Fall erweist sich nur eine Randgruppe der Bevölkerung von vornherein schon zur Armut verurteilt.

Da dieses Subproletariat kaum sichtbar ist, weil es nicht besonders groß und in den ihm vorbehaltenen Siedlungen vom Rest der Bevölkerung mehr oder weniger isoliert ist, wird es auch oft zum Opfer von Vorurteilen. Colette Pétonnet bemerkte, dass »die öffentliche Meinung die fraglichen Menschen als marginal, asozial, unangepasst und sozial benachteiligt einstufte«. Ihr zufolge »beschreiben solche Begriffe keine Lebensweise. Sie suggerieren ein Gefühl von Gefahr, Gebrechen und Anormalität. Sie brandmarken

20 Ebenda, S. 191.

21 Marie-Catherine Ribeaud et les équipes A.T.D. Service et science, Les enfants des exclus.

einen Teil der Bevölkerung, indem sie ihm unterstellen, zu allem fähig zu sein, und bringen möglicherweise auch eine latente gesellschaftliche Angst zum Ausdruck.«[22] An diesen Begriffen wird der Misskredit deutlich, der auf den Individuen und Familien aus dem Subproletariat lastet. Colette Pétonnet stellt wie andere Soziologen dieser Zeit demgegenüber fest, dass diese Bevölkerungsgruppen keinerlei besondere Anzeichen von Einschränkungen aufweisen. Sie sind in erster Linie schlecht untergebracht und gehören den untersten Schichten der Gesellschaft an, die vor allem mit finanziellen Schwierigkeiten zu kämpfen haben. Das Los, das die Gesellschaft diesen »kleinen Leuten« zugedacht hat, ist folglich ungerecht.

So ungerecht dieses Phänomen sicherlich ist, bleibt es doch eine häufig bestätigte anthropologische Realität. In jeder Gesellschaft gibt es Unerwünschte, menschliche Wesen, deren Menschlichkeit man anzweifelt und deren man sich auf die eine oder andere Weise zu entledigen versucht.[23] Der Widerwille kann in manchen Fällen auf Gruppen niedergehen, die aufgrund ihrer Herkunft, insbesondere aus fremden Ländern, böser Absichten, Unreinlichkeit oder unauslöschlicher Makel verdächtigt werden. Beispielsweise wurden auf diese Weise die *Heimatlosen* in der Schweiz für Jahrhunderte zum Objekt organisierter Feindseligkeiten. Als Abkömmlinge von Sippen Fahrender, Bettlern oder Vagabunden wurden sie zu verschiedenen Strafen – vom Gefängnis über die Galeere bis zur Hinrichtung durch Rädern – verurteilt. Sich an einem bestimmten Ort niederzulassen war ihnen nicht möglich, da die ihnen spontan entgegengebrachten Feindseligkeiten sie geradezu ins Exil zwangen, und oft entkamen sie dadurch nur einem noch tragischeren Schicksal. In der Schweiz durchgeführte Untersuchungen zeigen, dass das Misstrauen gegenüber diesen Menschen »ohne Haus noch Herd« in manchen Kantonen auch heute noch besteht, und belegen, dass es in diesem so reichen Land noch immer *Heimatlose* gibt, auch wenn die Armut dort kaum sichtbar ist.[24] Man kann auch die *burakumin*

---

22 Pétonnet, On est tous dans le brouillard, S. 16.

23 In ihrem Buch »La relation à l'autre« hat Dominique Schnapper zahlreiche Beispiele hierfür untersucht.

24 Vgl. Beyeler-Von Burg, Des Suisses sans nom.

in Japan anführen, deren Diskriminierung niemals aufgehört hat. Diese verfemte Bevölkerungsgruppe gehört entweder den *hinins*, das heißt den »Nichtmenschen«, oder den *eta*, den »schmutzigen Wesen«, an. Erstere sind die Nachfahren des »fahrenden Volkes« der Gesellschaft des mittelalterlichen Japan. Als Landlose in einer sesshaften, Ackerbau betreibenden Gesellschaft mussten sie betteln gehen, um leben zu können. Dazu gehörten Gestrauchelte, von ihrer Gemeinschaft Ausgeschlossene, uneheliche Kinder, aber auch unheilbar Kranke und Behinderte. Ein Teil von ihnen war auf Lederarbeiten spezialisiert. Als Gerber oder Abdecker hatten sie mit Tod, Blut, Fleisch und Krankheit zu tun. Sie wurden als unrein angesehen, und es war ihnen untersagt, »normale« Japaner zu heiraten. Überraschenderweise sind die *burakumin* noch heute in den kollektiven Vorstellungen Japans präsent und gehören zu den wirtschaftlich und sozial am meisten benachteiligten Bevölkerungsgruppen.[25] Die Diskriminierung, der sie unterliegen, geht schleichend weiter und stützt sich auf schwammige Kriterien. Ihre genaue Anzahl ist ungewiss. Nach im Jahr 1996 veröffentlichten Regierungsstatistiken waren es anderthalb Millionen, von denen die Hälfte in sogenannten »besonderen« Vierteln lebte.[26] Diese Diskriminierung von bestimmten Bevölkerungsgruppen, die in der Geschichte von einem Gebiet ins nächste abgeschoben oder von den Dörfern und großen Städten ferngehalten wurden, kann wie gezeigt in modernen Gesellschaften, die Fortschritt und allgemeinen Wohlstand errungen haben, fortbestehen.[27]

Das Subproletariat, das während der 1960er und 1970er Jahre in Frankreich immer noch in Notsiedlungen wohnte, war im Übrigen umso mehr marginalisiert, als diese für viele ein gesellschaftliches Relikt darstellten. Diese Notsiedlungen sollten nämlich nur eine Zwischenetappe von schlecht untergebrachten Bevölkerungsgrup-

---

25 Vgl. Sabouret, L'autre Japon.

26 Die Statistik ist wiedergegeben in Pons, Misère et crime au Japon du XVIIe siècle à nos jours, S. 128.

27 Den Fall der *burakumin* könnte man neben den der *Cagots* in Südwestfrankreich stellen, deren Ausgrenzung ebenfalls mehrere Jahrhunderte dauerte. Vgl. Antolini, Au-delà de la rivière.

pen, den Opfern der Wohnungsnot nach dem Krieg, deren Zahl ab Mitte der 1950er Jahre in spektakulärer Weise zugenommen hatte, auf dem Weg in modernere und angemessenere Wohnungen sein. Diese Politik schrittweiser Umsiedlung hatte eine Filterfunktion. Die noch halbwegs gutgestellte Fraktion der Arbeiterklasse, jene Arbeiter, die eine feste Beschäftigung und einen regelmäßigen Lohn erwarten konnten, bekamen schneller Zugang zu den neuen Wohnungen. Die Familien, die es ihnen aus im Wesentlichen wirtschaftlichen Gründen nicht gleichtun konnten, blieben in den Notunterkünften hängen und mussten weiterhin unter elenden Umständen ihr Leben verbringen. Nach und nach wurden diese Siedlungen zu Relikten einer vergangenen Zeit, und ihre Bewohner, die einige Jahre früher noch zu den Kriegsopfern gezählt hatten, wurden zunehmend als unverbesserliche Arme stigmatisiert, mit dem Etikett von »Sozialfällen« versehen und oft für unfähig gehalten, sich den Anforderungen der modernen Gesellschaft entsprechend zu verhalten.

Dieses Subproletariat war vielleicht störend, es beförderte jedoch nicht aus sich heraus die Debatte zur sozialen Frage. Der eingeschränkte Erfolg des Ausdrucks »Exklusion« zu dieser Zeit rührte daher, dass das Phänomen, auf das er verwies, marginal blieb. Es erschien als ein nicht zu vermeidendes Überbleibsel, das die Gesellschaft als Ganzes schlichtweg nicht tangierte. Es konnte sich nur um ein Relikt aus der Vergangenheit handeln, dem die meisten Bevölkerungsgruppen offenbar hatten entkommen können. Soziale Einrichtungen erklärten das Phänomen in erster Linie mit mangelnder sozialer Anpassung. Vor allem in den liberalen oder konservativen Milieus sah man die Ursachen in individuellen Schwächen, ja sogar mangelnder Verantwortlichkeit und Vorausschau auf Seiten der Armen.

Da die Armut, zumindest in den sozialen Repräsentationen, auf diese Residualkategorie der Bevölkerung verwies, konnte sich die soziale Frage auf das Terrain der sozialen Auseinandersetzungen verlagern, insbesondere in die Unternehmen, wenn es um Lohnerhöhungen, die Verbesserung der Arbeitsbedingungen und die Ausweitung des Grundstocks der sozialen Sicherung der abhängigen Beschäftigten ging. Die soziale Frage nährte sich aus den fortbestehenden Ungleichheiten in der Arbeitswelt, aber auch im Kultur- und im Bildungsbereich. Bei der »vierten Welt« konnte es sich nur um ein wenn auch beschämendes, jedoch so randständiges Relikt innerhalb der Überflussgesellschaft handeln, dass es möglich war, seine Existenz mitsamt der politischen Frage, die dadurch eigentlich aufgeworfen wurde, unter den Tisch zu kehren.

Die Situation war in mehrfacher Hinsicht vergleichbar mit der in den Vereinigten Staaten, wo Galbraith, wie wir schon gesehen haben, zur gleichen Zeit die Ära allgemeinen Überflusses erreicht sah. In dieser prosperierenden Periode konnte die Armut, so Robert Castel, »lediglich als Kehr- und Schattenseite, als Verdrängtes des Reichtums« wahrgenommen werden.[28] Es dauerte noch bis zum Erscheinen des Buches »The Other America«[29] von Michael Harrington im Jahre 1964, bis es zu einer Debatte zu diesem Thema kam. Dieses den Armuts- und Wohlfahrtsstaatsspezialisten wohlbekannte Buch erregte in den Vereinigten Staaten so großes Aufsehen, dass manche in seinem Erscheinen und seiner medialen Resonanz einen der Hauptauslöser für den Kampf gegen die Armut in den 1960er Jahren sahen. Auf jeden Fall markierte es einen Bruch mit den herrschenden Vorstellungen von der Überflussgesellschaft. In diesem Essay versuchte Harrington nachzuweisen, dass die Armen, die ihm zufolge in den Vereinigten Staaten ein Millionenheer darstellten, tendenziell unsichtbar wurden. Es verlangte daher einen gewissen Aufwand an Intellekt und an Willen, um sie überhaupt wahrzunehmen. Im Gegensatz zu Galbraith legte er Nachdruck auf das Phänomen der Segregation und die Problematik der Schwarzen. Die kleinbürgerlich gewordene Mittelklasse lebte nun in vornehmen Vierteln und ließ sich leicht davon überzeugen, dass die Armut verschwunden sei. Harrington betonte, dass die Armen, die sich oft ihres Schicksals schämten, ihre Minderwertigkeit verinnerlicht und als ihr Los akzeptiert hätten. Politisch existierten sie überhaupt nicht. In Wirklichkeit handelte es sich um ein anderes Amerika, ein Amerika hinter den Kulissen.

---

28 Castel, »Der ›Krieg gegen die Armut‹ in den Vereinigten Staaten«, S. 99.

29 Das Buch wurde 1964 unter dem Titel »Das andere Amerika. Die Armut in den Vereinigten Staaten« ins Deutsche und 1967 ins Französische übersetzt.

»Es ist eine grausame Ironie des sozialen Lebens in entwickelten Ländern, daß die Entrechteten der untersten Gesellschaftsschicht unfähig sind, sich zu Sprechern in eigener Sache zu machen. Die Menschen des anderen Amerika gehören weit und breit keinen Gewerkschaften, keinen Interessenverbänden, keinen politischen Parteien an. Sie haben keine eigenen Lobbies; sie bringen keine Gesetzesvorlagen ein. Als Gruppe bestehen sie aus Atomen. Sie haben weder Gesicht noch Stimme.

So gibt es denn auch nicht einmal das politische Motiv, sich wie in den alten Zeiten aus zynischen Gründen um die Armen zu kümmern. Da die Elendsviertel keine Zentren mächtiger politischer Organisationen mehr sind, brauchen sich die Politiker nicht wirklich um ihre Bewohner zu kümmern. Die Mittelklasse nimmt die Slums nicht mehr zur Kenntnis, da viel von dem idealistischen Drang verflogen ist, für die Hilfsbedürftigen zu kämpfen. Nur die Sozialbehörden haben wirklich direkt mit dem anderen Amerika zu tun, aber sie besitzen keine große politische Macht.«[30]

Die verfügbaren Daten bestätigen, dass die Armut nicht völlig verschwunden war und in den Vereinigten Staaten sicherlich weiter verbreitet und struktureller bedingt war, als Galbraith hatte sehen wollen.[31] Man muss jedoch darauf hinweisen, dass ihr gesellschaftlicher Status in den Vereinigten Staaten wie in Frankreich zu dieser Zeit sehr niedrig war, was mit der Vorstellung von Armut als eines Überrests zusammenhing. Dies verstärkte den Misskredit, in den die Betroffenen geraten waren. Der Status war also nicht mehr mit

---

30 Ebenda, S. 11f.

31 Ab 1963 wies Raymond Aron in seinen an der Universität Berkeley gehaltenen Vorträgen (die in den 1965 erschienenen Band »Essai sur les libertés« aufgenommen werden sollten) darauf hin, dass der Überfluss selbst in den Vereinigten Staaten nur ein relativer sei. Ihm zufolge bestand für die Mehrheit der Familien eine breite Kluft zwischen der effektiven Kaufkraft und der Kaufkraft, die nötig wäre, um sich die als normal empfundenen Wünsche zu erfüllen. Er zeigte sich sehr aufgeschlossen für die Analyse und die Beobachtungen Harringtons und stellte etwa fest, dass in den Vereinigten Staaten die Arbeitslosigkeit in dieser Phase starken Wirtschaftswachstums fortbestand und sprach davon sogar als einer »Armutsreserve«, die durchaus mit dem vergleichbar sei, was Marx als »industrielle Reservearmee« bezeichnet hatte. Vgl. Aron, Über die Freiheiten.

demjenigen von Bedürftigen vergleichbar, die in armen Ländern oder Gegenden lebten.

Frances Fox Piven und Richard A. Cloward zufolge werden die Armen in Wachstumsphasen noch mehr stigmatisiert, da man von ihnen erwartet, dass sie auf die Inanspruchnahme von Fürsorge verzichten und produktiv werden, indem sie die ihnen angebotenen neuen Jobs annehmen, selbst wenn diese, was Lohn und Arbeitsbedingungen anbelangt, wenig attraktiv sind.[32] Anders gesagt: In den sozialen Repräsentationen lassen sich die Gründe dafür, dass jemand in solchen Wachstumsphasen arm bleibt, nur durch einen Mangel an Willen, durch Faulheit und individuelle Defizite erklären und damit durch Persönlichkeitsmerkmale, die von einer moralischen Warte aus missbilligt werden.

Wenn sich der Status der Armut im Lauf dieser Phase starken Wachstums der westlichen Volkswirtschaften auch dem annähert, was ich als *marginale Armut* bezeichnet habe, sollte man diesen Typ jedoch nicht mit einer Vergangenheit in Verbindung bringen, die heute manche für endgültig überwunden halten. Im Laufe der letzten Jahre haben einige europäische Länder ungeachtet der Beschäftigungskrise, mit der sie zu kämpfen haben, eine Umgangsweise mit der Armut beibehalten, die sich immer noch der *marginalen Armut* zuordnen lässt.

Die Stabilität der Repräsentationen

Einige europäische Länder stehen der *marginalen Armut* weiterhin sehr nahe, und das nicht, weil sich ihre wirtschaftliche und soziale Situation in den letzten Jahren nicht verändert hätte, sondern aufgrund der Stabilität der sozialen Repräsentationen und der Formen, mit denen in Bezug auf die als »arm« definierten Gruppen interveniert wird. Ich werde im Folgenden den Fall der Schweiz, Deutschlands und der skandinavischen Länder untersuchen.

---

32 Piven/Cloward, Regulierung der Armut.

»Wo sind denn nun die Armen?«

Von Armut in einem so reichen Land wie der Schweiz zu sprechen mag etwas deplatziert erscheinen. Das Bruttoinlandsprodukt pro Kopf gehört bekanntlich mit zu den höchsten der Welt. Selbst wenn die allgemeine Beschäftigungskrise der 1990er Jahre an der Schweiz nicht spurlos vorübergegangen ist, bleibt hier die Arbeitslosenrate im Vergleich zu den anderen europäischen Ländern nach wie vor niedrig.[33] Die nach europäischen Normen gemessene Armutsrate liegt auf ähnlich niedrigem Niveau wie in Dänemark oder den Niederlanden, also den Ländern, in denen Armut am wenigsten verbreitet ist.[34] Obwohl man heutzutage häufiger über Armut spricht, nachdem dazu umfassende Erhebungen durchgeführt worden sind, hat sich die Idee, der zufolge die Schweiz von diesem Phänomen ausgespart geblieben ist, hartnäckig gehalten, und alles scheint darauf hinzudeuten, dass zahlreiche Schweizer dem immer noch beipflichten würden. Jean-Pierre Fragnière von der Universität Lausanne hat die Frage aufgegriffen, die man sich in diesem Land nach wie vor stellt: »Aber wo verbergen sie sich denn? In der Schweiz haben wir keine Metro, wo die Clochards unterkommen könnten. Bei uns werden die Touristen im Vorbeigehen nicht von ihnen entgegengestreckten Händen behelligt. Hie und da eine Drehorgel. Wo sind denn nun die Armen?« Auf die selbstgestellte Frage gibt er dann folgende Antwort: »Sie sind unauffällig; man muss sagen, dass sie systematisch zum Schweigen aufgefordert werden. Das Problem ist nicht der Arme, dem es schlechtgeht, sondern der Arme, der sich zeigt, oder noch schlimmer, der den Mund aufmacht.«[35] Zweifelsohne ist diese Unauffälligkeit der Armen eine Nachwirkung der Verfolgungen, deren Opfer einstmals die *Heimat-*

---

33 1990 lag die Arbeitslosenrate in der Schweiz bei 0,5 Prozent. Sie stieg in diesem Jahrzehnt niemals über 4 Prozent. 2004 lag sie nach OECD-Angaben bei 3,8 Prozent.

34 Legt man die Schwelle von 50 Prozent des Schweizer Medianeinkommens zugrunde, lag die Armutsquote der Einkommens- und Verbrauchserhebung zufolge 1998 bei 8 Prozent. Vgl. Bundesamt für Statistik (BFS), Wohlstand und Wohlbefinden, S. 12.

35 Fragnière, »La réussite ou l'exclusion?«, S. 182.

losen waren. In dem Land, in dem Luther, Zwingli oder Calvin[36] in völligem Gegensatz zu den religiösen Überzeugungen des Mittelalters behaupteten, dass die Armut keineswegs ein anderes Wort für Tugend sei, und die Auffassung vertraten, dass diejenigen, die nicht arbeiteten, keinerlei Mildtätigkeit verdienten, überrascht es nicht, dass die sichtbare Armut und das Betteln heute noch Gegenstand einer mehr oder minder ausgeprägten gesellschaftlichen Verachtung sind.

Die schwierige Anerkennung der Tatsache, dass es in der Schweiz Armut gibt, erklärt sich zum Teil durch die Bedeutung, die in diesem Land der Kultur der Arbeit zukommt. »Arbeit«, erklärt Jean-Jacques Friboulet, »bleibt für die große Mehrheit der Bevölkerung eine Pflicht und eine Berufung. Eine Pflicht, da, wie die Ergebnisse zahlreicher Umfragen zeigen, die Einzelnen zutiefst davon überzeugt sind, dass Reichtum ja erst erwirtschaftet werden muss, bevor er verteilt werden kann; und eine Berufung, weil sie die Auffassung teilen, dass Arbeit nützlich und notwendig für die persönliche Entfaltung ist.«[37] Doch auch wenn sich diese kulturelle Orientierung positiv im Bereich der Beschäftigung auswirkt, hat sie ebenso ihre Kehrseite. Arbeitslos zu sein ist in der Schweiz äußerst stigmatisierend, und die Armen sind gezwungen, ihre Armut schweigend zu ertragen, um die mit Schuldgefühlen verbundene Erfahrung gesellschaftlicher Missbilligung zu vermeiden.

Die gegen Ende der 1980er Jahre vom Staatsrat des Kantons Neuchâtel bei einer Forschungsgruppe der dortigen Universität in Auftrag gegebene Studie ist an sich schon aufschlussreich für diese Mentalität. Die Erhebung trägt den Titel: »Haben wir Arme?« und übernimmt Wort für Wort den Titel des vom Großen Rat des Kantons Neuchâtel angenommenen Antrags. Zwischen dieser Fragestellung und der Debatte über die »neue Armut«, wie sie in anderen europäischen Ländern zu dieser Zeit aufkommt, scheint eine gewisse Diskrepanz zu bestehen. Ende der 1980er Jahre gibt es in

---

36 Es sei daran erinnert, dass Zwingli die öffentliche Armenfürsorge in Zürich 1526 reformiert und Calvin das Gleiche 1541 in Genf macht. Vgl. Beyeler-Von Burg, Des Suisses sans nom.

37 Friboulet, »La politique de l'emploi en Suisse«, S. 144.

Frankreich keinen Zweifel mehr hinsichtlich der Existenz von Armut, da nach mehreren lokalen Modellversuchen am 1. Dezember 1988 schließlich das Gesetz über das Mindesteinkommen zur Eingliederung (RMI) verabschiedet wird. In der Schweiz werden die zur Existenz der Armut angeführten Fakten bestritten, so sehr scheinen sie dem für das Selbstverständnis der Schweiz konstitutiven Image von Prosperität und Wohlstand zu widersprechen. Das diesem Land zugrunde liegende soziale Modell scheint über jeden Zweifel erhaben zu sein.

Die Neuchâteler Studie leistet allerdings doch einen Beitrag zur Veränderung der Wahrnehmung der Armut in diesem Kanton.[38] Die Autoren haben sowohl die Personengruppen im Niedrigeinkommensbereich gemäß ihrer Steuererklärungen untersucht als auch diejenigen Gruppen, die seitens der Sozialbehörden unterstützt werden, und sie haben mehrere Interviews mit diesen Personen geführt. Schon zu Beginn konstatieren sie, dass die Armut, auch wenn sie fast unsichtbar ist, keineswegs verschwunden ist. »Wir gehen nicht davon aus«, schreiben sie, »dass unsere Gesellschaft bewusst ihre Armut verbirgt, diese versteckt sich ja schon von selbst, sei es aus Scham, aus Zurückhaltung und vor allem aus ›Gewohnheit‹. Ja, die Armut ist ›gewöhnlich‹ in dem Sinne, als sie alltäglich, banal ist, eben etwas, an das man sich gewöhnt hat. Sie betrifft nicht nur die vollkommen Marginalisierten, die *zonards*, die Bewohner der Außenviertel, sondern auch ganz ›normale‹ Leute, die dem Bild entsprechen, das man sich von ihnen macht! [...] Auch wenn unsere Gesellschaft nicht *bewusst* Armut produziert, so wird es doch dringlich, wieder neu hinzusehen, entziffern, begreifen zu lernen, was sich nicht unmittelbar wahrnehmen lässt und uns nicht direkt betrifft. Die Kurzsichtigkeit hinsichtlich sozialer Probleme resultiert auch aus ihrer Verkennung und der mangelnden Transparenz der gesellschaftlichen Mechanismen. Einer der ersten Schritte im Kampf gegen die Armut besteht also vor allem darin, zu sagen, dass es sie gibt und wie sie aussieht.«[39] Die Bemühungen der Forscher bestanden also darin, das sichtbar zu machen, was nicht sicht-

38 Vgl. Hainard u.a., »Avons-nous des pauvres?«.
39 Ebenda, S. S. 164.

bar ist. Und wenn man die Armut in der Schweiz nicht sieht, so liegt das zum Teil daran, dass davon Menschen betroffen sind, die sich in nichts von anderen unterscheiden. Michael Harrington kam zu Beginn der 1960er Jahre in den Vereinigten Staaten ungefähr zum gleichen Ergebnis: »Wichtiger aber ist es, sich darüber klar zu werden, daß es gerade die Entwicklung der amerikanischen Gesellschaft ist, die zu einer neuartigen Blindheit der Armut gegenüber geführt hat. Die Armen entgleiten dem Blick und dem Bewußtsein der Nation immer mehr.«[40] In einer reichen und gewissermaßen durch ihren Reichtum blind gewordenen Gesellschaft besteht die Arbeit der Soziologen nach der Phase der Datenerhebung und -auswertung demnach im Aufdecken, Sichtbarmachen, weshalb sie fast unvermeidlich an der sozialen Debatte teilnehmen, die sie durch die Präsentation ihrer Ergebnisse auslösen. Mehr als 25 Jahre nach Harrington machten sich die Neuchâteler Soziologen also daran, gestützt auf ihr Belegmaterial die Mechanismen der Prekarisierung und Verarmung in der Schweiz zu erklären. Dabei hoben sie insbesondere auf die Multidimensionalität dieser verborgenen Wirklichkeit hervor: fehlende familiäre Unterstützung, Formen sozialer Unangepasstheit, Marginalisierung aufgrund körperlicher oder geistiger Behinderungen, Auseinanderbrechen von Partnerschaften und Probleme mit der Kinderbetreuung bei einem der Ehegatten, Niedriglöhne, Arbeitslosigkeit, Verschuldung und schließlich Armut von älteren Menschen. All das sind Faktoren, die sich durchaus als »klassisch« bezeichnen lassen und die mit der Vorstellung aufräumen, dass die Ursachen der Armut in der Schweiz andere sein könnten als in den übrigen europäischen Ländern.[41]

Nichtsdestoweniger bleibt Armut in der Schweiz ein Phänomen, dessen Ausmaß gesellschaftlich und politisch umstritten ist. Die Armutsquote ist, wie wir gesehen haben, relativ niedrig, ebenso die Arbeitslosenrate. Trotz der Bemühungen der Forscher, aber

---

40 Vgl. Harrington, Das andere Amerika, S. 9.

41 Es sei angemerkt, dass die Neuchâteler Untersuchung ein starkes Echo in den Medien und in der Politik fand. Vgl. Hainard, »Les incidences d'une recherche sur la pauvreté au niveau des politiques publiques et des organisations caritatives«.

auch der Gewerkschaften und der in karitativen Einrichtungen ehrenamtlich Tätigen, das Vorhandensein von Armut und ihre Reproduktionsmechanismen nachzuweisen, scheint sie von einem Kanton zum nächsten so unterschiedlich und so verdeckt zu sein, dass keine richtige nationale Debatte zum Thema entsteht. So werden Modellversuche mit einem Minimaleinkommen nur von bestimmten Kantonen in Angriff genommen, und es scheint vollkommen unwahrscheinlich, dass das System der Einkommensgarantie auf die gesamte Schweiz ausgedehnt, geschweige denn ein Anspruch auf ein »Existenzminimum« in diesem Land auf einer einheitlichen gesetzlichen Grundlage geschaffen werden könnte.[42] Unter diesen Umständen ist der gesellschaftliche und politische Umgang mit Armut vor allen Dingen lokal geprägt und bleibt damit der *integrierten Armut* nahe.

Die »bekämpfte Armut«

Vor der Wiedervereinigung gab es in Deutschland praktisch keine Debatte über Armut oder soziale Ausgrenzung. Der Staat beteiligte sich nur zögerlich an den verschiedenen europäischen Programmen der Armutsbekämpfung. Die im Sozialministerium vorherrschende Haltung sah so aus, dass die Armut – insbesondere dank der Qualität der Einrichtungen des Sozialwesens und des deutschen Sozialrechts – »bekämpft« wäre und es folglich unnötig oder gar verhängnisvoll sei, sie zu einem zentralen Thema in der gesellschaftspolitischen Debatte hochzuspielen. Mehrere deutsche Forscher, Wirtschaftswissenschaftler wie Soziologen, untersuchten das Phänomen von den Universitäten aus, manchmal unterstützt von den Wohlfahrtsverbänden, die darum bemüht waren, über diese Forschungen die Stimme der Bedürftigen öffentlich zu Gehör zu bringen.[43] Die Anzahl dieser Studien ist jedoch gering. Sie bewirken kaum ein Nachdenken der Gesellschaft über sich selbst, wie das

---

42 Schweizer Wissenschaftler der protestantischen Sozialzentren fordern die Anerkennung eines solchen Rechtsanspruchs und die Vereinheitlichung der Voraussetzungen für die Gewährung. Vgl. Regamey/Gropetti, Minimum pour vivre.

43 Vgl. Hauser, Arme unter uns.

zum Beispiel in Frankreich oder anderen europäischen Ländern häufig der Fall ist.

Die Vorstellungen über Armut scheinen dieser Feststellung zu entsprechen. Einer Umfrage von 1976 zufolge behaupteten 53 Prozent der befragten Westdeutschen, sie würden nie Menschen in Not sehen. 30 Prozent von ihnen gegenüber durchschnittlich 18 Prozent der damaligen europäischen Gemeinschaft konnten die Frage nicht beantworten, ob es in ihrer Umgebung Menschen gibt, deren Lebensbedingungen ihnen generell sehr schlecht vorkommen.[44] In einer vergleichbaren Umfrage von 1989 gaben 63 Prozent der befragten Westdeutschen gegenüber nur 53 Prozent für die gesamte Europäische Gemeinschaft an, dass es in ihrer Umgebung keine Menschen gebe, die von extremer Armut direkt betroffen seien oder sich am Rande der Armut befänden.[45] Dieser Anteil ist zwar laut der letzten verfügbaren Umfrage von 2001 zurückgegangen, dennoch antwortete immer noch fast die Hälfte der Westdeutschen gegenüber 43 Prozent in allen europäischen Ländern, dass es in ihrem Wohnviertel oder Dorf keine Menschen in einer solchen Situation gebe. Dazu kommt, das 23 Prozent der Befragten gar keine Antwort geben konnten.[46] Selbstverständlich bedeutet das nicht, dass es in Deutschland keine Armut gibt – sie hat seit der Wiedervereinigung sogar zugenommen –, sondern dass sie von den Deutschen im Osten wie im Westen nur als ein altes Phänomen wahrgenommen werden kann, das sich von einer Generation zur nächsten reproduziert. Wir konnten unter Kontrolle der statistischen Effekte des Geschlechts, des Alters und des Einkommens belegen, dass die Wahrnehmung

44 Vgl. das in den neun Ländern der damaligen Europäischen Gemeinschaft durchgeführten Eurobarometer von 1976. Riffault/Rabier, La perception de la misère en Europe.

45 Vgl. Eurobarometer/Pauvreté 3, La perception de la pauvreté en Europe.

46 Nach dem der Armut und der sozialen Ausgrenzung gewidmeten Eurobarometer 56.1 von 2001. Eine Auswertung der Ergebnisse dieser Umfrage findet sich in Gallie/Paugam, Soziale Prekarität und soziale Integration. Das Dokument wurde ins Französische, Englische und Deutsche übersetzt und von der Europäischen Kommission in der Publikationsreihe der Eurobarometer in gedruckter wie elektronischer Form veröffentlicht.

der Armut als ein vererbtes Phänomen in Deutschland weniger ausgeprägt ist als in allen anderen europäischen Ländern, insbesondere denjenigen Südeuropas.[47]

Diese Ergebnisse lassen sich durch eine eher qualitativ orientierte Erhebung von 1993 verdeutlichen.[48] Dabei wurden mehrere Tiefeninterviews mit Personen aus verschiedenen sozialen Milieus geführt, die in der einen oder anderen Weise in armutsbezogenen Aktivitäten engagiert waren. Ein Verantwortlicher des Deutschen Paritätischen Wohlfahrtsverbandes bestätigte: »Für die Deutschen existiert die Armut nicht: Bis vor kurzem war sie in der politischen Debatte gar nicht vorhanden. Hier wird die Armut verleugnet. Uns ist es politisch bisher noch nicht gelungen, eine Armutsschwelle zu definieren. Nun, es gibt eine quasioffizielle Schwelle: Der Arme erhält Geld, die Armut wird damit bekämpft, und die betreffende Person ist nicht mehr arm. In Deutschland ist es so, dass wenn Sie einen Politiker mit dem Begriff Armut konfrontieren, er sich angegriffen fühlt, weil Sie damit sagen möchten, dass die Sozialpolitik Defizite habe. Daher ist die Armut auch ein typisches Oppositionsthema.«[49] Diese Aussage steht nicht allein. Sie findet sich auch bei einem Verantwortlichen des Diakonischen Werks der Evangelischen Kirche (EKD) wieder, der zur gleichen Zeit bemerkte: »Im politischen Diskurs heißt es, dass es keine Armen gibt. Man sagt, dass die Armut bekämpft ist, weil die Menschen einen Anspruch auf ein Minimaleinkommen haben, das ihnen ein würdiges Leben zu führen erlaubt. Aber im Grunde gibt es keine politische Debatte zu diesem Thema.«[50] Derselbe Verantwortliche missbilligte auch die damalige Haltung der Regierung und der Parlamentarier gegenüber den europäischen Programmen der Armutsbekämpfung. Seiner Ansicht nach werden diese Programme als eine Maßnahme zur Legitimierung der Aktivitäten der Europäischen Kommission wahrgenommen, die politi-

47 Dieses Ergebnis, das sich mit jedwedem ökonometrischen Modell nachprüfen lässt, bestätigt die sich in der in Kapitel 3 dargestellten Graphik III.1 abzeichnende Tendenz; vgl. S. 126.

48 Vgl. Coester, La pauvreté en Allemagne.

49 Ebenda, S. 27.

50 Ebenda, S. 28.

schen Akteure hätten daran keinerlei Interesse. Sie blieben gar den von der Kommission zu diesem Thema in Deutschland organisierten Tagungen fern und rechtfertigten ihre Abwesenheit mit der inzwischen offiziell gewordenen Formel: »Die Bundesregierung geht davon aus, dass es in Deutschland keine Armut gibt.« Der stellvertretende Bürgermeister eines Vororts von Frankfurt mit 12 000 Einwohnern versuchte sogar die Frage nach der Armut insbesondere in Bezug auf seine Gemeinde herunterzuspielen: »Also zur Armut lässt sich ja vieles sagen. Das hängt aber alles davon ab, was man als Armut bezeichnet. In Deutschland stirbt keiner an Hunger. Wir haben sogar eine vorzüglich entwickelte Gesetzgebung dazu. Die Bedürftigen werden vom Sozialamt betreut und bekommen Unterstützung in zahlreichen Bereichen. Jede Woche hab ich hier Leute aus diesen ›sozialen Brennpunkten‹, die sich bei mir beklagen wollen. Ich kenne ihre Probleme ganz gut. Aber natürlich sind die weniger bedeutend als in den ärmeren Vierteln von Frankfurt.«[51]

Armut ist also in Deutschland nicht allgemein anerkannt. Sie wird entweder geleugnet oder unterschätzt. Die politischen Verantwortlichen fühlen sich für ihr Handeln immer angegriffen, wenn von Armut die Rede ist, und sind bemüht, einer entsprechenden Debatte aus dem Weg zu gehen. Man muss wissen, dass im föderalen System Deutschlands, in dem das Subsidiaritätsprinzip gilt, sich jeder Abgeordnete in erster Linie für die Probleme der Einwohner seines Wahlbezirks verantwortlich fühlt. Er kann diese Probleme nicht auf eine höhere Ebene bringen, bevor er nicht sämtliche örtlichen Lösungsmöglichkeiten ausgeschöpft hat. In zentralistischer verfassten Staaten, wie beispielsweise Frankreich, ist es leichter, die Schuld auf den Staat zu schieben oder Druck auf ihn auszuüben, damit er direkt aktiv wird. Doch liegen die Gründe für diese nationale Beschönigung der Armut tiefer.

Zum besseren Verständnis dieser Ergebnisse muss man ein paar historische Faktoren einbeziehen. Franz Schultheis schreibt die Besonderheit dieses gesellschaftlichen Umgangs mit Armut einer soziokulturellen Tradition und einer in den 1950er Jahren entstandenen Denkströmung zu, als unter dem Eindruck des deutschen

---

51 Ebenda, S. 30.

»Wirtschaftswunders« zahlreiche Autoren und politisch Verantwortliche glaubten, dass das Ende der sozialen Ungleichheiten gekommen sei und Begriffe wie »Klasse« oder »soziale Schicht« nun obsolet würden.[52] Diese einflussreiche Denkrichtung, die von dem Soziologen Helmut Schelsky in politische Kreise getragen wurde, scheint zugleich auch die Vorstellung vom Verschwinden der Armut befördert zu haben. Es handle sich gewissermaßen um eine kollektive Verdrängungsleistung, so Schultheis, die dem Umgang mit dem durch den Krieg verursachten Traumata nicht allzu fremd gegenüberstehe.

Dieser Wille, die Armut zu verschweigen oder zumindest ihr Vorhandensein zu relativieren, beruht, wie wir schon gesehen haben, nicht zuletzt auf der Überzeugung, dass das deutsche Sozialhilfesystem sehr leistungsfähig ist und niemanden in Not lässt. Dieses System, das eine individualisierte soziale Grundsicherung garantiert, lässt sich in der Tat als wegweisend ansehen, da es unter der Bezeichnung *Bundessozialhilfegesetz* schon 1961 eingeführt wurde, also zu einer Zeit, als zahlreiche andere europäische Staaten an so etwas noch gar nicht dachten. Dieses Bundesgesetz stellte die Umsetzung eines Bundesverfassungsgerichtsurteils vom 24. Juni 1954 dar, das einen allgemeinen Rechtsanspruch des Bürgers auf Fürsorge feststellte. Jedem ein garantiertes individualisiertes Mindesteinkommen zu gewährleisten, wurde damals von sämtlichen politischen Gruppierungen und gesellschaftlichen Schichten gutgeheißen. Das Gesetz von 1961 war sozusagen die soziale Seite des »Wirtschaftswunders«. Es begleitete den Fortschritt und schien die ideale Lösung darzustellen, um das Phänomen der Armut endgültig unter Kontrolle zu bringen. Nach den tiefen Wunden, die der Krieg geschlagen hatte, konnte die deutsche Gesellschaft so zum Vorbild für Europa werden, und das nicht nur aufgrund seiner Fähigkeit, sich wirtschaftlich zu erholen und im industriellem Sektor maximale Effektivität zu erreichen, sondern auch aufgrund seiner Fähigkeit, sozialen Fortschritt im Sinne eines besseren Schutzes vor den Wechselfällen des Lebens zu verwirklichen.

52 Schultheis, »L'État et la société civile face à la pauvreté en Allemagne«.

Dieses Sozialhilfesystem ist bis heute in Kraft, und man kann davon ausgehen, dass sich damit die Armut, die sich in Deutschland wie in den anderen europäischen Ländern in den 1980er und 1990er Jahren entwickelt hat, besser regulieren lässt. Jedenfalls wurde es stark in Anspruch genommen, wenn man dem Anschwellen der Zahl der Sozialhilfeempfänger in diesem Zeitraum Glauben schenken darf.[53] Deutschland blieb die Zunahme der Unterstützungsempfänger nicht erspart, eine Gruppe, die ähnliche Merkmale aufweist wie diejenigen in anderen Ländern, insbesondere in Frankreich: Die Betroffenen werden immer jünger, sind oft alleinstehende Menschen mit Kindern oder Arbeitslose, die ihre Ansprüche ausgeschöpft haben. Seit der Wiedervereinigung scheint die Sichtbarkeit der Armut zugenommen zu haben. Zahlreiche Westdeutsche sehen die direkte Ursache dafür in der wirtschaftlichen und sozialen Lage in Ostdeutschland. Manche betrachten es zudem als anormal, für die Bekämpfung der Armut im Osten mehr Steuern bezahlen zu müssen.[54] Doch trotz dieser Schwierigkeiten bildet das in einer Phase der Prosperität vergleichsweise früh errichtete deutsche Sozialhilfesystem im Denken der Deutschen eine grundlegende Absicherung gegen die Armut. Es hat maßgeblich den kollektiven Glauben an die endgültige Überwindung dieses Phänomens geprägt. Einige deutsche Soziologen teilen zudem die Auffassung, dass Armut in Deutschland in den meisten Fällen durch vorübergehende Schwierigkeiten und eine relativ kurze Bezugsdauer von Sozialhilfeleistungen gekennzeichnet ist.[55] Dieses Ergebnis bedeutet freilich nicht, dass die von Generation zu Generation weitervererbte Armut verschwunden sei; ebensowenig, dass die Armen hier nicht auch unter einer Häufung von Benachteiligungen zu leiden haben. Daten aus Langzeiterhebungen über Sozialhilfebezieher bestätigen jedenfalls den tiefverwurzelten Glauben, wonach die Armut in Deutschland wirklich überwunden sei, was teilweise auch richtig ist.

---

53 Vgl. Breuer, »La pauvreté en Allemagne: un problème résolu?«

54 Einer im September 2004 in der deutschen Presse veröffentlichten Umfrage zufolge sprachen sich 70 Prozent der Westdeutschen aufgrund dieser Tatsache für die Wiedererrichtung der Mauer aus.

55 Leisering/Leibfried, Time and Poverty in the Welfare State.

Die skandinavischen Länder stehen ebenfalls dem Typus der *marginalen Armut* nahe. Als erster Grund dafür lässt sich anführen, dass die Armut, wenn man sie als relative misst, deutlich weniger ausgeprägt ist als in den anderen europäischen Ländern, insbesondere im Süden, und das unabhängig vom zugrunde gelegten Indikator. Bei der relativ hohen Schwelle von 60 Prozent des Medianeinkommens waren davon zwischen 1997 bis 2001 in allen skandinavischen Ländern durchschnittlich 10 Prozent der Bevölkerung gegenüber 20 Prozent in den Ländern des Südens betroffen (vgl. Tabelle IV.3).

Der Unterschied zwischen den skandinavischen Ländern und den Ländern des Südens ist noch ausgeprägter, wenn man die Dauer der Armut mit einbezieht. In den nördlichen Ländern bleibt sie begrenzt, während sie in den südlichen, wie wir schon im vorangegangenen Kapitel gesehen haben, häufig recht lange andauert. Anders gesagt: Macht in den nördlichen Ländern ein relativ geringer Anteil der Bevölkerung die Erfahrung der Armut, befinden sich die Betroffenen mit hoher Wahrscheinlichkeit nur übergangsweise in dieser Situation. In Dänemark beispielsweise liegt der Anteil der Personen, die im Laufe der fünf letzten Jahre mehr als einmal in Armut geraten sind, unter 10 Prozent, während er für die Gesamtheit der europäischen Länder bei durchschnittlich 22 Prozent liegt.[56] Genauso kommt Langzeitarbeitslosigkeit, die einen der Hauptfaktoren für die kumulative Armut sowie für die sogenannte Exklusion darstellt, in diesen Ländern sehr selten, fast gar nicht vor. Unter solchen Bedingungen ist die Armut natürlich weniger intensiv und überdies weniger sichtbar. Ein norwegischer Forscher bestätigt, dass »aufgrund des Umstandes, dass (beinahe) jeder einen eigenen Haushalt hat, die Armen für den Rest der Gesellschaft verborgen sind. Sie stören nicht das Bild des städtischen Alltagslebens, wie etwa die Obdachlosen in den USA. In der Mehrheit der Fälle erkennt man die Armut an der Kleidung und an der Wohnung. Doch versteckt sich die moderne Armut in den skandinavischen Ländern hinter den Fassaden von ganz akzeptablen Gebäuden und Kleidungsstücken;

56 Vgl. Tabelle III.1, S. 126.

Tabelle IV.3 – Rate des Armutsrisikos in den skandinavischen Ländern im Verhältnis zu den südlichen Ländern (in %)

	1997	1998	1999	2000	2001
Skandinavische Länder:					
Dänemark	9	12	11	11	10
Schweden	9	10	9	11	9
Norwegen	12	11	11	11	10
Finnland	8	9	11	11	11
Südliche Länder:					
Italien	19	18	18	18	19
Spanien	20	18	19	18	19
Portugal	22	21	21	21	20
Griechenland	21	21	21	20	20
Europa der Zwölf	16	15	15	15	15

Anmerkung: Die Armutsschwelle, auf die in dieser Tabelle Bezug genommen wird, ist auf 60 Prozent des Medianhaushaltseinkommens eines jeden der Länder festgesetzt. Die verwendete Äquivalenzskala ist die modifizierte der OEDC (1 für den erste Erwachsenen, 0,5 für die weiteren Erwachsenen und 0,3 für Kinder unter 14 Jahren).

Quelle: Eurostat.

sie wird verdeckt von den Mythen der sozialen Sicherung und der Umverteilung, die wir alle mehr oder weniger in uns aufgenommen haben.«[57]

Wenn das Wirtschaftswachstum der Nachkriegzeit die Armut in zahlreichen europäischen Ländern vergessen ließ, so sollte man sich im Klaren darüber sein, dass das vor allem auf die Länder des Nordens zutrifft. Richard Titmuss, der große Spezialist der Wohlfahrtsstaatsforschung, erkannte zu Beginn der 1970er Jahre, dass das skandinavische Modell sozialer Sicherung mehr als andere imstande war, die Armut endgültig in den Griff zu bekommen.[58]

57 Vgl. Stjernø, Den moderne fattigdommen (Die moderne Armut), zit. nach Abrahamson, »La pauvreté en Scandinavie, S. 180.

58 Titmuss, »Developing social policy in conditions of rapid change«.

Tabelle IV.4 – Armutsrate nach Transfers in der Gesamtbevölkerung und bei Kindern unter 17 Jahren

	Nach Transfers		Verringerung der ursprünglichen Armutsquote (in %)	
	Gesamtbevölkerung	Kinder unter 17 Jahren	Gesamtbevölkerung	Kinder unter 17 Jahren
Dänemark	11	4	63	85
Finnland	12	7	65	83
Italien	19	22	10	8
Griechenland	21	19	9	5
Europäische Union	17	19	35	39

Anmerkung: Armutsschwelle: 60 Prozent des Medianeinkommens, Äquivalenzskala der OECD.

Quelle: Europäisches Haushaltspanel, Eurostat, dritte Welle (1995), Auswertung DREES.

Zu dieser Zeit wurde sogar angenommen, dass das Problem nicht mehr existierte. Heute noch spielen die sozialen Transferleistungen eine große Rolle bei der Verminderung der Armut. In Dänemark liegt die Armutsrate bei Kindern nach sozialen Transfers bei 4 Prozent gegenüber 11 Prozent für die gesamte Bevölkerung. Die Sozialleistungen haben zu einer Verringerung um 85 Prozent der ursprünglichen Armutsrate bei Kindern und um 63 Prozent der ursprünglichen Armutsrate in der Gesamtbevölkerung geführt (vgl. Tabelle IV.4). Im Gegensatz dazu haben die Sozialtransfers in Griechenland nur eine Verringerung der ursprünglichen Armutsrate von 5 Prozent bei Kindern und von 9 Prozent der ursprünglichen Armutsrate bei der gesamten Bevölkerung bewirkt.

Die Wirkung der sozialen Transferleistungen auf die monetäre Armut der Arbeitslosen weist zwischen den Ländern ebenfalls starke Kontraste auf (vgl. Tabelle IV.5). In den 1980er und 1990er Jahren fiel die Armutsquote bei Arbeitslosen nach Sozialtransfers in Dänemark im Vergleich zu Frankreich, Deutschland und Groß-

Tabelle IV.5 – Rate der monetären Armut von Arbeitslosen vor und nach Transfers und Wirkung der Transfers in den 1980er und 1990er Jahren (in %)

	1980–1989			
	Armut von Arbeitslosen vor Transfers (A)	Armut von Arbeitslosen nach Transfers (B)	Proportion von Arbeitslosen, die der Armut entgangen sind C = A – B	Wirkung der Transfers D = C/A
Dänemark	58,5	7,6	50,9	0,87
Frankreich	41,6	23,1	18,5	0,45
Deutschland	48,1	25,5	22,6	0,47
Großbritannien	53,2	32,9	20,3	0,38

	1990–1999			
	Armut von Arbeitslosen vor Transfers (A)	Armut von Arbeitslosen nach Transfers (B)	Proportion von Arbeitslosen, die der Armut entgangen sind C = A – B	Wirkung der Transfers D = C/A
Dänemark	66,6	7,6	59,0	0,89
Frankreich	49,0	23,3	25,7	0,52
Deutschland	55,6	37,8	17,8	0,32
Großbritannien	61,0	49,4	11,6	0,38

Anmerkung: Armutsschwelle: 50 Prozent des Durchschnittseinkommens, Äquivalenzskala der OECD. Die Zahlen sind ausgehend vom Haushaltseinkommen berechnet.

Quelle: EPUSE (nach Berechnungen von Brian Nolan, Richard Hauser und Jean-Paul Zoyem, in: Gallie/Paugam [Hg.], »Welfare Regimes and the Experience of Unemployment«, Kapitel 5, »The changing effects of social protection on poverty«).

britannien mit weniger als 10 Prozent sehr niedrig aus. Der Anteil von Arbeitslosen, die aufgrund der Transferleistungen der Armut entgingen, lag während der 1980er Jahre in Dänemark bei 50,9 Prozent und in den 1990er Jahren bei 59 Prozent, während er in Großbritannien nur 20,3 Prozent beziehungsweise 11,6 Prozent betrug. In den 1990er Jahren ließ sich in Dänemark ein Wirkungsindex der Transfers von 0,89 ermitteln, in Frankreich von 0,52, in Deutschland von 0,32 und in Großbritannien von nur 0,19. Dieser Unterschied lässt sich zum großen Teil durch das System der Lohnersatzleistungen erklären, das in Dänemark eindeutig großzügiger ausgestaltet ist als in den anderen Ländern.

Die Zuspitzung der Arbeitslosigkeit infolge der Ölkrise sowie die Zunahme der Zahl der Empfänger von Fürsorgeleistungen brachte einige dänische Forscher darauf, sich über eventuelle Lücken dieses Modells Gedanken zu machen, das bis dahin beinahe einhellig als das Idealmodell sozialer Sicherung gegolten hatte.[59] Ein Teil von ihnen ist zu dem Schluss gekommen, dass dieses Modell an seine Grenzen gestoßen und die Armut real ist.[60] Sozialarbeiter, Ärzte und Gewerkschaften haben die Armut entdeckt, doch viele politische Verantwortliche, insbesondere unter den Konservativen und Liberalen, versuchen noch immer, deren Bedeutung herunterzuspielen. Genau wie in der Schweiz und in Deutschland bleibt die Armut für viele unsichtbar oder zumindest auf einige wenige marginalisierte Personen beschränkt. Die Aufmerksamkeit konzentriert sich auf die extremsten Fälle.

In einem 1987 in Dänemark veröffentlichten Bericht versuchten Wissenschaftler nachzuweisen, dass sich ihr Land vor diesem Phänomen nicht in Sicherheit wiegen könne. Wie in der Schweiz und in Deutschland ging es zunächst darum, zu belegen, dass die Armut wirklich existierte, wenn man sich nur ein wenig Mühe gab, sie zu sehen. Um die dänische Öffentlichkeit, die sich das nur widerstrebend eingestand, davon zu überzeugen, drückten sie sich folgendermaßen aus: »Niemand stirbt heute in Dänemark direkt an Hunger, es gibt aber Menschen, denen es an Nahrung in mehr oder weniger großem Ausmaß mangelt. Es gibt Menschen, die keine anderen Kleider besitzen, als diejenigen, die sie gerade anhaben. Es gibt Menschen, die keine Wohnung haben und auf der Straße, in Kellern oder in Hauseingängen die Nacht verbringen müssen. Es gibt Men-

59 Vgl. Abrahamson, »La fin du modèle scandinave de la protection sociale?«
60 Abrahamson, La pauvreté en Scandinavie.

schen, die allein sind, die niemanden kennen und die auch keiner kennt. Es gibt Menschen, die ernstlich psychisch krank sind. Es gibt Menschen, die aufgrund von Alkohol- oder Drogenmissbrauch körperlich am Ende sind.«[61] Das Insistieren auf den tragischsten Fällen und der stereotypen Wiederholung der Formel »Es gibt Menschen ...« hatte die Funktion, eine Debatte über die Armut in einem Land zu legitimieren, in dem dieses Thema nicht selbstverständlich ist. Während man in Ländern, in denen die Existenz von Armut offiziell anerkannt ist, von den Forschern erwartet, die gesellschaftliche und politische Debatte darüber zu erhellen, müssen sich die skandinavischen Wissenschaftler, die über Armut forschen, zunächst einmal öffentlich als Verteidiger ihres Untersuchungsgegenstandes positionieren und die Berechtigung erst erringen, die ihnen nicht selbstverständlich zugestanden wird.

Selbst wenn sie diskutiert werden, stehen Begriffe wie Armut oder Ausgrenzung nicht im Zentrum der gesellschaftlichen Debatte. Sie bleiben umstritten. Die skandinavischen Wissenschaftler stimmen jedenfalls darin überein, dass es mit der Verschlechterung der Situation auf dem Arbeitsmarkt zu einer Zunahme der Armut gekommen ist, diese jedoch ein Minderheitsproblem darstellt, welches Bewertungskriterium man auch immer zugrunde legt. Ein schwedischer Wissenschaftler ist der Meinung, dass in den 1980er Jahren im jährlichen Durchschnitt 6 Prozent der Bevölkerung seines Landes zumindest teilweise von Sozialhilfe abhängig waren und diese Quote, die er als hoch ansieht, in den übrigen Jahrzehnten des 20. Jahrhunderts niemals höher gelegen ist.[62] Dieser nicht unerhebliche Anteil zeigt auf jeden Fall, dass selbst in einer Gesellschaft, die Wohlstand für alle anstrebt, Einzelne gezwungen sind, Fürsorge in Anspruch zu nehmen. Sie sind auf dem Arbeitsmarkt gefährdet und besitzen aus diesem Grund weniger Garantien als die anderen, der Armut zu entgehen. Doch erfolgt der vorherrschende Umgang mit der Armut in Schweden und den anderen Ländern des Nordens im Rahmen einer umfassenden sozialpädagogischen Betreuung, die man als recht leistungs-

61 Zit. nach Hansen, Social Exclusion in Denmark.

62 Vgl. Tham, »The persistence of social assistance in the Welfare State: The case of Sweden, 1945–1990«.

fähig beurteilen kann.[63] Dieses System hat eine lange Tradition und bewahrt ungeachtet der wirtschaftlichen Entwicklungen eine gewisse Stabilität. Man muss im Hinblick auf Schweden auch auf die Besonderheit der Beschäftigungspolitik hinweisen, die eine starke Einschränkung der Arbeitslosigkeit bewirkt. Für Philippe d'Iribarne »gehört dieses Land nicht nur zur großen Familie der (manchmal als ›korporatistisch‹ bezeichneten) Länder, die sich durch das Bemühen um Kompromisse zwischen Gruppen, Mitbestimmung und Konsens auszeichnen«. Es unterscheidet sich davon »durch eine starke agrarische Kultur, die ein sehr strenges Arbeitsethos und zugleich einen Druck der Gemeinschaft auf ihre Mitglieder impliziert. Dieser Druck scheint viel ausgeprägter zu sein als in den Ländern, in denen die Urbanisierung schon weiter zurückreicht und die dem ›bürgerlichen‹ Individualismus einen ganz anderen Stellenwert einräumen.«[64]

Die skandinavischen Länder können folglich auf eine lange Erfahrung im Kampf gegen die Armut zurückblicken. Der Grundsatz der Universalität sozialer Rechte findet sich hier am systematischsten umgesetzt, was es der gesamten Gesellschaft, der Mittelklasse wie der Arbeiterklasse, ermöglicht, auf einem sehr hohen Niveau von der sozialen Absicherung zu profitieren. Dieses Modell, das oft als Synthese von Liberalismus und Sozialismus betrachtet wird, fördert die Emanzipation der Individuen von den Gesetzen des Marktes, aber auch in Bezug auf die Rolle der Familie. Und selbst wenn es heute nicht mehr als unfehlbar angesehen werden kann, trägt es immer noch dazu bei, das Ausmaß der Armut einzuschränken. Aus diesem Grund unterscheiden sich ohne Zweifel die Skandinavier von den übrigen Europäern, wenn man sie zu ihrer Zufriedenheit mit der Gesellschaft, in der sie leben, befragt. Der Anteil der diesbezüglich unzufriedenen Menschen ist in Dänemark sehr niedrig, während er in zahlreichen anderen Ländern außerordentlich hoch ist.[65]

---

63 Es sei darauf hingewiesen, dass es dennoch bedeutende Unterschiede zwischen den skandinavischen Ländern in der Art der Regulierung der Armut gibt.

64 Vgl. d'Iribarne, Le chômage paradoxal.

65 Vgl. Paugam, Social Precarity and Attitudes to Society and the Welfare State.

Das Risiko der Stigmatisierung

Auch wenn Armut in den sozialen Repräsentationen eine Randerscheinung darstellt, kann sie für die Betroffenen zu einer leidvollen und erniedrigenden Erfahrung werden. Arm zu sein, wenn die große Mehrheit der Bevölkerung vielleicht nicht im Überfluss, zumindest aber im Wohlstand und materiell abgesichert lebt, führt fast unvermeidlich dazu, dass man die Anzeichen von Armut zu verbergen sucht. Wenn man nach außen hin zu erkennen gibt, dass man arm ist, läuft man Gefahr, marginalisiert zu werden. In der Schweiz oder in anderen reichen Ländern bleibt die Armut, wie schon gesehen, still. Die Armen, die vor den Augen der reichen Leute leben, sind in gewisser Hinsicht zum Schweigen angehalten. Freilich ist es nicht immer möglich, seine Armut zu verschleiern, vor allem wenn der finanzielle Druck dazu zwingt, beim Sozialamt Hilfe zu beantragen. Es besteht also ein hohes Risiko, dass man als »Sozialfall« betrachtet wird, der nicht ausreichend angepasst ist, oder als fauler Mensch, der lieber von Unterstützung lebt als zu arbeiten.

Wir erinnern daran, dass die Erklärung der Armut durch Faulheit, wie in Kapitel 2 schon gezeigt, von Land zu Land variiert, dieses Argument jedoch an Bedeutung gewinnt, wenn die Arbeitslosigkeit niedrig ist oder zurückgeht.[66] Anders gesagt: Arme gelten häufiger als faule Menschen, wenn sie in einer Gesellschaft mit Vollbeschäftigung leben, und sind folglich in höherem Maße stigmatisiert.

Wir werden versuchen, diese Hypothese des Stigmatisierungsrisikos anhand des in den sozialpflegerischen Berufen während der 1960er und 1970er Jahre über die Armen geführten Diskurses zu überprüfen, einer Zeit, in der die Sozialarbeit einen beträchtlichen Entwicklungsschub erfahren hat. Anschließend greifen wir das Beispiel sozialer Intervention in den Ländern auf, in denen Armut als residuell eingestuft wird.

---

66 Vgl. für eine detailliertere Ausführung den Anhang am Ende dieses Buches, »Wie die Europäer die Armut sehen«.

Die Rede von der mangelnden sozialen Anpassung

Durch die Untersuchungen von Colette Pétonnet wurde bereits deutlich, dass in der öffentlichen Meinung in Frankreich während der 1960er und 1970er Jahre die Bewohner der Notunterkunftssiedlungen als asozial, unangepasst oder sozial behindert betrachtet wurden. Diese stigmatisierende Ausdrucksweise wurde nicht nur von Menschen mit wenig Vorwissen bezüglich der Armut benutzt, sondern auch bei den Sozialarbeitern. Mit dem Zurückgehen der Sichtbarkeit der Armen gab es in dieser Zeit zugleich auch einen Wandel des gesellschaftlichen Diskurses über die Armen. Während die sozialmedizinischen Ansätze als Erben der Hygienebewegung und der philanthropischen Strömungen des 19. Jahrhunderts noch die vorherrschende Orientierung der sozialstaatlichen Interventionspraxis in den Jahren nach dem Zweiten Weltkrieg darstellten, entwickelte sich bei den sozialpädagogischen Berufen nach und nach eine eher psychologisierende Kultur. Diese sich auf langfristige Psychotherapien stützenden und damit auf den Einzelnen eingehenden Praktiken trugen mit zum Verschwinden der Armut als gesellschaftlichem Phänomen bei. Unter den Sozialarbeitern der 1960er Jahre, deren Zahl damals rapide zunahm, wurde die soziologisierende Kultur nur noch von einer Minderheit getragen.

Vor dem Hintergrund dieser vorherrschenden Psychokultur könnte man, so Jacques Ion und Jean-Paul Tricart, »nacheinander mehrere Figuren des Klienten ausmachen, die jeweils mit professionsspezifischen Wertesystemen und Arbeitsmethoden korrespondierten: der (wieder geradezubiegende) Asoziale, der (zu bildende) Ungebildete, der (zu pflegende) Kranke, der (wieder anzupassende) Unangepasste, der (zu integrierende) Marginalisierte und der (zu verstehende) Andere«.[67] Die Armutsfrage, um die sich im vorangegangenen Jahrhundert so viele Debatten drehten, löste sich auf, um einer psychologisierenden Behandlung der Probleme von Individuen Platz zu machen. Wenn das mit Vollbeschäftigung und dem Ausbau der sozialen Sicherung verbundene Wirtschaftswachstum die lagebedingte Armut verringert hatte, so hatte es aufgrund der

---

67 Ion/Tricart, Les travailleurs sociaux, S. 69.

Geschwindigkeit, mit der sich diese Wandlungen vollzogen, auch gleichzeitig neue Probleme geschaffen, die von den meisten Menschen als Ausdruck mangelnder Anpassung der betreffenden Individuen an die moderne Gesellschaft interpretiert wurden.

Diese Vorstellung von gesellschaftlicher Unangepasstheit war auch in den höheren Sphären des Staatsapparates vorherrschend. Während seiner Zeit als Staatssekretär für Sozialpolitik widmete René Lenoir 1974 dieser Frage ein ganzes Buch (»Les exclus« – Die Ausgegrenzten).[68] Der Ausdruck »soziale Unangepasstheit« diente ihm dabei als roter Faden. Zu den von ihm erfassten sozial Unangepassten gehören – in loser Reihenfolge – die von der Jugendhilfe betreuten Kinder, die gefährdeten Minderjährigen, die delinquenten und drogenabhängigen Jugendlichen, die Geisteskranken, die Selbstmordgefährdeten, die Alkoholiker, die erwachsenen Kriminellen, die Asozialen und Marginalisierten sowie andere anfällige Gruppen, wie etwa die französischen Muslime, deren Integration prekär blieb. René Lenoir war damals für die gesellschaftlichen Ursachen dieser mangelnden sozialen Anpassung und für die Suche nach Präventionsmöglichkeiten gewiss um einiges sensibler als andere, doch muss man hervorheben, dass diese simple Aneinanderreihung von »Zielgruppen« äußerst aufschlussreich ist für die damals sehr verbreitete Tendenz, das Soziale und erst recht die Armut in lauter spezielle Probleme aufzusplitten, denen die Menschen in ihrem Alltagsleben begegnen könnten.

Als Reaktion auf die psychologisierende Tendenz der Sozialarbeit wurden in den 1970er Jahren kritische Thesen über die wirklichen Funktionen der Sozialarbeit aufgestellt. Hierbei lassen sich zwei Denkrichtungen unterscheiden: eine von den Forschungsarbeiten über die Schule als Ort sozialer Reproduktion inspirierte Strömung, welche die Sozialarbeit als verlängerten Arm des im Dienste der herrschenden Klasse stehenden Staatsapparates begriff, und eine Strömung, die in Zusammenhang mit den Arbeiten Michel Foucaults zu sehen ist, der die sozialarbeiterische Intervention als autoritäres Instrument zur Überwachung der arbeitenden Klassen und zur Durchsetzung von Normen beschrieb.

---

68 Lenoir, Les exclus.

Die erste Richtung lässt sich durch das Buch von Jeannine Verdès-Leroux illustrieren, die der Ansicht ist, dass die Sozialarbeiter als Opfer ihres Klassenethnozentrismus die Merkmale der Unterschichten mit einem aus der Pathologie stammenden Vokabular analysieren.[69] Zur Durchsetzung ihres Wertesystems und um sich selbst gegenüber der Bevölkerungsgruppe, die die Zielgruppe der sozialen Dienste darstellt, durchzusetzen, üben sie eine symbolische Gewalt aus, vergleichbar derjenigen von Lehrern gegenüber den aus benachteiligten Schichten stammenden Schülern. Das wirke sich unter anderem in der Form aus, dass die untergeordnete und ungelernte Fraktion der Arbeiterklasse in die Sozialfürsorge gesteckt und damit ihre Absonderung betrieben wird. Die »Fürsorgeempfänger« unterliegen nach Verdès-Leroux permanent der Herrschaft und werden durch die Betreuung, deren Objekt sie sind, in Passivität gehalten.[70] Damit gehe ihnen jegliches kollektive Bewusstsein verloren.

Die zweite Richtung lässt sich durch das Buch von Jacques Donzelot über die normalisierende Wirkung der auf die Familien gerichteten Sozialarbeit demonstrieren. Der Autor untersucht in historischer Perspektive, wie das »Soziale« im Sinne von Techniken der Kontrolle und der Normdurchsetzung nach und nach den Körper, die Gesundheit, die Art, sich zu ernähren und zu wohnen, die Verhältnisse und den Lebensraum der Familien durchdrungen hat.[71]

---

69 Verdès-Leroux, Le travail social.

70 Es sei hervorgehoben, dass Jeannine Verdès-Leroux die Thesen René Lenoirs heftig kritisierte. Sie betonte in einem Artikel, der seinem Buch über die Ausgegrenzten gewidmet war, den bunt zusammengewürfelten und vagen Charakter der verwendeten Kategorien. Sie kritisierte, dass die »Aneinanderreihung von so disparaten Gruppen das ökonomisch-politische Klassifikationsprinzip zum Verschwinden bringt, da diese spezifische begriffliche Einfärbung diesen eine kriminelle Note verpasst«. Ihr zufolge macht gerade die semantische Unbestimmtheit des Begriffs Ausgrenzung seine ideologische Wirksamkeit aus. »Der Vorteil des Ausgrenzungskonzepts und all der dadurch möglich gemachten Debatten liegt just darin, die Frage nach dem Ursprung der ›Ausgrenzung‹ auszugrenzen.« Vgl. Verdès-Leroux, »Les exclus«.

71 Donzelot, Die Ordnung der Familie.

Bevor er dieses Buch veröffentlichte, hatte Donzelot an der Vorbereitung einer Sondernummer der Zeitschrift *Esprit* mitgewirkt, deren Titel »Warum Sozialarbeit?« bereits den kritischen Tenor gegenüber den sozialpädagogischen Berufen wiedergibt, die mit Überwachung und Aufrechterhaltung der sozialen Ordnung gleichgesetzt werden. Der Autor präsentiert insbesondere Fälle von Männern und Frauen, die von Sozialfürsorgerinnen aus Gründen, die offenbar nichts mit Geisteskrankheiten zu tun hatten, in psychiatrische Abteilungen eingewiesen wurden. Der simple Verdacht, nicht aktiv nach Arbeit zu suchen, konnte schon als Ausdruck einer Verhaltensstörung interpretiert werden und manchmal mit dem Einverständnis der persönlichen Umgebung eine langfristige Einweisung in eine Klinik rechtfertigen.[72]

Auch wenn sich diese beiden kritischen Strömungen, die zum Teil mit politischem Aktivismus einhergingen, in der Interpretation unterschieden, waren sie sich doch darin einig, in der Sozialarbeit ein Instrument zur Kontrolle der Bevölkerung mittels staatlicher Apparate und der Nutzung von Techniken zu sehen, die historisch betrachtet im Umfeld von Justiz und Psychiatrie entwickelt worden waren.[73]

Diese Thesen, deren explizite Absicht es war, anzuprangern, trugen einiges zur Erschütterung der Ideologien bei, auf die sich die Sozialarbeiter bezogen. Sie waren zumindest teilweise Ausgangspunkt einer Suche nach kollektiveren und die Zielgruppe weniger stigmatisierenden Interventionsformen. Und aus ihnen speiste sich auch die Utopie einer engagierten und in der Zivilgesellschaft verankerten Sozialarbeit.[74] Es ist jedenfalls frappierend, dass diese kritischen Strömungen, die ihren Höhepunkt in den 1970er Jahre hatten, in den 80ern schwächer wurden und schließlich sogar ganz von der

---

72 Donzelot, »Travail social et lutte politique«, S. 102.

73 Ein und dieselbe Familie kann Gegenstand einer Vielzahl von sozialen Maßnahmen im Überschneidungsbereich von Justiz, Erziehungswesen und Psychiatrie sein, wie sich das anhand von Monographien über Familien, die von der Fürsorge betreut werden, aufzeigen lässt. Vgl. Nolas, La pauvreté intolérable.

74 Vgl. Boiral/Valarie, »Le contrôle social: pratiques symboliques et pratiques sociales«.

Bildfläche verschwanden, als die Sozialarbeit mit dem Phänomen der »neuen Armut« konfrontiert wurde. Der massenhafte Zustrom zu den sozialen Diensten von mittel- und arbeitslosen jungen Leuten und von Arbeitslosen, deren Leistungsanspruch abgelaufen war, trug mit zu einer Neuausrichtung der sozialen Interventionen bei. Der psychologisierende Ansatz erwies sich bald als ungeeignet, um auf die in erster Linie wirtschaftlichen Probleme zu reagieren, mit denen die neuen prekarisierten Problemgruppen zu kämpfen hatten. Es wäre übertrieben zu behaupten, dass die aus den 1970er Jahren stammende Rede von mangelnder sozialer Anpassung heute völlig verschwunden wäre, doch doch hat sie deutlich an Prägnanz eingebüßt. Sie entsprach einer Zeit, in der die Armut zumindest in den sozialen Repräsentationen zu einem Phänomen von geringer Bedeutung geworden war.

Die individualisierende soziale Intervention

In Kapitel 2 haben wir schon gesehen, dass man zwischen zwei Arten sozialer Intervention unterscheiden kann: der bürokratischen und der individualisierenden. Die bürokratische entspricht einer Anwendung des Rechts im Sinne der Gleichheit aller Bürger. Der Verantwortliche hält sich an die ihm erteilten administrativen Vorgaben. Die individualisierende Logik beruht auf dem Bemühen, die für den Einzelfall am besten geeignete Lösung zu finden. Der Verantwortliche kann sich auf eine breite Palette von Handlungsoptionen stützen, die er nach eigener Einschätzung den individuellen Problemlagen der betroffenen Menschen anpasst. Eine individualisierende Intervention wird nicht immer nach Ermessen vorgenommen, vor allem wenn das Sozialrecht sehr präzise ist, doch kann es darauf hinauslaufen, insbesondere wenn der den Verantwortlichen gelassene Interpretationsspielraum zu groß ist und sie selbst über die Berechtigung der an sie gerichteten Unterstützungsanträge befinden müssen. Diese beiden Arten sozialer Intervention können in einem Land zugleich vorkommen, wobei die gefällten Entscheidungen abhängig von der Zeit und der Art der zu lösenden Probleme mehr oder weniger bürokratisch oder mehr oder weniger individualisierend ausfallen können. Natürlich ging die psychologisierende

Ausrichtung der Sozialarbeit der 1960er und 1970er Jahre in Frankreich eher in Richtung einer individualisierenden sozialen Intervention, doch ließen sich diese Praktiken durchaus innerhalb des für das Sozialwesen charakteristischen bürokratischen Rahmens umsetzen, der für das französische Sozialsystem kennzeichnend ist.

Wie wir bereits hervorgehoben haben, läuft die individualisierende Interventionsweise fast unvermeidlich auf ein Eindringen des Sozialarbeiters in das Privatleben der Fürsorgeempfänger hinaus. Um die Berechtigung der Unterstützungsanträge eingehend beurteilen und nach geeigneten Lösungen für die individuellen Bedürfnisse suchen zu können, muss der Sozialarbeiter sämtliche Informationen sammeln, die etwas zur Urteilsbildung beitragen könnten. Daher besteht ein reales Stigmatisierungsrisiko der Ärmsten. Manche von ihnen bekommen das ehrenrührige Etikett »Sozialfall« verpasst, das meist ein Amalgam aus Sozialexpertise und moralischem Urteil darstellt.

Die individualisierende Interventionsweise wird vowiegend in Ländern angewandt, in denen die Fürsorge – vielleicht auch nur vermeintlich – eine eher randständige Rolle im Rahmen des Systems der sozialen Sicherung spielt. Sie erweist sich nämlich sehr schnell als ungeeignet, wenn ein größerer Anteil der Bevölkerung betreut werden muss. Das lässt sich am Beispiel Deutschlands und der skandinavischen Länder erläutern.

Deutschland ist ein föderal verfasstes Land. Die weitreichende Aufteilung der politischen Kompetenzen zwischen Bund und Ländern eröffnet den Ländern ein hohes Maß an Autonomie sowohl im Bereich legislativer Initiativen wie in der praktischen Umsetzung sozialpolitischer Maßnahmen. Dieser Hang zur Verteilung politischer und administrativer Kompetenzen wird noch unterstrichen durch die Aktivitäten der Landkreise, deren Kompetenzen im Bereich der Sozialgesetzgebung nicht zu vernachlässigen ist. Das deutsche Sozialhilfesystem bildet die Grundlage für das Minimaleinkommen. Es zeichnet sich durch eine starke *Individualisierung* der Hilfen aus. So betont § 3 des Bundessozialhilfegesetzes von 1961: »Art, Form und Maß der Sozialhilfe richten sich nach der Besonderheit des Einzelfalles, vor allem nach der Person des Hilfeempfängers, der Art seines Bedarfs und den örtlichen Verhältnissen. Wünschen des

Hilfeempfängers, die sich auf die Gestaltung der Hilfe richten, soll entsprochen werden, soweit sie angemessen sind. [...] Der Träger der Sozialhilfe braucht Wünschen nicht zu entsprechen, deren Erfüllung mit unverhältnismäßigen Mehrkosten verbunden wäre.« Dieses System hat den Vorteil, dass es zugleich jeder bedürftigen Person elementare Ansprüche einräumt und ihr für besondere Bedürfnisse eventuell noch zusätzliche Hilfen gewährt: Die Analyse eines jeden Einzelfalls durch das Sozialamt kann die Zahlung von einmaligen Hilfen, von zusätzlichen Leistungen oder das Aufkommen für die Unterkunftskosten zur Folge haben. Die Sozialämter müssen die Leistungsempfänger zudem unterstützen und beraten, um sie zu befähigen, unabhängig von diesen Leistungen zu leben.

Nach Franz Schultheis »sieht die hinter der deutschen Sozialhilfe stehende Philosophie eine umfassende Berücksichtigung der persönlichen Situation (materielle, soziale und psychologische Lebensumstände) des Antragstellers und – wenn man so will – eine Art Versorgung ›nach Maß‹ seiner Probleme vor, damit er seine Unabhängigkeit möglichst erfolgreich wiedergewinnen kann. Dieses Denken findet seinen Ausdruck in der im deutschen Sozialhilferecht vorgesehenen großen Anzahl von besonderen Hilfen, die in mehrere hundert Seiten umfassenden Durchführungsverordnungen ausgeführt werden.«[75] Der Sachbearbeiter kann daher den Bedarf des Hilfeempfängers in sämtlichen Lebensbereichen ermitteln: Kleider, Nahrung, Unterkunft, Gesundheit und so weiter. Auf einer Bedarfslogik beruhend, erscheint das deutsche System ziemlich reich an Lösungen, die sich auf den Einzelnen zuschneiden lassen, und auch relativ großzügig. Die ethnographischen Erhebungen zur Funktionsweise der Sozialämter in Deutschland haben mehrfach den inquisitorischen Charakter des Vorgehens der Sachbearbeiter bei der Ausübung ihres Auftrags sowie die von den Sozialhilfeempfängern empfundene Erniedrigung im Laufe dieser Erfahrung hervorgehoben.

Der Grundsatz der Dezentralisierung und Individualisierung kommt auch im Bereich der Eingliederungsmaßnahmen zur An-

---

75 Schultheis, »L'État et la société civile face à la pauvreté en Allemagne«, S. 433.

wendung. Schon mehrfach wurden Modellversuche im Rahmen der in der Sozialhilfe festgelegten Hilfe zur Arbeit unternommen. Das Gesetz verlangt von den Kommunen, Arbeitsgelegenheiten für Personen zu schaffen, die Unterstützung beantragen, in erster Linie für Jugendliche ohne Arbeit. Dieses System verpflichtet die sozialen Akteure dazu, sämtliche Lösungsmöglichkeiten anhand der Ressourcen auszuprobieren, die ihnen vor Ort zur Verfügung stehen, was allerdings in Einklang mit den auf Bundesebene geregelten Grundsätzen der Sozialhilfe stehen muss. Die Sachbearbeiter ermitteln dann von Fall zu Fall den Bedarf der Leistungsempfänger.

Wenn die individualisierende Interventionsweise so radikal wie in Deutschland umgesetzt wird, impliziert das die Kontrolle der gesamten Lebensweise und der moralischen Werte des unterstützten Individuums, was im Widerspruch zum Grundsatz der Respektierung der Autonomie und des Privatlebens zu stehen scheint. Diese Funktionsweise der Sozialhilfe wird deshalb heute als nicht mehr angemessen beurteilt. Richard Hauser, ein deutscher Wirtschaftswissenschaftler und Sozialhilfeexperte, brachte das schon zu Beginn der 1990er Jahre kritisch auf den Punkt: »Die Individualisierung setzt voraus, dass man genau weiß, wie man einer Person helfen soll, und dass man sie beinahe in- und auswendig kennt. Das verträgt sich keineswegs mit der Privatautonomie des Bürgers. Meines Erachtens wäre es besser zu sagen: ›Hier haben Sie 200 Mark, versuchen Sie, sie möglichst gut zu nutzen‹, als zu fragen: ›Brauchen Sie wirklich dies und jenes?‹«[76] Er empfahl deshalb eine umfassendere Definition der Hilfen. In den 1990er Jahren nahm die Zahl der Sozialhilfeempfänger in einem solchen Ausmaß zu, dass das System rasch an seine Grenzen kam: Die Sachbearbeiter konnten die Nachfrage nicht mehr bewältigen und das Prinzip der Hilfe »nach Maß« nicht mehr strikt einhalten. Zudem gerieten immer mehr deutsche Städte während dieser Zeit in eine finanzielle Schieflage und versuchten deshalb, die Unterstützungsbeträge zu senken. Diese Kürzungen wurden öffentlich mit der Absicht gerechtfertigt, den als skandalös empfundenen Praktiken mancher Leistungsempfänger

76 Interview durchgeführt von Coester, La pauvreté en Allemagne.

Einhalt zu gebieten, die die Großzügigkeit der Sozialhilfe ausnutzen wollten. Nichtsdestoweniger ist die individualisierende Intervention immer noch Grundlage der sozialen Intervention in Deutschland, woraus sich eine wachsende Kluft zwischen den Rechtsgrundsätzen und der Praxis der institutionellen Akteure und der Sachbearbeiter ergibt.

Die skandinavischen Länder kommen dem individualisierenden Interventionstyp ebenfalls recht nahe. Auch hier gehorcht die Festsetzung der zu gewährenden Hilfen meist einer Bedarfslogik. Yvar Lødemel hat sich in Form eines Vergleichs mit dem englischen System eingehend mit dem Fürsorgesystem seines Heimatlandes Norwegen auseinandergesetzt.[77] Daraus ergab sich ein paradoxer Befund. Obwohl Norwegen nach dem Muster der skandinavischen Länder über ein System sozialer Sicherung verfügt, das auf dem Grundsatz einer weitestgehenden Universalität der Rechte basiert, zeichnet sich die Sphäre der Fürsorge durch eine erniedrigende Praxis gegenüber den in ihren Genuss kommenden Randgruppen aus. Werden die als »würdig« beurteilten Armen, insbesondere die älteren Menschen und Behinderten, vom Versicherungssystem gewissermaßen aufgefangen, haben die Sozialarbeiter gegenüber den übrigen Armen die Macht, über deren Unterstützungsanträge positiv oder negativ zu entscheiden. Es besteht ein großes Risiko, dass sich diese Armen als Residualgruppe am Rand der Gesellschaft dem Verdacht aussetzen, die Unterstützungsleistungen nicht zu verdienen. Sie werden dann als Personen behandelt, die keinen selbstverständlichen Anspruch auf Fürsorge haben. Diese ungleiche Behandlung, die einem Ausfiltern der Armen gleichkommt, hat das auf der Fürsorge lastende Stigma noch vergrößert. Das Paradox fällt noch größer aus, insofern es dem bürokratischer – und damit anonymer – organisierten englischen Fürsorgeprinzip, das die Armut im Vergleich zum norwegischen System deutlich weniger als residuelles Phänomen auffasst, offenbar gelungen ist, das Stigmatisierungsrisiko zu verringern. Die unterstützten Armen in Großbritannien erfahren wie in den meisten Gesellschaften eine geringere soziale

---

77 Lødemel, The Welfare Paradox Income Maintenance and Personal Social Services in Norway and Britain.

Wertschätzung, sie stellen in diesem Land jedoch eine recht umfangreiche Bevölkerungsgruppe dar, was einen individualisierenden Umgang mit ihnen schwieriger gestaltet. Die Unterscheidung der Unterstützungsempfänger in »würdige« und »unwürdige« Arme ist daher ungleich schwieriger zu etablieren.[78]

Freilich sollte man das norwegische Fürsorgesystem nicht zum typischen Beispiel für die skandinavischen Länder machen. Eine mehr in die Details gehende Analyse dieser Systeme würde die Unterschiede aufzeigen, die zwischen ihnen bestehen.[79] Die Höhe der Leistungen ist in Finnland wie in Dänemark standardisiert, während die Festsetzung der Leistungshöhe in Schweden und Norwegen auf lokaler Ebene vorgenommen wird. In Finnland und Dänemark ist sie in einem nationalen Gesetz festgeschrieben, in Schweden unterliegt sie dagegen einer Verordnung auf lokaler Ebene, die wiederum Rahmenvorgaben auf nationaler Ebene gehorcht, während sie in Norwegen vollständig von einer Entscheidung auf Gemeindeebene abhängt. In Schweden kommt es also zu enormen regionalen Variationen, in Norwegen sogar zu noch größeren. Es sei schließlich darauf hingewiesen, dass die Gewährung von Unterstützung vor allem in Norwegen, in geringerem Maße aber auch in Schweden, variablen Auswahlkriterien unterliegt, die häufig dem Ermessen der Sachbearbeiter überlassen bleiben.

Ungeachtet all dieser Unterschiede gilt das von Yvar Lødemel untersuchte Paradox, wie mir scheint, für alle skandinavischen Länder. Es kommt zu einem höheren Stigmatisierungsrisiko der Leistungsempfänger, wenn sie nur als Restgruppe innerhalb eines umfassenderen präventiven Umgangs mit Armut behandelt werden, der darin besteht, die Mehrzahl der Menschen in eine möglichst weit gefasste Versicherungssphäre zu integrieren. Es lässt sich daher die Behauptung aufstellen, dass diese Stigmatisierung gewis-

---

78 Der Fürsorge beziehende Anteil der Bevölkerung fällt in Großbritannien deutlich höher aus als in den skandinavischen Ländern. Das trifft auch im Verhältnis zu Ländern wie Frankreich zu, selbst wenn man die Bezieher sämtlicher sozialer Minima dazuzählt. Vgl. Evans/Paugam/Prélis, »Chunnel vision: Poverty, social exclusion and the debate on social welfare in France and Britain«.

79 Vgl. Halvorsen, »Social assistance schemes in the Nordic Countries«.

sermaßen die Kehrseite der Medaille darstellt. In einem System, das auf die Universalität der Rechte abzielt, gelten die Fürsorgeempfänger zwangsläufig als eine Anomalie. Sie stellen die offensichtlich nicht zu überwindende letzte Hürde für die Ausrottung der Armut dar.

5. Die disqualifizierende Armut

Wenn der gesellschaftliche Status der Individuen größtenteils auf ihrer Mitwirkung an der Produktionstätigkeit und den Austauschbeziehungen der modernen Wirtschaft beruht, hat die Arbeitslosigkeit für die davon Betroffenen mit großer Wahrscheinlichkeit eine Deklassierung oder ein Gefühl des Versagens zur Folge, insbesondere wenn sie sich zu einem Dauerzustand verfestigt. Sie zieht überdies eine Verschlechterung des Lebensstandards, ein Nachlassen der Teilnahme am Sozialleben und eine Marginalisierung gegenüber den anderen Beschäftigten nach sich. Diese Auswirkungen können sich häufen, zu einer Situation extremer Armut verdichten und im äußersten Fall zur Auflösung der sozialen Netze führen. Aus diesem Grund ist Armut eher als Prozess zunehmender gesellschaftlicher Disqualifizierung denn als stabiler Zustand zu begreifen. Da sie durch die Schwächung sozialer Integrationsmöglichkeiten die Gesellschaft zumindest teilweise infrage stellt, fühlen sich auch die Sozialwissenschaftler auf den Plan gerufen. Die ersten umfassenden soziologischen Erhebungen des 20. Jahrhunderts stammen überraschenderweise aus der Zeit der Wirtschaftskrise der 1930er Jahre, als die Arbeitslosigkeit bereits ihren Höhepunkt erreicht hatte.[1] Während der vom Wirtschaftswachstum geprägten Nachkriegszeit beschäftigte man sich viel weniger mit dieser Frage. Solange Vollbeschäftigung herrschte, interessierte sich die Wissenschaft vor allem für den technischen, gesellschaftlichen und kulturellen Wandel und seine Auswirkungen auf die Sozialstruktur der westlichen Gesellschaften. In dieser Zeit blieb die Armut, wie schon gezeigt, ein absolut zweitrangiges Problem. Erst gegen Ende der 1970er Jahre nahmen dann die Forschungen zur Arbeitslosigkeit in den Wirt-

---

1 Das aus einer monographischen Erhebung hervorgegangene Werk Jahodas, Lazarsfelds und Zeisels bleibt bis heute eine wichtige Referenz. Vgl. Jahoda/Lazarsfeld/Zeisel, Die Arbeitslosen von Marienthal. Man könnte auch die Studien von Wight Bakke, The Unemployed Worker sowie Citizens without Work anführen.

schaftswissenschaften, der Soziologie[2] und in den Politikwissenschaften wieder zu.

Das Konzept der sozialen Disqualifizierung wurde in den 1980er Jahren entwickelt. Es richtet sich auf den Prozess der Verdrängung breiter Kreise der Bevölkerung vom Arbeitsmarkt und die Erfahrungen, die im Rahmen des Fürsorgebezugs über die verschiedenen Phasen hinweg gemacht werden. Betont werden die Mehrdimensionalität, die Dynamik und der Prozesscharakter von Armut und zugleich der Status der Armen im Sozialhilfebezug. Es besteht eine gewisse Korrespondenz zwischen dem Konzept der sozialen Disqualifizierung, wie ich es in meinen frühen Forschungen entwickelt habe, und dem Idealtyp der *disqualifizierenden Armut*, wie er in diesem Buch als eine besondere Form des Verhältnisses zwischen einer aufgrund ihrer Abhängigkeit von sozialen Diensten als arm bezeichneten Bevölkerungsgruppe und dem Rest der Gesellschaft aufgefasst wird. Die Definition des Konzepts ist jedenfalls der des Idealtyps vorausgegangen. In der weiteren Auseinandersetzung mit dem Konzept hat sich die Definition des Idealtyps mit der Einnahme einer vergleichenden Perspektive zunehmend aufgedrängt. Die vorausgegangene Definition des Konzepts wurde also einer Überprüfung durch empirische Untersuchungen unterzogen, insbesondere durch die im Lauf der letzten Jahre durchgeführten europaweiten Forschungen. Die Ergebnisse dieser vergleichenden Untersuchungen zu den sozialen Repräsentationen und Alltagserfahrungen der Armut sowie die Analyse der erklärenden Faktoren veranlassten mich dann, drei unterschiedliche Typen des gesellschaftlichen Umgangs mit Armut auszuarbeiten, darunter eben jenen der *disqualifizierenden Armut*.

Die steigende Inanspruchnahme von Sozialhilfeleistungen, durch die sich dieser letztere Typ auszeichnet, kann durch drei Faktoren

2 Die Arbeiten Dominique Schnappers markieren in Frankreich den Beginn einer neuen Phase der wissenschaftlichen Beschäftigung mit Arbeitslosigkeit. Vgl. Schnapper, L'épreuve du chômage. In Großbritannien wurde das erste umfassende Forschungsprojekt zu den gesellschaftlichen Auswirkungen von Arbeitslosigkeit seit Mitte der 1980er Jahre durchgeführt. Vgl. Gallie/Marsh/Vogler (Hg.), Social Change and the Experience of Unemployment.

erklärt werden: durch ein hohes Niveau ökonomischer Entwicklung in Verbindung mit einer verschlechterten Arbeitsmarktsituation; durch ein zunehmendes Brüchigwerden der sozialen Bindungen, insbesondere im Bereich der Familie und der privaten Unterstützungsnetzwerke; durch einen Wohlfahrtsstaat, der zwar vielen Menschen ein hohes Niveau an Sicherheit gewährleistet, dessen Interventionsformen gegenüber benachteiligten Bevölkerungsgruppen sich jedoch zum großen Teil als unangemessen erweisen. Dieser Prozess führt zu einer Diversifizierung der Armen, die aus unterschiedlichsten gesellschaftlichen Milieus stammend in großer Zahl die Erfahrung von prekärer Beschäftigung und Arbeitslosigkeit machen und zunehmend in die Sphäre der Erwerbslosigkeit und Abhängigkeit abgedrängt werden. Dort werden sie mit anderen Armen gleichgestellt, die eine ganz andere Erwerbsbiographie hinter sich haben.

Das Ziel dieses Kapitels unterscheidet sich nicht von den beiden vorangegangenen. Wie für die *integrierte* und die *marginale Armut* stützen wir uns hier auf vergleichende Umfragedaten, die mit dem Idealtyp der *disqualifizierenden Armut* konfrontiert werden. Zunächst wird untersucht, inwiefern der gesellschaftliche Umgang mit Armut in den wichtigsten europäischen Ländern seit Ende der 1970er Jahre einem Wandel unterlag. Besonderes Augenmerk wird dabei auf die damals aufkommende soziale Unsicherheit und ihre Merkmale gelegt. In einem zweiten Schritt werden die Formen der Kumulierung von Problemlagen und Benachteiligungen anhand eines Vergleichs zwischen verschiedenen Bevölkerungsgruppen untersucht, was in eine Analyse des Phänomens der räumlichen Konzentration von Armut und in eine vergleichende Untersuchung der Erfahrung von Arbeitslosigkeit mündet. Schließlich befassen wir uns mit den von den staatlichen Organen im Lauf der letzten zwei Jahrzehnte vorgebrachten Antworten und versuchen, daraus allgemeine Tendenzen abzuleiten.

Die Rückkehr der sozialen Unsicherheit

Es ist nicht nötig, hier nochmals auf die Folgen der verschlechterten Arbeitsmarktsituation seit der ersten Ölkrise näher einzugehen. Es sei nur daran erinnert, dass die Zahl der Arbeitslosen in Frankreich von 500000 zu Beginn der 1970er Jahre auf fast drei Millionen zu Beginn der 1990er Jahre anstieg. Die Arbeitslosen machten 1975 noch weniger als 4 Prozent der Erwerbstätigen aus, 1994 waren es bereits 12 Prozent. Trotz einer beträchtlichen Reduzierung Ende der 1990er Jahre lag die Arbeitslosenrate im Jahr 2004 bei ungefähr 10 Prozent. Das fast randständige Phänomen Arbeitslosigkeit wandelte sich zu einer Massenerscheinung, die von manchen bereits als ausgrenzende Arbeitslosigkeit bezeichnet wurde. Frankreich war freilich nicht das einzige Land, das von diesem Phänomen betroffen war. Sämtliche europäischen Länder, einschließlich der Vereinigten Staaten, hatten – wenn auch in unterschiedlichem Grad – mit Arbeitsplatzabbau und einem steilen Anstieg der Arbeitslosenzahlen zu kämpfen. Arbeitslosigkeit ist freilich nicht die einzige Folge der verschlechterten Arbeitsmarktsituation. Es kam auch zu einer Vervielfachung prekärer Beschäftigungsverhältnisse sowie einer Zunahme unfreiwilliger Teilzeitarbeit, der sogenannten Unterbeschäftigung. Zudem hatte das Risiko eines Stellenverlusts, insbesondere in Unternehmen in Umstrukturierungsphasen, beträchtlich zugenommen, so dass man durchaus von einer Destabilisierung von eigentlich für sicher gehaltenen unbefristeten Beschäftigungsverhältnissen sprechen kann. Schließlich haben neuartige Phänomene wie Just-in-time-Produktion oder auch Flexibilisierungsmaßnahmen ein Gefühl tiefer Verunsicherung unter den Arbeitnehmern bewirkt. Die Intensivierung der Arbeit konnte sich zu einem permanenten Selektionsinstrument entwickeln, das einen Teil der Beschäftigten zum Scheitern verurteilt und die Gefahr ihrer zunehmenden sozialen Disqualifizierung im Unternehmen und ganz allgemein auch auf dem Arbeitsmarkt in sich birgt.[3] Die »Krise der Arbeitneh-

3 Für eine mehr ins Detail gehende Analyse dieser Veränderungen und ihrer gesellschaftlichen Auswirkungen kann man Paugam, Le salarié de la précarité, heranziehen.

mergesellschaft«, um den Ausdruck Robert Castels[4] hier aufzugreifen, hat eine neue Form gesellschaftlichen Umgangs mit Armut hervorgebracht.[5]

Die Vorstellung von Armut als Absturz

In den ärmsten Ländern oder Regionen gilt Armut wie gezeigt als weitervererbter Dauerzustand und damit als fast unvermeidliches und in das soziale System integriertes Phänomen. Als die fortgeschrittenen Industriegesellschaften aufgrund des Wirtschaftswachstums Vollbeschäftigung erreicht hatten und breiten Kreisen der Bevölkerung Sicherheit und Wohlstand garantieren konnten, wurde Armut dagegen als ein Residuum, ein beinahe schon exotisch wirkendes Relikt innerhalb der Überflussgesellschaft wahrgenommen. Als diese an Sicherheit gewöhnten Gesellschaften dann aber mit struktureller Arbeitslosigkeit und prekärer Beschäftigung konfrontiert wurden, nahm die Zahl der Fürsorgeempfänger zu, was denn auch zu einer veränderten Wahrnehmung der Armut führte. Die beherrschende Figur ist die des »Absturzes« geworden, also des deklassierten Armen, der seinen sozialen Status verloren hat, oder des Armen als eines Opfers von Schwierigkeiten, mit denen er vorher noch nie konfrontiert war.

Dieses Phänomen lässt sich anhand der Antworten auf die oben schon analysierte, in vier Eurobarometerumfragen gestellte Frage zur Wahrnehmung der Armut überprüfen.[6] Wie wir uns erinnern, richtete sich diese Frage an Personen, die angegeben hatten, dass es in der Gegend, in der sie leben, Menschen in extremer Armut, in Armut oder am Rande der Armut gibt. Man fragte sie anschließend, ob sich diese Menschen ihrer Meinung nach schon immer in dieser Situation befunden haben oder in eine solche hineingeraten sind, nachdem sie vorher bessere Zeiten gesehen hatten. Die erste Möglichkeit entspricht einer ererbten Armut; die zweite einer infolge eines Absturzes erlittenen Armut. Der Vorteil dieser speziellen The-

---

4 Castel, Die Metamorphosen der sozialen Frage.

5 Das Thema der sozialen Unsicherheit wird seit Beginn der 1980er Jahre untersucht. Vgl. Lion/Maclouf (Hg.), L'insécurité sociale.

6 Vgl. Kapitel 3, S. 126.

Graphik V.1 – Anteil der Personen, die meinen, dass die Armen, die sie in ihrer Umgebung gesehen haben, einen sozialen Absturz hinter sich haben.

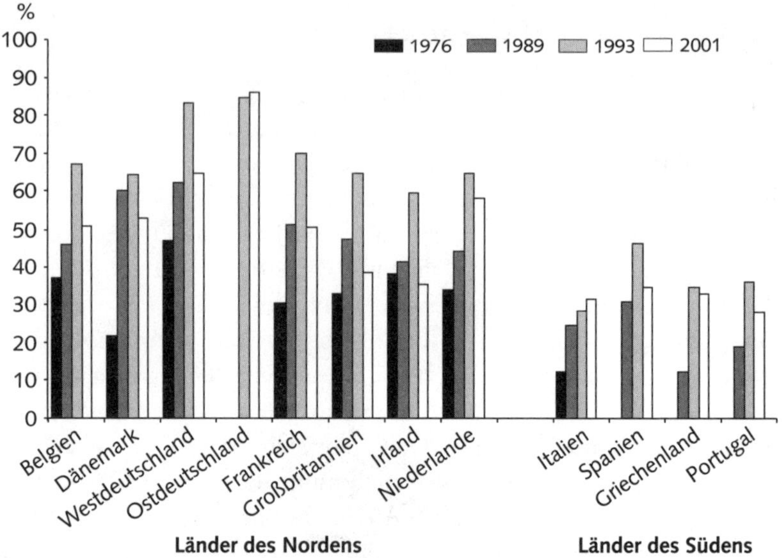

Quelle: Eurobarometer, »Armut – Ausgrenzung«.

men gewidmeten Eurobarometer liegt darin, dass sich damit die Wahrnehmung der Armut zwischen den europäischen Ländern wie auch die Entwicklung dieser Wahrnehmung über einen bestimmten Zeitraum vergleichen lässt, insofern wir über vier Referenzzeitpunkte verfügen: 1976, 1989, 1993 und 2001.

Die Wahrnehmung von Armut als Absturz (vgl. Graphik V.1) ist in den südlichen Ländern weniger verbreitet (28 Prozent in Portugal, zwischen 32 und 35 Prozent in Spanien, Italien und Griechenland), während dies in den nördlichen Ländern, vor allem in Deutschland (besonders in Ostdeutschland mit 86 Prozent), in den Niederlanden (65 Prozent) und in Dänemark (53 Prozent) viel häufiger der Fall ist. Es zeigt sich deutlich, dass Armut je nach wirtschaftlicher Entwicklung und dem Niveau der sozialen Absicherung unterschiedlich wahrgenommen wird.

Die Vorstellung von Armut als eines Absturzes ist also in den entwickelten und von der Beschäftigungskrise stärker betroffenen Arbeitnehmergesellschaften weiter verbreitet als in den in dieser Hinsicht weniger entwickelten Gesellschaften, wie den Ländern Südeuropas. In ersteren resultiert diese Wahrnehmung aus dem Bewusstsein, dass man die an einen stabilen Beschäftigungsstatus geknüpften Sicherheiten verlieren könnte. In südeuropäischen Ländern sind die an eine feste Beschäftigung gekoppelten Absicherungen insgesamt nie so umfassend und zudem innerhalb der erwerbstätigen Bevölkerung immer ungleich verteilt gewesen. Daher hat die Verschlechterung der Beschäftigungssituation in diesen Ländern keine so durchschlagende Wirkung auf die Wahrnehmung der Armut.

Der Anteil der Personen, die annehmen, dass Armut die Folge eines Absturzes ist, variiert jedoch auch mit dem Erhebungszeitpunkt. 1976 lag dieser Anteil auf seinem niedrigsten Niveau. Die dominierenden Vorstellungen hielten sich über die 30 Jahre währende Wachstumsphase, welche die europäischen Gesellschaften nach dem Zweiten Weltkrieg erlebten. Von 1976 bis zum Jahr 1993 nahm diese charakteristische Form der Armut stark zu, erreichte in diesen Jahren – mit Ausnahme Ostdeutschlands – in allen Ländern ihren Höhepunkt und ging dann in den Jahren von 1993 bis 2001 stark zurück. Es scheint, dass die Bevölkerung unter dem Einfluss einer verschlechterten Arbeitsmarktsituation sensibler geworden ist für die Zunahme der Armut und den sozialen Absturz, den diese Erfahrung mit sich bringt. Wenn sich die konjunkturelle Lage bessert, geht auch diese Wahrnehmung wieder zurück (vgl. für eine weitergehende Analyse den Anhang am Ende des Buches mit dem Titel »Wie die Europäer die Armut sehen«).

Angst vor Ausgrenzung

Wenn Armut als Absturz wahrgenommen wird, von dem Menschen betroffen sein können, die unter zufriedenstellenden, wenn nicht gar komfortablen Bedingungen leben, dann steigt damit auch das subjektiv empfundene Risiko, selbst davon betroffen zu werden. Die *disqualifizierende Armut* führt zu einer fast nicht zu kontrollierenden kollektiven Angst. Mit aus diesem Grund gewann die Debatte über soziale Ausgrenzung in Frankreich seit Anfang der 1990er Jahre zunehmend an Bedeutung, was für viele der anderen europäischen Länder ungewöhnlich war. Der Begriff Ausgrenzung findet bei ihnen seltener Verwendung, selbst wenn ihre Wirtschaft und ihr System sozialer Sicherung eine ähnliche Entwicklung durchlaufen haben wie in Frankreich.

Mehrere Meinungsumfragen wurden dem Verhältnis der Franzosen zur Ausgrenzung gewidmet. Eine seit Anfang der 1990er Jahre regelmäßig gestellte Frage lautet folgendermaßen: »Haben Sie manchmal Angst, eines Tages selbst zu einem Ausgegrenzten zu werden?« 1993 hatten 53 Prozent der Befragten mit »Ja« geantwortet, was fast unverhältnismäßig hoch erscheint. Nur 2 Prozent der Befragten hatten sich gar nicht geäußert, was von vornherein die Hypothese einer Verzerrung aufgrund von Nichtantworten ausschließt. Man könnte sich auch fragen, ob dieses Ergebnis nicht besonderen Umständen geschuldet ist. Doch die Umfrage wurde danach noch fünfmal wiederholt, zu unterschiedlichen Jahreszeiten (Winter, Herbst, Frühling), und der Anteil der auf diese Frage mit »Ja« antwortenden Personen blieb stabil. Das Maximum an positiven Antworten wurde im Februar 1998 mit 57 Prozent erreicht, unter 53 Prozent fiel das Ergebnis nie (vgl. Tabelle V.1). Aufgrund dieser Kontinuität erscheint dieses Resultat solide. Es verweist auf ein soziologisches Phänomen, das eingehender untersucht werden muss.

Diese für mehr als die Hälfte der Bevölkerung stehende Zahl lässt einen spontan an das Schlagwort der dualen oder zweigeteilten Gesellschaft denken, ein fast in zwei Hälften geteiltes Frankreich: auf der einen Seite das der Gewinner, die sich vor jeglichem Prekaritätsrisiko sicher fühlen; auf der anderen das Frankreich derer, die aufgrund ihrer wirtschaftlich oder sozial prekären Lage ihre Stelle verlieren könnten. Dieses Ergebnis muss man der im Rahmen des CERC durchgeführten Studie[7] gegenüberstellen, die auf der Basis einer Erhebung von 1986 bis 1987 unter den Erwerbstätigen fol-

7 Vgl. Paugam/Zoyem/Charbonnel, Précarité et risque d'exclusion en France.

Tabelle V.1 – Die Furcht vor Ausgrenzung in Frankreich von 1993 bis 2004
Frage: Haben Sie manchmal Angst, eines Tages selbst zu einem Ausgegrenzten zu werden? (Prozentsatz der mit »Ja« Antwortenden)

	Oktober 1993	September 1995	September 1996	Februar 1998	Februar 2002	Mai 2004
Gesamt	55	53	53	57	55	53
Geschlecht:						
Männer	48	47	49	55	50	47
Frauen	61	58	58	58	59	58
Alter:						
18 bis 24 Jahre	69	66	64	75	59	62
25 bis 34 Jahre	66	63	67	71	63	62
35 bis 49 Jahre	67	66	65	69	65	63
50 bis 64 Jahre	46	47	46	48	57	49
65 Jahre und älter	26	22	22	21	28	31
CSP*:						
Cadres	53	46	44	45	48	42
Professions intermédiaires	65	50	64	63	57	50
Employés	71	68	66	70	74	65
Ouvriers	70	74	69	78	57	72
Rentner/Nicht-erwerbstätige	35	46	43	42	47	45

* CSP[8] der befragten Person, außer im Oktober 1993: CSP des Familienoberhaupts.

Quelle: Umfrage CSA, repräsentative nationale Stichprobe für Frankreich von 1000 Personen über 18 Jahren.

---

8 Klassifikation der Erwerbstätigen in der französischen Berufsstatistik. Zu den *cadres* gehören vor allem die Führungskräfte und Ingenieure im öffentlichen Dienst und der Privatwirtschaft. Die *professions intermédiaires* sind zwischen der Kategorie der *cadres* und der *employés* angesiedelt. Sie sind mittlere Angestellte im öffentlichen und privaten Sektor. Zu ihnen gehören beispielsweise Angestellte in den Krankenpflege- und Sozialberufen, Techniker und Industriemeister oder Primarschullehrer. Die *employés* sind »kleine« Angestellte im öffentlichen Dienst und der Privatwirtschaft, beispielsweise Polizisten und Militärangehörige,

gende Gruppen unterschied: diejenigen, die eine feste Stelle hatten und meinten, sie bräuchten den Verlust dieser Stelle nicht zu befürchten (52 Prozent); diejenigen, die in derselben Situation dagegen die Angst äußerten, sie könnten arbeitslos werden (28 Prozent); diejenigen, die keine feste Stelle hatten (8 Prozent), und diejenigen, die arbeitslos waren (12 Prozent). Damit gehörte nur jeder Zweite zu den »geschützten« Erwerbstätigen. Die Meinungsumfragen bestätigen, dass die Angst davor, ausgegrenzt zu werden, vor allem Individuen im Erwerbsalter betrifft: Bis zum Alter von 50 Jahren liegt der Anteil zwischen 60 und 70 Prozent, während er nach 65 auf unter 30 Prozent fällt. Man kann daher die Hypothese wagen, dass diese Angst vor allen Dingen durch die Furcht vor Arbeitslosigkeit und prekärer Beschäftigung genährt wird. Seine Stelle in einer Gesellschaft zu verlieren, die den sozialen Status auf der Grundlage der Mitwirkung an der Produktion des gesellschaftlichen Reichtums zuweist, ist für viele ein Zeichen der Minderwertigkeit, der Abhängigkeit von sozialstaatlichen Einrichtungen und des Beginns einer Verkettung von Umständen, die in Not mündet.

Wie zu erwarten, ist die Angst vor Ausgrenzung bei den Frauen, die bei gleicher Qualifikation auf dem Arbeitsmarkt stärker benachteiligt sind als die Männer, eindeutig höher. Schließlich lässt sich bei Arbeitern und kleineren Angestellten, also denjenigen Kategorien, deren Entlassungsrisiko am höchsten ist, zwar eine größere Furcht vor Ausgrenzung beobachten, die anderen jedoch – nämlich die intermediären Berufe und die Cadres[9] – sind davon nicht ausgenommen, was ein Anzeichen für ein diffuses Unbehagen unter sämtlichen Erwerbstätigen darstellt.

Diese Angst vor Ausgrenzung mag auf den ersten Blick übertrieben erscheinen, hängt jedoch mit dem sich in manchen sozialen Schichten ausbreitenden Unsicherheitsgefühl zusammen. Dennoch

---

Dienstleistungspersonal im Handel, Reinigungsgewerbe, Hotel- und Gastrobereich. Die Kategorie *ouvriers* entspricht im Wesentlichen der Kategorie der Arbeiter in der deutschen Klassifikation nach der Stellung im Beruf (vgl. Desrosières/Thévenot, Les catégories socio-professionnelles). Anm. des Übers.

9 Vgl. vorhergehende Fußnote.

ist es fast paradox, diese Frage in entwickelten Ländern wie den europäischen zu stellen, leben wir doch, wie Robert Castel betont, in den abgesichertsten Ländern, die es je gegeben hat. Die Absicherung verträgt sich mit den bürgerlichen Rechten, insofern sie grundlegende Freiheiten, die Unversehrtheit von Eigentum und Personen, im Rahmen des Rechtsstaates garantiert. Sie sind auch sozial in dem Sinne, als sie einen Schutz vor den hauptsächlichen Risiken bieten, die die Lebenssituation der Individuen nachhaltig beeinträchtigen können: Dazu zählen insbesondere Krankheit, Arbeitsunfall, Alter und Arbeitslosigkeit ... Im Grunde – und darin liegt das Paradox – ist die Sorge um Sicherheit zu einer populären Beschäftigung im engeren Wortsinn geworden, während die schlimmsten Auswüchse von Gewalt und Verelendung weitgehend gebändigt sind. Robert Castel stellt die Hypothese auf, dass »der Grund für die heutige Unsicherheit [...] nicht der Mangel an Absicherung [ist], sondern vielmehr deren Kehrseite – gleichsam ihr Schatten, der in ein soziales Universum hineinreicht, das sich um ein endloses Streben nach Schutz und eine verzweifelte Suche nach Sicherheit organisiert hat«.[10] Die Suche nach Sicherheit hört nie auf und ruft damit zwangsläufig immer wieder Enttäuschungen hervor. Die Unsicherheit ist die Kehrseite einer Sicherheitsgesellschaft. Wenn die modernen Gesellschaften auf unsicherem Boden errichtet scheinen, so liegt das daran, dass die darauf lebenden Individuen weder in sich selbst noch in ihrer Umgebung die Fähigkeit entwickelt haben, für ihren Schutz zu sorgen.

Zum besseren Verständnis dieses diffusen Unbehagens hat Pierre Bourdieu vorgeschlagen, von dem geläufigeren Begriff des situations- oder lagebedingten Elends den des »positionsbedingten Elends« zu unterscheiden.[11] Gestützt auf zahlreiche verstehende Interviews mit Menschen aus unterschiedlichen sozialen Milieus, fand er heraus, dass die aus alltäglichem Leiden resultierende »kleine Not« mit der Erfahrung von gesellschaftlicher Minderwertigkeit einhergeht und in dem Gefühl der Individuen zum Ausdruck kommt, innerhalb des jeweiligen sozialen Bezugsrahmens nicht ge-

---

10 Castel, Die Stärkung des Sozialen, S. 9.
11 Bourdieu u.a., Das Elend der Welt, S. 19.

nügend Anerkennung und Wertschätzung zu erfahren. »Dieses positionsbedingte Elend, bezogen auf die Perspektive dessen, der es erfährt und dabei in den Grenzen des Mikrokosmos gefangen bleibt, erscheint zwangsläufig als ›gänzlich relativ‹, d.h. völlig irreal, wenn man es aus der Perspektive des Makrokosmos mit dem großen situationsbedingten Elend vergleicht; ein Bezug, der übrigens tagtäglich vorgenommen wird, um jemand zu kritisieren (›Du kannst dich nicht beklagen‹) oder aber zu trösten (›Es gibt Schlimmeres, weißt du‹). Doch indem man die große Not zum ausschließlichen Maß aller Formen der Not erhebt, versagt man sich, einen ganzen Teil der Leiden wahrzunehmen und zu verstehen, die für eine soziale Ordnung charakteristisch sind, die gewiß die große Not zurückgedrängt hat (allerdings weniger, als zuweilen behauptet wird), im Zuge ihrer Ausdifferenzierung aber auch vermehrt soziale Räume (spezifische Felder und Sub-Felder) und damit Bedingungen geschaffen hat, die eine beispiellose Entwicklung aller Formen kleiner Nöte begünstigt haben.«[12] Die Furcht vor dem Ausgegrenztwerden entspringt der verbreiteten Angst, nicht mehr genügend Anerkennung zu finden, genauer gesagt, anderen gegenüber als minderwertig betrachtet zu werden und damit nach und nach zu »intern Ausgegrenzten« zu werden.

Die soziale Unsicherheit hat letztlich zwei verschiedene Bedeutungen. Die erste ist jene, auf die Robert Castel Bezug nimmt, nämlich der Mangel oder zumindest das Gefühl des Mangels beziehungsweise des Nachlassens der Sicherungsmechanismen gegen die hauptsächlichen sozialen Risiken, insbesondere Arbeitslosigkeit und Armut. Die zweite kommt jener näher, auf die Pierre Bourdieu zumindest implizit Bezug nimmt, wenn er auf die Bedingungen, unter denen sich heute soziale Beziehungen herausbilden, und zugleich auf die sie kennzeichnenden Herrschaftsformen besonderen Wert legt. Soziale Unsicherheit resultiert in der ersten Bedeutung aus dem zumindest teilweisen Verlust der sozialen Unterstützungssysteme und in der zweiten Bedeutung aus einer gesellschaftlich zugeschriebenen Minderwertigkeit, in der mannigfaltige Leidenserfahrungen,

12 Ebenda.

sogar unterschiedliche Formen seelischer Not, insbesondere der Verlust von Selbstvertrauen und das Gefühl von Nutzlosigkeit ihren Ursprung haben. In beiden Fällen handelt es sich um eine auf dem Individuum und den ihm Nahestehenden lastende Bedrohung.

Diese beiden Bedeutungen finden sich im Konzept beruflicher Prekarität wieder, je nachdem, ob man das Verhältnis zur Beschäftigung oder das Verhältnis zur Arbeit zur Grundlage der Untersuchung macht.[13] Das Verhältnis zur Beschäftigung verweist auf die Absicherungslogik des Wohlfahrtsstaats, das zur Arbeit auf die produktive Logik der Industriegesellschaft. Der Lohnabhängige ist in einer prekären Lage, wenn seine Beschäftigung unsicher wird und er seine berufliche Zukunft nicht mehr zu überblicken vermag. Das ist der Fall bei den Beschäftigten, die nur einen kurzfristigen Arbeitsvertrag haben, aber auch bei denjenigen, die permanent von Kündigung bedroht sind. Diese Situation zeichnet sich durch eine starke ökonomische Verwundbarkeit und eine zumindest partielle Einschränkung der sozialen Rechte aus, da diese Rechte zum großen Teil auf einer festen Beschäftigung beruhen. Dem Arbeitnehmer kommt aus diesem Grund nur eine untergeordnete Position in der durch den Wohlfahrtsstaat definierten Hierarchie sozialer Statuspositionen zu. In diesem Fall kann man von einer *Prekarität der Beschäftigung* sprechen. Die Lage des Arbeitnehmers ist aber ebenfalls prekär, wenn er das Gefühl hat, dass seine Arbeit nicht von Belang, schlecht bezahlt und innerhalb des Unternehmens wenig anerkannt ist. Erfährt sein Beitrag zur gesellschaftlichen Produktion keinerlei Wertschätzung, entwickelt er das Gefühl, mehr oder weniger unnütz zu sein. Man kann dann von einer *Prekarität der Arbeit* sprechen. Diese beiden Dimensionen der Prekarität dürfen nicht unabhängig voneinander untersucht werden. Sie verweisen auf tiefgreifende Wandlungen des Arbeitsmarkts, aber auch auf strukturelle Entwicklungen der Arbeitsorganisation.[14]

---

13 Paugam, Le salarié de la précarité.

14 Die Prekarität der Beschäftigung und die Prekarität der Arbeit kumulieren in dem als *disqualifizierende Integration* bezeichneten Typus beruflicher Integration. Die Untersuchung konnte bestätigen, dass dieser Typus in Unternehmen, in denen ein Sozialplan ausgehandelt wurde, besonders

Allgemeiner gesprochen bewirkt die vom Qualifikationsniveau und der Verantwortungsebene unabhängige Tendenz zu mehr Autonomie im Arbeitsprozess und zur Individualisierung der Leistung fast unvermeidbar, dass sich die Arbeitnehmer innerhalb ihres Kollegenkreises zu unterscheiden suchen, was wiederum Rivalitäten und Spannungen untereinander, unabhängig von ihrer Position in der Unternehmenshierarchie, potentiell anheizt. Wenn auch die meisten Unternehmen eine Erhöhung der Flexibilität anstreben, gibt es doch starke Schwankungen von einem Unternehmen zum nächsten, so dass sich das Risiko, seine Stelle zu verlieren und in der ständigen Furcht vor dieser Perspektive zu leben, zu einem eigenen Faktor der Ungleichheit unter den Beschäftigten entwickelt hat. Die Entwicklung verschiedener Formen beruflicher Integration verringert die Statusdifferenzierungen also keineswegs, sondern forciert vielmehr die Komplexität der beruflichen Hierarchien und belastet zugleich einen zunehmenden Teil der Beschäftigten.

Diese soziale Unsicherheit konzentriert sich, wie man sieht, nicht auf eine spezielle Gruppe. Selbst wenn das Ausgrenzungsrisiko stets ungleich verteilt bleibt, verläuft die soziale Unsicherheit in beiden beschriebenen Bedeutungen in vielerlei Hinsicht quer zur Arbeitnehmergesellschaft und bereitet gewissermaßen den Boden für einen neuartigen gesellschaftlichen Umgang mit Armut, der sich grundlegend von dem unterscheidet, der für die Phase des »Wirtschaftswunders« typisch war.

---

verbreitet ist. Die Arbeitnehmer leben dann ständig in der Angst vor einer möglichen Entlassung. Sie können auch keine Wertschätzung in ihrem Beruf erfahren. Die Arbeit als solche hat für sie keinerlei Wert. Der einzige Vorteil, den sie darin finden können, ist der Lohn. Nun liegt dieser sehr oft nur knapp über dem gesetzlichen Mindestlohn, und das sogar nach mehrjähriger Betriebszugehörigkeit. Unter solchen Umständen gehen die Beschäftigten ohne sonderliche Begeisterung zur Arbeit, ebenso beurteilen sie die betriebliche Atmosphäre als ungesund. Sie wissen, dass sie weder von ihrer Arbeit – um deren geringen Wert sie vor allen anderen wissen – noch von ihren Chefs – die sie nicht immer kennen – oder ihren Kollegen etwas zu erwarten haben. Im Unternehmen warten sie darauf, dass die Zeit vergeht, so selbstentfremdet und verzweifelt fühlen sie sich.

Die neue soziale Frage in Frankreich und Großbritannien

In den 1980er und 1990er Jahren bewegte sich die gesellschaftspolitische Debatte in den europäischen Ländern in unterschiedliche Richtungen, in manchen hat sie nicht wirklich stattgefunden. Im vorangegangenen Kapitel wurde bereits deutlich, dass in der Schweiz, in Deutschland und den skandinavischen Ländern die politischen Organe und die Gesamtgesellschaft nach wie vor Armut als Minderheitenphänomen betrachteten, das von den sozialstaatlichen Einrichtungen relativ erfolgreich bekämpft werde und es deshalb sinnlos sei, sie zum Gegenstand einer Debatte zu machen. Zwei europäische Länder unterscheiden sich jedoch von den übrigen durch die Fülle an Untersuchungen, Diskussionen und Meinungsaustausch, die durch das Thema ausgelöst wurden, nämlich Frankreich und Großbritannien.

Bei beiden handelt es sich um stark zentralistisch geprägte Länder, deren Art der Regulation sozialer Probleme Anlass für Debatten von nationaler Bedeutung geben. Die soziale Frage wird in den beiden Ländern auf jeweils unterschiedliche Weise formuliert. Die französische Sichtweise ist in der durkheimschen Tradition der organischen Solidarität verankert, die heute durch zunehmende »Ausgrenzung« als bedroht wahrgenommen wird. Die britische Sichtweise beruht auf einer anderen Auffassung von Gesellschaft, in der die Individuen über ausreichende Ressourcen verfügen müssen, nicht um einer Marginalisierung zu entgehen, sondern um auf dem freien Markt zu den anderen in Konkurrenz treten zu können. In Frankreich existiert die Gesellschaft vor den Individuen und muss reguliert werden, um jedem Einzelnen Wohlstand und den Zusammenhalt des Ganzen zu ermöglichen. Im Fall Großbritanniens obliegt es den Individuen, sich bei gleichzeitiger Akzeptanz der Logik des Marktes und der Konkurrenz um die eigene Absicherung selbst zu kümmern, auch wenn es einen allgemeinen Konsens darüber gibt, dass ihnen im Falle von Bedürftigkeit auf niedrigstem Niveau geholfen werden soll.

Trotz dieses auf den ersten Blick radikalen Gegensatzes lassen sich die beiden Länder vergleichen. Im einen wie im anderen Fall verweist die Frage der Armut auf frühere Debatten, die die gegenwärtigen Vorstellungen wie auch die Interventionsformen strukturieren. Die Briten haben praktisch seit dem 16. Jahrhundert mit dem Erlass der elisabethanischen Gesetzgebung ein nationales System der Armutsbekämpfung.[15] Die Aufhebung dieser Gesetze und die Versuche, dieses System zu reformieren, um es den Bedingungen der industriellen Revolution anzupassen, waren im 19. Jahrhundert Anlass für zahlreiche Diskussionen, deren begriffliche Nähe zur gegenwärtigen Debatte frappierend ist. Die Franzosen bleiben dem Gedanken einer nationalen Schuldigkeit gegenüber den Schwächsten verhaftet, dessen Ursprünge bis ins 18. Jahrhundert zurückreichen, insbesondere zu den Anfängen der Französischen Revolution mit dem Experiment des »Bettel-Komitees«. Dieses rückte die Verpflichtung der Gemeinschaft in den Vordergrund, für den Unterhalt derjenigen in angemessener Weise zu sorgen, die über keinerlei Mittel, Macht oder gesellschaftlichen Status verfügen. Zwei Jahrhunderte später gab die Abstimmung über das Gesetz zur Einführung des Mindesteinkommens zur Eingliederung (RMI) die Gelegenheit, diesen Grundsatz nationaler Solidarität wieder ins Gedächtnis zu rufen.[16] Aus jeweils unterschiedlichen historischen Gründen ist diese Frage in Frankreich und Großbritannien bis heute Gegenstand vieler Diskussionen, nicht nur unter Wissenschaftlern, sondern auch unter den politisch Verantwortlichen, die häufig nach den Leistungen beurteilt werden, die sie auf dem Feld der »Armutsbekämpfung« und des Kampfes gegen die »Ausgrenzung« erzielen.

Man muss ebenfalls wissen, dass die beiden Länder in wirtschaftlicher Hinsicht nahe beieinanderliegen: Die extreme Verschlechterung der Lage auf dem Arbeitsmarkt, die zunehmende Prekarisierung der Arbeitnehmerschaft und der Anstieg der Arbeitslosigkeit hatten vor allem in den 1990er Jahren vergleichbare soziale Auswirkungen zur Folge.[17] Die Anzahl der Bezieher des garantierten Min-

---

15 Vgl. Merrien, »Divergences franco-britanniques«.

16 Vgl. für eine Gegenüberstellung der im Ausschuss für Bettelfragen von 1790 geführten Debatten und in der parlamentarischen Debatte zum RMI 1988 verwendeten Begriffe Paugam, La société française et ses pauvres, Kapitel 2: »La dialectique de l'assistance«.

17 Was die aktuellen Arbeiten zu diesem Thema bezüglich Großbritannien anbelangt, könnte man vor allem Gallie/March/Vogler (Hg.), Social

desteinkommens ist in den letzten Jahren in beiden Ländern kontinuierlich angestiegen. Der Bevölkerungsanteil, der von einem System der Einkommensgarantie abhängig war, lag 1993 in Frankreich bei ungefähr 10 Prozent und in Großbritannien bei 17,4 Prozent.[18] Eine wachsende Zahl von Bevölkerungsgruppen einschließlich der jungen Menschen, die noch nie gearbeitet haben, wird so in die Sphäre der Erwerbslosigkeit und der Fürsorge abgedrängt. Die Ausstiegsraten aus den Fürsorgesystemen bleiben insgesamt recht bescheiden, in jedem Fall aber deutlich niedriger als die Zugangsraten.

Die neuen Formen der räumlichen Disqualifizierung

Die Furcht vor Ausgrenzung speist sich auch aus der Unsicherheit in den Städten und, zumindest was Frankreich anbelangt, aus dem Problem der Vorstädte. Das Problem der räumlichen Konzentration von Armut ist nicht neu, aber in den 1980er und 1990er Jahren aufgrund der gewalttätigen Konfrontationen von wütenden Jugendlichen mit Ordnungskräften in mehreren Vorstadtsiedlungen sichtbarer geworden. Diese Ausbrüche von Gewalt sind ein sich im Raum niederschlagender Ausdruck der sozialen Disqualifizierung. Das Konzept bezieht sich also auch auf die Wohnverhältnisse und bestimmte Wohnsiedlungen, man kann in diesem Fall von räumlicher Disqualifizierung sprechen. Wenn sich mehrere Haushalte mit Schwierigkeiten im Hinblick auf ihre berufliche Situation – die aus diesem Grund auch mit größerer Wahrscheinlichkeit von den Sozialbehörden betreut werden – in einem Wohnviertel konzentrieren, so dass dieses bald nach innen wie auch nach außen einen schlechten Ruf bekommt, steigt das Risiko, dass sich sowohl die kollektiv genutzten Räume als auch die sozialen Beziehungen zunehmend verschlechtern. Die soziale Disqualifizierung der Menschen schlägt sich auf das gesamte Wohnumfeld nieder und bewirkt, dass die urbane Segregation noch offenkundiger wird.

Change and the Experience of Unemployment, heranziehen sowie Morris, Social Divisions.

18 Vgl. Evans/Paugam/Prélis, Chunnel Vision.

Das Image des Ghettos

Während in den Vereinigten Staaten die Forschung über das Ghetto schon auf eine lange Tradition zurückblicken kann[19] und auch heute noch die gesellschaftspolitische Debatte in Gang hält,[20] sind vergleichende Forschungsarbeiten zur städtischen Segregation in Europa eine Seltenheit geblieben.[21] Im Gegensatz zu den amerikanischen Soziologen, die sensibel für rassistische Diskriminierung und insbesondere die Situation der Schwarzen sind, waren die europäischen Stadtsoziologen in erster Linie um die quantitative Erforschung der räumlichen Armutskonzentration bemüht. Die ethnische Problematik ist ihnen natürlich nicht entgangen, sie beschäftigte sie jedoch meist nur sekundär. Europäische Vergleiche stießen zudem auf methodologische Probleme, die mit der Schwierigkeit verbunden sind, vergleichbare statistische Indikatoren für die korrekte Messung dieses Phänomens zu nutzen, während in den Vereinigten Staaten die für Volkszählungszwecke vorgenommene homogene Einteilung des Territoriums zur Überwindung dieses Problems einiges beigetragen hat.[22]

---

19 Zur Ghettofrage kam es vorwiegend aufgrund der massenhaften Migration der amerikanischen Schwarzen aus den ländlichen Gegenden des Südens in die Industrieviertel des Nordens während der 1930er Jahre. Vgl. zu dieser Thematik die Sozialgeschichte von Massey/Denton, American Apartheid.

20 Siehe vor allem Wilson, The Truly Disadvantaged. Man kann ebenso auf das zusammenfassende Buch von Haghighat, L'Amérique urbaine et l'exclusion sociale, zurückgreifen. Schließlich sei auch die schöne Studie von Jargowsky, Poverty and Place, erwähnt.

21 Wir möchten auf jeden Fall auf das Buch von Pinçon-Charlot/Préteceille/Rendu, Ségrégation urbaine, hinweisen. Angeführt seien auch aktuellere Untersuchungen wie diejenigen von Donzelot, »La ville à trois vitesses: relégation, périurbanisation, gentrification«, und von Maurin, Le ghetto français.

22 Ein eingehender Vergleich zwischen den benachteiligten europäischen Vorstädten und den amerikanischen Ghettos von Schwarzen stößt folglich auf noch zahlreichere Schwierigkeiten. Eine Übersicht über diese Problematik vermittelte der Vortrag von Fahey, »Urban spatial segregation and social inequality«.

Wenn sich die europäischen Forschungen auch nicht mit den amerikanischen vergleichen lassen, sollte dennoch auf den häufigen Gebrauch des Begriffs »Ghetto« in Europa zur Bezeichnung der städtischen Armutsfrage und des Vorstadtproblems eingegangen werden. Der Begriff hat sich vor allem in Frankreich, insbesondere seit Ende der 1980er Jahre, im politischen Diskurs sowie in den Medien und der amtlichen Berichterstattung stark verbreitet. Das Beispiel des urbanen Amerika und seiner Ghettos wurde oft angeführt, um einen möglichen Entwicklungshorizont für manche Stadtviertel zu skizzieren. Es reichte manchmal schon aus, dass sich in einem bestimmten Viertel Probleme mit Delinquenz abzeichneten, um es als Ghetto zu qualifizieren. Häufig ließ der undifferenzierte Gebrauch dieses Begriffs auch die unterschiedlichen Lebensweisen in den Stadtvierteln und die vielfältigen Anpassungsformen seitens der Bewohner unter den Tisch fallen. Er diente also mehr dazu, die Armut und die Ausgrenzung eines Teils der darin wohnenden Bevölkerung zu inszenieren, als die zugrunde liegenden Mechanismen zu erklären. Seine Verwendung beruht oft mehr auf einem Gefühl der Unsicherheit angesichts einer drohenden gesellschaftlichen Zersplitterung, als auf einer objektiven Analyse der Fakten.

Das Risiko der Verwirrung ist groß, wenn ein Begriff in generalisierender Weise eingesetzt wird, um eine heterogene Wirklichkeit zu erfassen. Die gesellschaftliche Debatte geht dann der Analyse voraus, was bisweilen dazu beiträgt, dass sie verdunkelt oder zumindest schwieriger wird. In diesem Sinne sollte man also etwas Abstand vom traditionellen Diskurs über die Krise der Vorstädte nehmen. Zur Analyse dieses Prozesses muss man sich zunächst von den falschen Evidenzen befreien, denen die Spontanurteile entspringen. Seitens der Wissenschaft wurde immer wieder auf den doppeldeutigen Charakter des Begriffs Ghetto oder auch desjenigen der »Segregation« hingewiesen. Nach Pierre Bourdieu wird, »wenn heutzutage von ›problematischen Banlieues‹ oder von ›Ghettos‹ die Rede ist [...] fast automatisch nicht auf Wirklichkeiten Bezug genommen, die ja ohnehin jenen, die am eilfertigsten hierüber das Wort ergreifen, weitgehendst unbekannt sind. Vielmehr sind hier Phantasmen angesprochen, die seitens der Sensationspresse, Propaganda oder politischer Gerüchte mit emotionalen Eindrücken genährt werden, die mit mehr oder weniger unkontrollierten Begriffen und Bildern aufgeladen sind.«[23] Es geht Bourdieu nicht darum, die Existenz dieser heruntergekommenen Stadtviertel zu leugnen, er will vielmehr mit den falschen Evidenzen und den aus dem auf *Orte* fokussierten substantialistischen Denken herrührenden Fehlern brechen, indem die Beziehungen zwischen den Strukturen des sozialen Raumes und den Strukturen des physischen Raumes analysiert werden. Yves Grafmeyer hat versucht, das Konzept der Segregation genauer zu bestimmen, und darauf hingewiesen, dass auch dieser Begriff häufig zur Quelle von Missverständnissen wird. Ihm zufolge handelt es sich um einen »vielgestaltigen Begriff, der anfällig ist für historische Kontexte, aber auch für intellektuelle Moden, um eine Analysekategorie und zugleich um eine praktische Kategorie, um einen Vorbegriff, voll von Implizitem, um ein Messinstrument, einen Diskussionsgegenstand unter Spezialisten und einen Spielball in öffentlichen Debatten«.[24]

Diese Begriffe tauchen jedenfalls nicht rein zufällig auf. Die Schlagzeilen in der Presse dramatisieren und übertreiben zwar oft, vermitteln aber auch in manchen Siedlungen der Banlieues beobachtete Realitäten.[25] Man sollte sich daher einerseits darum bemühen, die Wirklichkeit von ihrer medialen Konstruktion zu unterscheiden, und andererseits dieses Phänomen als Ganzes zu analysieren, was die Suche nach den verursachenden Faktoren und Prozessen impliziert.

Loïc Wacquant, der sowohl in amerikanischen Ghettos wie auch in Banlieues der Pariser Region Erhebungen durchgeführt hat, hat fünf Unterscheidungskriterien herausgearbeitet:[26] Das erste gehört in den Bereich der Sozialökologie. Nicht vergleichbar ist zunächst die Größe. Im Ghetto von Chicago leben heute zwischen 400000 und 700000 Menschen, es erstreckt sich auf einige hundert Quadratkilometer, die Ghettos von New York zählen ungefähr eine Million Schwarze. Die französischen Cités erreichen bei weitem nicht

---

23 Bourdieu, »Ortseffekte«, S. 159.
24 Grafmeyer, »Regards sociologiques sur la ségrégation«, S. 86.
25 Vgl. Body-Gendrot, Ville et violence.
26 Wacquant, »Banlieues françaises et ghetto noir américain«.

derartige Ausmaße. Keine von ihnen reicht über ein Zehntel der Größe der amerikanischen Ghettos hinaus. Es sei auch darauf hingewiesen, dass die Cités in Frankreich, einschließlich der am meisten abgeschlossenen, selten völlig nach außen hin abgeschottet sind, so gemischt ist die städtische Landschaft, in die sie integriert sind. Viele liegen direkt an von Arbeitern und Kleinbürgern bewohnte Einfamilienhaussiedlungen. Eine solche Konstellation steht in völligem Gegensatz zum amerikanischen Ghetto, das praktisch eine »Stadt in der Stadt« ist in dem Sinne, dass es ein ganzes Netz eigener Organisationen enthält, in denen die Bewohner ihren hauptsächlichen Aktivitäten nachgehen. Die räumliche Segregation liegt hier klar auf der Hand.

Das zweite Unterscheidungsmerkmal ergibt sich aus der ethnischen Zusammensetzung. Ein Ghetto in den Vereinigten Staaten wird meist ausschließlich von Afroamerikanern bewohnt, während die französischen Banlieues durch eine ausgeprägte ethnische Vielfalt gekennzeichnet sind. Das französische Modell der Integration beruhte bekanntlich darauf, dass es abgelehnt wurde, kulturelle Besonderheiten zu berücksichtigen, was zu einer größeren Streuung der Nationalitäten über das gesamte Staatsgebiet geführt hat.[27] Diesem Modell entsprechend waren die Verwaltungsstellen des sozialen Wohnungsbaus stets darum bemüht, ausländische Mieter breiter zu verteilen, um die Bildung von »Immigrantenghettos« zu vermeiden.

Als drittes Unterscheidungsmerkmal lässt sich ausmachen, dass das Ausmaß der Armut in den amerikanischen Ghettos um vieles höher ist. Fast die Hälfte der Haushalte lebt unterhalb der offiziellen Armutsschwelle, und nur ein geringer Anteil der Bewohner geht einer Beschäftigung nach. In Frankreich gewährleistet das System der sozialen Sicherung den Haushalten eine Einkommensgarantie. Bekanntlich gibt es hier soziale Minimalleistungen, von denen das zuletzt eingeführte, nämlich das RMI, ein allgemeines Auffangnetz darstellt, über das viele Amerikaner nicht verfügen.

---

27 Vgl. Schnapper, La communauté des citoyens. Sur l'idée moderne de nation.

Das vierte Unterscheidungsmerkmal betrifft die Kriminalität, deren Ausmaß in Chicago oder Harlem in keinem Verhältnis steht zur in den französischen Cités herrschenden Unsicherheit. Die Gewalt in der Öffentlichkeit lässt sich nicht vergleichen. In Frankreich zeigt sie sich Wesentlichen in Form minderschwerer Delinquenz. Bewaffnete Überfälle sind selten, wohingegen Zusammenstöße zwischen Banden und Drogenhändlern in den amerikanischen Ghettos permanent in Schießereien ausarten. Willentliche Tötung ist die Hauptursache für die Mortalität junger Schwarzer. Jedes Jahr werden mehrere Dutzend Kinder in der Nachbarschaft ihrer Schulen umgebracht.

In Frankreich hat es die in den benachteiligten Vierteln verfolgte Stadtpolitik trotz ihrer Begrenztheit im Großen und Ganzen geschafft, die Verschlechterung der Lebensumstände – dank vieler Stadtentwicklungsprojekte – einzudämmen oder zu mildern, was in starkem Kontrast steht zu dem substantiellen Rückgang und manchmal gar der Einstellung der Sanierungs- und Stadtentwicklungsprogramme in den amerikanischen Ghettos. Loïc Wacquant schließt daraus, dass das Reden über »Ghettos« in Frankreich eine ernsthafte Bewertung sowohl der Situation der Schwarzen in den Vereinigten Staaten als auch der marginalisierten Bevölkerungsgruppen der von den Unterschichten bewohnten französischen Banlieues sehr erschwert.

Doch auch wenn man die Unterschiede zwischen dem amerikanischen Ghetto und den französischen Banlieues stark macht, sollte man die in Letzteren herrschende Krise nicht unterschätzen. Die Krise der als »sensibel« bezeichneten Stadtviertel korrespondiert mit der Infragestellung all der Lösungen, die gegen Ende des 19. Jahrhunderts für das Problem der Zusammenballung von Armen in den Städten gefunden wurden: stabile Beschäftigung im gewerblichen Bereich, Bereitstellung von Unterkünften in der Nähe des Arbeitsorts und Aufkommen einer Hygiene- und Gesundheitsnormen berücksichtigenden Stadtplanung. Was zur damaligen Zeit den Schutz des Gesellschaftskörpers ermöglichte, erscheint heute als unwirksam oder schlicht als Kapitulation vor den neuartigen Herausforderungen sozialer Polarisierung. Jacques Donzelot sieht zu Recht in der gegenwärtigen Krise die Auswirkung des Wir-bleiben-unter-uns-Denkens, das zu einer Entsolidarisierung eines Großteils der Gesellschaft von ihren am wenigsten präsentablen Mitgliedern führt. »Die Gesellschaft wird nicht mehr von den Armen überrannt«, schreibt er, »sie geht vielmehr von sich aus auf Distanz zu ihnen, sie fürchtet jegliche Vermischung mit ihnen und mutet dieser Minderheit das Gesetz der Mehrheit zu.«[28] Die verarmten Gruppen werden nach Donzelot von den anderen Gesellschaftsschichten durch physische Barrieren (Verbannung in separate Viertel), moralische (Bemühen um Sicherheit in geschützten Räumen, abseits von Delinquenz und weit weg von Schulen mit niedrigem Niveau) und zugleich politische (Aufstieg des Populismus, Verteidigung der historischen Errungenschaften der Franzosen) getrennt. Dieses Wir-bleiben-unter-uns-Denken, das sich nach und nach spiralförmig über die ganze Gesellschaft ausbreitet, ist daher auch ein Ausdruck der Suche nach Schutz angesichts eines zunehmenden Unsicherheitsgefühls. Es ist zugleich Ursache und Folge der *disqualifizierenden Armut.*

Die als »sensibel« eingestuften städtischen Zonen

Es ist ein Kennzeichen der *disqualifizierenden Armut*, dass sie in diffuser Art und Weise potentiell zahlreiche Gruppen der Bevölkerung trifft. Der Prozess sozialer Disqualifizierung äußert sich unter anderem in einer Konzentration von Problemhaushalten in bestimmten Vierteln, die so zu den vorrangigen Orten sozialpolitischer Intervention werden können. Während in den 1960er Jahren zahlreiche Arbeiterhaushalte, die bis dahin in baufälligen Unterkünften oder in Übergangssiedlungen wohnten, zu höherem Komfort kamen, indem sie in die neu errichteten Wohnungen in den damals noch als Symbole des Wohlstands und des Fortschritts geltenden Siedlungen des sozialen Wohnungsbaus zogen, ließ sich vor allem ab den 1980er Jahren, also ungefähr 20 Jahre später, ein Prozess sozialer Disqualifizierung genau dieser Gebiete beobachten, und zwar durch den Wegzug zahlreicher Familien und die

28 Donzelot u.a., Faire société, S. 39.

Konzentration von Problemhaushalten.[29] Anhand mehrerer in Frankreich durchgeführter Erhebungen ließ sich das Ausmaß dieses Phänomens ermessen. Schon Mitte der 1970er Jahre konnten in einer in Reims durchgeführten Studie die Häufung von Schwierigkeiten bei armen Familien dieser Stadt untersucht und die am meisten betroffenen Viertel identifiziert werden.[30] Dabei wurden unter anderem eine starke räumliche Konzentration von wirtschaftlich schwachen Familien sowie auffälliger Kinder aufgrund unzureichender Erziehung oder geistiger Defizite festgestellt. Der Autor schloss daraus, dass die in peripher gelegene Viertel verbannten Familien, wo sie die anderen Bevölkerungsgruppen nicht weiter störten, meist vom Arbeitsmarkt ausgeschlossen waren. Man konnte damit rechnen, dass ihre Kinder, ohne Hoffnung, diesem Schicksal zu entgehen, später das gleiche Leben wie ihre Eltern führen würden.

Im Rahmen der Auswertung der nationalen Erhebung des INSEE (Institut National de la Statistique et des Études Économiques) von 1986/1987 über die »Lebensverhältnisse der Haushalte«, deren Ziel in der Erfassung der Vielschichtigkeit benachteiligter Lebenssituationen lag, konnte die Kumulierung von Benachteiligungen in den ärmlich aussehenden Behausungen ermittelt werden.[31] Die Interviewer mussten dabei zunächst ihren ersten Eindruck vom Äußeren des Gebäudes notieren, bevor sie die Wohnung ihres Interviewpartners betraten. Sie mussten angeben, ob die darin lebenden Personen sehr reich, reich, mit durchschnittlichem Einkommen ausgestattet, aber eher wohlhabend, mit einem sehr knappen durchschnittlichem Einkommen ausgestattet, arm oder sehr arm waren. Ohne dass es nun möglich ist, anhand solcher Informationen die be-

29 Wenn es in Frankreich keine Ghettos gibt – zumindest wenn man unter »Ghetto« ein von einer einzigen Ethnie oder einer Nationalität bewohntes homogenes Viertel versteht –, fiel die Niederlassung von Einwandererfamilien in den großen Wohnblocks häufig mit dem Wegzug der französischen Bevölkerung in Einfamilienhaussiedlungen zusammen. Vgl. Dubet/Lapeyronnie, Im Aus der Vorstädte.

30 Vgl. Debonneuil, »Les familles pauvres d'une ville moyenne«.

31 Vgl. Paugam/Zoyem/Charbonnel, Précarité et risque d'exclusion en France.

nachteiligten Viertel zu identifizieren – das Gebäude spiegelt ja nicht unbedingt den sozialen Status des Viertels wider –, kann man den äußeren Anblick eines Gebäudes durchaus als wichtigen Indikator für soziale Differenzierungen heranziehen. Das hat sogar den Vorteil, die räumlichen Formen sozialer Distinktion feiner zu erfassen, als es die normalerweise verwendeten administrativen Einteilungen erlauben. Zudem bringt man, wenn man das spontane Urteil der aus demselben sozialen Milieu stammenden Interviewer einbezieht, diejenigen objektiven und zugleich subjektiven sozialen Kriterien in die Konzeption des Indikators mit hinein, anhand deren Ungleichheiten wahrgenommen werden. Anhand der Ergebnisse ließ sich belegen, dass der äußere Anblick der Wohnung einen sehr diskriminierenden Faktor darstellt. Man konnte etwa ganz deutlich feststellen, dass die in einem ärmlich aussehenden Haus wohnenden Personen überdurchschnittlich oft mit unsicherer Beschäftigung und Arbeitslosigkeit zu kämpfen hatten, insgesamt auch über ein schwächer ausgebildetes verwandtschaftliches Netzwerk (außerhalb des Haushalts) sowie über eingeschränktere Möglichkeiten verfügten, sich von nahestehenden Personen im Falle von harten Schicksalsschlägen helfen zu lassen. Ihre finanziellen Probleme waren ebenfalls schwerwiegender und ihre Teilhabe am Vereinsleben weniger intensiv. Mit einem ärmlich wirkenden Wohnhaus gehen folglich zahlreiche Nachteile einher, die sich so sehr häufen können, dass die Möglichkeiten der Teilhabe am wirtschaftlichen und sozialen Leben, vor allem im gegenwärtigen Kontext einer sich verschlechternden Arbeitsmarktsituation, immer mehr dem Zufall überlassen bleiben. Man kann hier von einem Räderwerk sprechen, das zu extremer Armut und zur Auflösung der sozialen Netze führen kann.

In Frankreich wurden auch in den 1980er und 1990er Jahren mehrere Studien zu sogenannten Problemvierteln durchgeführt, vor allem um auf die Informationsbedürfnisse der städtischen Politik reagieren zu können. Es wurde deutlich, dass diejenigen Viertel, die im Rahmen dieser Politik als prioritär eingestuft wurden, sämtliche Merkmale von Problemvierteln aufwiesen.[32] Sie

---

32 Castellan/Marpsat/Goldberger, »Les quartiers prioritaires de la politique de la ville«.

wurden in das Programm für soziale Stadtteilentwicklung (DSQ) aufgenommen oder waren Gegenstand von Quartiersabkommen, was unter anderem bedeutet, dass sie von den Behörden und der dort lebenden Bevölkerung als Problemviertel mit einem vielfältigen Bedarf an Maßnahmen anerkannt wurden, die in Partnerschaft mit dem Staat, den Kommunen, den diversen Sozialeinrichtungen und den Nutzerverbänden durchgeführt werden sollten. Diese Stadtviertel, die man heute als sensible urbane Zonen (ZUS) bezeichnet, liegen fast immer in einer ungünstigen Lage. Weitab vom Stadtzentrum und manchmal auch schlecht vom öffentlichen Nahverkehrsnetz versorgt, sind sie überdies häufig durch Straßen oder Schienen von den Zentren abgeschnitten und liegen überdies noch oft an Hochgeschwindigkeitstrassen. Ihre Architektur zeichnet sich durch die Aneinanderreihung von Blöcken und Hochhäusern aus, und die Mehrzahl der Gebäude gehört zum sozialen Wohnungsbau. Zum Zeitpunkt der Erhebung von 1990 war die in diesen Stadtvierteln erhobene Arbeitslosenquote ungefähr doppelt so hoch wie die für Gesamtfrankreich (19,7 Prozent gegenüber 10,8 Prozent). Langzeitarbeitslosigkeit oder prekäre Beschäftigung gab es hier ebenfalls in höherem Maße. Die Arbeitslosigkeit bei jungen Menschen im Alter von 20 bis 24 Jahren lag bei 24 Prozent für die Männer und bei 34 Prozent für die Frauen gegenüber 15 Prozent beziehungsweise 25 Prozent im restlichen Frankreich. Schließlich lebten – immer noch der gleichen Erhebung zufolge – überwiegend aus dem Ausland stammende Familien in diesen Wohnvierteln: 18,3 Prozent der Bevölkerung gegenüber 6,3 Prozent für ganz Frankreich. In bestimmten Vierteln war der Anteil der ausländischen Bevölkerung zehnmal so hoch wie derjenige der gesamten Kommune. Bemerkenswert ist auch, dass die jüngeren Menschen hier stark repräsentiert waren: ein Bewohner von dreien war jünger als 20 Jahre gegenüber einem Durchschnitt von 26 Prozent für das gesamte Ballungsgebiet.

Die Arbeiten von Nicole Tabard haben es mit ermöglicht, diese als prioritär eingestuften Viertel mit dem Rest des Landes anhand einer sozialräumlichen Skala zu vergleichen, um die 7160 geographischen Einheiten, Landkreise, Kommunen und die Viertel der großen Städte zu klassifizieren.[33] Wie zu erwarten war, haben die für die Stadtpolitik relevanten Viertel insgesamt einen niedrigen sozialräumlichen Status. Der Vergleich der Städte mit weniger als 50000 Einwohnern ergibt sehr unterschiedliche Konstellationen: Vier Typen von Städten zeichnen sich gemäß der Position ihrer als prioritär eingestuften Viertel im Vergleich zu den anderen ab. Der erste Typ steht für die Situation sozialräumlicher Ausgrenzung. Ob die übrigen Viertel der betreffenden Stadt reich oder arm sind, zwischen ihnen und den stadtpolitisch relevanten Vierteln gibt es eine hohe Ungleichheit bezüglich des sozialräumlichen Status. In Städten wie Pau oder Brest etwa scheinen sich die sensiblen Stadtviertel vollkommen vom Rest des städtischen Territoriums abzuheben: Dort leben ungefähr 80 Prozent Arbeiter, während sie sich in den anderen Vierteln dieser Städte auf nur 30 Prozent summieren. Der Anteil der Arbeitslosen liegt bei 20 bis 30 Prozent, in der restlichen Stadt etwa bei 7 bis 8 Prozent. Kinderreiche Familien, Familien von Alleinerziehenden, aus dem Ausland stammende ungelernte Arbeiter, Haushalte in Wohnungen des sozialen Wohnungsbaus sind hier ebenfalls überrepräsentiert. Der zweite Typ ist weiter verbreitet und verweist auf sehr unterschiedliche Konstellationen. Er repräsentiert die Situation von Städten, in denen die sensiblen Viertel sich durch einen etwas niedrigeren sozialräumlichen Status auszeichnen als die anderen armen Viertel, ohne dass man jedoch von einer räumlichen Spaltung oder einer sozialen Isolierung sprechen könnte. Der Begriff Ausgrenzung – und erst recht der des Ghettos – lässt sich auf diese Stadtteile eigentlich nicht anwenden. Der dritte Typ weicht noch weiter vom ersten ab, und zwar in dem Sinne, als sich damit Städte identifizieren lassen, bei denen die in der Stadtentwicklung Priorität genießenden Viertel zwar zu den armen Stadtteilen gehören, ohne jedoch die am meisten benachteiligten darzustellen. Hinsichtlich der sozioprofessionellen oder demographischen Kriterien findet man nur wenig individuelle Ausprägung. Das trifft auf Städte wie etwa

33 Jede Einheit ist gekennzeichnet durch die sozioprofessionelle Zusammensetzung ihrer Bevölkerung und durch die wirtschaftliche Tätigkeit, in der die Beschäftigten arbeiten. Vgl. Tabard, »Des quartiers pauvres aux banlieues aisées«, S. 5–22.

Roubaix zu, die sich durch eine hohe Homogenität bezüglich der räumlichen Hierarchie auszeichnen. Bis zu einem gewissen Grad können auch andere Stadtviertel von der Politik der Stadt betroffen sein. Beim vierten Typ von Städten verschwimmt schließlich die Grenze zwischen den sensiblen und den übrigen Vierteln noch mehr. In manchen von ihnen haben die von der städtischen Politik betroffenen Stadtteile einen höheren sozialräumlichen Status als die benachbarten Viertel. Diese Konstellation kommt häufiger in den am Mittelmeer gelegenen Städten vor. Nicole Tabard zufolge ist es wahrscheinlich, dass es sich um Viertel handelt, die dabei sind, reicher zu werden, und aus denen die am stärksten benachteiligten Menschen zunehmend ausgegrenzt werden.

Diese Untersuchung lässt sich als Aufruf lesen, sich noch allgemeiner Gedanken über die Identifikationsmechanismen von sensiblen Stadtvierteln zu machen. Dabei zeigt sich deutlich, dass der sozialräumliche Status der Kommunen und Viertel zwar einen wesentlichen Faktor in dem Sinne darstellt, dass er auf objektive Weise die Konzentration von benachteiligten Haushalten im Raum zu ermitteln erlaubt, dass er allerdings nicht ausreichend ist, um den Prozess sozialer Disqualifizierung des Wohnumfelds analysieren zu können.

Die Ausbildung einer negativen Identität

Die soziale Disqualifizierung einer Wohngegend ergibt sich nicht allein aus der räumlichen Konzentration sozial schwacher Haushalte. Eine rein auf Indikatoren basierende Analyse der Häufung von Benachteiligungen reicht nicht aus, um die Mechanismen dieser Abwertung zu begreifen. Man muss ebenso die vor Ort ablaufenden Prozesse untersuchen, in deren Verlauf dieser oder jener städtische Raum als »Problemviertel« oder als »segregiertes Stadtviertel« bezeichnet wird. Das verlangt insbesondere eine gesteigerte Aufmerksamkeit für die Bildung kollektiver Identitäten.

Uns liegen heute mehrere monographisch angelegte Studien über die Mechanismen sozialer Disqualifizierung von Sozialwohnungsbauvierteln vor. Dabei zeigt sich, dass die zuerst auftauchenden Symptome fast immer dieselben sind: Es kommt zu einem Auszug der bestsituierten Mieter in Eigenheime oder ihrer sozialen und materiellen Situation eher entsprechende Wohnungen, an ihre Stelle treten dann sukzessive Migrantenhaushalte oder in Schwierigkeiten befindliche Haushalte (prekäre berufliche Situation, Scheidung oder Zwangsräumung der alten Wohnung und so weiter).[34] Die Fluktuation vollzieht sich manchmal sehr rasch. Wie schnell sie vonstatten geht, ist ein Indikator für gesellschaftliches Unbehagen. In einer zu Beginn der 1960er Jahre errichteten Arbeitersiedlung von Saint-Brieuc etwa konnte man einen Austausch von mehr als der Hälfte der Haushalte zwischen 1980 und 1983 feststellen, 1986 waren den Sozialbehörden schon fast 70 Prozent der Bewohner bekannt und wurden von ihnen betreut.[35] Die hohe Fluktuation stellt ein Hindernis für den Aufbau dauerhafter Beziehungen zwischen den Mietern dar. Die langjährigen Bewohner fühlen sich durch die sukzessiven Wegzüge herabgesetzt – sie selbst ziehen nicht weg – und die mit dem negativen Image der Siedlung recht bald konfrontierten neuen Mieter kapseln sich tendenziell eher ab. Die Wohnungen kommen mit der Zeit herunter, sie weisen häufig schwere Mängel auf – schlechte Schalldämmung, Probleme mit der Heizung, mit Feuchtigkeit und so weiter. Notwendig wäre eine regelmäßige Instandhaltung, was aber einigen Sozialwohnungsbaubehörden zu kostspielig ist. Dass die gemeinschaftlich genutzten Flächen herunterkommen, ist aber noch besorgniserregender: Die Außenwände sind voller Graffiti, die Eingänge und Treppen schlecht gepflegt, die Briefkästen kaputt, die Scheiben eingeschlagen. Diese Anzeichen sind ein Indikator für den Verfall der Sitten und der sozialen Beziehungen, die durch Unstimmigkeiten bis hin zu Gewalttätigkeiten zwischen den Bewohnern gekennzeichnet sind.

Es sieht ganz so aus, als ob die Bewohner, insbesondere die arbeitslosen Heranwachsenden, der Öffentlichkeit ein Bild des Ver-

---

34 Hierzu lässt sich etwa die Untersuchung von Foret, Trajectoires de l'exclusion, zitieren. Es sei auch die Untersuchung von Le Gales/Oberti/Rampal angeführt, in der der Zusammenhang zwischen sozialer Disqualifizierung des Raumes und politischem Verhalten analysiert wird; vgl. Le vote Front national à Marnes-la-Jolie.

35 Vgl. Paugam, La disqualification sociale, siehe vor allem den zweiten Teil.

falls ihres Viertels bieten wollen, eines Verfalls, der ihnen bereits am Leib klebt und mit dem sie sich identifizieren. Sie sind auch an der Konstruktion des negativen Images ihrer Umgebung beteiligt, indem sie deren negative Merkmale verstärken. Im Grunde inkorporieren sie das Urteil der anderen, die das Viertel von außen als Ghetto bezeichnen.[36]

Wenn die Bewohner eines stigmatisierten Stadtviertels sich nicht kollektiv gegen das negative Image zur Wehr setzen – was heute eher die Regel ist –, dann muss man dies in erster Linie als Fehlen eines Zugehörigkeitsgefühls zu einer durch ein gemeinsames Schicksal geeinten Gruppe begreifen. Die Viertel, die im Rahmen der Stadtpolitik einen prioritären Status haben, sind, wie bereits gezeigt, sehr heterogen zusammengesetzt. Besonders für einen von außen kommenden Beobachter sind die objektiven Unterschiede zwischen den Bewohnern nicht allzu groß, aber sie existieren durchaus. Subjektiv werden sie sogar oft als sehr groß empfunden. In derselben Siedlung können zahlreiche Haushalte von sozialer Disqualifizierung betroffen sein, da aber dieser Prozess in mehreren Phasen verläuft, bedeutet das nicht, dass sie mit der gleichen Art von Problemen konfrontiert sind. Diejenigen, die davon ausgehen, dass sie einen Job finden und das Viertel aus eigener Kraft verlassen können, haben das Gefühl, zu einer anderen Welt zu gehören als all diejenigen, die dort schon seit Jahr und Tag wohnen, von der »Stütze« leben und sich auch entsprechend verhalten. Die interne hierarchische Ordnung beruht in diesem Fall auf der Anerkennung und der Verstärkung der geringsten Anzeichen sozialer Distinktion. Das Bemühen des Einzelnen, sich zu unterscheiden, steht folglich in krassem Widerspruch zu einem etwaigen Gruppenzusammenhalt und macht das Knüpfen gemeinschaftlicher Bande ziemlich unwahrscheinlich.

---

36 Pierre Bourdieu betont auch, dass ein vornehmes Wohnviertel jeden Bewohner durch die Teilhabe an dem von der Gesamtheit der Bewohner akkumulierten Kapital symbolisch aufwertet. Umgekehrt degradiert das stigmatisierte Viertel symbolisch jeden einzelnen seiner Bewohner, der seinerseits wiederum das Viertel symbolisch degradiert, da er die in den verschiedenen sozialen Auseinandersetzungen geforderten Voraussetzungen ja nicht erfüllt. Zu teilen bleibt hier nur die gemeinsame gesellschaftliche Exkommunikation. Vgl. Bourdieu, »Ortseffekte«, S. 166.

Die Art der sozialen Intervention verstärkt manchmal unfreiwillig die soziale Kluft zwischen den einzelnen Gruppen. Nach einem Krawall in einem Viertel machen sich normalerweise die Vertreter der Behörden sofort daran, die Schuldigen festzustellen. Auf diese Weise verbreitet sich die Annahme, dass es einen Kern von »Aufwieglern« oder »harten Familien« gibt, die für die Unruhen verantwortlich sind und die man einfach nur hinauswerfen müsste, damit sich der soziale Frieden wieder einstellt. Über ihre Zukunft besorgt und darum bemüht, den allgemeinen Misskredit auf diese potentielle Gruppe abzuleiten, schließen sich die anderen Bewohner dieser Meinung oft vorbehaltlos an. Dieses diskriminierende Reden[37] ist im Grunde eine interne Strategie, mit der die Bewohner individuell versuchen, sich bei den ihnen wichtigen Personen positiv darzustellen und zugleich die anderen in Misskredit zu bringen. Dieses individuelle Bemühen, sich abzuheben, zeigt sich auch im Verhalten gegenüber den Sozialbehörden. Manche Unterstützungsempfänger versuchen zum Beispiel, privilegierte Beziehungen zu den Sozialarbeitern herzustellen, indem sie sie davon zu überzeugen versuchen, dass sie tatsächlich den »Absprung« schaffen wollen, was eine weitere Art darstellt, sich von denen abzugrenzen, die sie als »Sozialhilfeschmarotzer« bezeichnen.

Diese sozialen Beziehungen unterscheiden sich nicht grundlegend von denjenigen, die man in anderen Vierteln beobachten kann, doch steht die negative Identität der Bewohner der verwahrlosten Siedlungen oft jeglichem Gruppenzusammenhalt entgegen und hinterlässt den Eindruck eines zersplitterten gesellschaftlichen Lebens und einer zerstörten Welt, in der sich unorganisierte lokale Bewegungen bilden können.

Die Frage nach dem sozial disqualifizierenden Wohnumfeld aufzuwerfen, erfordert letzten Endes, dass man nicht nur über die Häufung von Benachteiligungen in den verwahrlosten Stadtvierteln nachdenkt, sondern auch über die Identitäten und die sozialen Beziehungen, die sie charakterisieren. Das macht eine umfassende Analyse der für den Prozess sozialer Disqualifizierung verantwortlichen Faktoren und seiner aufeinanderfolgenden Phasen sowie eine

37 Vgl. Elias/Scotson, Etablierte und Außenseiter.

Beschreibung der örtlichen Besonderheiten erforderlich. Es wird deutlich, dass die Konzentration armer Haushalte in bestimmten Stadtvierteln allein die Entstehung eines sozial disqualifizierenden Wohnumfelds nicht zu erklären vermag. In manchen hauptsächlich von Familien mit geringem Einkommen bewohnten Trabantensiedlungen gibt es keine größeren Probleme, und diese werden auch nicht als »Problemviertel« bezeichnet. Es gibt Fälle, in denen solidarische Beziehungen bestehen bleiben und sich die Bewohner gemeinsam darum bemühen, ein positives Bild von sich selbst und ihrem Viertel zu vermitteln. Dagegen äußert sich die räumliche Nähe von sozial schwachen Haushalten, die aber in unterschiedlichen Armutssituation stecken – nicht alle befinden sich in der gleichen Phase des Prozesses sozialer Disqualifizierung –, oft in einem Verfall des Soziallebens innerhalb des Viertels oder, in anderen Worten, in einer allgemeinen Schwächung der sozialen Bindungen. Zur Konzentration armer Haushalte in einem bestimmten Gebiet kommt in diesem Kontext möglicherweise noch ein häufigeres Eingreifen äußerer Akteure – Fachkräfte aus dem sozialen Bereich, Vertreter der Behörden –, die versuchen, die Probleme zu regeln. All dies trägt dazu bei, die Wohnbevölkerung als Ganzes zu stigmatisieren und in ihrer Überzeugung zu bestärken, dass sie in einen Stadtteil abgeschoben ist, dessen schlechter Ruf jeder kennt.

Um die Erkenntnisse zu diesem Prozess zu vertiefen, wurde 2003 im 20. Arrondissement von Paris eine Umfrage bei einer Stichprobe von Personen aus den Stadtvierteln durchgeführt, die im Rahmen der Stadtpolitik als prioritär betrachtet werden. Durch einen minutiös durchgeführten Vergleich der Viertel und Straßenzüge konnte zugleich der Zusammenhang zwischen dem Image des Wohnumfelds und dem Selbstbild sowie Formen der positiven Bindung oder auch der Ablehnung, welche die Einzelnen gegenüber ihrem Wohnort empfinden, untersucht werden.[38] Die Ergebnisse bestätigten, dass nicht alle Individuen und Gebiete gleich auf den negativen Einfluss der Örtlichkeiten reagieren, was auch für das Innere eines Bezirks gilt, der Gegenstand einer auf der Zuschreibung negativer

38 Diese Umfrage wurde durch das INSERM ermöglicht. Vgl. Péchoux, Vivre dans un quartier disqualifié.

Eigenschaften beruhenden gesellschaftlichen und politischen *Etikettierung* ist. Die Analyse zeigte, dass Symptome von Depression in solchen Zonen häufiger anzutreffen und auch stärker ausgeprägt sind, die noch nicht lange vom Prozess räumlicher Disqualifizierung erfasst worden sind. Anders gesagt ist die Not der Bewohner größer, wenn die negative Identität eines Ortes noch am Entstehen ist. Die Bewohner in den schon seit längerem einem Disqualifizierungsprozess unterliegenden Vierteln haben hingegen häufig schon Formen des Widerstands gegen die Stigmatisierung entwickelt.

All diese Untersuchungen verweisen auf die Heterogenität der Erscheinungsformen städtischer Armut und den diffusen Charakter der sozialen Missstände, die in diesen als »sensibel« bezeichneten Vierteln herrscht. Diese Krise des urbanen Sozialgefüges deckt sich zum großen Teil mit der Krise des Arbeitsmarkts, sie behält jedoch ihre Besonderheiten, insofern sie unabhängig von Arbeitslosigkeit und prekärer Beschäftigung auch ein Produkt der im Raum eingeschriebenen sozioökonomischen Ungleichheiten ist.

Die Erfahrung von Arbeitslosigkeit und sozialer Isolierung

Die *disqualifizierende Armut* äußert sich in einem kollektiven Angstgefühl und löst eine gesellschaftspolitische Debatte aus. Sie betrifft also die Gesellschaft als Ganzes und bedroht damit auch ihren inneren Zusammenhalt. Die Anzahl der Menschen, die potentiell Schwierigkeiten auf dem Arbeitsmarkt haben und aus der produktiven Sphäre verdrängt werden, steigt. Sie werden sozial verdächtigt und verlieren an Kreditwürdigkeit. Die Banken misstrauen ihnen und verweigern ihnen manchmal elementarste Dienstleistungen, die allen anderen gewährt werden.[39] Vermieter legen eine ähnliche Haltung an den Tag, wenn sie ihnen nur widerwillig eine Wohnung vermieten, auch dann, wenn es sich um Sozialwohnungen handelt. Die meisten verlangen Kautionen, die Langzeitarbeitslose

---

39 Vgl. Gloukoviezoff, »L'exclusion bancaire et financière des particuliers«.

nicht bezahlen können. In einem Wort: Arbeitslose und prekär Beschäftigte gelten als nicht solvent. Sie sind gesellschaftlich disqualifiziert. Auf diese Weise sorgt eine länger andauernde Beschäftigungslosigkeit für viele tagtäglich für eine ganze Reihe von kleinen und großen Demütigungen.

Eine rein monetäre Messung der Armut ist ein enttäuschender Indikator, wenn man dieses so diffuse wie auch vielschichtige Phänomen erklären will. In den meisten europäischen Gesellschaften stieg die Anzahl der Sozialhilfeempfänger mit der Arbeitslosenrate, ganz allgemein ist aber der Anteil derjenigen Menschen, die aufgrund von Beschäftigungs-, Wohnungs- oder Gesundheitsproblemen auf die eine oder andere Weise in den Genuss von Unterstützung gekommen sind, im Lauf der letzten Jahrzehnte stetig gewachsen. Vergleichende europäische Studien zur städtischen Segregation sind rar geblieben, dafür waren diejenigen zur Erfahrung der Arbeitslosigkeit umso systematischer. Wir wollen im Folgenden den Zusammenhängen zwischen Arbeitslosigkeit, Armut und sozialer Isolierung nachgehen.

Kumulation von Benachteiligungen

Arbeitslosigkeit wurde oft als ein Prozess zunehmender Kumulation von Benachteiligungen beschrieben. Wie gezeigt, hat die Forschung die Verschlechterung des Lebensstandards, aber auch das Nachlassen des Soziallebens und die Marginalisierung gegenüber den anderen Arbeitnehmern hervorgehoben. Hierbei werden jedoch beträchtliche Unterschiede zwischen den einzelnen Ländern deutlich. Welche sind nun am meisten von diesem Prozess betroffen? Die erste Kumulation bezieht sich auf den Arbeitslosen, der unterhalb der Armutsschwelle lebt. Dieser hat nicht nur keine Stelle, er muss auch mit einem äußerst mageren Einkommen zurechtkommen, was zusätzliche Schwierigkeiten bei der Arbeitssuche nach sich ziehen kann. Vergleicht man die Armutsrate für die gesamte Bevölkerung im Alter zwischen 18 und 65 Jahren mit der Armutsrate der Arbeitslosen, dann ist Letztere in sämtlichen europäischen Ländern logischerweise höher (vgl. Tabelle V.2). Das Risiko für Arbeitslose, von monetärer Armut betroffen zu sein, ist also durchaus

Tabelle V.2 – Armutsrate (gemessen an der Schwelle von 60 Prozent des Medianeinkommens eines jeden Landes) (in %)

	Gesamt der Bevölkerung zwischen 18 und 65 Jahren	Arbeitslose
Belgien	9,1	33,9
Dänemark	7,0	17,8
Frankreich	12,0	39,0
Deutschland	7,3	30,2
Griechenland	16,1	32,1
Irland	10,3	27,8
Italien	13,4	36,3
Niederlande	9,8	32,1
Portugal	18,8	25,3
Spanien	16,8	37,1
Großbritannien	9,6	42,8

Quelle: Europäisches Haushaltspanel, 1996.

real. Doch liegt die Armutsrate der Arbeitslosen in Dänemark bei 17,8 Prozent im Gegensatz zu 42,8 Prozent in Großbritannien, was die Auswirkung der Höhe von Lohnersatzleistungen auf deren Lebensstandard verdeutlicht.

Man kann die Kumulation von Benachteiligungen bei Arbeitslosen auch ausgehend von der monetären Armut und der sozialen Isolierung untersuchen. Letztere lässt sich anhand von zwei Indikatoren erfassen: dem Umstand des Alleinlebens und dem Umstand, keine regelmäßigen Kontakte zu Freunden zu haben. Der erste Indikator bezieht sich auf die primäre Vergemeinschaftung innerhalb des Haushalts, der zweite auf die sekundäre Vergemeinschaftung, das heißt auf die auf Wahl beruhenden Bindungen (vgl. S. 99). Beide Vergemeinschaftungsformen haben eine affektive Dimension und müssen sehr genau untersucht werden. Ein allein lebender Arbeitsloser ist nicht zwangsläufig ein isolierter Arbeitsloser. Der Umstand, dass man allein lebt, ist nicht immer eine Folge der Arbeitslosigkeit. Man wird aber darin übereinstimmen, dass ein allein lebender Arbeitsloser nicht von der normalerweise von den

Haushaltsangehörigen geleisteten Unterstützung profitieren kann. Ebenso hat ein Arbeitsloser, der keinen regelmäßigen Kontakt zu Freunden hat, nicht zwangsläufig keine Freunde. Das Nichtvorhandensein von solchen regelmäßigen Kontakten können wir einzig als potentielles Risiko von Isolierung ansehen.

Die Ergebnisse zeigen, dass nur in Dänemark ein geringer Anteil der Arbeitslosen mit der doppelten Benachteiligung von Armut und sozialer Isolation zu kämpfen hat (vgl. Tabelle V.3). Das lässt sich bestätigen, egal welchen Indikator man für Vergemeinschaftung auch immer zugrunde legt. In den südeuropäischen Ländern lässt sich eine Tendenz zu einer nur schwach ausgeprägten Häufung von Benachteiligungen beobachten. Die Anzahl von armen und zugleich allein lebenden Arbeitslosen ist dort gering, was noch einmal die in Kapitel 3 überprüfte Hypothese bestätigt, der zufolge diese Länder der *integrierten Armut* näherstehen als andere. Die Niederlande und Belgien bewegen sich auf einer mittleren Ebene, egal, welchen Indikator man heranzieht. Die Länder, in denen der Anteil der Menschen mit einer doppelten Benachteiligung am höchsten ist, sind Großbritannien, Frankreich und Deutschland. Fast 10 Prozent der Arbeitslosen in Großbritannien und Deutschland sind zugleich arm und leben allein, und mehr als 20 Prozent sind zugleich arm und ohne tägliche Kontakte zu Freunden. In Frankreich lässt sich ein hoher Anteil (28 Prozent) an Arbeitslosen ausmachen, die zugleich arm und kaum in informelle soziale Netze integriert sind.

Der Fall Deutschlands soll an dieser Stelle etwas eingehender betrachtet werden. Es lässt sich feststellen, dass der Anteil der armen und allein lebenden Arbeitslosen hier ebenso hoch ist wie der Anteil derer, die arm und ohne täglichen Kontakt zu Freunden sind. Im vorangegangenen Kapitel haben wir bereits untersucht, wie dort die Armut eingedämmt wurde. Von offiziellen Stellen wurde gar die Behauptung vertreten, dass es in Deutschland keine Armut gebe, da sie ja effektiv bekämpft worden sei. Es lässt sich also sagen, dass für dieses Land eine relative Autonomie der sozialen Repräsentationen von Armut hinsichtlich der objektiven Realitäten dieses Phänomens charakterisiert ist. Erstere scheinen stark in dem positiven Bild vom deutschen Wirtschaftswunder in seiner ökonomischen wie auch so-

Tabelle V.3 – Arme und zugleich sozial isolierte Arbeitslose nach Land (in %)

	Arm und allein lebend	Arm und ohne tägliche Kontakte mit Freunden
Skandinavisches Modell		
Dänemark	3,7	2,8
Kontinentales Modell		
Belgien	4,0	13,8
Frankreich	4,4	27,7
Deutschland	9,9	21,0
Niederlande	5,7	18,3
Liberales Modell		
Großbritannien	9,6	24,6
Irland	2,8	8,7
Mediterranes Modell		
Italien	0,6	14,9
Spanien	0,7	7,4
Griechenland	1,3	10,4
Portugal	0,0	14,9

Anmerkung: Die Armut ist definiert anhand der Schwelle von 50 Prozent des durchschnittlichen Einkommens pro Konsumeinheit.

Quelle: Europäisches Haushaltspanel (erste Welle), 1994. Die Daten für Schweden sind nicht verfügbar.

zialen Dimension verankert zu sein.[40] Wenn man sich allein auf die sozialen Repräsentationen bezieht, nähert sich Deutschland eher der *marginalisierten Armut* an, berücksichtigt man aber den Prozess, durch den eine wachsende Anzahl von Menschen mit der zunehmenden Auflösung ihres sozialen Netzes und einer Häufung von Benachteiligungen konfrontiert ist, eher der *disqualifizierenden Armut*. Diese Besonderheit Deutschlands erklärt, warum wir auf dieses Land sowohl in dem Kapitel über *marginale Armut* als auch in dem über die *disqualifizierende Armut* ausführlich eingegangen

40 Vgl. S. 191f.

sind. Dieses Beispiel ist auch deshalb interessant, weil es zeigt, dass zwar meist eine Korrespondenz zwischen den sozialen Repräsentationen und der Erfahrung von Armut besteht, diese jedoch nicht durchgängig ist.

Gestützt auf die Daten des europäischen Haushaltspanels, ließen sich die Zusammenhänge zwischen Arbeitslosigkeit, Armut und sozialer Isolierung auch im Zeitverlauf untersuchen.[41] Die Studie versuchte, auf der Basis von Zeitverlaufsmodellen die direkte Auswirkung der ökonomischen Armut sowie der sozialen Isolation auf die Wahrscheinlichkeit, wieder eine Beschäftigung zu finden, zu ermitteln.[42] Es zeigte sich, dass der wesentliche Faktor für diesen Prozess das Einkommen darstellt. Je größer die ökonomische Armut der Arbeitslosen ist, desto geringer sind ihre Chancen, wieder eine Beschäftigung aufzunehmen. Dieses Phänomen variiert in seiner Intensität je nach Land, ist aber überall zu finden, mit Ausnahme Portugals, wo die Ergebnisse nicht signifikant sind. Dieses Ergebnis wird noch signifikanter, wenn man soziodemographische Variablen wie Alter, Geschlecht, familiäre Situation, Ausbildungsniveau und Gesundheit kontrolliert. Dagegen scheinen die Variablen für soziale Isolierung keinen klar identifizierbaren Eigeneffekt aufzuweisen. Sie können je nach den Bedingungen familialer Sozialisation und den in einem Land oder einer Region vorherrschenden Formen von Sozialität eine andere Richtung nehmen. Wenn diese Variablen keinen systematischen Eigeneffekt haben, bedeutet das indes nicht, dass sie bei der den Prozess sozialer Disqualifizierung kennzeichnenden Häufung von Benachteiligungen keine Rolle spielen. Diese Kumulation ist in manchen Ländern verbreiteter als in anderen. Die skandinavischen und die südeuropäischen Länder sind aus unterschiedlichen Gründen dieser Verbindung von Arbeitslosigkeit, Armut und sozialer Isolation weniger ausgesetzt als die übrigen.

41 Vgl. Gallie/Paugam/Jacobs, »Unemployment, poverty and social isolation«.

42 Diese Modelle ermöglichen, für eine bestimmte Periode, Monat für Monat, sämtliche Übergänge, die man untersuchen will, zu berücksichtigen – im vorliegenden Fall eben die Gesamtheit der Übergänge vom Status der Arbeitslosigkeit in den der Erwerbstätigkeit. Die Analyse betrifft in diesem Fall nicht Individuen, sondern Übergänge.

Schwächung der sozialen Netze

In der letzten europäischen Umfrage zu Armut und sozialer Ausgrenzung konnte ein weiterer Indikator in Verbindung mit dem Wohnort untersucht werden.[43] Es handelt sich um die Schwierigkeit, dort, wo man lebt, Freunde zu haben. Wir haben bereits festgestellt, dass Arbeitslose, hält man andere Faktoren konstant, in statistisch signifikanter Weise häufiger mit diesem Problem konfrontiert sind als Beschäftigte. Ebenso konnte nachgewiesen werden, dass in mehreren Ländern des Nordens, vor allem in Deutschland (im Osten wie im Westen), Frankreich, Großbritannien, Finnland, Schweden und Österreich, die Armen deutlich mehr Probleme als andernorts haben, dort, wo sie leben, auch Freunde zu haben. Dagegen konnte für Italien, Spanien und Griechenland, wie zu erwarten, kein signifikanter Effekt festgestellt werden, in Portugal war er nur schwach ausgeprägt. Dieser Unterschied zwischen den Ländern des Nordens und denen des Südens ist in Verbindung mit den Formen von Sozialität zu sehen. Wenn soziale Netze bestehen, ist die Wahrscheinlichkeit geringer, dass man das Gefühl hat, es sei schwer, dort, wo man wohnt, Freunde zu haben. Das heißt aber nun nicht, dass man völlig geschützt ist vor dem Risiko sozialer Isolation oder sich genügend eingebunden zu fühlen.

Untersucht man soziale Netze, ist insbesondere deren Zusammensetzung zu berücksichtigen. Anhand derselben Umfrage lässt sich auch der Anteil derer an der Gesamtbevölkerung, die angeben, dass mehr als die Hälfte ihrer Freunde arbeitslos sind, mit dem entsprechenden Anteil der Personen mit dem niedrigsten Einkommen (1. Quartil) vergleichen. Bei diesem Vergleich zeigte sich, dass die Ärmsten in sämtlichen Ländern mit Ausnahme Schwedens verhältnismäßig häufiger unter ihren Freunden mindestens 50 Prozent Arbeitslose haben. Dieses Ergebnis belegt, dass die von den Ärmsten mobilisierbare Unterstützung aufgrund der Zusammensetzung ihres Freundeskreises geringer ist. Die Interpretation dieses Indikators müsste auf jeden Fall noch vertieft werden, indem man den

---

43 Wir beziehen uns hier wiederum auf die Eurobarometer-Umfrage 56.1 von 2001.

Tabelle V.4 – Indikator sozialer Polarisierung in Abhängigkeit von der Zusammensetzung des Freundeskreises

	Mehr als die Hälfte der Freunde sind arbeitslos Ratio: niedriges Einkommen / Gesamtheit
Nördliche Länder:	
Belgien	2,06
Dänemark	1,46
Westdeutschland	2,67
Ostdeutschland	1,34
Frankreich	1,76
Großbritannien	2,02
Irland	2,22
Niederlande	1,69
Luxemburg	1,27
Finnland	2,82
Schweden	0,98
Österreich	2,84
Südliche Länder	
Italien	1,09
Spanien	1,29
Griechenland	1,52
Portugal	1,41

Anmerkung: Der Indikator ist der Anteil der Personen, die angeben, dass 50 Prozent ihrer Freunde arbeitslos sind. Die in der Tabelle angegebene Ratio ist das Verhältnis zwischen dem von diesem Indikator unter den Ärmsten erreichten Anteil und dem vom selben Indikator bei der Gesamtbevölkerung erreichten Anteil. Diese Ratio liegt in Westdeutschland beispielsweise bei 2,67 gegenüber 1,09 in Italien. Die Freundeskreise bei den Ärmsten sind also in Westdeutschland deutlich polarisierter als in Italien.

Quelle: Eurobarometer-Umfrage 56.1, 2001.

Prozentsatz, der sich für die Gruppe der Ärmsten ergibt, zu demjenigen ins Verhältnis setzt, der sich für die Gesamtbevölkerung ergibt (vgl. Tabelle V.4).

Je höher das dabei erhaltene Verhältnis ausfällt, desto eher kann man sagen, dass die Armen im Vergleich zur Gesamtbevölkerung einen kontrastreicheren und polarisierteren Freundeskreis haben. Dieses Verhältnis beträgt mehr als 2 in Belgien, Westdeutschland, Großbritannien, Irland, Finnland und Österreich. In diesen Ländern setzt sich der Freundeskreis armer Menschen deutlich ungünstiger zusammen als derjenige, der sich für die Gesamtbevölkerung ermitteln lässt. Dagegen liegt die Ratio in den Ländern des Südens, vor allem in Italien, näher bei 1, was bedeutet, dass die Unterschiede hinsichtlich des Vorhandenseins von Arbeitslosen innerhalb des Freundeskreises bei Armen im Vergleich zu demjenigen der Gesamtbevölkerung wenig ausgeprägt sind.

Dieses Ergebnis lässt sich größtenteils durch die Zusammensetzung der Arbeitslosen in den südlichen Ländern erklären. Die Arbeitslosigkeit betrifft dort, insbesondere in Italien, in erster Linie Frauen und junge Menschen und ist ebenso in der Gesamtbevölkerung weiter verbreitet. Verhältnismäßig viele arbeitslose Freunde in seinem Freundeskreis zu haben bedeutet also, dass dieser auch junge Menschen und Frauen umfasst, was für die Armen ebenso wie für die Nichtarmen sehr wahrscheinlich ist.

Zur Erfassung der sozialen Isolation lässt sich schließlich auch die Teilhabe am Vereinsleben als Indikator heranziehen. Seit der Erhebung von Jahoda, Lazarsfeld und Zeisel über Marienthal zu Beginn der 1930er Jahre ist bekannt, dass Arbeitslosigkeit sich negativ auf die Intensität sozialen Austauschs, vor allem im Bereich des Vereinslebens, auswirkt. Die Theatervereinigung, die Sportvereine und sonstigen ehrenamtlichen Vereinigungen erfuhren nämlich von dem Moment an einen bedeutenden Niedergang, als die Mehrheit der Bevölkerung dieser mittelgroßen Stadt von der Schließung der größten Fabrik am Ort getroffen wurde. Die jüngsten Auswertungen des Europäischen Haushaltspanels konnten nochmals bestätigen, dass sich Arbeitslosigkeit gegen Ende des vergangenen Jahrhunderts stets negativ auf das Vereinsleben auswirkte, und das in den wichtigsten Industrieländern.[44] So lässt sich anhand der Tabelle V.5 beispielsweise feststellen, dass die Partizipation von Arbeits-

---

44 Zur Vertiefung dieses Themas lässt sich die Studie von Paugam/Russel, »The effects of employment precarity and unemployment on social isolation«, heranziehen.

Tabelle V.5 – Partizipation am Vereinsleben in Abhängigkeit von der Beschäftigungssituation (in %)

Land	Stabile Beschäftigung	Seit weniger als einem Jahr arbeitslos	Seit mehr als einem Jahr arbeitslos	Gesamte Erwerbsbevölkerung zwischen 18 und 65 Jahren
Dänemark:				
Gesamt	61,1	43,0	47,6	58,8
Fall 1	58,6	36,4	45,7	56,8
Fall 2	59,8	43,8	44,7	57,8
Frankreich:				
Gesamt	31,4	22,5	18,8	28,0
Fall 1	31,0	25,4	16,9	27,3
Fall 2	36,8	27,1	12,3	30,5
Deutschland:				
Gesamt	57,3	27,3	29,5	51,8
Fall 1	44,7	22,9	13,5	40,8
Fall 2	53,8	19,3	9,0	47,4
Großbritannien:				
Gesamt	49,3	44,2	33,0	48,5
Fall 1	48,1	46,6	25,4	47,4
Fall 2	50,4	46,1	22,0	49,6

Fall 1: Vandalismus oder Kriminalität im Wohnviertel
Fall 2: allein lebende Person

Quelle: Europäisches Haushaltspanel (erste Welle), 1994.

losen am Vereinsleben deutlich niedriger ist als die von Menschen mit einer festen Arbeit, ein Ergebnis, das für Dänemark, Frankreich und Deutschland ebenso zutrifft wie für Großbritannien. In diesen vier Ländern kommt der Umstand, alleine oder in einem von Vandalismus und Kriminalität geprägten Viertel zu leben, noch als erschwerender Faktor hinzu. Es zeigt sich deutlich, dass sich die Benachteiligungen im weiteren Verlauf der Arbeitslosigkeit häufen können. Erwähnenswert ist, dass der Anteil der Langzeitarbeitslosen, die am Vereinsleben partizipieren, in Dänemark verglichen mit den drei übrigen Ländern relativ hoch ausfällt: Er liegt dort bei 47,6 Prozent gegenüber nur 33 Prozent in Großbritannien, 29,5 Prozent in Deutschland und 18,8 Prozent in Frankreich.

Bei der Interpretation dieser Unterschiede muss man den Status von Arbeitslosigkeit und prekärer Beschäftigung in der jeweiligen Gesellschaft berücksichtigen. Wenn seit mehreren Jahren schon massive Arbeitslosigkeit herrscht und, wie in einigen Ländern oder Regionen Südeuropas, mit Armut und einem niedrigen ökonomischen Entwicklungsstand einhergeht, stellt sie eine fast schon alltägliche soziale Lage dar, die praktisch jeden treffen kann. In diesem Fall ist die Wahrscheinlichkeit geringer, dass die Arbeitslosigkeit einen weitergehenden Einfluss auf die sozialen Netze nimmt, deren Funktion darin bestehen kann, die Not zu lindern, also jedem Einzelnen etwas psychologische Widerstandskraft und informelle Möglichkeiten der Teilhabe am allgemeinen Austausch zu vermitteln. In den Ländern, in denen es einmal Vollbeschäftigung gab, machen die Arbeitslosen mit umso höherer Wahrscheinlichkeit die Erfahrung sozialer Disqualifizierung, je stärker der gesellschaftliche Status mit der beruflichen Tätigkeit verknüpft ist. Den Ergebnissen einer europäischen Meinungsumfrage zufolge (Eurobarometer 21; vgl. Tabelle V.6) geben vor allem in Frankreich (76,6 Prozent) und in Großbritannien (80,4 Prozent) deutlich mehr Menschen an, dass Arbeitslosigkeit ein äußerst beklagenswerter Zustand ist, als beispielsweise in Italien (50,5 Prozent). Anhand dieser Umfrage lassen sich auch die Abweichungen zwischen den Arbeitslosen und der Gesamtbevölkerung analysieren. Ein positiver Abweichungswert bedeutet, dass die Arbeitslosen die in ihrem Land allgemein vorherrschende Einstellung gegenüber Arbeitslosigkeit weitgehend verinnerlicht haben, während ein negativer Wert darauf hinweist, dass die Arbeitslosen ihre Situation rationalisieren, indem sie sich von solchen Vorstellungen distanzieren. In den Ergebnissen zeigt sich eine positive Abweichung für Frankreich (5,5 Punkte), Belgien (8,1 Punkte) und Deutschland (8,4 Punkte). Die Abweichung fällt hingegen negativ aus für die Niederlande (–9,9 Punkte), Großbritannien (–3,5 Punkte) und Italien (–3,4 Punkte). Ganz allgemein lässt sich sagen, dass Italien dasjenige Land darstellt, in dem die Arbeitslosigkeit am stärksten in das gesellschaft-

Tabelle V.6 – Anteil der mit folgender Äußerung vollständig einverstandenen Personen: »Die Arbeitslosigkeit ist ein äußerst beklagenswerter Zustand« (in %)

	Frankreich	Großbritannien	Belgien	Deutschland	Niederlande	Italien
Arbeitslose	82,1	76,9	68,9	63,8	59,2	47,1
Gesamtbevölkerung	76,6	80,4	60,8	55,4	69,1	50,5
Abweichung zwischen den Arbeitslosen und der Gesamtbevölkerung	5,5	–3,5	8,1	8,4	–9,9	–3,4

Quelle: Eurobarometer 21, Political Cleavages in the European Union, April 1984.

liche Leben integriert ist. In Frankreich dagegen scheint gegenüber der Arbeitslosigkeit eine als alarmistisch zu bezeichnende Haltung verbreitet zu sein.

Die Schwächung sozialer Netze und das Risiko der Kumulation von Benachteiligungen im Verlauf der Arbeitslosigkeit scheinen in den wirtschaftlich entwickelteren Ländern höher zu sein, in denen während der Hochkonjunkturphase der Nachkriegszeit Vollbeschäftigung geherrscht hat. In diesen Ländern zeigt sich eine immense Verschlechterung der Arbeitsmarktlage, eine relative normative Ungewissheit bezüglich der Rolle, die die Familie bei der Versorgung der Arbeitslosen spielen soll, und ein gewisses Versagen oder eine mangelnde Anpassung des Systems der Lohnersatzleistungen und der sozialen Sicherung im Allgemeinen. Großbritannien, Frankreich und Deutschland sind davon besonders betroffen.

Ungewisse Antworten

Die Beschäftigungskrise, von der heute die Arbeitnehmergesellschaft betroffen ist, zwingt die staatlichen Organe, nach neuen Lösungen zu suchen. Das war bereits während der Wirtschaftskrise der 1930er Jahre der Fall.[45] Seit Ende der 1970er Jahre ist das Prinzip der Intervention das Gleiche geblieben, wenn sich auch die Lösungen geändert haben: Die Regierungen unterstützten immer diejenigen, die am meisten von den Auswirkungen der Krise betroffen waren, was in erster Linie im Beschäftigungs- wie auch im Wohnungs- und Gesundheitsbereich geschah. Dieses Phänomen beschäftigt die staatlichen Stellen vor allem aus finanziellen Gründen sehr, da die Kosten für soziale Ausgaben nach oben gehen, nicht zuletzt aber auch aus sozialpolitischen Gründen. Was soll aus all den Unterstützungsbeziehern werden, mit denen die Gemeinschaft, insbesondere die Arbeitswelt nichts mehr anzufangen weiß, es sei denn, sie durch materielle Hilfen am Leben zu halten? Nicht nur, dass der produktive Apparat sie zurückweist, was sie in ihrem Status empfindlich degradiert, ihre große Anzahl zieht das gesamte soziale System in Mitleidenschaft, sein Gleichgewicht gerät ins Wanken.

Die in den Vereinigten Staaten und in den westeuropäischen Ländern jeweils verfolgten Politiken der Armutsbekämpfung weichen immens voneinander ab. Es hat keinen Zweck, sie hier im Detail untersuchen zu wollen. In den Vereinigten Staaten wie in Großbritannien haben die Behörden versucht, den Anstieg der Hilfen für die am meisten Benachteiligten einzudämmen. Der zugrunde liegende Gedanke bestand darin, Anreize zu schaffen, damit die Armen mehr Eigeninitiative zeigen. Als Folge dieser restriktiven Maßnahmen haben die Ungleichheiten zwischen Arm und Reich immens zugenommen.[46] Die benachteiligten Bevölkerungsgruppen, deren Status sowieso schon niedrig war, wurden obendrein noch verdächtigt, die Fürsorge ausnutzen zu wollen. In diesen beiden Ländern dreht sich denn auch die gesellschaftspolitische Debatte um mögliche negative Auswirkungen der Armenunterstützung. Der offensichtlich das Denken der Politiker bestimmende Imperativ besteht in der Senkung der Lohnnebenkosten der Unternehmen. Es geht in erster Linie darum, die Wettbewerbsfähigkeit zu fördern, was nach einer

45 Salais/Baverez/Reynaud, L'invention du chômage.

46 Vgl. Barclay, Joseph Rowntree Foundation Inquiry into Income and Wealth.

gewissen Zeit zur Schaffung neuer Stellen führen soll. In Großbritannien wurden zahlreiche Studien der Frage gewidmet, wie sich bei den Unterstützungsempfängern die Eigeninitiative wecken lässt. Sie werden als rationale Akteure betrachtet, für die ein Fürsorgesystem entwickelt werden müsste, das sie zu aktiver Beschäftigungssuche ermuntern könnte. Zumindest teilweise beschäftigt man sich aus dieser Haltung heraus, vor allem unter den Konservativen, mit der Frage der *underclass*. Man muss dabei unweigerlich an die klassische Vorstellung der *welfare class* denken, in die die »Armen« gefallen sind: Nur mit Anreizen versehene Maßnahmen können ihnen da heraushelfen.

Diese besondere Ausrichtung hat auch auf andere Länder in Europa ausgestrahlt, keines hat jedoch sein System so umgestaltet, dass es mit den in den Vereinigten Staaten und in Großbritannien eingeführten Systemen vergleichbar wäre. Die Belastungen der sozialen Sicherungssysteme sind dagegen ähnlich gelagert. Seit Anfang der 1980er Jahre ist die Zahl der von Armenunterstützung und sozialen Minimalleistungssystemen abhängigen Menschen in allen Ländern steil angestiegen.

Zwei allgemeine Tendenzen lassen sich ausmachen. Zum einen haben sich die Zielgruppen gesellschaftspolitischer Intervention vervielfacht. Da Armut ein diffuses, vielschichtiges und kumulatives Phänomen ist, sind die Sozialbehörden bemüht, stärker zielgruppenspezifisch zu intervenieren, was auch zu einer wachsenden Diversifizierung und Spezialisierung der beteiligten Akteure geführt hat. Darüber hinaus wurden die sozialpolitischen Eingliederungs- oder Begleitmaßnahmen als Ergänzung, manchmal auch als Gegenleistung für die Gewährung von Sozialleistungen eingeführt. Diese Maßnahmen bleiben jedoch zu unbestimmt, da sie nicht allein das Hauptproblem lösen können, das die Beschäftigungskrise und der Anstieg der sozioökonomischen Ungleichheiten aufgeworfen haben.

Die Zunahme der Zielgruppen und Akteure

In einem früheren Abschnitt haben wir bereits unter den Formen sozialpolitischen Handelns zwei Methoden unterschieden, mit denen sich in administrativer Hinsicht die Gruppen definieren lassen, die potentiell in den Genuss von Unterstützung durch die Sozialbehörden kommen. Entweder definiert man diese Gruppe umfassend anhand von Kriterien, die von den Einrichtungen oder der Gesamtgesellschaft als legitim erachtet werden (einheitliche Definition der Armen), oder man geht mithilfe einer in mehreren Schritten verlaufenden Erfassung der Risiken vor, denen die verschiedenen Randgruppen ausgesetzt sind, um die Armut nicht als einheitliches Ganzes, sondern als Ansammlung unterschiedlicher Kategorien (kategoriale Definition der Armen) zu fassen. Wie gezeigt, lässt dieser zuletzt genannte Ansatz die Möglichkeit offen, die Kategorien anhand der Einschätzung der Schwere der Probleme oder der Härte der durchgemachten Erfahrungen zu hierarchisieren. Bei der Definition der sozialen Minimalleistungen ist der französische Ansatz stets ein kategorialer gewesen, während der Ansatz in Deutschland, Großbritannien und in den skandinavischen Ländern ein überwiegend einheitlicher gewesen ist.

Die Beschäftigungskrise und das Anwachsen der unterstützungsbedürftigen Bevölkerungsgruppen hat in den meisten Ländern eine Diversifizierung der Maßnahmen nach sich gezogen. Anders gesagt hat man die Unterstützungsprogramme tendenziell weniger auf die gesamte Bevölkerung, sondern auf spezielle Kategorien ausgerichtet. Diese Tendenz lässt sich sogar in den Ländern beobachten, die in der Nachkriegszeit ein auf einer einheitlichen Definition der unterstützungsbedürftigen Bevölkerungsgruppen beruhendes Fürsorgesystem errichtet hatten. Zugegebenermaßen bot sich der bewusst randständige Charakter der Fürsorge im Gesamtsystem der sozialen Sicherung zu dieser Zeit für eine solche Definition eher an. Die Sozialarbeiter konnten sich dann um diese einheitliche Kategorie von Armen kümmern, indem sie auf deren individuelle Bedürfnisse eingingen. Diese Form sozialstaatlichen Handelns stieß jedoch bald an seine eigenen Grenzen, vor allem in Deutschland, wo sich eine Kluft auftat zwischen der Logik des Systems und den Mitteln, die den Sozialämtern zugestanden wurden, um es am Laufen zu halten.

Angesichts der Arbeitslosigkeit haben die staatlichen Stellen in Frankreich wie auch in anderen europäischen Ländern Maßnahmen zur Förderung der Beschäftigung von Niedrigqualifizierten sowohl auf dem ersten (durch eine Senkung der Arbeitskosten für die

Unternehmen) als auch auf dem zweiten Arbeitsmarkt (durch die Schaffung von besonderen Beschäftigungsformen) entwickelt. Dazu gehört auch der Ausbau der beruflichen Bildung für junge Leute ohne schulische oder berufliche Abschlüsse sowie die Förderung des Vorruhestands. Die Behauptung, dass diese Maßnahmen ihr Ziel nicht erreicht hätten, wäre etwas übereilt. Wenn auch eine genaue quantitative Evaluation kurzfristig nicht leicht vorzunehmen ist, lässt sich doch sagen, dass die Einführung derartiger Maßnahmen die Zahl der Arbeitslosen reduzieren konnte. Aber diese Politik hat auch ihre Schattenseiten. Sie hat direkt zur Schaffung mehrerer prekärer Beschäftigungsformen beigetragen, deren Prinzip, erst einmal eingeführt, eine Tendenz zur Verfestigung hat. Die Maßnahmen haben unterschiedliche Formen und Bezeichnungen angenommen, der dahinterstehende Geist ist jedoch mehr oder weniger immer derselbe.

Das größte Manko dieser Maßnahmen besteht darin, dass sie sich häufig von ihrem eigentlichen Zweck, nämlich der Eingliederung, entfernt haben. Obwohl sich diese Hilfen auf eine Zielgruppe richten, die möglicherweise dauerhaft arbeitslos ist und deshalb eigentlich besonderer Aufmerksamkeit bezüglich Bildung und Qualifikation bedarf, werden diese Maßnahmen auf dem ersten wie auf dem zweiten Arbeitsmarkt oft schlichtweg zur Erhöhung der Flexibilität genutzt. Manchmal stellen sie für die Unternehmen, die privaten oder öffentlichen Einrichtungen einfach günstige Gelegenheiten dar, da sie die Möglichkeit bieten, saisonal anfallende Aufgaben zu geringen Kosten durchführen zu lassen. Unterm Strich sind die Unternehmen schlichtweg an billigen Arbeitskräften interessiert. Es ist bekannt, dass manche Unternehmen oder lokale Organisationen die Auswahl der Personen, die für Praktika oder subventionierte Beschäftigungen infrage kommen, nicht nach sozialen und mit deren persönlichen Schwierigkeiten verbundenen Kriterien treffen, sondern im Wesentlichen aufgrund ihrer spezifischen Kompetenzen, die sich sogleich nutzbringend einsetzen lassen. Die Massenarbeitslosigkeit stellt ja eine Reserve an Arbeitskräften bereit, aus der man sich jederzeit bedienen kann.

Die Behörden sind sich dieser Tatsache durchaus bewusst und sahen sich schon des Öfteren gezwungen, die eine oder andere Maßnahme wieder abzuschaffen, nachdem deren Missbrauch allzu offenkundig geworden war. Ganz allgemein kann man den verschiedenen Regierungsprogrammen keine Nachhaltigkeit attestieren. Jede neue Regierung konstatiert das Scheitern oder die Unangemessenheit der bisherigen Lösungen und sucht nach besseren, um eigene Zeichen zu setzen. Sie ist natürlich auch am Medieneffekt bei der Einführung eines neuen Programms interessiert, selbst wenn sich die neuen Maßnahmen nicht groß von ihren Vorgängern unterscheiden. Daraus resultiert eine gewisse Inflation der Maßnahmen, die auf lange Sicht zu einem Durcheinander der administrativen Kategorien und zu deren Abwertung führt. Im Grunde ist schon das Prinzip dieser Hilfen ambivalent: Ihr Ziel mag in der echten Eingliederung und Zurückdrängung der Arbeitslosigkeit bestehen, letztendlich erweitern sie jedoch die Grauzone zwischen stabiler Beschäftigung und Arbeitslosigkeit, indem sie die Flexibilität in den Randzonen des Arbeitsmarktes erhöhen. Die Anzahl der von dieser zielgruppenorientierten Politik betroffenen Personen ist derzeit sehr hoch. Für bestimmte Kategorien von abhängig Beschäftigten besteht ein hohes Risiko, dauerhaft in diesem Randsegment hängenzubleiben und immer wieder Phasen der Arbeitslosigkeit zu durchlaufen.

Das gleiche Problem zeigt sich, wenn wir uns den öffentlichen Hilfen für Wohnung und Unterkunft der am stärksten Benachteiligten zuwenden. Es gibt derzeit in Frankreich eine Vielzahl von speziellen Maßnahmen, die, vereinfacht gesagt, von der Notunterkunft (für eine bis zu mehreren Nächten, je nach Einrichtung) über das Beherbergungs- und Rehabilitationszentrum (für eine oder mehrere Wochen), das Wohnheim mit Eingliederungsfunktion (für mehrere Monate) bis zu der von einer karitativen Organisation untervermieteten Wohnung reichen, was dann in ein eigenständiges Mietverhältnis münden kann. Dem Geist ihrer Erfinder entsprechend geht es darum, den verschiedenen Partnern aus dem Sozialbereich eine ausreichend große Palette an Lösungen anzubieten, um den unterschiedlichen Falltypen entsprechen zu können. Im Allgemeinen ist jedoch den Menschen in Schwierigkeiten diese Statushierarchie sehr bewusst, ebenso wie der mit Hindernissen gespickte Marsch, dessen Absolvierung man von ihnen erwartet, indem man sie in dem schwerfälligen und komplexen bürokratisch-fürsorgerischen System von einem Feld zum nächsten schickt.[47] Riskant für sie ist, dass dieser Marsch lang und mit Fallstricken versehen ist, bevor sie ein Anrecht für eine endgültige Wohnung bekommen können. Letzten Endes ist die Vervielfachung von Zielgruppen im Bereich der Wohnungsversorgung eine Reaktion auf zwei allgemeinere Probleme, nämlich den Mangel an Wohnraum sowohl im öffentlichen wie im privaten Bereich sowie die Schwierigkeiten armer und für nicht solvent erachteter Familien, an eine normale Wohnung zu kommen, wenn sie obendrein noch mit Familien konkurrieren müssen, die nicht arm sind, sondern über bescheidene oder gar durchschnittliche Mittel verfügen. Anders gesagt: Anstatt dieses Problem grundsätzlich zu lösen, hält das oftmals voluntaristische Vorgehen der Sozialbehörden die mittellosen Menschen oft in Einrichtungen hin, die eigentlich geschaffen wurden, um Notfälle zu überbrücken. Das erhöht letztlich das Risiko, dass sich ihre soziale Disqualifizierung noch verschärft.

Wenn die Vervielfachung der Zielgruppen ganz allgemein das Feld der Armut oder der institutionalisierten Prekarität ausgeweitet hat, so hat das auch den Nachteil, weite Teile der Bevölkerung von Ansprüchen auszuschließen, da man sich, um diese überhaupt geltend machen zu können, in einer Situation befinden muss, die in die eine oder andere Zielkategorie passt. Wenn die Situation des sich in Schwierigkeiten befindenden Individuums unter keine dieser Kategorien fällt, kann diesem höchstens noch in Form einer fakultativen oder außergesetzlichen Unterstützung geholfen werden.

Es wird begreiflich, warum in den reichen Ländern, in denen die extremen Formen der Armut in den letzten Jahren zurückgegangen sind, manche der traditionellen Fürsorgestrukturen wie etwa die Lebensmittelunterstützung – was man früher Volksküche nannte – immer noch nicht verschwunden sind. Sie haben ihre Tätigkeit oftmals sogar noch ausgeweitet. Als 1984 die ersten Tafelläden in Frankreich gegründet wurden, stand dahinter die Absicht, auf Notfälle zu reagieren und ein ergänzendes Angebot zum damaligen Sozialhilfesystem zu machen. Diejenigen, die es am nötigsten hatten,

---

47 Julien Damon verwendet die Metapher des Gänsespiels zur Bezeichnung dieses Feldersystems. Vgl. Damon, La question SDF, S. 246f.

sollten punktuell unterstützt werden, damit sie die notwendigen Schritte unternehmen konnten, um ihre Rechte geltend zu machen. Das Angebot richtet sich vor allem auf die am stärksten marginalisierten Gruppen. Vor der Einführung des RMI schickten die Fürsorgerinnen genau die Menschen zu diesen Einrichtungen, die ansonsten keinerlei Anspruch auf sonstige Hilfen hatten. Heute muss man feststellen, dass diese Lebensmittelunterstützung zu einer festen Einrichtung geworden ist. Für die überwiegende Mehrheit der Hilfe beziehenden Haushalte geht es nicht mehr um eine punktuelle, sondern um eine regelmäßige Unterstützung, die durchaus auch über mehrere Jahre hinweg gewährt werden kann. Sie ist dann nicht mehr Ergänzung zu den Einkäufen in normalen Geschäften, sondern bildet die Grundlage des Lebensmittelkonsums. Unterstützt werden nun nicht mehr nur die extrem Marginalisierten und die ganz Armen, sondern eine beträchtliche und bunt zusammengesetzte Gruppe von Haushalten in prekärer Lage. Schließlich schicken die Sozialarbeiter heute einen großen Teil der Haushalte, um die sie sich bereits kümmern, zu den Lebensmittelhilfevereinen. Dabei handelt es sich um Haushalte in finanziellen Schwierigkeiten, für die sich die zielgruppenspezifischen öffentlichen Unterstützungen als nicht ausreichend oder nicht passend erweisen. Es wird also immer mehr zur gängigen Praxis, ihnen den Rat zu geben, die Lebensmittelhilfeeinrichtungen aufzusuchen, um ihr knappes Haushaltsbudget nicht zu sehr zu strapazieren. So existiert heute paradoxerweise ein althergebrachtes Unterstützungssystem auf karitativer Basis fort, obwohl die Sozialbehörden ihre Maßnahmen vervielfacht haben.[48]

---

48 In einer vor nicht allzu langer Zeit durchgeführten Erhebung an mehreren Verteilungsorten von Lebensmittelpaketen konnte gezeigt werden, dass viele von den Menschen, die auf diese Hilfe zurückgreifen, ein Gefühl der Demütigung empfinden. Der Bezug von Lebensmittelpaketen ist ein Zeichen des Scheiterns, ja des totalen Niedergangs. Wie wird man mit dem Gedanken fertig, so weit gekommen zu sein? »Beim ersten Mal traut man sich gar nicht reinzugehen«, »Am Anfang hatte ich mich geschämt«, »Man sagt sich, jetzt bist du da auch, das kann doch nicht wahr sein«, so sehen Erfahrungen mit der Inanspruchnahme von Lebensmittelunterstützungen aus. Auf Urlaub oder Vergnügungen zu verzichten, überflüssige Ausgaben einzuschränken oder billigere Produkte zu kaufen, sind ganz alltägliche Verhaltensweisen in Niedrigeinkommens-

Die Zunahme der Zielgruppen und die Kompetenzüberschneidungen der am Kampf gegen die Armut beteiligten öffentlichen und privaten Akteure nehmen im Übrigen zu, je mehr die Maßnahmen territorialisiert werden. Die meisten europäischen Länder versuchen heute, das Armuts- und Ausgrenzungsproblem so zu lösen, indem sie in mehr oder weniger aufeinander abgestimmter Weise die wichtigsten Institutionen auf der lokalen Ebene mobilisieren. In einigen Ländern ist die Territorialisierung der Maßnahmen schon lange etabliert, und Aushandlungsprozesse zwischen der nationalen und der lokalen Ebene sind seit Jahren konstitutiv für die Durchführung von Aktivitäten. Es sei angemerkt, dass manche von ihnen, wie etwa die Niederlande, in den letzten Jahren die Kompetenzen der Kommunen im Kampf gegen die Armut sogar noch gestärkt haben. In den Ländern, in denen in zentralistischer Tradition nach wie vor der Staat als Motor betrachtet wird, wie in Frankreich oder Großbritannien, intervenieren nun auch verstärkt die lokalen Instanzen. Frankreich hat den Versuch unternommen, dass die Instanzen auf der departementalen und lokalen Ebene direkter bei der Umsetzung von nationalen Maßnahmen wie dem RMI, aber auch der Politik der Stadt und der Beschäftigungs- und Berufsbildungspolitik mitwirken können. In geringerem Maße scheint auch Großbritannien diesen Weg einzuschlagen, wenn man einigen kürzlich gestarteten lokalen Initiativen, vor allem im Bereich der Beschäftigungspolitik, Glauben schenken darf. Die Territorialisierung staatlicher Maßnahmen gibt zwar vor, den Imperativen der Durchführung und der Koordinierung der Maßnahmen und der Akteure entsprechen zu wollen, sie trägt aber auch einiges zur Aufrechterhaltung des Wirrwarrs von Zielgruppen bei, die von einem Ort zum anderen unter verschiedene Kategorien fallen können, und damit auch zur Ausweitung des Feldes der Bevölkerungsgruppen, die Unterstützung beziehen können.

---

haushalten, aber von der Lebensmittelhilfe abhängig zu sein, gilt in den sozialen Repräsentationen als Symbol einer extremen Armut, das fast unvermeidlich die Unfähigkeit der Betroffenen und den Misskredit, in den sie geraten sind, verstärkt. Vgl. die 2004 von Sasan Tajsham im Rahmen des Nationalen Verbandes der Tafelläden durchgeführte Erhebung.

Die Grenzen von Maßnahmen zur Eingliederung und der sozialen Begleitung

Die zweite allgemeine Tendenz, die sich in den für die *disqualifizierende Armut* charakteristischen neuartigen Formen sozialpolitischer Intervention abzeichnet, ist die zunehmende Verknüpfung der Systeme der Einkommensgarantie mit Maßnahmen zur Eingliederung oder zur sozialen Begleitung. Die Bezugnahme auf die Eingliederung stellt für die öffentliche Politik nichts Neues dar. In Frankreich tauchte sie zum ersten Mal Mitte der 1970er Jahre im Zusammenhang mit der Neuausrichtung der Sozialpolitik in Bezug auf behinderte Menschen auf. Anfang der 1980er Jahre bildete Eingliederung den Leitfaden des politischen Diskurses über jugendliche Schulabgänger ohne ausreichende Qualifikation. Im Zusammenhang mit der Einführung des RMI wurde der Begriff gegen Ende des Jahrzehnts mit technischen Attributen angereichert. Er ist damit gewissermaßen zum Leitmotiv sozialer Intervention aufgestiegen. Man spricht daher heute genauso von beruflicher Eingliederung wie von Eingliederung durch wirtschaftliche Tätigkeit, von Eingliederungsbetrieben, von Eingliederung durch Wohnung, von sozialer Eingliederung oder sogar von Eingliederung durch Gesundheit. Die Maßnahmen, auf die sich diese Ausdrücke beziehen, werden je nach Spezialisierung und administrativen Kompetenzen der verschiedenen sozialen Dienste, die in diesem expandierenden Feld tätig sind, definiert.

Der Ausdruck »soziale Begleitung« tritt häufig ergänzend zu dem der Eingliederung hinzu. Im Diskurs der sozialen Berufe braucht eine in Schwierigkeiten befindliche Person eine soziale Begleitung, um eingegliedert werden zu können. Diese kann je nach Eingliederungsbereich verschiedene Formen annehmen. Eine Person bei ihren Wohnungsangelegenheiten zu begleiten läuft darauf hinaus, sie bei ihren Bemühungen um eine normale Wohnung zu unterstützen, was oft bedeutet, dass sie zunächst ihre wirtschaftliche Situation in den Griff bekommen muss. Eine Person bei der beruflichen Eingliederung zu begleiten heißt, ihr in Fragen der Ausbildung und der Arbeitssuche beratend beizustehen. Eine Person im Gesundheitsbereich zu begleiten bedeutet, sie bei den Schwierigkeiten zu unterstützen, die sich durch eine lang andauernde und mühsame medizinische Therapie ergeben. Anders gesagt: Jeder Art von Problem, mit dem ein benachteiligter Mensch zu kämpfen hat, entspricht ein eigenes Eingliederungsprogramm und eine spezielle Form sozialer Begleitung.

Diese Programme treten heute meist ergänzend zu sozialen Minimalleistungen, aber auch zum Arbeitslosengeld hinzu. In zahlreichen Ländern besteht die erklärte Absicht der Einkommensgarantieleistungen nämlich darin, auf die Eingliederung oder Wiedereingliederung der Unterstützungsempfänger hinzuwirken. Das RMI stellt gewissermaßen den Idealtypus eines Umgangs mit der Armut dar, bei dem es darum geht, das Recht auf Unterstützung mit dem schwer zu erreichenden Ziel zu kombinieren, den am stärksten Benachteiligten eine bessere Teilhabe am wirtschaftlichen und sozialen Leben zu ermöglichen. Frankreich stellt dabei keinen Einzelfall in Europa dar. Mehrere Länder haben Maßnahmen formuliert, die sich an diesem Eingliederungsprinzip orientieren und es sogar zur Grundlage eines direkt aus den Menschenrechten abgeleiteten Rechtsanspruchs machen.[49]

Zweifelsohne kam es im Bereich der Bekämpfung der Arbeitslosigkeit in den vergangenen Jahren am häufigsten zu staatlichen Initiativen für soziale Begleitung. Es gibt zahlreiche Studien über die Frage nach der für die Gewährung von Arbeitslosenunterstützung geforderten Gegenleistung.[50] In manchen Fällen geht die Gegenleistung mit einem autoritären Bestrafungsdenken einher und kommt ganz konkret in der Androhungen von Sanktionen in Form von Leistungskürzungen oder -einstellungen zum Ausdruck, vor allem wenn Arbeitslose ihrer Verpflichtung zur aktiven Arbeitssuche oder zur Annahme von Stellenangeboten nicht nachkommen. Die *workfare*-Programme in den Vereinigten Staaten sind normalerweise aus einer solchen Haltung heraus konzipiert. Sie werden von den Betroffenen oft als sehr streng empfunden, selbst wenn die einzelnen Staaten nicht einmal alle Sanktionsmöglichkeiten einsetzen. Groß-

---

49 Vgl. Paugam (Hg.), L'Europe face à la pauvreté.

50 Man lese insbesondere die ausgezeichnete Zusammenfassung von Dufour/Boismenu/Noël, L'aide au conditionnel.

britannien steht dem amerikanischen Modell sehr nahe. Der Akzent wird hier ebenfalls auf die Sanktionen gesetzt und die Leistungsempfänger verfügen nur über eine geringe Verhandlungsmacht. Im Falle der Ablehnung einer Bildungsmaßnahme oder der Empfehlungen des Begleiters werden dem Leistungsempfänger für eine bestimmte Zeit die *Job Seekers Allowances* (JSA) gestrichen.

Die Gegenleistung kann auch weniger zwangsförmig ausgestaltet sein. Dies ist vor allem in Frankreich, Deutschland und Dänemark der Fall, wo sich beobachten lässt, dass dem Leistungsempfänger trotz der unvermeidlichen Abhängigkeit von seinem Arbeitsvermittler ein gewisses Mitspracherecht bei der Festlegung der Gegenleistung eingeräumt wird. Im Rahmen des französischen RMI sind die Leistungsempfänger angehalten, einen Eingliederungsvertrag zu unterzeichnen, doch gleicht dieser Vertrag eher einer Art Aushandlung zwischen einem Nutzer und einer Einrichtung. Es ist kein Vertrag im juristischen Sinne, aber auch keine einfache Willenserklärung ohne Konsequenzen. Er wird verwaltungsmäßig registriert, in bestimmten Zeiträumen von einem neutralen Ausschuss überprüft und eventuell nach der Stellungnahme und der Empfehlung dieser Kommission abgeändert. Dieses Vertragsprinzip entspricht im Grunde einer relativ neuen Maßnahmeart, in der das Bemühen der Sozialbehörden um eine persönliche Betreuung der Unterstützungsempfänger zum Ausdruck kommt, die zugleich ihren jeweiligen Schwierigkeiten und ihren Zukunftsentwürfen gerecht wird.[51]

Es ist hier nicht möglich, all diese Eingliederungs- und Begleitungsmaßnahmen im Detail nachzuzeichnen, die fast immer eine mehr oder weniger weitreichende Gegenleistung erfordern. Man sollte sich vor allem darüber klar sein, dass ihre Zahl im Lauf der letzten Jahre stark zugenommen hat. In diesen Maßnahmen kommt die ausgeprägte Tendenz zur Bekämpfung der Arbeitslosigkeit und der Armut[52] zum Ausdruck, und zugleich sind sie Reflex und Konsequenz der *disqualifizierenden Armut*.

Die Bilanz dieser Programme bleibt hinter ihren ursprünglichen Ambitionen zurück. Trotz der zahlreichen Studien konnte niemals

---

51 Vgl. Morel, Les logiques de la réciprocité.
52 Vgl. Lødemel/Trickey, An Offer you can't refuse.

wirklich nachgewiesen werden, dass es damit gelungen wäre, die Arbeitslosen dauerhaft in den Arbeitsmarkt einzugliedern. Die Resultate sind daher im Großen und Ganzen unbefriedigend. Es wird oft gesagt, dass diese Programme einen hohen Preis in Bezug auf die Stigmatisierung der Betroffenen haben.[53] Sie leisten keinerlei Beitrag zur Verringerung der Kluft zwischen den gut ausgebildeten Gruppen und denjenigen, die es nicht sind. Schließlich lässt sich in den meisten Ländern, ähnlich wie im Bereich der Versorgung mit Wohnungen, ein Warteschlangeneffekt ausmachen. In erster Linie profitieren die am wenigsten arbeitsmarktfernen Personen von den Maßnahmen, die am ehesten zum raschen Erhalt einer stabilen Beschäftigung führen, während die übrigen in der Warteschlange weiter nach hinten rücken. Während sich in Dänemark Qualifizierungsmaßnahmen langfristig positiver auf die Chancen auf eine nachhaltige Eingliederung ins Berufsleben auswirken, gibt es in mehreren anderen Ländern viele Menschen, die eine soziale Begleitung erfahren und dennoch zwischen prekärer Beschäftigung und Arbeitslosigkeit hin- und herpendeln. Der Eingliederungsvertrag im Rahmen des RMI hat durchaus einen Effekt auf den Ausstieg aus dem RMI in Form einer subventionierten Beschäftigung, erhöht die Wahrscheinlichkeit jedoch nicht signifikant, aufgrund einer stabilen Beschäftigung endgültig aus dem Leistungsbezug aussteigen zu können.[54]

Das führt zu dem Schluss, dass diese Programme eine Sekundärfunktion haben, nämlich einen Bezug zur Arbeitswelt aufrechtzuerhalten, was in sozialer Hinsicht durchaus von Bedeutung ist. Sie erbringen jedoch keine überzeugenden Ergebnisse hinsichtlich der Hauptfunktion, für die sie konzipiert worden sind.

Ganz allgemein sind die Programme der Eingliederung und der sozialen Begleitung, die sich in den Vereinigten Staaten wie auch in

---

53 Die Stigmatisierung der Armen scheint jedenfalls in den Niederlanden weniger ausgeprägt zu sein, wo man sich für die Aufrechterhaltung eines hohen Niveaus an sozialer Sicherung für die Benachteiligten entschieden hat und gleichzeitig nach Möglichkeiten einer besseren Eingliederung sucht.

54 Vgl. zu diesem Punkt Zoyem, Accompagnement et sortie de l'aide sociale.

den Ländern Europas verbreitet haben, imstande, immer breitere Kreise der Bevölkerung einzubeziehen. Es geht nicht mehr darum, den Restbestand an Armut zu bekämpfen, wie dies in den 1960er und 1970er Jahren noch der Fall war, sondern in Form einer rundum erneuerten Fürsorge all jene Personen zu betreuen, die aus diesem oder jenem Grund aus eigener Kraft keine Dauerstelle mehr bekommen können, mit der sie sich eine vernünftige Wohnung und eine umfassende soziale Absicherung leisten können. Aufgrund der Begrenzungen dieser Programme, die Betroffenen dabei zu unterstützen, eine feste Stelle zu finden, besteht ein großes Risiko, dass die soziale Betreuung für viele zu einem entwertenden Dauerzustand wird. Diese Programme halten unfreiwillig das Bild einer diffusen Prekarität aufrecht, der auf keinerlei Weise beizukommen ist.

Resümee
Wissenschaft und Bewusstsein von Armut

> »Wir stehen auf der Stufenleiter ganz unten. Ich weiß nicht, ob es überhaupt einen Begriff gibt, um uns zu bezeichnen. Wir sind ganz unten, allesamt Hungerleider, sonst nichts. Es gibt keinen Begriff für uns. Ganz unten auf der Stufenleiter steht der Arbeiter … und von da an geht's aufwärts. Aber wir? Wir sind keine Arbeitslosen, keine Arbeiter, wir sind gar nichts, wir existieren überhaupt nicht! Wir sind die Bettler der Gesellschaft, das ist alles, was wir sind. Wir sind gar nichts!«
>
> *Aussage eines 41-jährigen RMI-Beziehers, der mehr als 20 Jahre in einer Fabrik gearbeitet hat.*

Die Soziologie der Armut untersucht die Armut zum einen, wie sie von Männern und Frauen erfahren wird, die auf der gesellschaftlichen Stufenleiter ganz unten stehen – wie der RMI-Empfänger in der oben zitierten Aussage eindrücklich darstellt –, zum anderen als ein Element des Bewusstseins, das den modernen Gesellschaften innewohnt und das sie im Allgemeinen zu bekämpfen suchen. Armut ist ein Problem, das stört, da sie immer auch Ausdruck von Ungleichheit ist, die wenn nicht inakzeptabel, so doch kaum tolerierbar ist in einer reichen und demokratischen Gesellschaft, in der man eine wirkliche und nicht nur eine formale Gleichheit des bürgerlichen Individuums anstrebt.[1] Den Armen kann darin nur ein niedriger Status zukommen, da sie für ein Schicksal stehen, dem die modernen Gesellschaften entgehen zu können meinten. Die kollektiven Einstellungen gegenüber der Armut sind ganz unterschiedlich: Bei manchen ist es moralische Betrübnis angesichts der sich darin ausdrückenden Faulheit, mangelnden Bildung und Unverantwortlichkeit dieser Bevölkerungsgruppe; ein schlechtes Gewissen bei anderen, die vor allem auf die Ungerechtigkeit reagieren, die diese ums Überleben kämpfenden Menschen erfahren und die man unter Be-

---

1 Vgl. Schnapper, La démocratie providentielle.

dingungen leben lässt, die unter humanitären Gesichtspunkten unerträglich sind.

Das Ziel dieses Buches bestand in der Ausarbeitung und Überprüfung eines analytischen Rahmens für den Vergleich der Formen, die die wechselseitige Beziehung zwischen der als arm – im Sinne eines speziellen sozialen Status – bezeichneten Bevölkerungsgruppe und der Gesellschaft, von der ihr Überleben abhängt, annehmen kann.

Die Grundlagen für diese Überlegungen zum gesellschaftlichen Verhältnis und Umgang mit Armut wurden zunächst in einigen herausragenden Texten der Soziologie gesucht. Der Beitrag von Simmel ist für die Soziologie der Armut sicherlich maßgeblich gewesen, es wurden aber auch die theoretischen Vorarbeiten Tocquevilles und Marx' gewürdigt. Jeder dieser drei Autoren war auf seine Weise prägend für das Denken und die Forschung zu diesem Thema. Gemeinsam war ihnen der Wille, die Bedingungen für das Aufkommen dieser sich mit der industriellen Revolution zu einem Massenphänomen auswachsenden Kategorie von Armen auszuloten und daraus allgemeine Schlussfolgerungen für die Entwicklung und das Gleichgewicht der gesamten Gesellschaft zu ziehen. Einige Grundgedanken ihrer Beiträge, die für die Analysen in diesem Buch eine Leitfunktion hatten, seien nochmals festgehalten.

Bei Tocqueville sind zwei Gedanken hervorzuheben. Der erste besagt, dass Armut, je nach wirtschaftlichem und industriellem Entwicklungsniveau eines Landes oder einer Region, ganz unterschiedliche Bedeutungen annehmen kann. Das scheint für Soziologen fast ein banaler Gedanke zu sein, da es zu ihrem Metier gehört, sich mit der Verschiedenheit von Vorstellungen und Erfahrungen zu befassen, er ist es aber auch wieder nicht, so groß ist oft die spontane Versuchung, Armut substantialistisch zu definieren. Zu behaupten, dass es eine Kluft gibt zwischen der objektiven Armut der portugiesischen Bauern und dem Gefühl, das sie gegenüber ihrer Lage empfinden, ist eine bahnbrechende soziologische Erkenntnis. Erst dadurch wurde das Denken der subjektiven Dimension von Armut, der Relativität der Bedürfnisse und der Einbettung der Armut in das gesellschaftliche Leben überhaupt möglich.

Der andere maßgebliche Gedanke Tocquevilles ist seine dialektische Auffassung von Fürsorge: Die Armen zu unterstützen ist für moderne Gesellschaften ein zwingendes Gebot; das führt jedoch unausweichlich zur Bildung einer Kategorie von Unterstützungsempfängern mit niedrigstem Status, die in der Auseinandersetzung mit den Fürsorge gewährenden Instanzen auf Demütigungen gefasst sein müssen. Jede Verbesserung des Unterstützungssystems, selbst wenn sie unter dem Gesichtspunkt der Menschenwürde als höchst wünschenswert erscheint, birgt auf Dauer die Gefahr, Abhängigkeit und soziale Entwürdigung festzuschreiben.

Die Marxsche Pauperismusanalyse bringt zwei weitere Dimensionen mit ins Spiel. Die erste steht in Zusammenhang mit der Ausbeutung der Arbeiterklasse durch die Klasse der Produktionsmittelbesitzer. Die extreme Armut der Arbeiter ist eine Voraussetzung für die von den Produktionsmittelbesitzern erzielten Profite und damit für die kapitalistische Akkumulation überhaupt. Dieses bekannte Argumentationsschema wird durch den Erklärungsansatz der Armut durch das Gesetz der relativen Überbevölkerung vervollständigt. Die Existenz einer industriellen Reservearmee – also einer nur phasenweise in den Manufakturen beschäftigten Kategorie von Armen – ist kein Fehler des kapitalistischen Systems, sondern ein Kernelement seiner Funktionsweise. Folglich ist diese Masse von Armen nichts Festes, da ihr Anwachsen und Absinken vor allem die periodischen Schwankungen des industriellen Zyklus widerspiegelt. Egal, ob es sich um die Wachstums- oder Schrumpfungsphase des Zyklus handelt, immer üben die Überzähligen Druck auf die aktive Armee der Lohnarbeiter aus. Dieser Gedankengang macht den Begriff des industriellen (oder ökonomischen) Zyklus zu einem Zentralbegriff für die Soziologie der Armut, der je nach augenblicklicher Phase eine Wandlung des Verhältnisses der Armen zur Gemeinschaft impliziert (größere Abhängigkeit in der Depression, höhere »Employability« während des Aufschwungs), aber auch eine Veränderung im Verhältnis der Gemeinschaft gegenüber den Armen (größere Toleranz gegenüber den Unterstützungsempfängern in den Schrumpfungsphasen, mehr Härte gegenüber den Müßiggängern in den Wachstumsphasen).

Von Simmel wollen wir vor allem seine soziologische Definition der Armut festhalten, die noch heute die gelungenste überhaupt darstellt. Die Überlegungen seiner Vorgänger weiterführend hat Simmel nicht nicht versucht, die Armut als solche zu definieren, sondern hinsichtlich dessen, was aus ihr einen eigenen gesellschaftlichen Status macht. Dieser Status kommt ihr, wie gezeigt, durch die Fürsorge zu. Anhand dieser Grundannahme untersucht Simmel die für die Situation der Armen spezifische Art der Integration. Ihm zufolge hat das Unterstützungswesen eine Regulationsfunktion für das soziale System. Obwohl die Armen aufgrund des Unterstützungsbezugs nur einen niedrigen gesellschaftlichen Status haben, bleiben sie trotzdem vollwertige Mitglieder der Gesellschaft, deren unterste Schicht sie sozusagen darstellen. Simmel interessiert sich für den Rand, zugleich aber auch für das, was diesen mit dem Zentrum verbindet und ihn zu einem integralen Bestandteil des *Ganzen*, nämlich der Gesellschaft, macht. Seine Überlegungen unterscheiden sich deutlich von den Marxschen, insofern er (fast) gar nicht auf die ökonomischen Mechanismen eingeht, die bei der Ausbildung der Kategorie der Hilfeempfänger am Werk sind. Er bezieht sie jedoch gewissermaßen implizit in seine Deutung der Armut als einer Form der Regulierung des sozialen Systems als Ganzes ein.

Der im zweiten Kapitel vorgestellte Untersuchungsrahmen hat diesen drei Autoren einiges zu verdanken. Nicht die Armut als solche, sondern prioritär das Unterstützungsverhältnis zum Gegenstand der Analyse zu machen, nicht die Armen als statistische Kategorie zu betrachten, sondern ihren gesellschaftlichen Status, nicht ein besonderes Bevölkerungssegment, sondern die Organisation des *Ganzen*, zu dem die Armen wie die übrigen sozialen Schichten auch gehören – all das sind analytische Grundsätze, die sich folgerichtig aus den Überlegungen Simmels ableiten lassen. Diese methodologische Ausrichtung regt dazu an, die Wechselwirkungen zwischen den Armen und dem Rest der Gesellschaft in einer umfassenderen Figuration, wie etwa einer ganzen Nation, zu untersuchen. Um dahin zu kommen, war es zunächst nötig, die sozialen Repräsentationen von Armut – die den Ausgangspunkt der Debatten und Maßnahmen für die als benachteiligt geltenden Bevölkerungsgruppen bilden – zu untersuchen, zugleich aber auch die Zumutungen, welche die als arm bezeichneten Männer und Frauen jeden Tag aufs Neue erfahren.

Bei der Analyse der Faktoren, die zur Erklärung der Variationen dieser sozialen Repräsentationen und Alltagserfahrungen in Raum und Zeit herangezogen wurden, lässt sich leicht der Einfluss von Marx und Tocqueville ausmachen. Marx hatte einen geschärften Blick für die Auswirkungen der ökonomischen Entwicklung und des Arbeitsmarkts auf die Herausbildung der gesellschaftlichen Kategorie der Armen. Tocqueville zeigte sich beunruhigt über die langfristigen Folgen der Abhängigkeit der Armen aufgrund der »gesetzlichen Wohltätigkeit« und der zunehmenden Institutionalisierung eines sozialbürokratischen Interventionssystems. Der ökonomische Faktor gab den Ausschlag für den einen, der politische für den anderen. Die beiden Faktoren stehen jedoch nicht im Gegensatz zueinander. So wenig wie man bei der zunehmenden Anpassung einer traditionalen Gesellschaft an die kapitalistische Wirtschaftsweise das Entstehen eines Subproletariats übersehen kann, lässt sich in den Wirtschaftszyklen eines industrialisierten Landes das Anschwellen beziehungsweise das Schrumpfen der Zahl der Überzähligen ignorieren. Die elementaren Formen der Armut ergeben sich zum überwiegenden Teil aus diesen wirtschaftlichen Schwankungen.

Sie hängen aber auch vom jeweiligen System sozialer Sicherung und dem gesamten Sozialwesen einer Gesellschaft ab. Der geniale Gedanke Tocquevilles besteht darin, den Zusammenhang zwischen der Abhängigkeit der Armen von der Gemeinschaft und der Verpflichtung moderner Gesellschaften, ihnen im Namen von Demokratie und Staatsbürgerlichkeit zu Hilfe zu kommen, erkannt zu haben. Die konkrete Umsetzung dieses Grundsatzes erfolgte allerdings in den einzelnen Ländern nicht in gleicher Weise.

Die Form und die Intensität der sozialen Netze stellen einen weiteren Erklärungsfaktor dar, der als solcher von den drei erwähnten Autoren nicht untersucht wurde, zumindest nicht in den Teilen ihres Werkes, die sich auf die Analyse der Armut konzentrieren. Er wurde in diesem Buch als ergänzender Faktor eingeführt, da die Armen wie auch die übrigen Bevölkerungsschichten aus diesen Netzen die für ihre soziale Existenz notwendige *Unterstützung* und *Anerkennung* beziehen. Die Unterstützung umfasst die von der Familie, der Gemeinde oder der Arbeitswelt bereitgestellten Ressourcen, die sich gegen die Widrigkeiten des Lebens mobilisieren lassen. Anerkennung resultiert aus der Teilnahme am gesellschaftlichen Austausch und der Aufwertung durch den Blick des oder der anderen. Nun hängt auch der soziale Status der Armen zum Teil von diesen sozialen Netzwerken ab. Die soziologischen Forschungen zur Arbeitslosigkeit seit den 1930er Jahren und zur Armut aus den 1980er und 1990er Jahren haben eine Tendenz zur Schwächung oder gar Auflösung der Bindungen an die Familie, das nähere Umfeld und die Freunde, aber auch an Institutionen, insbesondere Vereine, betont. Dieses Phänomen lässt sich jedoch nicht für alle Länder belegen. Es gibt unterschiedliche Arten von sozialen Bindungen, deren Intensität von einem Individuum zum nächsten je nach Sozialisationserfahrungen schwanken kann. Sie ist aber auch von der relativen Bedeutung abhängig, die die jeweilige Gesellschaft solchen Bindungen beimisst. So stellte sich beispielsweise heraus, dass die Rolle familialer Solidaritäten sowie die an sie gerichteten Erwartungen von Gesellschaft zu Gesellschaft ganz anders gelagert sein können. Das heißt, auch wenn es in einigen Ländern für arme Menschen ziemlich wahrscheinlich ist, ohne solche persönlichen Stützen auskommen zu müssen, lässt sich daraus jedoch keine allgemeine Regel ableiten. Nicht immer sind die Armen gesellschaftlich isoliert, in manchen Fällen sind sie sogar fest in das gesellschaftliche Leben integriert.

Der sich an Simmel orientierende und um diese drei Erklärungsfaktoren ergänzte analytische Rahmen mündet in eine Typologie der elementaren Formen der Armut: Sie umfasst die *integrierte Armut*, die *marginale Armut* und die *disqualifizierende Armut*. Jede von ihnen verweist auf eine besondere gesellschaftliche Konstellation.

Die *integrierte Armut* äußert sich in einer Konstellation, in der diejenigen, die man als »arm« bezeichnet, sehr zahlreich sind. Sie unterscheiden sich nicht groß von den anderen Gesellschaftsschichten. Ihre Situation ist nicht ungewöhnlich und hat mit den allgemeineren Problemen einer Region oder einem Ort zu tun, der schon immer arm gewesen ist. Da die »Armen« keine eng eingrenzbare gesellschaftliche Gruppe bilden, werden sie auch nicht sonderlich stigmatisiert. Ein solcher Umgang mit Armut entwickelt sich natürlich eher in traditionellen als in modernen Gesellschaften. Darin zeigt sich idealtypisch die Situation vorindustrieller Länder, die einen gewissen Entwicklungsrückstand im Vergleich zu Ländern aufweisen, deren ökonomische Entwicklung und sozialer Fortschritt es erlauben, Wohlstand und soziale Sicherheit für die große Mehrheit der Bevölkerung zu gewährleisten.

Die Untersuchung hat ergeben, dass die Armut in den südeuropäischen Ländern diesem Typ zuzuordnen ist. Diese Länder sind nicht im eigentlichen Sinne vorindustriell – der Norden Italiens ist beispielsweise eine der prosperierendsten Regionen in Europa –, aber ökonomisch gesehen gibt es in jedem von ihnen nach wie vor noch sehr arme Gegenden. Armut ist hier ein Dauerzustand und vererbt sich in höherem Ausmaß von einer Generation zur nächsten als in den nördlicheren Ländern Europas. Zweitens – und das ist sicherlich der wesentliche Faktor – bedeutet ein niedriger Lebensstandard keineswegs soziale Ausgrenzung. Das liegt vor allem an den familialen Solidaritäten in den benachteiligten Milieus, die, aufgrund besonderer Vergemeinschaftungsformen, etwa der nach wie vor intensiven und kollektiv ausgeübten religiösen Praxis, dort stärker entwickelt sind als in den nördlicheren Ländern. Ebenso lässt sich der Mangel an Beschäftigungsmöglichkeiten durch einen Zugang zu den Netzwerken der informellen Ökonomie und dem klientelistischen System des Sozialwesens teilweise kompensieren. Die Armen mögen von Arbeitslosigkeit betroffen sein, daraus resultiert für sie jedoch kein minderwertiger Status.

In dieser elementaren Form von Armut lassen sich Relikte einer vergangenen Epoche ausmachen, als soziale Sicherung in einer überwiegend bäuerlichen Ökonomie in erster Linie von den Angehörigen gewährleistet wurde.[2] Bei seiner Beschreibung solcher Gesellschaften hob Henri Mendras besonders deren charakteristische Form sozialer Beziehungen hervor: »Jeder kennt jeden, ist dadurch

2 Robert Castel zufolge »lebten bis vor nicht allzu langer Zeit ländliche Gemeinschaften praktisch in einer nicht nur ökonomischen, sondern auch beziehungsmäßigen Autarkie, etwa als Enklaven inmitten von Gesellschaften, die vom Modernisierungsprozess fortgerissen wurden«. Vgl. Castel, Die Metamorphosen der sozialen Frage, S. 32.

mit jedem aufs Engste verbunden und ist sich der Tatsache bewusst, dass man auch ihn durch und durch kennt. All diese Beziehungen bilden zusammengenommen eine Gruppe oder ein Kollektiv gegenseitiger Bekanntschaft.«[3] Maurice Halbwachs stellte fest, dass sich die Lebensführung in der ländlichen Gesellschaft, insbesondere vor Beginn des Urbanisierungs- und Industrialisierungsprozesses des 19. Jahrhunderts, ausgleichend und stabilisierend auf die Beziehungen zwischen den Individuen auswirkte: »Man war am Ort aufeinander eingestellt, kannte sich einfach zu gut, als dass man sich häufig diesen Reibereien aussetzte, zu denen es unweigerlich kommt, wenn man von einer Ortschaft, einer Situation, einem Beruf, einer Welt zur nächsten wechselt. Der eingeschränktere und verträgliche Umgang miteinander barg weniger Risiken. Es gab weniger Ehrgeiz, aber auch Erniedrigungen waren seltener. Man dachte und fühlte gemeinsam. Kummer und Ärger verliefen sich innerhalb der Gruppe, anstatt sich im Bewusstsein des Einzelnen aufzustauen.«[4] Von diesem Blickwinkel aus wird deutlich, dass die mediterranen Gesellschaften bis heute mehrere Züge bäuerlicher Gesellschaften bewahrt haben. Die moderne Arbeitnehmergesellschaft ist in diesen Ländern sicherlich weniger durchorganisiert und ihr Entwicklungstypus ermöglicht die Koexistenz von konkurrierenden oder zumindest kontrastierenden Produktions- und Tauschsystemen. Diese Heterogenität könnte zumindest teilweise das Fortbestehen der integrierten Armut als elementarer Form der Armut erklären.

Man ist sogar versucht zu behaupten, dass diese heute noch existierenden organisierten Systeme des Widerstands gegen die Not verschwänden, wenn es mit der ökonomischen Entwicklung in diesen Regionen aufwärtsginge. Andererseits muss man anerkennen, dass sie sich ungeachtet aller ökonomischen Entwicklungsprogramme bis heute zäh gehalten haben. Die Existenz des Wohlfahrtsstaats und die bestimmten Bevölkerungsgruppen gewährten diversen Hilfen vermochten es nicht, diese unmittelbaren Solidaritätsbeziehungen aufzulösen. Dies ist offenbar auf die Wirkung eines ökonomi-

---

3 Vgl. Mendras, Sociétés paysannes, S. 76.

4 Halbwachs, Les causes du suicide, S. 378.

schen und sozialen Systems zurückzuführen, das als ein »Ganzes« funktioniert und dessen Beharrungsvermögen gegenüber zukünftigen Reformvorhaben sich schon jetzt voraussehen lässt.

Die *marginale Armut* verweist auf eine andersartige gesellschaftliche Konstellation, in der diejenigen, die man als »Arme« bezeichnet, kein von den anderen Schichten kaum unterscheidbares großes Ganzes bilden, sondern im Gegenteil nur eine kleine Randgruppe. Diese »Armen« werden oft als unangepasst verurteilt, häufig spricht man von ihnen als »Sozialfällen«, was natürlich unweigerlich zu ihrer Stigmatisierung beiträgt. Diese soziale Gruppe stellt zwar eine Art Residuum dar, dennoch ist sie Gegenstand gesteigerter Aufmerksamkeit seitens der sozialen Einrichtungen. Diese Form des gesellschaftlichen Umgangs mit Armut entwickelt sich mit höherer Wahrscheinlichkeit in fortgeschrittenen oder aufstrebenden Industriegesellschaften, vor allem in solchen, denen es gelingt, die Arbeitslosigkeit einzudämmen und allen ein hohes Niveau an sozialer Sicherheit zu gewähren.

Gehört diese elementare Form der Armut der Vergangenheit an? Die Untersuchung konnte zunächst zeigen, dass die gesellschaftliche Konfiguration der vom Wirtschaftswachstum geprägten Nachkriegszeit in Europa, aber auch in den Vereinigten Staaten in der Tat diesem Typus nahe kommt. Die Armut von einem Problem der Mehrheit in ein Problem der Minderheit zu verwandeln, war die große Herausforderung all jener modernen Gesellschaften, die kurz nach dem Zweiten Weltkrieg ein umfangreiches Programm sozialer Sicherung auflegten und vom Wirtschaftswachstum profitieren konnten, um Vollbeschäftigung zu erreichen. Der Ausnahmecharakter dieser Phase macht die Euphorie angesichts des wirtschaftlichen und sozialen Fortschritts begreiflich, aber auch den verbreiteten Glauben daran, dass die Armut zumindest in ihrer bisherigen Gestalt mehr oder weniger überwunden sei. Dieses Phänomen erklärt sich größtenteils durch den Umfang der Sozialtransfers zugunsten breiter Bevölkerungskreise und ein merkliches Schrumpfen der Fürsorgesphäre. Wenn die Armut im Verlauf dieser Phase auch nicht verschwunden ist, sich sogar von Generation zu Generation weiterhin vererben konnte, wie zahlreiche Soziologen nachgewiesen haben, so verlor sie doch an Sichtbarkeit. Die Armen bildeten den »Rand«, dessen Bedeutung man kleinredete, so sehr erschien er als überkommener Fremdkörper in dieser vom Fortschritt getragenen Zeit. Die großen gesellschaftlichen Themen waren anderswo zu suchen. Als Kollektive kämpften die Arbeitnehmer für Lohnerhöhungen und bessere Arbeitsbedingungen. Die Armutsfrage wurde überstrahlt durch die allgemeinere Frage der Ungleichheiten.

Diese elementare Form der Armut gehört jedoch nicht ganz der Vergangenheit an. Die Analyse der vom Anstieg der Arbeitslosigkeit und von prekärer Beschäftigung gekennzeichneten jüngsten Vergangenheit hat ebenfalls den Beleg erbracht, dass die *marginale Armut* in keinem europäischen Land verschwunden ist. Das neue gesellschaftliche Verhältnis zur Armut lässt sich auch nicht allein durch den kräftigen Wachstumsschub in den westlichen Gesellschaften nach dem Krieg erklären. Im Fall der Schweiz, aber auch Deutschlands und der skandinavischen Länder sind nämlich die sozialen Repräsentationen von Armut stabil geblieben. Die genannten Länder waren ebenso wie andere – wenn auch weniger hart – von der Verschlechterung der Situation auf dem Arbeitsmarkt betroffen, doch hat sich die Armut dort nicht auf Anhieb als eine neuartige gesellschaftliche Realität durchgesetzt. Ganz im Gegenteil musste man angesichts des gewiss idealisierten Schemas allgemeinen gesellschaftlichen Wohlstands lange darauf warten, dass sie zum Gegenstand ausführlicher Erhebungen wurde, und den wenigen an diesem Gebiet interessierten Wissenschaftlern gelang es kaum, in ihren Ländern eine Debatte von nationaler Bedeutung zu initiieren. Die Behörden und verantwortlichen Politiker wollten nur widerstrebend eingestehen, dass es nach wie vor Arme gab. Sicherlich aus Angst vor der Anschuldigung, sie hätten nicht alles in ihrer Macht Stehende getan, versuchten die gewählten Vertreter, das Ausmaß der sozialen Frage kleinzureden. Das ließ sich am häufigsten für politische Systeme nachweisen, die föderalistisch verfasst sind und den örtlichen Instanzen umfangreiche Entscheidungs- und Handlungsbefugnisse zugestehen.

Wenn die *marginale Armut* in den sozialen Repräsentationen verharmlost oder sogar geleugnet wird, kann dies zu einer heftigen Stigmatisierung der von der Fürsorge betreuten, residualen Randgruppe führen. Diese Tendenz konnte für das Frankreich der

1960er und 1970er Jahre wie auch für manche Länder heute nachgewiesen werden. Ähnlichkeiten zeigen sich zwischen dieser Phase der französischen Fürsorgegeschichte, in der die Armutsfrage zugunsten eines Diskurses der Rechtfertigung psychologisierender Maßnahmen bei unangepassten Individuen beinahe völlig von der Bildfläche verschwunden war, und der gegenwärtigen Situation in Deutschland und den skandinavischen Ländern. Dort erfolgen soziale Interventionen immer noch viel mehr in der Logik individueller und nicht kollektiver Antworten auf die Bedürfnisse der marginalisierten Individuen und unterwerfen ihr Privatleben einer strikten Kontrolle. Ein solcher Ansatz sozialstaatlicher Intervention wird umso leichter salonfähig, als er sich ja nur auf eine Restkategorie der Gesellschaft beschränkt und überdies klar vermittelt ist, dass die übrige Gesellschaft von der universellen sozialen Sicherung profitieren kann und deshalb nie die Erfahrung von Armut machen muss.

In der *disqualifizierenden Armut* kommt schließlich eine gesellschaftliche Konstellation zum Ausdruck, in der die Anzahl der als »Arme« bezeichneten Menschen ständig zunimmt und diese aus der produktiven Sphäre herausgedrängt werden. Ihre Schwierigkeiten wie auch ihre Abhängigkeit von den sozialen Betreuungsangeboten drohen daher immer weiter zuzunehmen. Diese elementare Form der Armut unterscheidet sich deutlich von der *marginalen* und der *integrierten Armut*. Sie verweist nicht mehr auf eine verfestigte Notlage, sondern auf einen Prozess, von dem nun zunehmend auch solche Bevölkerungsgruppen erfasst werden, die bis dahin bestens in den Arbeitsmarkt integriert waren. Dieser Prozess betrifft Menschen, die hinsichtlich ihrer Einkommens-, Wohnungs- und Gesundheitssituation wie auch ihrer Teilhabe am gesellschaftlichen Leben mit immer prekärer werdenden Situationen zu kämpfen haben. Er zieht nicht nur die neuen prekarisierten Gruppen in Mitleidenschaft, sondern die gesamte Gesellschaft, insofern die Unsicherheit kollektive Angstgefühle erzeugt. Die *disqualifizierende Armut* entwickelt sich mit größerer Wahrscheinlichkeit in »postindustriellen« Gesellschaften, besonders in denjenigen, die mit einem starken Anstieg der Arbeitslosigkeit und der prekären Beschäftigung konfrontiert sind.

In den europaweiten Umfragen zeigte sich, dass die soziale Repräsentation von Armut als eines Absturzes sehr verbreitet ist. Dem vorherrschenden Bild zufolge ist der Arme Opfer eines sozialen Zerrüttungsprozesses, der im Anschluss an einen oder mehrere schwere Schicksalsschläge eingesetzt hat. Nach der Prosperitätsphase der Nachkriegszeit, als sich in den unteren Schichten der Glaube verbreitet hatte, sie könnten dem Schicksal der Armut entgehen, das noch die früheren Generationen beherrscht hatte, wurde die Arbeitnehmergesellschaft gegen Ende der 1970er Jahre durch die Massen- und Langzeitarbeitslosigkeit erschüttert. Das Gefühl sozialer Unsicherheit setzte sich im kollektiven Bewusstsein so sehr fest, dass fast die Hälfte der französischen Bevölkerung seither fürchtet, von sozialer Ausgrenzung erfasst zu werden. Dieses allgemeine Unbehagen verstärkte sich in der gleichen Zeit nochmals durch neuartige Formen räumlicher Disqualifizierung. Wenn man sich auch vor der medienwirksamen Verwendung des Begriffs Ghetto hüten sollte, der aus den Vereinigten Staaten importiert wurde und ohne Nuancierung einer ganz anders gearteten französischen und europäischen Realität übergestülpt wird, wurden von den Behörden doch zahlreiche »sensible« städtische Zonen in den großen Ballungsräumen identifiziert. In diesen Arealen konzentrieren sich die von der Beschäftigungskrise betroffenen Bevölkerungsgruppen. Aufgrund des zunehmenden Wegzugs der Mittelschichten erfahren sie eine rasche Abwertung. Der Umgang zwischen den Menschen ist von Spannungen geprägt und Depressionssymptome sind weit verbreitet. Die Krise des städtischen Sozialgefüges deckt sich hier mit der Krise des Arbeitsmarktes, was die wirtschaftlichen und sozialen Ungleichheiten noch verstärkt.

Über die vorherrschende Vorstellung von Armut als eines Absturzes hinaus bestätigen die in Kapitel 5 präsentierten Daten, dass Armut tatsächlich einem Prozess der Kumulierung von Benachteiligungen entspricht. Das Risiko, dass die Arbeitslosigkeit mit wirtschaftlicher Armut und sozialer Isolierung einhergeht, ist keineswegs eine Erfindung, sondern sehr real. Allerdings variiert dieses Risiko von einem Land zum anderen. Es bleibt niedrig in Dänemark und den südlichen Ländern. Groß ist es dagegen in Großbritannien, Frankreich und Deutschland, also in den hochindustrialisierten

Staaten Europas, in denen es zu Umstrukturierungen größeren Ausmaßes und zu einem immensen Stellenabbau gekommen ist.

Der Fall Deutschlands ist paradox. Bezieht man sich auf den herrschenden Diskurs über Armut und auf die sozialpolitische Praxis, könnte man versucht sein, Deutschland dem Typus der *marginalen Armut* zuzuordnen, so sehr belegen die Befragungen einen starken kollektiven Widerstand gegen die offizielle Anerkennung der Armut sowie eine Tendenz zur Individualisierung der Hilfen und zur Stigmatisierung der Armen. Wenn man sich aber auf die Alltagserfahrungen von Armut stützt, lässt sich die Gefahr sozialer Disqualifizierung in diesem Land nicht mehr weiter abtun. Die Häufung von Benachteiligungen bei einer größer werdenden Anzahl von Menschen rücken Deutschland denn auch eher in die Nähe Frankreichs und Großbritanniens als in die der skandinavischen Länder. Dieser Prozess hat sich zweifelsohne durch die Wiedervereinigung verschärft, und zahlreiche Westdeutsche beklagen sich heute über die Steuern, die sie zur Befriedigung der Bedürfnisse der Ostdeutschen aufzubringen haben. Die Situation in Deutschland bewegt sich also zwischen der *marginalen* und der *disqualifizierenden Armut*, was man als Ausdruck einer noch laufenden Entwicklung interpretieren könnte.

Schließlich lässt sich bei den Ländern, die der *disqualifizierenden Armut* am nächsten stehen, ein beständiges Bemühen um neue Lösungen im Bereich sozialer Sicherung und sozialstaatlicher Interventionen feststellen. Aus diesem Grund konnte man in den vergangenen Jahren eine Vervielfachung der Zielgruppen und Akteure beobachten, was mit dazu beigetragen hat, dass die Zahl der potentiell von den sozialen Einrichtungen in irgendeiner Form zu betreuenden Menschen angeschwollen ist. Eingliederungsmodelle und Maßnahmen der sozialen Begleitung haben sich in allen Ländern verbreitet, doch sind die Ergebnisse dieser Programme im Großen und Ganzen zu unbefriedigend, als dass man hoffen könnte, damit die Probleme der Arbeitslosigkeit und der Armut spürbar reduzieren zu können. Aus diesen Gründen ist der gesellschaftliche Umgang mit Armut als Prozess zu verstehen, dessen Folgen noch nicht abzusehen sind. Er kann durchaus auch auf weitere Länder übergreifen.

In den im zweiten Teil dieses Buches vorgestellten Untersuchungen wurde die Typologie der elementaren Formen der Armut am Beispiel der europäischen Länder empirisch überprüft. Welche Schlüsse soll man daraus bezüglich des Geltungsbereichs dieses Analyserahmens und einer möglichen Ausweitung auf weitere Länder ziehen?

Wenn sich diese Typologie empirisch bestätigen ließ, muss daraus zunächst geschlossen werden, dass Armut keinen universellen Charakter hat. Je nach Gesellschaft, ihrer jeweiligen Geschichte und ihrer Entwicklung nimmt sie unterschiedliche Formen an. Bei gleichem Einkommen ist es nicht dasselbe, ob man im Süden arm ist oder in der Pariser Region. Zu Beginn der 1960er Jahre in Nordfrankreich arm gewesen zu sein hatte nicht die gleiche Bedeutung, wie in derselben Region heute arm zu sein. Die Gruppe der Armen als solche lässt sich natürlich mittels einer objektiven Messung, die einmütig akzeptiert wird und sich als universell gültiger Maßstab überall durchsetzt, genau bestimmen. Doch was bedeutet diese Messung, wenn man sich nicht zugleich Gedanken macht über die sozialen Repräsentationen und Alltagserfahrungen der Armut? Die Verschiedenheit zu berücksichtigen stellt bereits einen Fortschritt dar, und diese Typologie ist ein Mittel, um dahin zu gelangen. Man sollte daraus aber auch nicht schließen, dass die Formenvielfalt der Armut in modernen Gesellschaften unbegrenzt ist.

Die dargestellten Formen der Armut sind zunächst elementar, weil sie auf der Grundlage einer idealtypischen Überlegung entwickelt wurden, die sich darauf beschränkt, nur die wesentlichen Merkmale eines Phänomens zu berücksichtigen und deren Auswahl anhand eines Bündels von miteinander verzahnten Hypothesen rechtfertigt, die vor allem aus dem historischen Wissen über gegenwärtige Gesellschaften geschöpft sind. Sodann sind diese Formen elementar, weil sie auf präzise gesellschaftliche Konfiguration verweisen, deren Grundmuster sich in empirischen Untersuchungen überprüfen ließ. Und schließlich sind sie elementar, weil sie jeweils einen Typus wechselseitiger Abhängigkeitsbeziehungen repräsentieren, der genügend Stabilität aufweist, um auf Dauer Bestand zu haben und sich als eine Einheit *sui generis* zu behaupten. Mit anderen Worten entspricht jede dieser elementaren Formen der Armut einem relativ starren Verhältnis zwischen ungleichen Individuen (den Armen und den Nichtarmen) innerhalb des eine Einheit bildenden sozialen Systems.

Lassen sich diese elementaren Formen der Armut auch auf außereuropäische Gesellschaften übertragen? Es wäre unlauter, diese Frage spontan zu bejahen, ohne dies genau zu belegen. Ich möchte dieses Buch eigentlich nicht noch durch Beispiele aus anderen Ländern oder anderen Regionen der Welt zusätzlich erschweren, doch erlauben mir die gesammelten Quellen und Daten, einige Hypothesen für zukünftige Forschungen zu formulieren.

Die *integrierte Armut* stellt eine elementare Form dar, die sich in zahlreichen Entwicklungsländern finden lässt, in denen sich Züge der traditionellen ländlichen Gesellschaft mit solchen der industriellen Gesellschaft überschneiden. Das trifft etwa auf die ländliche Gesellschaft der Kabylei zu, wie sie von Pierre Bourdieu 1960 untersucht wurde und die sich der Einführung des Geldes und den Prinzipien der kapitalistischen Akkumulation widersetzte. Der Gang zum Geldverleiher wird selten angetreten, und sich innerhalb der Familie und Verwandtschaft gegenseitig zu helfen ist ein Gebot der Moral. Armut ist allgegenwärtig, aber sie wird von allen geteilt. Sie entspricht der *integrierten Armut*. Arbeitslosigkeit gibt es nicht, da ja jeder mit irgendetwas mehr oder weniger beschäftigt ist. Die tägliche mühevolle Arbeit bildet das Fundament der Gruppenzugehörigkeit. In zahlreichen Entwicklungsländern muss man nur die ländlichen Gegenden besuchen, um festzustellen, dass diese Merkmale traditioneller Gesellschaften nicht völlig verschwunden sind. Oft leben ganze Regionen, die dicht besiedelt sind, von kleinen Landwirtschaftsbetrieben und vom Handwerk und scheinen von der modernen Welt abgeschnitten zu sein. Die Lebensbedingungen sind bescheiden, jedoch für den Großteil der Bevölkerung so ähnlich, dass man nur unter Schwierigkeiten die Armen von denen unterscheiden kann, die nicht arm sind.

Das Problem der Armut stellt sich in vergleichbarer Weise in den ärmsten Ländern der Welt. Für den Fall Madagaskar, das ständig mit Entwicklungsproblemen konfrontiert ist, konnte in Untersuchungen gezeigt werden, dass sich die objektive Armut, die sich anhand des Einkommens oder der Lebensbedingungen messen lässt, immens von der subjektiven Armut unterscheidet.[5] Die in materieller und monetärer Hinsicht Ärmsten sind nicht diejenigen, die sich für arm halten. Ein Haushalt, der sich täglich unter schwierigen Umständen durchkämpfen muss, gibt sich mit einem niedrigeren Konsumniveau zufrieden als ein Haushalt in einer begünstigteren Umgebung. Bei gleichem Einkommen beklagt sich ein Haushalt, der schon immer unter schwierigen Bedingungen zu leben hatte, weniger als ein Haushalt, der zuvor in besseren Verhältnissen wirtschaften konnte. Dieses bedeutsame Ergebnis bekräftigt die ökonomische These des Sichabschleifens von Präferenzen. Dieses Phänomen ähnelt demjenigen in Kapitel 3 beschriebenen, als es um die Lebensbedingungen der Benachteiligten in Südeuropa ging.

In den großen Metropolen der Entwicklungsländer konzentrieren sich die Armen, zum größten Teil ehemalige Bauern, zu Tausenden in riesigen Elendssiedlungen. In einer Stadt wie São Paulo sind die Ungleichheiten extrem. Die ärmsten Bevölkerungsgruppen sind an die Peripherie verbannt, es gibt aber auch Inseln extremer Armut inmitten der reichen Viertel und umgekehrt. Die Unsicherheit ist hier groß. Die Mittel- oder Oberklassen versuchen, ihre Wohnsiedlungen durch Gitterzäune mit Eisenspitzen, mit Scherben versehenen Mauern und durch Wächter an den Gebäudeeingängen oder Parkplatzeinfahrten vor Eindringlingen und Angreifern zu schützen. Die Elendsviertel vermitteln häufig den Eindruck, als ob man hier völlig abgeschottet von der Außenwelt lebt. Die Gemeindeverwaltung und staatlichen Behörden versuchen zu intervenieren, doch ist die Infrastruktur so lückenhaft, sind die Bedürfnisse so groß, dass Verbesserungen meist nicht mehr als ein Tropfen auf den heißen Stein sind. Die sanitären Zustände befinden sich häufig in erbärmlichem Zustand. Die Müllabfuhr kommt mehr oder weniger zufällig vorbei, wenn es überhaupt eine gibt. Trotzdem sind die dort lebenden Armen nicht ohne Beschäftigung. Es gibt zahlreiche Kleinhändler (Verkäufer von Lebensmitteln, Putzmitteln oder Getränken zum sofortigen Konsum ...), Auto- oder Schneiderwerkstätten. Alles scheint organisiert zu sein, um die fehlenden formalen Beschäftigungsver-

---

5 Razafindrakoto/Roubaud, »Les multiples facettes de la pauvreté dans un pays en développement: les cas de la capitale malgache«.

hältnisse und die Unzulänglichkeiten der öffentlichen Dienste zu kompensieren. Die Elendsviertel sind im Allgemeinen sehr belebt. Es gibt viele Kinder, manche von ihnen gehen nicht regelmäßig zur Schule. Die Bewohner laufen sich ständig über den Weg, so eng sind die Verkehrswege. Das Sozialleben scheint über dem Privatleben zu stehen. Die Enge der Häuser verstärkt zwangsläufig diese sich in der »Öffentlichkeit« abspielende Lebensweise. Die Bevölkerung dieser Viertel lebt den größten Teil des Tages über im Freien.

Solche Elendsviertel können gemeindeförmig organisiert sein. Die Bewohner organisieren sich oft, um selbst in die Hand zu nehmen, worum sich die öffentlichen Dienste nicht kümmern. Ein gewisser Eroberungsgeist, der Geist kollektiver Kämpfe gegen die Macht vor Ort bündelt die Energien. Wenn sich Vertreter der Kirche an derartigen Aktionen beteiligen, spielen sie an der Seite der politischen Aktivisten oft eine vermittelnde Rolle. Es sei darauf hingewiesen, dass in diesen Vierteln politischer Klientelismus eine häufige Erscheinung darstellt. Auf informellem Weg werden Güter und Dienstleistungen verteilt im Austausch gegen Unterstützung bei Wahlen. Die Fürsorgeleistungen werden also nach freiem Ermessen vergeben. Diesbezüglich ist daher eine Parallele zwischen dem Klientelismus der südamerikanischen Städte und dem in Südeuropa existierenden zu erkennen.

Diese Situationen kommen den Kernmerkmalen der *integrierten Armut* sehr nahe. Der Unterschied zwischen der Armut in den Elendsvierteln von São Paulo und der in Süditalien liegt im Wesentlichen darin, dass Erstere an der Peripherie eines Landes sichtbar wird, das unter dem Diktat industrieller Entwicklung und Rationalisierung der Produktion steht und in dem sich überdies Unternehmen aus der ganzen Welt niederlassen, während in Süditalien die Armut eine kaum industrialisierte, wirtschaftlich verarmte Region betrifft, in der die Beschäftigungsperspektiven äußerst mager sind. Doch in beiden Fällen ist die Alltagserfahrung eine ähnliche. Die Wahrscheinlichkeit für die Armen, ein anderes Schicksal als ihre Eltern und ihre Familienmitglieder zu haben, liegt praktisch bei null. Die einzige Lösung für sie besteht darin, durch gegenseitige Hilfe, also durch Teilen der mageren Ressourcen, mit den alltäglichen Schwierigkeiten klarzukommen.

Einige Gedanken möchte ich hier noch zur Armut in den Ländern Osteuropas äußern. Während der kommunistischen Herrschaft gab es dort Armut nur im Verborgenen. Die Sowjetmacht verwendete dafür den Euphemismus der »weniger gut versorgten Kategorien«, wenn sie davon sprach.[6] Das egalitaristische und antimeritokratische Prinzip, das für das Erziehungswesen wie auch die Lohnpolitik des kommunistischen Regime kennzeichnend war, verbot jedes Eingeständnis der Existenz von Armut. In zahlreichen Ländern wurde die Armut als ein marginales Phänomen wahrgenommen, da das Regime ja bemüht war, mit der Abschaffung des Reichtums zugleich auch die Armut abzuschaffen. Armut konnte insofern keinen anerkannten Status haben. Das politische System verleugnete die Existenz finanzieller und materieller Schwierigkeiten der Bevölkerung, da ja der Staat für die wesentlichen Bedürfnisse aller Individuen aufzukommen hatte. Wissenschaftliche Untersuchungen bestätigen heute, dass bestimmte Gruppen der Bevölkerung mehr als andere dem Armutsrisiko ausgesetzt waren, vor allem ältere Menschen und kinderreiche Familien, letztere aufgrund von Mängeln des in erster Linie Doppelverdienerhaushalten mit wenigen Kindern zugute kommenden Verteilungssystems.[7]

Der Übergang zur Demokratie ging mit einem grundsätzlichen Wandel des Umgangs mit der Armut einher. Es ist heute einfacher, darüber zu sprechen, zumal die wirtschaftlichen Transformationen einen enormen Anstieg der Arbeitslosigkeit und der prekären Beschäftigung nach sich gezogen haben.[8] Das gegenwärtige Erscheinungsbild der Armut in diesen Ländern weist in etwas stärker akzentuierter Form zahlreiche Ähnlichkeiten zu dem auf, was sich in den 1980er und 1990er Jahren in Europa zugetragen hat. Die Hypothese, der zufolge diese Länder heute der *disqualifizierenden*

---

6 Vgl. Clément, »Russie: pauvreté de masse et stigmatisation des pauvres«.

7 Dies war insbesondere in der Tschechoslowakei der Fall. Vgl. Le Rouzic, La transformation postcommuniste tchéque à l'épreuve de la marginalisation sociale.

8 Vgl. Tchernina, Economic Transition and Social Exclusion in Russia.

Armut zuzuordnen sind, erscheint mir plausibel. Doch existieren zwischen ihnen auch enorme Unterschiede, und ein systematischer Vergleich mit den europäischen Ländern steht noch aus.

Am Ende dieses Buches angekommen, ist mir wohl bewusst, dass zahlreiche Fragen offenbleiben und eine Fortführung dieser Untersuchung nötig sein wird, um sie beantworten zu können. Manche Forschungsvorhaben zeichnen sich schon ab, andere müssen erst noch entwickelt werden. In diesem Sinne markiert dieses Buch nur eine Etappe. Es hat hoffentlich die Plausibilität und Überprüfbarkeit eines analytischen Rahmens gezeigt, mit dem sich Armut in modernen Gesellschaften überhaupt denken lässt, was in meinen Augen eine notwendige Voraussetzung für politisches Handeln auf diesem Feld darstellt. An seinem Ende steht kein irgendwie geartetes Programm, es soll einfach weitere Überlegungen stimulieren und einen bescheidenen Beitrag leisten, um das Leiden der Menschen, denen früher oder später einmal das Schicksal des Armseins widerfährt, wenn schon nicht abzuschaffen, so doch wenigstens etwas zu lindern.

Anhang
Wie die Europäer die Armut sehen

In allen Gesellschaften Westeuropas kam es seit Mitte der 1970er Jahre zu einer enormen Zunahme der Zahl der Fürsorgebezieher, die meist arbeitsmarktfern oder schon ganz vom Arbeitsmarkt verdrängt waren. Das Bewusstsein für diese Entwicklung hat seither bei den politisch Verantwortlichen und den im Sozialbereich Tätigen beständig zugenommen. Zahlreiche Evaluationsstudien und Forschungsprojekte wurden durchgeführt, um die zur Bekämpfung dieser Entwicklung von jedem Land eingesetzten Maßnahmen zu ermitteln, was zu einer besseren Kenntnis der verschiedenen Formen der Regulierung von Armut und Arbeitslosigkeit in Europa geführt hat. Mit der Analyse der Armut anhand von monetären Indikatoren befassten sich ebenfalls einige Studien, vor allem seitdem die Daten des Europäischen Haushaltspanels, das heute die verlässlichste Datenbasis in Europa darstellt, verfügbar waren. Dagegen existieren bis heute nur sehr wenige Studien über die Entwicklung der sozialen Repräsentationen von Armut in Europa, die sich anhand der verschiedenen Eurobarometer-Umfragen untersuchen lassen. Die vorliegende Untersuchung möchte diese Lücke schließen.[1] Dabei wurden vier Umfragen über die Wahrnehmung von Armut und Ausgrenzung miteinander verglichen, nämlich die von 1976, 1989, 1993 und 2001.[2]

Bei der Untersuchung sollte man auf jeden Fall die Entwicklung des ökonomischen Kontextes zum Zeitpunkt der Umfragen im Hinterkopf behalten. Die erste Umfrage geht noch auf die Zeit vor der

---

1 Vgl. Paugam/Selz, »The perception of poverty in Europe since the mid 1970s. Analysis of structural and conjunctural variation«.

2 Diese Umfragen waren schon Gegenstand mehrerer Untersuchungen: Riffault/Rabier, The Perception of Poverty; Poverty 3, The Perception of Poverty in Europe, Brüssel, Europäische Kommission, 1990; Rigaux, The Perception of Poverty and Social Exclusion in Europe; Gallie/Paugam, Social Precarity and Social Integration.

enormen Verschlechterung der Lage auf den westeuropäischen Arbeitsmärkten gegen Ende der 1970er Jahre nach der zweiten Ölkrise 1979 zurück. Die späteren Umfragen wurden während einer Phase weitaus höherer Volatilität des Arbeitsmarktes durchgeführt. Die Umfrage von 1989 stammt aus einer Zeit, als sich die Arbeitsmärkte einigermaßen von der besorgniserregenden Lage zu Beginn der 1980er Jahre erholt hatten. Die Umfrage von 1993 wurde während einer erneuten, sich in den meisten Ländern bis zur Mitte des Jahrzehnts hinziehenden Krisenphase durchgeführt. Die letzte Umfrage von 2001 fand dann nach einer Phase wirtschaftlicher Erholung statt.

Die Sichtbarkeit der Armut

Bevor wir uns an die Untersuchung machen, wie die Europäer die Armut erklären, soll zunächst dargestellt werden, ob sie in ihrem Umfeld Personen kennen, die sich ihrer Ansicht nach in Armut befinden. Für die Periode nach 1989 ist es möglich, den jeweiligen Anteil der Personen zu vergleichen, die angeben, dass es in der Gegend, in der sie leben, Menschen gibt, die in Armut oder in extremer Armut leben (vgl. Graphik 1). 1989 war die Arbeitslosigkeit in sämtlichen Ländern weniger hoch als 1993, und das Wirtschaftswachstum war stärker.

Die Entwicklung seit dieser Zeit ist sehr aufschlussreich. Es lässt sich ganz deutlich feststellen, dass die Sichtbarkeit von Armut oder extremer Armut in sämtlichen Ländern mit Ausnahme Italiens von 1989 bis 1993 stark zugenommen hat und dass sie dagegen von 1993 bis 2001 mit Ausnahme der Niederlande wieder zurückgegangen ist. Portugal und Griechenland auf der einen, Dänemark auf der anderen Seite stellen die jeweiligen Extrempole dar, insofern die Sichtbarkeit von Armut und extremer Armut bei den ersten beiden Ländern sehr hoch ist (ungefähr 50 Prozent der Bevölkerung geben an, dass dieses Phänomen in ihrer Umgebung existiert), in Dänemark dagegen sehr niedrig (weniger als 10 Prozent).

Der Kontrast zwischen den drei Jahren springt noch mehr ins Auge, wenn man den Anteil der Personen vergleicht, die angeben,

Graphik 1 – Ländervergleich zur Wahrnehmung von in Armut oder extremer Armut lebenden Menschen

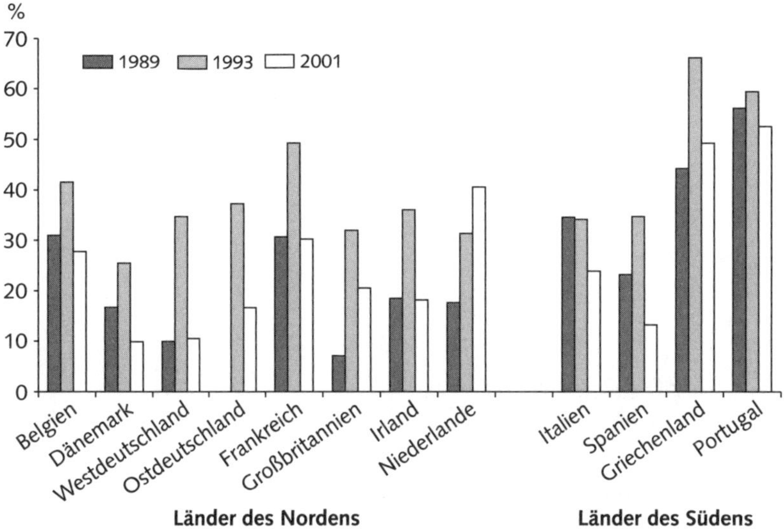

Anteil der Personen, die angeben, dass es in der Gegend, in der sie leben, Menschen gibt, die in Armut oder in extremer Armut leben.

Quelle: Eurobarometer, »Armut – Ausgrenzung«.

dass es in der Gegend, in der sie leben, in extremer Armut lebende Menschen gibt (vgl. Graphik 2). In sämtlichen Ländern lässt sich ausnahmslos ein enormer Anstieg 1993 und ein starker Rückgang 2001 feststellen.

Stimmen diese Ergebnisse zur Sichtbarkeit von Armut mit der objektiven und subjektiven Messung dieses Phänomens überein? Tabelle 1 vergleicht den auf der objektiven monetären Definition der Europäischen Union beruhenden Indikator »Armutsrisiko« mit dem subjektiven Armutsindikator, der dem Anteil der Individuen entspricht, deren Nettogesamteinkommen unter der Summe liegt, die sie selbst als absolut notwendig erachten, um angemessen leben zu können.

Den Daten des Europäischen Haushaltspanels zufolge ist der Anteil der Individuen, die vom Armutsrisiko betroffen sind, in Portugal und Griechenland am höchsten (häufig höher als 20 Prozent).

Graphik 2 – Ländervergleich zur Wahrnehmung in extremer Armut lebender Menschen

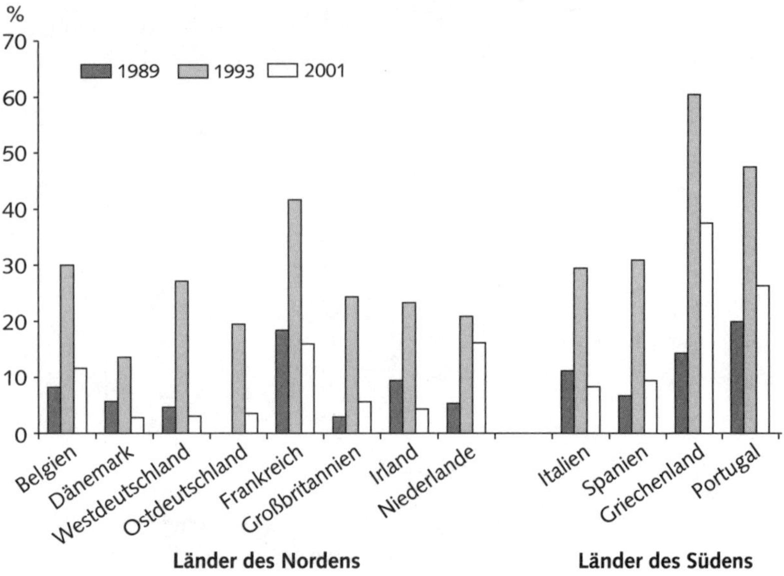

Anteil der Personen, die angeben, dass es in der Gegend, in der sie leben, Menschen gibt, die in extremer Armut leben.

Quelle: Eurobarometer, »Armut – Ausgrenzung«.

Er ist ebenfalls hoch in Italien, Spanien, Irland und Großbritannien (um 20 Prozent). Am anderen Ende scheinen die skandinavischen Länder Dänemark, Schweden und Finnland am wenigsten vom Armutsrisiko betroffen zu sein (weniger als 10 Prozent). Die Niederlande und Luxemburg weisen ebenfalls ein niedriges Armutsrisiko auf (zwischen 11 und 12 Prozent), Frankreich und Belgien nehmen eine mittlere Position ein (zwischen 13 und 15 Prozent).

Werden die Abweichungen zwischen den Ländern auch größer, wenn man sich der subjektiven Armut zuwendet, ändert sich jedoch die Reihenfolge dadurch nicht völlig. Portugal und Griechenland bleiben weiterhin die beiden Länder, in denen der Anteil der Armen am höchsten ist: 66 Prozent der Individuen in Portugal gegenüber 54 Prozent in Griechenland geben an, dass ihre Einkünfte deutlich unterhalb der Schwelle liegt, die ihnen notwendig erscheint, um an-

Tabelle 1 – Vergleich der objektiven und der subjektiven Armut

	Objektiver Armutsindikator % der Individuen, die in Haushalten mit einem Armutsrisiko leben[1]			*Subjektiver Armutsindikator* % der Individuen, die sich als arm einstufen[2]
	1995	1998	2001	2001
Belgien	16	14	13	32
Dänemark	10	12	10	9
Deutschland	15	11	11	14[3]
Griechenland	22	21	20	54
Spanien	19	18	19	34
Frankreich	15	15	15	30
Irland	19	19	21	24
Italien	20	18	19	41
Luxemburg	12	12	12	8
Niederlande	11	10	11	18
Österreich	13	13	12	16
Portugal	23	21	20	66
Finnland		9	11	30
Schweden		10	9	20
Großbritannien	20	19	17	27

1 Eurostat, Armutsrisikoschwelle: 60 Prozent des nationalen Medianeinkommens, »modifizierte« OECD-Skala, die den Wert 1 dem ersten Erwachsenen in einem Haushalt zuweist, den Wert 0,5 den weiteren Personen, die 14 Jahre oder älter sind, und den Wert 0,3 für Kinder unter 14 Jahren.
2 Eurobarometer 56.1, Armut und soziale Ausgrenzung, 2001. Es handelt sich um den Prozentsatz von Individuen, deren Nettogesamteinkommen unterhalb dessen liegt, was sie selbst als absolut notwendig ansehen, um angemessen leben zu können.
3 Westdeutschland: 11 Prozent, Ostdeutschland: 24 Prozent.

gemessen leben zu können. Italien weist ebenfalls einen hohen Anteil von Armen auf (41 Prozent), während Dänemark und Luxemburg (zwischen 8 und 9 Prozent), gefolgt von Deutschland (14 Prozent) und den Niederlanden (18 Prozent), die am wenigsten davon betroffenen Länder sind. Es sei angemerkt, dass der Armenanteil nach dem subjektiven Armutsindikator in Schweden mit 20 Prozent und in Finnland mit 30 Prozent recht hoch ausfällt, vergleicht man diese Werte mit dem niedrigen Anteil an Armen in diesen Ländern, bei Zugrundelegung des Armutsrisikos als Indikator.

Ganz allgemein lässt sich sagen, dass die gesellschaftliche Sichtbarkeit von Armut in den europäischen Ländern im Großen und Ganzen mit der objektiven und subjektiven Messung des Phänomens konvergiert. In den Ländern, in denen die Bevölkerung zu einem hohen Anteil in ihrer Umgebung Arme wahrnimmt, gibt es auch einen höheren Anteil an objektiver und subjektiver Armut. Die Reihenfolge der Länder bleibt auch diesmal ungefähr die gleiche.

In der Armutsforschung unterscheidet man häufig die von Generation zu Generation vererbte traditionelle Armut von der neuen Armut, die ganz plötzlich Menschen trifft, die bis dahin vor diesem Problem geschützt schienen. Wir stellen hier die Hypothese auf, dass die Formen von Armut nicht immer die gleichen bleiben. Sie sind relativ und variieren je nach Land und Konjunktur recht stark.

Diese Hypothese lässt sich unter Bezugnahme auf eine in den Eurobarometern seit 1976 gestellte Frage überprüfen. Die Frage richtete sich an Personen, die zuvor erklärt hatten, dass es in der Gegend, in der sie leben, Menschen gibt, die in extremer Armut, in Armut oder am Rande der Armut leben. Man fragte sie, ob diese Menschen schon immer in dieser Situation gewesen seien (»ererbte« Armut) oder im Gegensatz dazu in diese Situation geraten seien, nachdem sie schon bessere Zeiten gesehen hätten (nach einem »Absturz« erlittene Armut). Für eine eingehendere Analyse der diese beiden Formen von Armut erklärenden Faktoren haben wir mehrere Modelle logistischer Regression für die ererbte Armut (Tabelle 2) wie auch für die erlittene Armut (Tabelle 3) gebildet, in denen wir die für die Länder verfügbaren Daten seit 1976 und seit 1989 berücksichtigt haben. Unser Ziel war es, gleichzeitig den reinen Einfluss des Landes, was einem strukturellen Effekt entspricht, und den reinen Effekt der Konjunktur zu ermitteln.

Um den Einfluss der Konjunktur testen zu können, haben wir den Indikatoren für Arbeitslosigkeit aufgrund ihrer starken Schwankungen im Lauf der vergangenen 30 Jahre wie auch der gesellschaftlichen und wissenschaftlichen Legitimität, die man ihnen in den Debatten und Analysen der globalen Entwicklungen des Arbeitsmarktes einmütig zuspricht, den Vorzug gegeben. Es wurden drei Indikatoren der Intensität der Arbeitslosigkeit entwickelt: Der erste gibt die Höhe der Arbeitslosenrate wieder; der zweite die Entwicklungstendenz während der vier vorausgehenden Jahre; der dritte schließlich eine Kombination aus der Höhe der Arbeitslosenrate und ihrer Entwicklung im Lauf der letzten vier Jahre. Anschließend wurden diese drei Indikatoren für jedes Land zu den vier Erhebungszeitpunkten berechnet (vgl. die Aufstellung in Tabelle 7, S. 313). In den beiden Tabellen haben wir für den Zeitraum von 1976 bis 2001 eine eigene Datenreihe nur für die EG-Mitgliedsländer von 1976 erstellt, eine zweite Reihe von 1989 bis 2001 für sämtliche Länder einschließlich Spanien, Griechenland und Portugal. Für jede der beiden Reihen haben wir fünf Modelle gebildet, also insgesamt zehn. Das erste und das sechste Modell berechnet den Einfluss des Landes, ohne den der Arbeitslosigkeit zu berücksichtigen. Das zweite wie das siebte Modell integrieren den Einfluss des Zeitpunkts der Umfrage und den Einfluss des Landes. Die übrigen Modelle beziehen die von uns entwickelten Indikatoren für Arbeitslosigkeit ein.

Unabhängig vom jeweiligen Modell ist die Wahrnehmung von Armut als eines vererbbaren Phänomens in den südlichen Ländern und in Irland stärker ausgeprägt als in Großbritannien (Referenzkategorie) und den übrigen Ländern. Mit anderen Worten wird die Armut in den ökonomisch gesehen ärmsten Ländern am ehesten als etwas Ererbtes betrachtet. Auf der anderen Seite fällt für Deutschland der Koeffizient im Verhältnis zu Großbritannien systematisch am negativsten aus (–.70 in Modell 1 bis –1,52 in Modell 10), was bestätigt, dass man die Armen in diesem Land seltener als in den übrigen Ländern als Menschen wahrnimmt, die schon immer in dieser Situation gewesen sind.

Tabelle 2 – Wahrnehmung der Armut als etwas Ererbtes (logistische Regression)

	Zusammenfassung der Umfragen von 1976, 1989, 1993 und 2001					Zusammenfassung der Umfragen von 1989, 1993 und 2001				
	Mod. 1	Mod. 2	Mod. 3	Mod. 4	Mod. 5	Mod. 6	Mod. 7	Mod. 8	Mod. 9	Mod. 10
Konstante	–.41***	–.65***	–.81***	–.59***	–. 92***	–.80***	–.79***	–.67***	–.62***	–.34***
Länder:										
Großbritannien	Ref.	Ref.	Ref.	Ref.	Ref.	Ref.	Ref.	Ref.	Ref.	Ref.
Belgien	–.34**	–.36**	–.24*	–.33**	–.35**	–.14 n.s.	–.25 n.s.	–.27 n.s.	–.28 n.s.	–.36 n.s.
Dänemark	–.40**	–.29*	–.15 n.s.	–.38	–.06 n.s.	–.40**	–.53**	–.37*	–.37*	–.45**
Deutschland	–.70***	–.80***	–.68***	–.64***	–.74***	–1,12***	–1,18***	–1,2***	–1,30***	–1,52***
Frankreich	–.15 n.s.	–.16 n.s.	–.05 n.s.	–.03 n.s.	.08 n.s.	–.28 n.s.	–.36 n.s.	–.24 n.s.	–.52 n.s.	–.54 n.s.
Irland	.25*	.24*	.77***	.26*	–1,00***	.43**	.35***	.58***	.42**	.49**
Niederlande	–.66***	–.57***	–.76***	–.48***	–.65***	–.58***	–.64***	–.78***	–.76***	–.98***
Italien	.68***	.60***	.27***	.86***	1,32***	. 93***	.80***	1,10***	.74***	.78***
Spanien						.65***	.56***	.91***	.59***	.76***
Griechenland						1,20***	1,13***	1,18***	1,22***	1,10***
Portugal						1,14***	1,03***	.88***	.82***	.68***
Jahr der Umfrage:										
1976		.78***								
1989		.30***					.52***			
1993		–.43***					–.19**			
2001		Ref.					Ref.			
Arbeitslosigkeit[1]:										
N			.79***					.13 n.s.		
H			Ref.					Ref.		
SH			–.43***					–.39***		
Arbeitslosigkeit[1]:										
↓				.04 n.s.					.21**	
→				Ref.					Ref.	
↑				.25**					–.46***	
Arbeitslosigkeit[1]:										
N ↓					–.04 n.s.					–.08 n.s.
N →					.79***					–.15 n.s.
N ↑					1,06***					
H ↓					.30*					–.06 n.s.
H →					Ref.					Ref.
H ↑					.00 n.s.					–.55***
SH ↓										–.30 n.s.
SH →					–.30***					–.42***
SH ↑					–.63***					–.87***
Anz. Beob.	7047	7047	7047	7047	7047	7303	7303	7303	7303	7303
–2LogL	9004	8643	8730	8993	8694	9005	8864	8970	8942	8916

	Zusammenfassung der Umfragen von 1976, 1989, 1993 und 2001					Zusammenfassung der Umfragen von 1989, 1993 und 2001				
	Mod. 1	Mod. 2	Mod. 3	Mod. 4	Mod. 5	Mod. 6	Mod. 7	Mod. 8	Mod. 9	Mod. 10
Chi-Sq	342	703	616	352	652	856	998	891	920	945
DF	7	10	9	9	14	10	12	12	12	17
Prob	.0001	.0001	.0001	.0001	.0001	.0001	.0001	.0001	.0001	.0001

[1] anhand der Arbeitslosenrate pro Land für das Jahr jeder Umfrage (Quelle: OECD)
N: niedrig; H: hoch; SH: sehr hoch
↓: abnehmend; →: gleichbleibend; ↑: zunehmend
* P < 0.05; ** P < 0.01; *** P < 0.001; n.s. nicht signifikant

Quelle: Eurobarometer, »Armut – Ausgrenzung«.

Wenn Armut als etwas Vererbtes keine Wahrnehmung darstellt, die in ganz Europa gleichermaßen anzutreffen ist, muss dies wohl an strukturellen Faktoren liegen. In den nationalen Unterschieden kommen in der Tat die unterschiedlichen Sozialstrukturen zum Ausdruck, welche die spezifischen Institutionen der Länder jeweils tendenziell reproduzieren. Das besagt jedoch nicht, dass der konjunkturelle Effekt keinerlei Einfluss hat.

So lässt sich feststellen, dass eine stetige Arbeitslosigkeit die Wahrscheinlichkeit verringert, dass die Bevölkerung in der Armut ein sich von Generation zu Generation reproduzierendes Phänomen sieht. Im Verhältnis zur Referenzkategorie »hohe Arbeitslosigkeit« fällt der Koeffizient für die Kategorie »sehr hohe Arbeitslosigkeit« negativ und hochsignifikant aus (Koeffizient –.43 in Modell 3 und –.39 in Modell 8). Ebenso fällt im Verhältnis zur Referenzkategorie »gleichbleibende Arbeitslosigkeit« der Koeffizient für die Kategorie »Arbeitslosigkeit steigend« in Modell 9 negativ und hochsignifikant aus (–.46), während er in Modell 4 positiv und signifikant ausfällt (.25). Wenn man die Umfrage von 1976 einbezieht, verändert sich das Ergebnis. Diese gegensätzliche Tendenz der beiden unterschiedlichen Reihen von Umfragen lässt sich dadurch erklären, dass in den Repräsentationen von Armut noch kaum auf das Phänomen des Anstiegs der Arbeitslosigkeit seit Mitte der 1970er Jahre reagiert wurde. Das Phänomen der »neuen Armut« wurde erst zehn Jahre später entdeckt und öffentlich diskutiert. Wahrscheinlich hat sich die Zunahme der Arbeitslosigkeit in den 1970er und 1980er Jahren auf unterschiedliche Weise in den sozialen Repräsentationen niedergeschlagen. Schließlich fällt der kombinierte Effekt einer sehr hohen Arbeitslosigkeit und einer in den vergangenen vier Jahren zunehmenden Arbeitslosigkeit auf die Wahrnehmung von Armut als etwas Ererbtem in den Modellen 5 und 10 erwartungsgemäß negativ und durchgehend signifikant aus. Es sei aber darauf hingewiesen, dass der Koeffizient in Modell 5 positiv und signifikant ausfällt, wenn die Arbeitslosigkeit auf niedrigem Niveau, aber im Anstieg begriffen ist, während diese Kombination in der mit dem Jahr 1989 beginnenden zweiten Reihe nicht vorkommt. Das Resultat deckt sich mit der bereits oben beobachteten Tendenz und lässt sich auf die gleiche Weise erklären, nämlich dass in den 1970er Jahren der Anstieg der Arbeitslosigkeit auf die Vorstellungen von Armut nicht dieselbe Wirkung ausübte wie in den Achtzigern. Es sei auch darauf hingewiesen, dass sich die Einführung der Arbeitslosigkeitsindikatoren in den Modellen 3, 4, 5, 8, 9 und 10 nicht in einer substantiellen Modifikation der bei den Koeffizienten für jedes Land beobachteten Tendenzen niederschlägt. Das Variieren der Arbeitslosigkeit hebt also keineswegs den schon aufgezeigten strukturellen Effekt auf. Es liefert ebenfalls eine Erklärung für die Wendungen, die die Wahrnehmung von Armut im Lauf der Zeit nimmt.

In den für die Zeit nach 1976 beziehungsweise nach 1989 aufgestellten Modellen lässt sich praktisch eine umgekehrte Tendenz zur Erklärung der Armut als Absturz feststellen (vgl. Tabelle 3). Fast symmetrisch zur Wahrnehmung der Armut als eines vererbbaren Phänomens ist die Wahrnehmung von Armut als Absturz in den südlichen Ländern viel weniger verbreitet als in den nördlicheren Ländern. Unabhängig vom zugrunde gelegten Modell fallen die Koeffizienten für Italien, Griechenland, Spanien und Portugal durchgehend negativ und hochsignifikant aus. Wir weisen darauf hin, dass der Koeffizient für Irland ebenfalls negativ ausfällt, wirklich signifikant ist er nur in den Modellen 3, 5 und 8. Ganz allgemein lässt sich daraus schon der Schluss ziehen, dass die nationalen Strukturen den Wahrnehmungen von Armut ihren Stempel aufdrücken.

Der strukturelle Effekt eliminiert jedoch keineswegs den konjunkturellen. Die Arbeitslosigkeitsindikatoren beeinflussen ebenfalls die Wahrnehmung von Armut und modifizieren die in den einzelnen Ländern feststellbaren Tendenzen nicht spürbar. Man kann

Tabelle 3 – Wahrnehmung der Armut als etwas nach einem Absturz Erlittenes (logistische Regression)

	Zusammenfassung der Umfragen von 1976, 1989, 1993 und 2001					Zusammenfassung der Umfragen von 1989, 1993 und 2001				
	Mod. 1	Mod. 2	Mod. 3	Mod. 4	Mod. 5	Mod. 6	Mod. 7	Mod. 8	Mod. 9	Mod. 10
Konstante	–.23***	–.15***	.10 n.s.	–.05 n.s.	.13 n.s.	.13 n.s.	–.06 n.s.	.02 n.s.	–.11 n.s.	–.27 n.s.
Länder:										
Großbritannien	Ref.	Ref.	Ref.	Ref.	Ref.	Ref.	Ref.	Ref.	Ref.	Ref.
Belgien	.19 n.s.	.19 n.s.	.14 n.s.	.22**	.23 n.s.	.12 n.s.	.21 n.s.	.23 n.s.	.33*	.26 n.s.
Dänemark	.28*	.12 n.s.	.00 n.s.	.25*	–.07 n.s.	.28*	.34*	.21 n.s.	.23 n.s.	.26 n.s.
Deutschland	.68***	.77***	.71***	.61***	.79***	.96***	.97***	1,00***	1,2***	1,29***
Frankreich	.17 n.s.	.17 n.s.	–.02 n.s.	.02 n.s.	–.02 n.s.	.26*	.32**	.17 n.s.	.58***	.48**
Irland	.02 n.s.	.04 n.s.	–.48***	.03 n.s.	–.74***	–.15 n.s.	–.11 n.s.	–.34*	–.14 n.s.	–.23 n.s.
Niederlande	.39***	.31***	.54***	.21***	.45***	.23 n.s.	.34**	.50***	.49***	.67***
Italien	–1,00***	–.96***	–1,58***	–1,18***	1,58***	–1,04***	–.94***	–1,28***	–.80***	–.99***
Spanien						–.57***	–.52***	–.90***	–.48***	–.75***
Griechenland						–1,06***	–1.01***	–1.08***	–1,09***	–1,13***
Portugal						–1,07***	–.96***	–.67***	–.62***	–.37***
Jahr der Umfrage:										
1976		–.69***								
1989		–.06 n.s.					–.31***			
1993		–.64***					.47**			
2001		Ref.					Ref.			
Arbeitslosigkeit[1]:										
N			–.80***					–.29**		
H			Ref.					Ref.		
SH			–.56***					–.44***		
Arbeitslosigkeit[1]:										
↓				–.18 n.s.					–.33***	
→				Ref.					Ref.	
↑				–.24**					.58***	
Arbeitslosigkeit[1]:										
N ↓					–.02 n.s.					–.44**
N →					.71***					–.04 n.s.
N ↑					–1,03***					
H ↓					–.28***					–.07 n.s.
H →					Ref.					Ref.
H ↑					.23 n.s.					.76***
SH ↓										.27 n.s.
SH →					.49***					.44***
SH ↑					.79***					.87***
Anz. Beob.	7047	7047	7047	7047	7047	7303	7303	7303	7303	7303

	Zusammenfassung der Umfragen von 1976, 1989, 1993 und 2001					Zusammenfassung der Umfragen von 1989, 1993 und 2001				
	Mod. 1	Mod. 2	Mod. 3	Mod. 4	Mod. 5	Mod. 6	Mod. 7	Mod. 8	Mod. 9	Mod. 10
–2LogL	9331	8883	8971	9320	8934	9316	9141	9258	9197	9167
Chi-Sq	388	836	747	397	784	726	901	784	845	875
DF	7	10	9	9	14	10	12	12	12	17
Prob	.0001	.0001	.0001	.0001	.0001	.0001	.0001	.0001	.0001	.0001

[1] anhand der Arbeitslosenrate pro Land für das Jahr jeder Umfrage (Quelle: OECD)
N: niedrig; H: hoch; SH: sehr hoch
↓: abnehmend; →: gleichbleibend; ↑: zunehmend
* P < 0.05; ** P < 0.01; *** P < 0.001; n.s. nicht signifikant

Quelle: Eurobarometer, »Armut – Ausgrenzung«.

den Schluss ziehen, dass eine Zunahme der Arbeitslosigkeit die Wahrscheinlichkeit stark erhöht, dass die Bevölkerung Armut als ein nach einem Absturz erlittenes Phänomen wahrnimmt. Im Verhältnis zu der Referenzkategorie »hohe Arbeitslosigkeit« fällt der Koeffizient für die Kategorie »sehr hohe Arbeitslosigkeit« positiv und hochsignifikant aus (Koeffizient von .56 in Modell 3 und von .44 in Modell 8). Ebenso fällt der Koeffizient für die Kategorie »Arbeitslosigkeit steigend« im Verhältnis zur Referenzkategorie »gleichbleibende Arbeitslosigkeit« in Modell 9 positiv und hochsignifikant aus (.58), während er in Modell 4 negativ und signifikant ist (–24). Wir stoßen hier auf die gleiche Tendenz wie in der vorangegangenen Tabelle. Die Abweichung zwischen der ersten Umfragereihe und der zweiten lässt sich durch die Besonderheit der 1970er Jahre erklären, als sich die Vorstellungen von Armut gegenüber denjenigen aus den durch Vollbeschäftigung geprägten vorangegangenen Jahren praktisch nicht verändert hatten. Schließlich bestätigen die Ergebnisse, dass sich die Kombination einer sehr hohen Arbeitslosigkeit mit einer während der vier vorangegangenen Jahre zunehmenden Arbeitslosigkeit mit hoher Wahrscheinlichkeit darin äußert, dass Armut als Absturz wahrgenommen wird (die Koeffizienten sind durchgehend positiv und signifikant in Modell 5 wie in Modell 10: Beispielsweise liegt er bei .79 in Modell 5 und bei .87 in Modell 10 für die »in Zunahme befindliche sehr hohe Arbeitslosigkeit« im Verhältnis zur Kategorie »gleichbleibend hohe Arbeitslosigkeit«).

Die Art und Weise, wie die Europäer jeweils Armut sehen, ist in keinem Land gleich. Jedes Land hat seine spezifische Umgangsweise mit Armut, die gewiss nicht unveränderlich ist, aber über die Jahre hinweg relativ gleich bleibt. Unabhängig vom jeweiligen Land wirkt sich jedoch die mit der Konjunktur variierende Arbeitslosigkeit auf die Wahrnehmung von Armut aus. Daraus lässt sich der Schluss ziehen, dass der strukturelle Effekt und der konjunkturelle Effekt aufgrund ihrer jeweiligen Erklärungskraft für die Wahrnehmung von Armut relativ unabhängig voneinander sind. Anders gesagt hatten die konjunkturellen Schwankungen zwischen 1976 und 2001 in allen Ländern einen signifikanten Einfluss, ohne dass davon die strukturellen Tendenzen berührt worden wären, die jedes von ihnen in sozialer wie geschichtlicher Hinsicht kennzeichnen.

Die angenommenen Ursachen der Armut

Die Frage zu den angenommenen Ursachen ist folgendermaßen formuliert: »Warum gibt es Menschen, die in Not sind?«, und die den interviewten Personen vorgeschlagenen Meinungen lauten: 1. weil sie kein Glück hatten; 2. aufgrund ihrer Faulheit und der mangelnden Willenskraft; 3. aufgrund der vielen Ungerechtigkeiten in unserer Gesellschaft; 4. das ist ein unvermeidlicher Teil unseres modernen Lebens; 5. nichts davon. Diese Frage wurde seit 1976 in vier vergleichbaren Eurobarometern gestellt und liefert damit eine einmalige Basis, um gleichzeitig den nationalen Einfluss und den des jeweiligen Erhebungszeitpunkts zu untersuchen.

Individuelle Ursachen und gesellschaftliche Ursachen

Unter den vorgeschlagenen Antworten verweisen zwei auf individuelle Ursachen (weil sie kein Glück hatten; aufgrund ihrer Faulheit und der mangelnden Willenskraft), die beiden folgenden auf gesellschaftliche Ursachen (aufgrund der vielen Ungerechtigkeiten in unserer Gesellschaft; es ist ein unvermeidlicher Teil unseres modernen Lebens) (vgl. Tabelle 4).

Tabelle 4 – Die angenommenen Ursachen der Armut im Jahr 2001 (in %)

	Kein Glück	Faulheit	Individuelle Ursachen insgesamt	Ungerechtigkeit	Unvermeidlich	Gesellschaftliche Ursachen insgesamt	Keine	Weiß nicht
Belgien	17,9	17,9	35,8	31,2	23,6	54,8	4,4	4,9
Dänemark	27,5	19,3	46,8	12,8	30,6	43,4	6,0	3,8
Westdeutschland	11,6	17,1	28,7	33,2	25,4	58,6	3,8	8,8
Ostdeutschland	9,8	14,4	24,2	50,1	18,9	69,0	3,6	3,1
Griechenland	13,7	19,9	33,6	32,9	24,8	57,7	3,7	4,9
Italien	19,4	15,4	34,8	36,1	15,8	51,9	6,2	7,2
Spanien	24,0	12,4	36,4	35,3	19,4	54,7	3,6	5,4
Frankreich	16,4	15,6	32,0	39,9	19,1	59,0	5,1	3,9
Großbritannien	20,9	22,5	43,4	19,5	22,3	41,8	5,2	9,7
Irland	22,8	17,9	40,7	22,9	19,7	42,6	7,0	9,8
Niederlande	23,2	11,9	35,1	19,3	22,5	41,8	14,2	8,8
Österreich	12,6	22,3	34,9	29,6	24,2	53,8	6,6	4,7
Portugal	18,3	29,4	47,7	33,6	10,2	43,8	3,2	5,4
Finnland	13,4	14,7	28,1	42,5	23,4	65,9	2,4	3,6
Schweden	13,1	8,5	21,6	42,0	27,1	69,1	5,2	4,1
Gesamt	17,5	17,6	35,1	31,4	21,9	53,3	5,7	5,9

Quelle: Eurobarometer 56.1, Armut und soziale Ausgrenzung (2001).

Bei den individuellen Ursachen basiert die erste Antwort im Gegensatz zur zweiten auf einer bloßen Feststellung und fällt kein Urteil über die Armen. Bei den gesellschaftlichen Ursachen ist die Antwort »unvermeidlicher Teil des Lebens« ebenfalls eine Feststellung und stellt, im Gegensatz zur Antwort »gesellschaftliche Ungerechtigkeit«, keine Kritik an der Gesellschaft dar. Man könnte also sagen, dass die Erklärungen durch Faulheit und die durch Ungerechtigkeit stärker ideologisch geprägt sind als die beiden anderen. Wie dem auch sei, das Zurückführen der Armut auf eine individuelle oder eine gesellschaftliche Ursache sagt an sich schon viel über die Haltung der Individuen oder Gesellschaften der Armut gegenüber aus. Darüber hinaus gibt es enorme Unterschiede je nach Land.

Die Länder, in denen als Erklärung für Armut am häufigsten individuelle Ursachen angegeben werden, sind in abnehmender Reihenfolge: Portugal (48 Prozent), Dänemark (47 Prozent), Großbritannien (43 Prozent) und Irland (41 Prozent). Die Länder, in denen eine Erklärung durch gesellschaftliche Ursachen vorherrscht, sind: Schweden und Ostdeutschland (69 Prozent), Finnland (66 Prozent), gefolgt von Frankreich und Westdeutschland (59 Prozent), Belgien und Spanien (55 Prozent) und schließlich Italien (52 Prozent). Diese Unterschiede lassen sich unmöglich durch einen einzigen Faktor erklären. Die Behauptung, dass die Länder mit sozialdemokratischer (Schweden und Finnland) oder sozialistischer Tradition (Ostdeutschland) am ehesten zu Erklärungen durch gesellschaftliche Ursachen neigen, scheint sich zu bestätigen, wobei Dänemark dann aber eine Ausnahme von der Regel darstellt. Die Behauptung, dass die romanischen Länder eine Kultur des Protests gegen das soziale System entwickelt haben, die sich in einer ausgeprägteren Tendenz äußert, gesellschaftliche Ursachen als Erklärung für Armut anzugeben, hat sicherlich einiges für sich, doch dann müsste man wiederum die Ausnahme Portugal erklären.

Dagegen scheinen Großbritannien und Irland mit ihrem liberalen System sozialer Sicherung eher dazu zu neigen, Armut durch individuelle Ursachen zu erklären. Ganz allgemein lässt sich sagen, dass es keinen Faktor gibt, der diese Unterschiede allein erklären könnte. Man kann nur die etwas pauschale Aussage treffen, dass es einen Zusammenhang zwischen einem ausgebauten System sozialer Sicherung und einer Erklärung der Armut durch gesellschaftliche Ursachen gibt, und dass dagegen mit einem sozialen Sicherungssystem wie dem britischen, in dem in den vergangenen Jahren einschneidende Kürzungen, insbesondere im Bereich der Leistungen bei Arbeitslosigkeit, vorgenommen wurden, eine eindeutige Tendenz zur Betonung der individuellen Ursachen von Armut einhergeht. Zur Vertiefung dieser Analyse lassen sich die Erklärungsfaktoren Faulheit und Ungerechtigkeit überprüfen.

Faulheit und Ungerechtigkeit

Wenn man etwas näher auf diese beiden Erklärungen für Armut eingeht, kann man sich zum einen fragen, ob es größere nationale Abweichungen gibt, zum anderen, ob die Erklärungen auch im Zeitverlauf variieren. Die Graphiken 3 und 4 zeichnen die Entwicklung der Erklärung der Armut durch Faulheit und Ungerechtigkeit nach Ländern seit 1976 nach und machen eine Überprüfung der Hypothesen möglich. Die beiden Erklärungen variieren tatsächlich je nach Land und Zeitpunkt der Befragung. Wenn man beispielsweise Frankreich und Großbritannien miteinander vergleicht, zeigt sich, dass die Erklärung durch Faulheit in Großbritannien unabhängig vom zeitlichen Bezugspunkt häufiger vorgebracht wird als in Frankreich. Der Unterschied zwischen den beiden Ländern war im Übrigen 1976 besonders groß, als mehr als 44 Prozent der Briten gegenüber nur 17 Prozent der Franzosen diese Erklärung angaben. Man muss daher den Schluss ziehen, dass in den beiden Ländern unterschiedliche Vorstellungen von Armut vorherrschen, wie dies schon in anderen Arbeiten gezeigt werden konnte.[3]

Es sei auch darauf hingewiesen, dass trotz der Unterschiede zwischen den Ländern in einigen die Entwicklung seit 1976 auch ähnlich verlief. In Belgien, Deutschland, Frankreich, Großbritannien und Irland war die Erklärung der Armut durch Faulheit in der ersten Umfrage noch sehr verbreitet, weniger schon in der zweiten Umfrage und noch weniger in der dritten, um erst in der letzten wieder stark zuzunehmen. Diese Abweichungen sind enorm. In Frankreich beispielsweise lag der Anteil derer, die als Erklärung für Armut Faulheit angaben, 1976 bei 16,1 Prozent, 1989 bei 11,7 Prozent, 1993 bei 5,6 Prozent und 2001 dann bei 15,6 Prozent. In Belgien ist die Tendenz ähnlich: von 22,4 Prozent 1976 sinkt sie auf 15,3 Prozent 1989, auf 8,2 Prozent 1993, während sie 2001 wieder auf 17,9 Prozent steigt.

Wenn man nur die drei letzten Umfragen betrachtet, lässt sich in acht von den elf in der Graphik dargestellten Ländern 1993 gegen-

---

3 Evans/Paugam/Prélis, Chunnel Vision: Poverty, Social Exclusion and the Debate on Social Welfare in France and Britain.

Graphik 3 – Entwicklung der Erklärung der Armut durch Faulheit

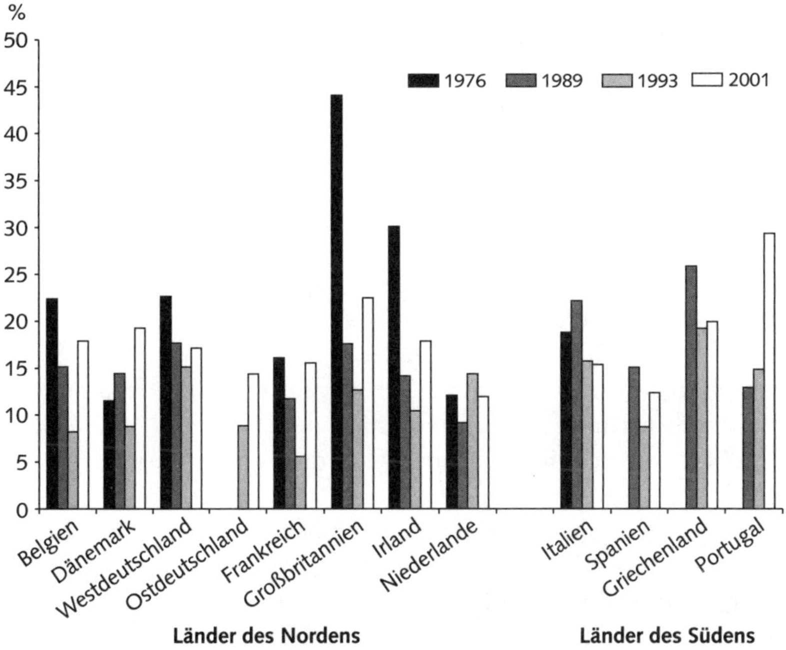

Quelle: Eurobarometer, »Armut – Ausgrenzung«.

über 1989 ein spürbarer Rückgang der Erklärung der Armut durch Faulheit beobachten und 2001 eine Zunahme gegenüber 1989. Diese Ergebnisse belegen in Fortführung von gegenwärtig in Frankreich durchgeführten Untersuchungen,[4] dass individuelle Verantwortung seit Ende der 1990er Jahre deutlich häufiger als Erklärung von Armut angeführt wird.

Ein beinahe umgekehrtes Phänomen lässt sich für die Ungerechtigkeit als Erklärung für Armut feststellen. Diese Erklärung wird

4 Vgl. hierzu die Arbeiten vom Observatoire national de la pauvreté et de l'exclusion sociale, 2001–2002; vor allem die Studien von Caillot/Mette, »Les représentations de l'opinion: la connaissance vécue est un déterminant majeur«, und von Autès, »Les représentations de la pauvreté dans la presse écrite«.

am meisten in Ostdeutschland (50 Prozent), in Finnland und Schweden (42 Prozent) und in Frankreich (40 Prozent) angeführt, weitaus seltener in Großbritannien und den Niederlanden (19 Prozent), in Dänemark sogar noch weniger (13 Prozent). In den südlichen Ländern, besonders in Italien, Spanien und Portugal, ist der Anteil derer, die diese Erklärung anführen, ziemlich hoch (zwischen 33 und 36 Prozent).

Zur Interpretation dieser Unterschiede muss man nicht nur den jeweiligen Wohlfahrtsstaatstypus berücksichtigen, sondern auch die Art und Weise, in der in diesen Ländern die Debatte über Ungleichheiten geführt wird, was gewiss etwas mit den vergangenen Erfahrungen auf dem Gebiet der Armutsbekämpfung, den in diesem Feld tätigen Akteuren und ganz allgemein mit der Tradition sozialstaatlicher Intervention zusammenhängt.[5]

Mit Überraschung stellt man fest, dass die Erklärung der Armut durch Ungerechtigkeit auch im Zeitverlauf stark variiert. In neun von elf Ländern erreicht sie ihr Maximum 1993, zu einem Zeitpunkt, als die konjunkturelle Situation bei sehr hoher Arbeitslosigkeit in den meisten Ländern und einer niedrigen, ja sogar negativen Wachstumsrate äußerst ungünstig ist. Die Erklärung der Armut durch Ungerechtigkeit geht 2001 in allen Ländern, mit Ausnahme Griechenlands, wo sie sich eher auf hohem Niveau stabilisiert, zurück.

Hieraus lässt sich bereits der Schluss ziehen, dass die Erklärung der Armut im Raum und im Zeitverlauf variiert und dass beide Variablen von vornherein gleichermaßen robust sind. Trotzdem sollen sie einem systematischeren Test unterzogen werden. Hierfür lassen sich wieder die gleichen Modelle logistischer Regression heranziehen, die wir schon im vorangegangenen Abschnitt verwendet haben (Tabelle 5 und 6, S. 310ff.).

Tabelle 5 bestätigt den Ländereffekt. Wenn man Großbritannien, wo die Erklärung durch Faulheit 1976 am weitesten verbreitet war, wieder als Referenzland zugrunde legt, weichen sämtliche Länder mit Ausnahme Deutschlands, wo die Koeffizienten bei al-

5 Vgl. Van Oorschot/Halman, »Blame or fate, individual or social?«

Graphik 4 – Entwicklung der Erklärung der Armut durch Ungerechtigkeit

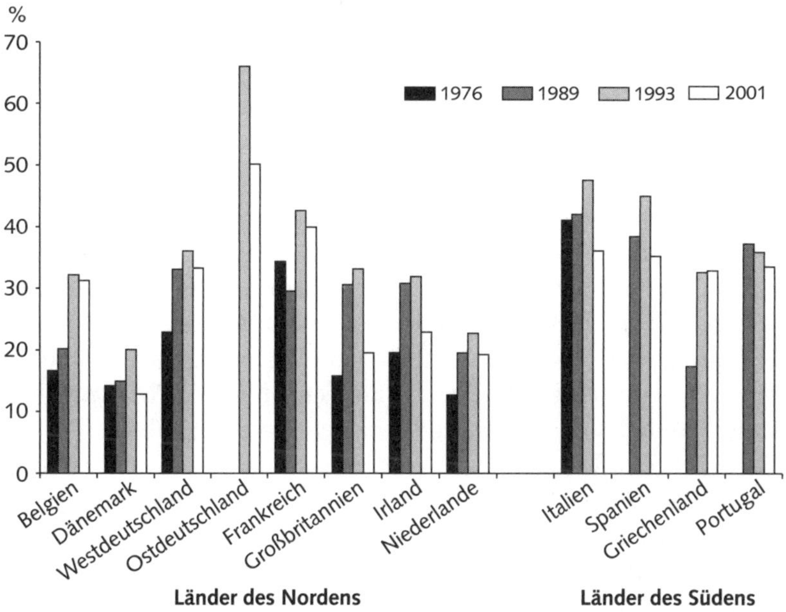

Quelle: Eurobarometer, »Armut – Ausgrenzung«.

len Modellen durchgehend negativ und überhaupt nicht signifikant sind, davon ab. Die Niederlande und Frankreich sind diejenigen Länder, in denen diese Art Erklärung am wenigsten verbreitet ist. Es sei angemerkt, dass in Griechenland die Erklärung durch Faulheit systematisch häufiger angegeben wird als in Großbritannien. Diese Erscheinung lässt sich zumindest in den Modellen 8 und 10 unserer Analyse auch für Italien feststellen. Die Resultate illustrieren also einmal mehr einen Gegensatz zwischen den südlichen und den nördlichen Ländern. Die Neigung, Armut durch Faulheit zu erklären, ist allerdings keine Eigenheit derjenigen Länder, in denen es wie in Großbritannien in den letzten Jahrzehnten zu Kürzungen des Arbeitslosengeldes und der Armenunterstützung gekommen ist. Sie findet sich auch in einigen südlichen Ländern, die über kein sonderlich ausgebautes System sozialer Sicherheit verfügen.

Es gibt auch einen eigenen Effekt der Arbeitslosigkeit. Wenn sie hoch ist, verringert sich die Wahrscheinlichkeit, dass die befragten Personen die Armut durch Faulheit erklären, spürbar. Es ist offenbar so, dass der Bevölkerung in Zeiten der Krise und des Stellenmangels bewusst wird, dass es nicht zwangsläufig an den Arbeitslosen liegt, wenn sie keine Beschäftigung finden. Im Verhältnis zur Referenzkategorie »hohe Arbeitslosigkeit« ist der Koeffizient für die Kategorie »sehr hohe Arbeitslosigkeit« negativ und hochsignifikant (Koeffizient –.40 in Modell 3 und –.23 in Modell 8). Im Verhältnis zur Referenzkategorie »gleichbleibende Arbeitslosigkeit« fällt der Koeffizient für die Kategorie »zunehmende Arbeitslosigkeit« in Modell 9 negativ und hochsignifikant aus (–.41), während er in Modell 4 positiv und hochsignifikant ist (.15). Wie wir oben schon gesehen haben, weisen die beiden unterschiedlichen Reihen keine ähnliche Tendenz auf, wenn es darum geht, nur den Einfluss der Zunahme der Arbeitslosigkeit von 1976 beziehungsweise von 1989 an zu berücksichtigen. Wenn der Koeffizient in der ersten Reihe positiv ausfällt, liegt das wiederum daran, dass der Anstieg der Arbeitslosigkeit auf einem niedrigen Niveau ansetzt und nicht sofort eine Veränderung der Repräsentation von Armut bewirkt. Die »neue Armut« wurde ja erst seit Mitte der 1980er Jahre als eine neue soziale Frage entdeckt. Der kombinierte Effekt einer sehr hohen Arbeitslosigkeit und eines Anstiegs der Arbeitslosigkeit in den vergangenen vier Jahren auf die Erklärung der Armut durch Faulheit ist in Modell 5 wie in Modell 10 negativ und durchgehend signifikant. Es sei auch darauf hingewiesen, dass die Einführung der Arbeitslosigkeitsindikatoren in die unterschiedlichen Modelle die in den einfachsten Modellen – also den Modellen 1 und 6 – erhaltenen Koeffizienten der Variable Land nicht grundlegend verändert, was tendenziell die relative Unabhängigkeit der von uns berücksichtigten strukturellen und konjunkturellen Faktoren voneinander belegt.

Die Faktoren für die Erklärung der Armut durch Ungerechtigkeit lassen sich nach den gleichen Modellen analysieren (vgl. Tabelle 6). Die Modelle bestätigen auch, dass die Erklärung der Armut durch Ungerechtigkeit ebenfalls signifikant je nach Land variiert. In Dänemark und den Niederlanden wird diese Erklärung im Verhältnis zu Großbritannien am seltensten angegeben, was durchaus logisch erscheint, da beide Länder über ein bestens ausgebautes soziales Sicherungssystem verfügen. Deutschland unterscheidet sich von Großbritannien durch einen positiven und signifikanten Koeffizienten, was bedeutet, dass Ungerechtigkeit als Erklärung von Armut hier ausgeprägter ist. Diese Tendenz findet sich auch in Frankreich, einem Land, in dem in den vergangenen Jahren zahlreiche politische Initiativen auf dem Gebiet der Armutsbekämpfung ergriffen worden sind, in erster Linie 1989 mit der Einführung des Mindesteinkommens zur Eingliederung (RMI) und dann 1998 mit der Verabschiedung des Gesetzes gegen die Ausgrenzung. Jede dieser Initiativen wurde von der Bevölkerung ganz allgemein gutgeheißen. Vor der Einführung des RMI hatten sich neun von zehn Franzosen für diese Orientierung ausgesprochen, und in den politischen Debatten herrschte Einigkeit über die Notwendigkeit, dass die französische Nation eine Verpflichtung gegenüber den Ärmsten hat.[6] Schließlich lässt sich feststellen, dass sämtliche Länder des Südens mit Ausnahme Griechenlands positive und signifikante Koeffizienten aufweisen, was besagt, dass Ungerechtigkeit als Erklärung für Armut dort bedeutsamer als in Großbritannien ist. Wenn dann die Arbeitslosigkeitsindikatoren in die nachfolgenden Modelle eingeführt werden, ändert sich an den beobachteten Tendenzen nichts mehr.

Diese Arbeitslosigkeitsindikatoren erbringen erneut den Beleg für die Existenz eines konjunkturellen Effekts auf die Erklärungsansätze von Armut. Wenn die Arbeitslosigkeit hoch ist, steigt die Wahrscheinlichkeit spürbar, dass die befragten Personen Ungerechtigkeit als Ursache für Armut angeben; wenn die Arbeitslosigkeit niedrig ist, geht sie auch wieder in signifikantem Maß zurück. Die Entwicklungstendenz der Arbeitslosigkeit im Lauf der vier letzten Jahre übt einen vergleichbaren Einfluss aus. Im Vergleich zur Referenzkategorie »gleichbleibende Arbeitslosigkeit« wird der Koeffizient für die Kategorie »zunehmende Arbeitslosigkeit« in Modell 9 positiv und höchst signifikant (.37), während er in Modell 4 nicht

6 Vgl. Paugam, La société française et ses pauvres, siehe zu diesem Punkt insbesondere den zweiten Teil unter der Überschrift »De l'assistance à la participation«, S. 79ff.

signifikant ist. Der kombinierte Effekt aus sehr hoher sowie in den vier vergangenen Jahren angestiegener Arbeitslosigkeit auf die Erklärung der Armut durch Ungerechtigkeit ist in Modell 5 wie auch in Modell 10 positiv und durchgehend signifikant.

Tabelle 5 – Erklärung der Armut durch Faulheit (logistische Regression)

	Zusammenfassung der Umfragen von 1976, 1989, 1993 und 2001					Zusammenfassung der Umfragen von 1989, 1993 und 2001				
	Mod. 1	Mod. 2	Mod. 3	Mod. 4	Mod. 5	Mod. 6	Mod. 7	Mod. 8	Mod. 9	Mod. 10
Konstante	–1,15***	–1,10***	–1,23***	–1,24	–1,28***	–1,55***	–1,34	–1,58***	–1,51***	–1,60***
Länder:										
Großbritannien	Ref.	Ref.	Ref.	Ref.	Ref.	Ref.	Ref.	Ref.	Ref.	Ref.
Belgien	–.55***	–.56**	–.56***	–.56***	–.70* **	–.32***	–.33***	–.29***	–.43***	–.37***
Dänemark	–.75***	–.76***	–.76***	–.73***	–.74***	–.31***	–.31***	–.31***	–.22**	–.22**
Deutschland	–.31***	–.33***	–.25***	–.28***	–.32***	–.03 n.s.	–.04 n.s.	.07 n.s.	–.07 n.s.	.06 n.s.
Frankreich	–.79***	–.82 n.s.	–.73***	–.71***	–.73***	–.53***	–.54***	–.43***	–.66***	–.53***
Irland	–.36***	–.37***	–.19***	–.36***	–.02 n.s.	–.27***	–.27***	–.20*	–.28***	–.22**
Niederlande	–.89***	–.90***	–.98***	–.80***	–.90***	–.52***	–.52***	–.59***	–.56***	–.55***
Italien	–.33***	–.33***	–.06 n.s.	–.24***	–.09 n.s.	.04 n.s.	.03 n.s.	.22**	.00 n.s.	.17*
Spanien						–.46***	–.47***	–.19*	–.56***	–.41**
Griechenland						.23***	.23***	.34***	.32***	.43***
Portugal						.10 n.s.	.09 n.s.	–.17*	–.11 n.s.	–.21**
Jahr der Umfrage:										
1976		.34***								
1989		–.13***					–.15***			
1993		–.50***					–.48***			
2001		Ref.					Ref.			
Arbeitslosigkeit[1]:										
N			.32***					.30***		
H			Ref.					Ref.		
SH			–.40***					–.23***		
Arbeitslosigkeit[1]:										
↓				.05*					.25***	
→				Ref.					Ref.	
↑				.15***					–.41***	
Arbeitslosigkeit[1]:										
N ↓					–.22*					.43
N →					.25***					.25***
N ↑					.59***					
H ↓					.14*					.27***
H →					Ref.					Ref.

	Zusammenfassung der Umfragen von 1976, 1989, 1993 und 2001					Zusammenfassung der Umfragen von 1989, 1993 und 2001				
	Mod. 1	Mod. 2	Mod. 3	Mod. 4	Mod. 5	Mod. 6	Mod. 7	Mod. 8	Mod. 9	Mod. 10
H ↑					.17*					–.32***
SH ↓										.18 n.s.
SH →					–.23***					–.12**
SH ↑					–.67***					–.41***
Anz. Beob.	32441	32441	32441	32441	32441	33409	33409	33409	33409	33409
–2LogL	28674	28288	28414	28664	28219	28325	28161	28237	28172	28141
Chi-Sq	353	739	613	366	736	276	441	365	430	460
DF	7	10	9	9	14	10	12	12	12	17
Prob	.0C01	.0001	.0001	.0001	.0001	.0001	.0001	.0001	.0001	.0001

[1] anhand der Arbeitslosenrate pro Land für das Jahr jeder Umfrage (Quelle: OECD)
N: niedrig; H: hoch; SH: sehr hoch
↓: abnehmend; →: gleichbleibend; ↑: zunehmend
* P < 0.05; ** P < 0.01; *** P < 0.001; n.s. nicht signifikant

Quelle: Eurobarometer, »Armut – Ausgrenzung«.

Tabelle 6 – Erklärung der Armut durch Ungerechtigkeit (logistische Regression)

	Zusammenfassung der Umfragen von 1976, 1989, 1993 und 2001					Zusammenfassung der Umfragen von 1989, 1993 und 2001				
	Mod. 1	Mod. 2	Mod. 3	Mod. 4	Mod. 5	Mod. 6	Mod. 7	Mod. 8	Mod. 9	Mod. 10
Konstante	–1,11***	–1,15***	–1,03***	–1,10* **	–1,14***	–.96***	–1,06***	–.98***	–1,11***	–1,20***
Länder:										
Großbritannien	Ref.	Ref.	Ref.	Ref.	Ref.	Ref.	Ref.	Ref.	Ref.	Ref.
Belgien	.05 n.s.	.04 n.s.	.03 n.s.	.01 n.s.	.04 n.s.	.02 n.s.	.03 n.s.	.04 n.s.	.01 n.s.	–.16*
Dänemark	–.61***	–.61***	–.61***	–.59***	–.57***	–.71***	–.71***	–.71***	–.69***	–.60***
Deutschland	.32***	.34***	.25***	.33***	.37***	.29***	.30***	.23***	.45***	.41***
Frankreich	.55***	.57***	.50***	.52***	.52***	.43***	.43***	.35***	.56***	.42***
Irland	.06 n.s.	.05 n.s.	–.08 n.s.	.06 n.s.	–.14*	–.02 n.s.	.03 n.s.	–.07 n.s.	.03 n.s.	.01 n.s.
Niederlande	–.37***	–.38***	–.30***	–.39***	–.26***	–.40***	–.39***	–.29***	–.24***	–.11 n.s.
Italien	.77***	.77***	.55***	.76***	.65***	.64***	.65***	.48***	.80***	.63***
Spanien						.57***	.54***	.29***	.53***	.56***
Griechenland						.01 n.s.	.02 n.s.	–.06 n.s.	.04 n.s.	–.07 n.s.
Portugal						.35***	.35***	.62***	.46***	.71***
Jahr der Umfrage:										
1976		–.27***								
1989		.00 n.s.					–.04 n.s.			
1993		.34***					.30***			
2001		Ref.					Ref.			

	Zusammenfassung der Umfragen von 1976, 1989, 1993 und 2001					Zusammenfassung der Umfragen von 1989, 1993 und 2001				
	Mod. 1	Mod. 2	Mod. 3	Mod. 4	Mod. 5	Mod. 6	Mod. 7	Mod. 8	Mod. 9	Mod. 10
Arbeitslosigkeit[1]:										
N			–.33***					–.26***		
H			Ref.					Ref.		
SH			.26***					.26***		
Arbeitslosigkeit[1]:										
↓				.08 n.s.					–.06 n.s.	
→				Rer.					Ref.	
↑				–.06 n.s.					.37	
Arbeitslosigkeit[1]:										
N ↓					.07 n.s.					–.12 n.s.
N →					–.19***					–.13*
N ↑					–.42***					
H ↓					.16**					.35***
H →					Ref.					Ref.
H ↑					.11 n.s.					.56***
SH ↓										.09 n.s.
SH →					.28***					.37***
SH ↑					.43***					.44***
Anz. Beob.	32441	32441	32441	32441	32441	32441	33409	33409	33409	33409
–2LogL	37044	36748	36793	37032	36750	40182	40023	40051	40088	39960
Chi-Sq	1088	1384	1339	1099	1382	932	1092	1063	1027	1154
DF	7	10	9	9	14	10	12	12	12	17
Prob	.0001	.0001	.0001	.0001	.0001	.0001	.0001	.0001	.0001	.0001

[1] anhand der Arbeitslosenrate pro Land für das Jahr jeder Umfrage (Quelle: OECD)
N: niedrig; H: hoch; SH: sehr hoch
↓: abnehmend; →: gleichbleibend; ↑: zunehmend
* P < 0.05; ** P < 0.01; *** P < 0.001; n.s. nicht signifikant

Quelle: Eurobarometer, »Armut – Ausgrenzung«.

Tabelle 7 – Definition der Eigenschaften der Arbeitslosigkeit und Zuordnung der Kategorien für jedes Land zu den Erhebungszeitpunkten

Arbeitslosenrate im Jahr der Umfrage	Allgemeine Tendenz im Lauf der letzten vier Jahre	Kategorie
Niedrig (< 6 %)	abnehmend	N ↓
	gleichbleibend	N →
	zunehmend	N ↑
Hoch (6 < 10 %)	abnehmend	H ↓
	gleichbleibend	H →
	zunehmend	H ↑
Sehr hoch (> 10 %)	abnehmend	SH ↓
	gleichbleibend	SH →
	zunehmend	SH ↑

Zunehmend: positive Abweichung > 2 Punkte zwischen den zwei Bezugszeitpunkten
Gleichbleibend: weniger als 2 Punkte Abweichung zwischen den zwei Bezugszeitpunkten
Abnehmend: negative Abweichung > 2 Punkte zwischen den zwei Bezugszeitpunkten

	1976	1989	1993	2001
Belgien	N ↑	H ↓	H ↑	H ↓
Dänemark	N ↑	H →	SH ↑	N →
Deutschland	N ↑	H →	H →	SH →
Griechenland		H →	H ↑	SH →
Spanien		SH ↓	SH ↑	SH ↓
Frankreich	N →	H →	SH →	H ↓
Irland	H ↑	SH →	SH ↑	N ↓
Italien	H →	SH →	SH →	H →
Niederlande	N →	H →	H →	N →
Portugal		N ↓	N →	N ↓
Großbritannien	N ↑	H ↓	SH ↑	N →

Tabelle erstellt anhand von OECD-Daten.

Bibliographie

Abrahamson, Peter, »La fin du modèle scandinave de la protection sociale?«, in: Serge Paugam (Hg.), L'Europe face à la pauvreté, Les expériences nationales de revenu minimum, Paris 1999, S. 195–220.

Abrahamson, Peter, »La pauvreté en Scandinavie«, in: François-Xavier Merrien (Hg.), Face à la pauvreté. L'Occident et les pauvres hier et aujourd'hui, Paris 1994, S. 171–188.

Aguilar, Manuel, u.a., La cana y el pez. Estudio sobre los salarios sociales en las comunidades autonomas, Madrid 1995.

Andreß, Hans-Jürgen (Hg.), Empirical Poverty Research in a Comperative Perspective, Aldershot 1998.

Antolini, Paola, Au-delà de la rivière, les Cagots: histoire d'une exclusion, Paris 1989.

Aron, Raymond, »Science et conscience de la société«, in: *Archives européennes de sociologie* 1 (1960).

Aron, Raymond, Le marxisme de Marx, Paris 2002.

Aron, Raymond, Fortschritt ohne Ende?, Gütersloh 1970.

Aron, Raymond, Über die Freiheiten (1965), Frankfurt am Main 1968.

Autès, Michel, »Les représentations de la pauvreté dans la presse écrite«, in: Les travaux de l'Observatoire national de la pauvreté et de l'exclusion sociale 2001–2002, Paris 2002, S. 105–120.

Barclay, Peter, Joseph Rowntree Foundation Inquiry into Income and Wealth, York 1995.

Bénéton, Philipe, Le fléau du bien. Essai sur les politiques sociales occidentales, Paris 1983.

Beveridge, William, Social Insurance and Allied Services. Report presented to Parliament by Command of his Majesty, November 1942, Nachdruck New York 1969.

Beyeler-Von Burg, Hélène, Des Suisses sans nom. Les *Heimatlose* d'aujourd'hui, Pierrelaye 1984.

Body-Gendrot, Sophie, Ville et violence. L'irruption de nouveaux acteurs, Paris 1993.

Boiral, Pierre/Valarie, Pierre, »Le contrôle social: pratiques symboliques et pratiques sociales«, in: Francis Bailleau/Nadine Lefaucheur/Vincent Peyre (Hg.), Lectures sociologiques du travail social, Paris 1985, S. 45–59.

Bonny, Yves/Bosco, Nicoletta, »Income Support measures for the poor in European cities«, in: Chiara Saraceno (Hg.), Social Assistance Dynamics in Europe. National and Local Poverty Regimes, Bristol 2002, S. 81–125.

Bourdieu, Pierre, Die zwei Gesichter der Arbeit. Interdependenzen von Zeit- und Wirtschaftsstrukturen am Beispiel einer Ethnologie der algerischen Übergangsgesellschaft, Konstanz 2000.

Bourdieu, Pierre, »Ortseffekte«, in: Ders. u. a., Das Elend der Welt. Zeugnisse und Diagnosen alltäglichen Leidens an der Gesellschaft, Konstanz 1997, S. 159–167.

Boyer, Robert, La théorie de la régulation: une analyse critique, Paris 1987.

Breuer, Wilhelm, »La pauvreté en Allemagne: un problème résolu?«, in: Serge Paugam (Hg.), L'Europe face à la pauvreté. Les expériences nationales de revenu minimum, Paris 1999, S. 105–132.

Bundesamt für Statistik (BFS), Wohlstand und Wohlbefinden. Lebensstandard und soziale Benachteiligung in der Schweiz, Reihe: Statistik der Schweiz/Sozialberichterstattung Schweiz, Fachbereich: Einkommen und Lebensqualität der Bevölkerung, Neuchâtel 2002.

Buret, Eugène, De la misère des classes laborieuses en France et en Angleterre, 2 Bde., Paris 1840.

Caillot, Laurent/Mette, Corinne, »Les représentations de l'opinion: la connaissance vécue est un déterminant majeur«, in: Les travaux de l'Observatoire national de la pauvreté et de l'exclusion sociale 2001–2002, Paris 2002, S. 121–150.

Castel, Robert, Die Stärkung des Sozialen. Leben im neuen Wohlfahrtsstaat, Hamburg 2005.

Castel, Robert, Die Metamorphosen der sozialen Frage. Eine Chronik der Lohnarbeit, Konstanz 2000.

Castel, Robert, »Le modèle de la société salariale comme principe d'une comparaison entre les systèmes de protection sociale en Europe du Nord et en Europe du Sud«, in: MIRE, Comparer les systèmes de protection sociale en Europe du Sud, Paris 1997, S. 29–48.

Castel, Robert, »Der ›Krieg gegen die Armut‹ in den Vereinigten Staaten: Der Status des Elends in einer Überflußgesellschaft«, in: Manfred M. Wambach (Hg.), Die Museen des Wahnsinns und die Zukunft der Psychiatrie, Frankfurt am Main 1980, S. 97–141.

Castellan, M./Marpsat, M./Goldberger, M.-F., »Les quartiers prioritaires de la politique de la ville«, INSEE Première, 234, 1992.

Cerase, Francesco Paolo/Morlicchio, Enrica/Spanò, Antonella, Disoccupati e disoccupate a Napoli, Neapel 1991.

Clément, Karine, »Russie: pauvreté de masse et stigmatisation des pauvres«, in: Dominique Vidal (Hg.), Quelle place pour le pauvre?, Paris 1999, S. 35–69.
Coester, Dramane, La pauvreté en Allemagne, Diplomarbeit, Institut d'études politiques, Paris 1993.
Commissione di indagine sulla povertà e sull'emarginazione, La povertà in Italia, 1980–1994, Rom, Presidenza del Consiglio die ministri, 1996.
Commissione di indagine sulla povertà, La povertà in Italia nel 1993, Rom, documento reso publico il 14 luglio 1994.
Corcoran, Mary, »Mobility, persistence, and the consequences of poverty for children: Child and adult outcomes«, in: Sheldon H. Danziger/Robert H. Haveman (Hg.), Understanding Poverty, New York 2001.
Damon, Julien, La question SDF. Critique d'une action publique, Paris 2002, S. 246f.
Darras, Le partage des bénéfices. Expansion et inegalités en France, Paris 1966.
Debonneuil, M., »Les familles pauvres d'une ville moyenne«, in: *Économie et Statistique* 105 (1978), S. 25–37.
Desroisières, Alain/Thévenot, Laurent, Les catégories socio-professionelles, Paris 1988.
Destremau, Béatrice/Salama, Pierre, Mesures et démesure de la pauvreté, Paris 2002.
Donzelot, Jacques, »La ville à trois vitesses: relégation, périurbanisation, gentrification«, *Esprit* 3–4 (März/April 2004), S. 14–39.
Donzelot, Jacques, »Travail social et lutte politique«, *Esprit*, »Pourquoi le travail social?« 4–5 (1972), S. 91–110.
Donzelot, Jacques, Die Ordnung der Familie, Frankfurt am Main 1980.
Donzelot, Jacques u.a., Faire société. La politique de la ville aux États-Unis et en France, Paris 2003.
Dubet, François/Lapeyronnie, Didier, Im Aus der Vorstädte. Der Zerfall der demokratischen Gesellschaft, Stuttgart 1994.
Dufour, Pascale/Boismenu, Gérard/Noël, Alain, L'aide au conditionnel. La contrepartie dans les mesures envers les personnes sans emploi en Europe et en Amérique du Nord, Montreal 2003.
Durkheim, Émile, Die elementaren Formen des religiösen Lebens, Frankfurt am Main 1981.
Elias, Norbert/Scotson, John L., Etablierte und Außenseiter, Frankfurt am Main 1990.

Engels, Friedrich, Die Lage der arbeitenden Klasse in England. Nach eigener Anschauung und authentischen Quellen (1845), in: Karl Marx/ Ders., Werke, Bd. 2, Berlin 1972.
Esping-Andersen, Gøsta, The Three Worlds of Welfare Capitalism, Princeton, 1990.
Eurobarometer/Pauvreté 3, La perception de la pauvreté en Europe, Brüssel, Europäische Kommission, Generaldirektion Beschäftigung, Industrielle Beziehungen und Soziales, 1990.
Evans, Martin/Paugam, Serge/Prélis, Joseph, »Chunnel vision: Poverty, social exclusion and the debate on social welfare in France and Britain«, London School of Economics, STICERD, Discussion paper, Welfare State Programme/115, 1995.
Fahey, Tony, »Urban spatial segregation and social inequality: A note in the potential for comparative European Research«, Changequal Network, Mannheim, 10.–12. April 2003.
Ferrara, Maurizio, »The ›Southern Model‹ of welfare in Social Europe«, in: *Journal of European Social Policy* 6 (1996), S. 17–37.
Foret, Catherine, Trajectoires de l'exclusion. Recomposition sociale et processus de territorialisation dans l'espace d'une copropriété disqualifié, CNAF (Forschungsprogramm Wohnung, Wohnumfeld, Lebensbedingungen von Familien), 1986.
Fourastié, Jean, Les Trentes Glorieuses ou la révolution invisible, Paris 1979.
Fragnière, Jean-Pierre, »La réussite ou l'exclusion?«, in: Pierre Gilliand (Hg.), Pauvrétés et sécurité sociale, Lausanne 1990, S. 182.
Friboulet, Jean-Jacques, »La politique de l'emploi en Suisse«, in: *Commentaire* 101 (Frühjahr 2003), S. 137–144.
Galbraith, John Kenneth, Gesellschaft im Überfluß, München 1959.
Gallie, Duncan/Marsh, Catherine/Vogler, Carolyn (Hg.), Social Change and the Experience of Unemployment, Oxford 1994.
Gallie, Duncan/Paugam, Serge/Jacobs, Sheila, »Unemployment, poverty and social isolation. Is there a vicious circle of social exclusion?«, in: *European Studies* 5 (2003), S. 1–32.
Gallie, Duncan/Paugam, Serge (Hg.), Welfare Regimes and the Experience of Unemployment in Europe, Oxford 2000.
Gallie, Duncan/Paugam, Serge, Soziale Prekarität und soziale Integration, Bericht für die Europäische Kommission auf der Grundlage von Eurobarometer 56.1, Oktober 2002.
Gans, Herbert J., »Über die positiven Funktionen der unwürdigen Armen. Zur Bedeutung der ›underclass‹ in den USA«, in: Stephan Leib-

fried/Wolfgang Voges (Hg.), Armut im modernen Wohlfahrtsstaat, Sonderheft 32 der *Kölner Zeitschrift für Soziologie und Sozialphilosophie*, Opladen 1992, S. 48–62.

Gérando, Joseph-Marie de, Le visiteur du pauvre (1820), Paris 1990.

Geremek, Bronislaw, Geschichte der Armut. Elend und Barmherzigkeit in Europa (1978), München 1988.

Gibaud, Bernard, De la mutualité à la sécurité sociale. Conflits et convergences, Paris 1986.

Gloukoviezoff, Georges, »L'exclusion bancaire et financière des particuliers«, in: *Les travaux de l'Observatoire national de la pauvreté et de l'exclusion sociale 2003–2004*, Paris 2004, S. 167–205.

Goldthorpe, J. H., u.a., Der »wohlhabende« Arbeiter in England. Industrielles Verhalten und Gesellschaft, München 1970.

Grafmeyer, Yves, »Regards sociologiques sur la ségrégation«, in: J. Brun/C. Rhein (Hg.), La ségrégation dans la ville. Concepts et mesures, Paris 1994.

Gueslin, André, Les gens de rien. Une histoire de la grande pauvreté dans la France du XXe siècle, Paris 2004.

Guillemard, Anne-Marie, Le déclin du social. Formation et crise des politiques de la vieillesse, Paris 1986.

Hagenaars, Aldi J. M., The Perception of Poverty, Amsterdam 1986.

Haghighat, Chapour, L'Amérique urbaine et l'exclusion sociale, Paris 1994.

Hainard, François u.a., »Avons-nous des pauvres? Enquête sur la précarité et la pauvreté dans le canton de Neuchâtel«, Neuchâtel, *Cahiers de l'Institut de sociologie et de science politique* 12 (Mai 1990).

Hainard, François, »Les incidences d'une recherche sur la pauvreté au niveau des politiques publiques et des organisations caritatives«, in: *Cantones et communes face aux situations de précarité*, Fribourg, Publications de l'Institut du Fédéralisme 18 (1996), S. 51–62.

Halbwachs, Maurice, Les causes du suicide (1930), Paris 2002.

Halvorsen, Knut, »Social assistance schemes in the Nordic Countries«, in: Torben Fridberg (Hg.), On Social Assistance in the Nordic Capitals, Kopenhagen, Social Forsknings Instituttet, 1993.

Hansen, Finn Kenneth, Social Exclusion in Denmark, Report for the Observatory on Social Exclusion, European Commission, 1992.

Harrington, Michael, Das andere Amerika. Die Armut in den Vereinigten Staaten, München 1964.

Hauser, Richard, Arme unter uns, Teil 1, Ergebnisse und Konsequenzen der Caritas-Armutsuntersuchung, Freiburg im Breisgau 1993.

Hoggart, Richard, The Uses of Literacy: Aspects of Working Class Life, London 1957.

INSEE-DGI, Rapport de l'Observatoire national de la pauvrété et de l'exclusion sociale, 2003–2004.

Ion, Jacques/Tricart, Jean-Paul, Les travailleurs sociaux, Paris 2002.

Iribarne, Philippe d', Le chômage paradoxal, Paris 1990.

Isambert, Francois-André, Le sens du sacré. Fête et religion populaire, Paris 1982.

Jahoda, Marie/Lazarsfeld, Paul F./Zeisel, Hans, Die Arbeitslosen von Marienthal. Ein soziographischer Versuch, Frankfurt am Main 1975.

Jargowsky, Pauk A., Poverty and Place. Ghettos, Barrios, and the American City, New York 1997.

Juarez, Miguel (Hg.), Informe sociologico sobre la situacion en Espana, Madrid, Fundacion Foessa, 1994.

Katz, Michael B., The Undeserving Poor. From the War on Poverty to the War on Welfare, New York 1989.

Katz, Michael B., In the Shadow of the Poorhouse. A Social History of Welfare in America, New York 1986.

Kerschen, Nicole, »L'influence du rapport Beveridge sur le plan français de Sécurité sociale de 1945«, in: *Revue français de science politique*, »La protection sociale en perspective«, 45 (1955) 4, S. 570–595.

Klanfer, Jean, L'exclusion sociale. Étude de la marginalité dans les sociétés occidentales, Paris 1965.

Labbens, Jean, Le dessein corporel de Jesus, Paris 1997.

Labbens, Jean, Le Quart Monde. La pauvrété dans la société industrielle: étude sur le sous-prolétariat dans la région parisienne, Pierrelaye 1969.

Labbens, Jean, Sociologie de la pauvreté. Le Tiers Monde et le Quart Monde, Paris 1978, S. 98.

Le Gales, P./Oberti, M./Rampal, J.-C., »Le vote Front national à Marnes-la-Jolie. Analyse d'une crise locale à retentissement national: le Val-Fourré«, in: *Hérodote* 69–70 (1993), S. 31–52.

Le Rouzic, Isabelle, La transformation postcommuniste tchéque à l'épreuve de la marginalisation sociale, Doktorarbeit in Soziologie, Universität Rennes 2, 2002.

Lechêne, Valérie, »Une revue de la littérature sur les échelles d'équivalence«, in: *Économie et prévision* 110–111 (1993), 4/5, S. 169–182.

Leisering, Lutz, und Leibfried, Stephan, Time and Poverty in the Welfare State, Cambridge 1999.

Lenoir, René, Les exclus. Un Français sur dix, Paris 1974.

Lewis, Oscar, La vida. A Puerto Rican family in the culture of poverty – San Juan and New York, New York 1966.
Lion, Antoine/Maclouf, Pierre (Hg.), L'insécurité sociale. Paupérisation et solidarité, Paris 1982.
Lødemel, Yvar/Trickey, H., An Offer you can't refuse. Workfare in International Perspective, Bristol 2001.
Lødemel, Yvar, The Welfare Paradox Income Maintenance and Personal Social Services in Norway and Britain, 1946–1966, Oslo 1997.
Loison, Laurence, L'expérience vécue du chômage au Portugal, Dissertation in Soziologie, Institut d'études politiques de Paris – Instituto superior de ciencas do trabalho et da empresa de Lisbonne, 2002.
Lollivier, Stéphane/Verger, Daniel, »Pauvreté d'existence, monétaire ou subjective sont distinctes«, in: *Économie et Statistique* 308/309/310 (1997), S. 113–142.
Marx, Karl, Das Kapital. Kritik der politischen Ökonomie, Bd. I: Der Produktionsprozeß des Kapitals, in: Ders./Friedrich Engels, Werke, Band 23, Berlin 1968.
Massey, Douglas S./Denton, Nancy A., American Apartheid. Segregation and the Making of the Underclass, Cambridge 1993.
Maurin, Éric, Le ghetto français. Enquête sur le séparatisme social, Paris 2004.
Mendras, Henri, Sociétés paysannes. Éléments pour une théorie de la paysannerie, Paris 1976.
Merrien, François-Xavier, »Divergences franco-britanniques«, in: Ders. (Hg.), Face à la pauvreté. L'occident et les pauvres hier et aujourd'hui, Paris 1994, S. 99–135.
Middlemans, J./Paserman, R., »Vivre sous le même toit. Modèles familiaux dans l'Union européenne«, *INSEE Première*, 43, 1996.
Mingione, Enzo/Oberti, Marco/Pererinha, José, »Cities as local systems«, in: Chiara Saraceno (Hg.), Social Assistance Dynamics in Europe. National and Local Poverty Regimes, Bristol 2002, S. 35–79.
Mingione, Enzo/Pugliese, Enrico, »Modelli occupazionali e disoccupazione giovanile di massa nel mezzogiorno«, in: *Sociologia del lavoro*, 1996.
Morel, Sylvie, Les logiques de la réciprocité. Les transformations de la relation d'assistance aux États-Unis et en France, Paris 2000.
Morlicchio, Enrica, Poverta ed esclusione sociale. La prospettiva del mercato del lavoro, Rom 2000.
Morris, Lydia, Social Divisions. Economic Decline and Social Structural Change, London 1995.

Moscovici, Serge, »Des représentations collectives aux représentations sociales: éléments pour une histoire«, in: Denise Jodelet (Hg.), Les représentations sociales, Paris 1982, S. 79–103.
Moscovici, Serge, »Les formes élémentaires de l'altruisme«, in: Ders. (Hg.), Psychologie sociale des relations à autrui, Paris 1994, S. 71–86.
Murray, Charles, Losing Ground. American Social Policy, 1950–1980, New York 1984.
Negri, Nicola, »Les failles d'un système localisé en Italie«, in: Serge Paugam (Hg.), L'Europe face à la pauvreté. Les expériences nationales de revenu minimum, Paris 1999, S. 255–294.
Nicolas, Jean-Pierre, La pauvreté intolérable. Biographie d'une famille assistée, Toulouse 1984.
Nolan, B./Whelan, C. T., Resources, Deprivation and Poverty, Oxford 1996.
Observatoire national de la pauvreté et de l'exclusion sociale, Rapport de l'Observatoire national de la pauvreté et de l'exclusion sociale 2003–2004, Paris 2004.
Ogien, Ruwen, Théories ordinaires de la pauvreté, Paris 1983.
Pareto, Vilfredo, Allgemeine Soziologie (1916), Tübingen 1955.
Paugam, Serge, Social Precarity and Attitudes to Society and the Welfare State, Vortrag auf der Konferenz »European Societies or European Society?«, Helsinki, Euresco Conference on Institutions and Inequality, 20.–24. September 2003.
Paugam, Serge, La société française et ses pauvres. L'expérience du revenu minimum d'insertion, Paris 1993 (Neuaufl. 2002).
Paugam, Serge, Le salarié de la précarité. Les nouvelles formes de l'intégration professionnelle, Paris 2000.
Paugam, Serge (Hg.), L'Europe face à la pauvreté. Les expériences nationales de revenu minimum, Paris 1999.
Paugam, Serge, To give, to receive and give back: The Social Logics of Familiy Support, Paper for European Science Foundation Conference on »Inequality and social exclusion in Europe: The role of the family and social networks«, Castelvecchio Pascoli, Italien, 3.–7. April 1998.
Paugam, Serge, La disqualification sociale. Essais sur la nouvelle pauvreté, Paris 1991 (4. überarb. Aufl. 1997).
Paugam, Serge, »Poverty and social disqualification. A comparative analysis of cumulative social disadvantage in Europe«, in: *Journal of European Social Policy* 6 (1996), S. 287–303.
Paugam, Serge/Russel, Helen, »The effects of employment precarity and

unemployment on social isolation«, in: Duncan Gallie und Serge Paugam (Hg.), Welfare Regimes and the Experience of Unemployment in Europe, S. 243–264.
Paugam, Serge/Selz, M., »The perception of poverty in Europe since the Mid 1970s. Analysis of structural and conjunctural variation«, Beitrag auf dem internationalen Kolloquium des europäischen Exzellenznetzwerks »Changequal« über soziale Indikatoren, Paris, 17.–18. Mai 2004.
Paugam, Serge/Zoyem, Jean-Paul, »Le soutien financier de la famille: une forme essentielle de la solidarité«, in: *Économie et statistique* 308/309/310 (1997), S. 187–120.
Paugam, Serge/Zoyem, Jean-Paul/Charbonnel, Jean-Michel, Précarité et risque d'exclusion en France, Paris, Documents du CERC, 109, 4. Trimester 1993.
Péchoux, Sylvain, Vivre dans un quartier disqualifié. Images des lieux et images de soi dans le 20e arrondissement de Paris, Diplomarbeit an der École des Hautes Études en Sciences Sociales, September 2004.
Pétonnet, Colette, On est tous dans le brouillard. Ethnologie des banlieues, Paris 1979.
Pétonnet, Colette, Ces gens-là, Paris 1968.
Pinçon-Charlot, Monique/Préteceille, Edmond/Rendu, Paul, Ségrégation urbaine. Classes sociaux et équipements collectifs en région parisienne, Paris 1986.
Piven, Frances F./Cloward, Richard A., Regulierung der Armut. Die Politik der öffentlichen Wohlfahrt (1971), Frankfurt am Main 1977.
Polanyi, Karl, The Great Transformation. Politische und ökonomische Ursprünge von Gesellschaften und Wirtschaftssystemen (1944), Frankfurt am Main 1978.
Pons, Philippe, Misère et crime au Japon du XVIIe siècle à nos jours, Paris 1999.
Pugliese, Enrico, Socio-économie du chômage, Paris 1996.
Razafindrakoto, Mireille/Roubaud, François, »Les multiples facettes de la pauvreté dans un pays en développement: les cas de la capitale malgache«, Documents du DIAL, 7, Paris 2001.
Regamey, Caroline/Gropetti, Helvetio, Minimum pour vivre. Étude de diverses normes, Lausanne 1999.
Reyneri, Emilio, »Italie: longue attente à l'abri de la famille et des garanties publiques«, in: Odile Benoît-Guilbot und Duncan Gallie (Hg.), Chômeurs de longue durée, Arles 1992.
Reyneri, Emilio, Sociologia del mercado del lavoro, Bologna 1996.

Ribeaud, Marie-Catherine et les équipes A.T.D. Service et science, Les enfants des exclus. L'avenir enchaîné des enfants du sous-prolétariat, Paris 1976.

Riffault, Helène/Rabier, Jacques-René, La perception de la misère en Europe, Brüssel, Europäische Kommission, 1977.

Rigaux, N., The Perception of Poverty and Social Exclusion in Europe 1994, Brüssel, Europäische Kommission, 1994.

Rostow, Walt W., Stadien wirtschaftlichen Wachstums. Eine Alternative zur marxistischen Entwicklungstheorie, Göttingen 1960.

Rowntree, B. S./Lavers, G. R., Poverty and the Welfare State, London/New York/Toronto 1951.

Sabouret, Jean-François, L'autre Japon: les burakim, Paris 1983.

Salais, Robert/Baverez, Nicolas/Reynaud, Bénédicte, L'invention du chômage. Histoire et transformations d'une catégorie en France des années 1890 aux années 1980, Paris 1986.

Salamon, Lester M./Anheiner, Helmut K., Defining the Nonprofit Sector. A Cross-National Analysis, Manchester/New York 1997.

Saraceno, Chiara (Hg.), Social Assistance Dynamics in Europe. National and Local Poverty Regimes, Bristol 2002.

Saraceno, Chiara, Sociologia della famiglia, Bologna 1988.

Schnapper, Dominique, La démocratie providentielle. Essai sur l'égalité contemporaine, Paris 2002.

Schnapper, Dominique, La relation à l'autre. Au cœur de la pensée sociologique, Paris 1998.

Schnapper, Dominique, L'épreuve du chômage, Paris 1994[2].

Schnapper, Dominique, La communauté des citoyens. Sur l'idée moderne de nation, Paris 1994.

Schultheis, Franz, »L'État et la société civile face à la pauvreté en Allemagne«, in: Serge Paugam (Hg.), L'exclusion, l'état des savoirs, Paris 1996, S. 428–437.

Schultheis, Franz/Bubeck, Bernhard, »Theoretical and methodological problems in intercultural comparison of the phenomenon of extreme urban poverties«, in: P. Guidicini u.a. (Hg.), Extreme Urban Poverties in Europe. Contradictions and Perverse Effects in Welfare Policies, Mailand 1996.

Sen, Amartya, Inequality Reexamined, New York, Oxford 1992.

Sgritta, Giovanni B./Innocenzi, Gianfranco, »La povertà«, in: Massimo Paci (Hg.), Le dimensioni della disuguaglianza. Rapporto della Fondazione Cespe sulla disuguaglianza sociale in Italia, Bologna 1993, S. 261–292.

Simmel, Georg, »Der Arme«, in Ders., Soziologie. Untersuchungen über die Formen der Vergesellschaftung, Gesamtausgabe Bd. 11, hrsg. von Otthein Rammstedt, Frankfurt am Main 1992, S. 512–555.

Simmel, Georg, Soziologie. Untersuchungen über die Formen der Vergesellschaftung, in: Ders., Gesamtausgabe, Bd. 11, hrsg. von Otthein Rammstedt, Frankfurt am Main 1992.

Soares, Regina/Bago d'Uva, Teresa, Income, Inequality and Poverty, Bratislava Seminar on International Comparaisons of Poverty, INSEE, Juni 2000, S. 159–205.

Stjernø, Steiner, Den moderne fattigdommen (Die moderne Armut), Oslo 1985.

Stoléru, Lionel, Vaincre la pauvrété dans les pays riches, Paris 1972.

Stonequist, E., The Marginal Man, New York 1961.

Tabard, N., »Des quartiers pauvres aux banlieues aisées: une représentation sociale du territoire«, in: *Économie et Statistique* 270 (1993), S. 5–22.

Tchernina, Watalia, Economic Transition and Social Exclusion in Russia, Genf, in: International Institute for Labour Studies, »Research series« 108 (1996).

Tham, Henrik, »The persistence of social assistancein the Welfare State: The case of Sweden, 1945–1990«, Paper presented at the conference on »Deprivation, social welfare and expertise«, Helsinki, National Board of Social Welfare in Finland, 1990.

Titmuss, Richard, »Developing social policy in conditions of rapid change: The role of social welfare«, in: Ders., The Philosophy of Welfare, London 1987.

Tocqueville, Alexis de, »Denkschrift über den Pauperismus«, in: Ders., Kleine politische Schriften, hrsg. von Harald Bluhm, Berlin 2006, S. 61–80.

Tocqueville, Alexis de, Über die Demokratie in Amerika, Zürich 1987.

Tocqueville, Alexis de, Œuvres complètes, Bd. V, Paris 1958.

Townsend, P., »Deprivation«, in: *Journal of Social Policy* 16 (1988), S. 125–146.

Townsend, P., The Concept of Poverty, London 1970.

Triglia, C., Sociologie économique. État, marché et société dans le capitalisme moderne, Paris 2002.

Triglia, C., Sviluppo senza autonomia, Bologna 1992.

Van de Velde, Cécile, Devenir adulte. Sociologie comparée de la jeunesse en Europe, Dissertation, Institut d'études politiques, Paris 2004.

Van Oorschot, W./Halman, L., »Blame or fate, individual or social? An

international comparaison of popular explanations of poverty«, in: *European Studies* 2 (2000), S. 1–28.
Van Praag, Bernard M. S./Hagenaars, Aldi J. M./van Weeren, Hans, »Poverty in Europe«, in: *Review of Income and Wealth* 28 (1981), S. 345–359.
Van Praag, Bernard M. S., Individual Welfare Functions and Consumer Behavior, Amsterdam 1968.
Verdès-Leroux, Jeannine, »Les exclus«, in: *Actes de la recherche en sciences sociales* 19 (1978), S. 61–65.
Verdès-Leroux, Jeannine, Le travail social, Paris 1978.
Villermé, Louis-René, Tableau de l'état physique et moral des ouvriers employés dans les manufactures de coton, de laine et de soie, Paris 1840.
Wacquant, Loïc, »Banlieues françaises et ghetto noir américain: de l'amalgame à la comparaison«, in: *French Politics & Society* 10 (1992), S. 81–104.
Weber, Eugen, La fin des terroirs. La modernisation de la France rurale, 1870–1914, Paris 1983.
Weber, Max, »Parlament und Regierung im neugeordneten Deutschland«, in: Ders., Gesammelte politische Schriften, Tübingen 1988.
Weber, Max, Wirtschaft und Gesellschaft. Grundriß der verstehenden Soziologie, 5., rev. Auflage, Tübingen 1980.
Whelan, C. T./Layte, R./Maître, B., »Persistent deprivation in the European Union«, in: *Schmollers Jahrbuch/Journal of Applied Social Science Studies* 122 (2002), S. 31–54.
Wight Bakke, E., Citizens without Work. A Study of the Effects of Unemployment upon Workers' Social Relations and Practices, New Haven 1940.
Wight Bakke, E., The Unemployed Worker: A Study of the Task of Making a Living without a Job, New Haven 1940
Wilson, William Julius, The Truly Disadvantaged, Chicago 1987.
Zoyem, Jean-Paul, Accompagnement et sortie de l'aide sociale: évaluation de l'insertion professionnelle des bénéficiaires du revenu minimum d'insertion, Dissertation, Universität Paris I – Panthéon-Sorbonne, 2004.

Register